Geschichte und Geschehen 12/13

Berufliche Gymnasien

Jürgen Kochendörfer

Ernst Klett Verlag

Stuttgart Düsseldorf Leipzig

Inhalt

Der Ost-West-Konflikt und seine Überwindung 168

Internationale Zusammenarbeit – Konflikte in der Weltgesellschaft 250

Partizipation:
Teilhabe an der Herrschaft

Nachdem weit über das Mittelalter hinaus Klerus und Adel das politische Geschehen allein und meist widerspruchslos bestimmt hatten, proklamierten im Zeitalter der Aufklärung Philosophen wie John Locke und Charles Montesquieu das System der Gewaltenteilung und das Prinzip der Volkssouveränität. Was den Menschen in Deutschland nach der gescheiterten Revolution von 1848/49 noch verwehrt blieb, schien sich endlich mit der Weimarer Verfassung von 1919 zu erfüllen: Die Volkssouveränität war an die Stelle der monarchischen Legitimität (▶ S. 78) getreten, die Demokratie schien verwirklicht. Doch dieser Versuch einer Demokratie scheiterte und schlug in eine totalitäre Gewaltherrschaft um.

Nach unbegreiflichen, staatlich organisierten Verbrechen endete der Zweite Weltkrieg 1945 mit der totalen Niederlage Deutschlands. Über die Besiegten brach nicht nur große wirtschaftliche Not herein, sondern auch weltweite moralische Verachtung. Das Land wurde in Zonen aufgeteilt, dem uneingeschränkten Besatzungsregime der Siegermächte unterworfen und deren unterschiedlichen Demokratievorstellungen und Ideologien angepasst.

Die westlichen Siegermächte hatten zwar bestimmt, dass Westdeutschland den Weg einer demokratischen Entwicklung beschreiten sollte; nicht festgelegt war aber, wie diese Ordnung konkret aussehen sollte. So stellte sich den „Vätern und Müttern des Grundgesetzes" – den Mitgliedern des Parlamentarischen Rates – bei der Ausarbeitung einer Verfassung für Westdeutschland eine schwierige Aufgabe: Um eine demokratische Zukunft zu ermöglichen, mussten sie in die Vergangenheit zurückschauen: Was waren die Gründe für das Scheitern der Weima-

Am 7. November 1999 beging der Deutsche Bundestag sein 50. Jubiläum mit einem Festakt im Berliner Reichstagsgebäude. Das 1894 fertig gestellte Gebäude wurde durch den Reichstagsbrand 1933 (▶ S. 129) und später im Krieg (▶ S. 187) zerstört. Bei der gründlichen Restaurierung nach 1990 wurde auch die Kuppel errichtet.

Protest gegen den Transport abgebrannter Brennstäbe von Kernkraftwerken in „Castor"-Behältern nach Gorleben, März 1997

rer Republik? Welche Schwachstellen hatte die Verfassung von Weimar? Gleichzeitig mussten die Mitglieder des Parlamentarischen Rates auch zur Kenntnis nehmen, dass sich im Osten Deutschlands ein autoritäres Regime etablierte, das für sich beanspruchte, als „Volksdemokratie" die wahre Demokratie zu sein.

Die Mitglieder des Parlamentarischen Rates schufen ein demokratisches Regierungssystem, bei dem allein das Parlament über eine unmittelbar auf das Volk zurückgehende Legitimität verfügt. Ein Staat mit einer demokratischen Ordnung ist kein von der Gesellschaft abgehobener „Obrigkeitsstaat". Es ist vielmehr ein entscheidendes Kennzeichen der Demokratie, dass die Gesellschaft am Prozess der politischen Meinungsbildung und Entscheidung teilhat. Die Bürgerinnen und Bürger finden sich in Parteien, Interessenverbänden, Bürgerinitiativen oder politisch-sozialen Bewegungen zusammen und bringen ihre Meinungen und Interessen häufig mithilfe der Medien zum Ausdruck. In diesem Großabschnitt soll untersucht werden, welche Möglichkeiten die Bürgerinnen und Bürger haben, an der politischen Herrschaft zu partizipieren, d. h. aktiv an der Gestaltung des Gemeinwesens mitzuwirken.

Karikatur von Walter Hanel, 1984

Werkstatt Geschichte und Gesellschaft: „Wie war denn das damals?" – Befragung von Zeitzeugen

Am 20. April 1945 konnten die Esslinger Bürger in ihrer Zeitung lesen: „Unsere Treue zu Hitler wird unser Sieg sein". Zwei Tage später rollten US-Panzer ohne Widerstand in die Stadt ein. Die amerikanische Militärregierung verbot sofort jede parteipolitische Betätigung und besetzte die Spitzenpositionen der Stadtverwaltung mit Persönlichkeiten ihres Vertrauens. Am 2. Mai 1945 schrieb die „Esslinger Zeitung" (die am 5. Mai ihr Erscheinen einstellen musste):

Die Militärregierung Esslingen stellt uns die nachstehenden Ausführungen ... zur Verfügung:
Die amerikanische Armee ist einmarschiert. Mit den Amerikanern ist eine neue Gesetzlichkeit eingezogen. Auf den Panzern und Lastwagen der siegreichen amerikanischen Truppen fahren Ruhe und Ordnung, Sicherheit und Gerechtigkeit mit. Die Herrschaft der Nazi-Willkür hat ein Ende. [...]
Die amerikanischen Soldaten, die die Wehrmacht Hitlers auf Dutzenden von Schlachtfeldern geschlagen haben [...], sind Söhne einer der größten Demokratien der Welt. Sie sind gewöhnt, den Menschen nach seinem Wert, nach seinem Charakter und seinem Verhalten zu beurteilen, nicht nach Rasse, Sippe, Blut und ähnlichen widersinnigen Nazibegriffen. Die amerikanischen Soldaten sind beherrscht von einem Geist, der in den Worten des Oberbefehlshabers der Alliierten Streitkräfte, General Eisenhowers, ausgedrückt ist: „Wir kommen als ein siegreiches Heer, jedoch nicht als Unterdrücker".

Wenige später begann ein von den Alliierten gelenkter Demokratisierungsprozess. Seit August 1945 war gemäß dem Potsdamer Abkommen die Betätigung demokratischer Parteien wieder erlaubt, auch öffentliche Versammlungen durften wieder abgehalten werden.
Der Wahlkampf zu den ersten Gemeinderatswahlen im April 1946 in Württemberg-Baden war sehr lebhaft. Das Amtsblatt, herausgegeben von der Militärbehörde, teilte am 30. März 1946 mit, wer vom Wahlrecht ausgeschlossen war:

a) Personen, die der NSDAP vor dem 1. Mai 1937 beigetreten sind, sowie alle aktiven Mitglieder, die später eingetreten sind; ... Funktionäre der Partei, ohne Rücksicht auf das Eintrittsdatum;
b) alle Mitglieder der SS ohne Rücksicht auf das Eintrittsdatum;
c) Amtsträger, sowie alle Personen, die bestätigt oder nichtbestätigt einen Rang in der SA, der NS-Frauenschaft, dem NSD-Studentenbund, dem NSD-Dozentenbund, dem NS-Kraftfahrerkorps und dem NS-Fliegerkorps oder in der HJ den Rang als Unterbannführer ... oder höher, oder beim BDM den Rang als Ringführerin oder höher innehatten;
d) bekannte Anhänger und Mitarbeiter der Nazi.

Wahlkampf der SPD zu den Gemeinderatswahlen in der amerikanischen Zone, Frühjahr 1946

Über die Neugründung der Parteien und die Wiedereinführung demokratischer Willensbildungsprozesse nach 1945 sind nur wenige schriftliche Nachweise erhalten. Aufgrund der damaligen Papierknappheit wurden z. B. bei Parteiversammlungen fast nie Protokolle geführt. Über die demokratische Erneuerung in den Gemeinden und Landkreisen wissen wir Einzelheiten vor allem aus den Erinnerungen von Personen, die das Geschehene selbst erlebt haben.

Um Zeitzeugen zu befragen, muss man nicht Historiker oder Journalist sein. Solche Befragungen können auch im Rahmen von Unterrichtsprojekten durchgeführt werden. Befragt werden können grundsätzlich Menschen aus allen gesellschaftlichen Gruppen, die einen Abschnitt der Geschichte bewusst miterlebt haben. „Oral History", die Befragung von Zeitzeugen, ist sozusagen die Geschichte, die der Einzelne „am eigenen Leibe" erfahren hat und über die er rückschauend aus seiner persönlichen Perspektive berichtet.
Bei der Befragung von Zeitgenossen muss man sich allerdings darüber im Klaren sein, dass Erinnerungen subjektiv und deshalb nicht unbedingt zuverlässig sind: Oft wird Unangenehmes verdrängt, neue Erfahrungen oder veränderte Einstellungen können das Erlebte in ein neues Licht tauchen, später erworbenes Wissen kann mit Selbsterlebtem vermischt werden.
Dennoch kann Oral History Einsichten vermitteln, die anderweitig kaum zu gewinnen sind. Sie kann beispielsweise das Alltagsleben zum Vorschein bringen, das in schriftlichen Quellen oft zu kurz kommt, und sie kann Mentalitäten und deren Wandel besonders plastisch hervorheben. Die Wahrnehmung der Betroffenen ergänzt das von Historikerinnen und Historikern vermittelte Geschichtsbild, denn im Alltag werden oft ganz andere Erlebnisse bedeutsam als diejenigen, die von Fachleuten als wesentlich erachtet werden.

Befragungen von Zeitzeugen können offen (freies Gespräch ohne Fragebogen) oder gelenkt (Interview mit Fragebogen) sein. In offenen Befragungen können sich die Gesprächspartner am freiesten entfalten und ihre persönliche Sicht der Dinge am unverstelltesten zur Geltung bringen. Allerdings ist die Versuchung der Befragten groß, vom Untersuchungsgegenstand abzuschweifen. Die Auswertung einer mithilfe eines vorbereiteten Fragenkatalogs gelenkten Untersuchung ist einfacher. Im Gespräch kommen dann aber die Inhalte, die dem Befragten besonders wichtig erscheinen, weitaus weniger zur Geltung. Um den Fragesteller nicht zu enttäuschen, berichtet er oft über Zusammenhänge, die ihm erst später bekannt wurden. Der Mittelweg sind „halb-offene" Interviewtechniken: Die Befragten bekommen zunächst ausreichend Gelegenheit frei zu erzählen. Anschließend greift der Fragesteller diejenigen Punkte auf, die seines Erachtens einer näheren Klärung bedürfen.

Zur Diskussion:
– Erforschen Sie in Ihrer Gemeinde, wie dort nach dem Zweiten Weltkrieg das politische Leben wieder begann, welche Parteien gegründet wurden, wie die Parteigründungen nach 1945 vonstatten gingen. Lassen Sie sich von den Parteien oder von der Gemeindeverwaltung frühere Gemeinderatsmitglieder nennen, die die Zeit nach 1945 politisch mitgestaltet haben. Befragen Sie in diesem Zusammenhang auch ältere Menschen aus Ihrer Nachbarschaft. Suchen Sie nach schriftlichen Quellen und vor allem nach Fotos aus jener Zeit.
– Diskutieren Sie über die Erfahrungen, die Sie mit dem Verfahren der Zeitzeugenbefragung gemacht haben.

1 Die politische Willensbildung

Nach Artikel 20, Absatz 2 des Grundgesetzes wird die Staatsgewalt vom Volk in Wahlen und Abstimmungen ausgeübt. Dies bedeutet aber nicht, dass sich die Mitwirkungsmöglichkeiten der Bürgerinnen und Bürger auf die Ausübung des Stimmrechts beschränken. Sie können auch noch auf verschiedenen anderen Wegen an den Entscheidungsprozessen partizipieren, z. B. indem sie in Parteien mitarbeiten oder sich in Bürgerinitiativen engagieren. Sehr viele Bürger sind auch Mitglied in einem Verband, der ihre Interessen vertreten soll.

1.1 Interessenverbände – Wehe dem, der keine Lobby hat?

Verbände im Grundgesetz

Nach dem Grundgesetz haben alle Deutschen das Recht, Vereine oder Gesellschaften zu bilden (Vereinigungsfreiheit). Artikel 9, Absatz 3 gewährt darüber hinaus jedermann das Recht zur Gründung von Organisationen im Arbeits- und Wirtschaftsleben (z.B. von Gewerkschaften, Arbeitgeber- und Berufsverbänden). Verbände sind wesentliche Elemente pluralistischer Gesellschaften und demokratischer Systeme. Sie haben die Aufgabe, bestimmte gesellschaftliche Interessen zu bündeln und auf politischer Ebene – bei Parteien, Abgeordneten oder der Regierung – zur Geltung zu bringen. Sie haben damit eine wichtige Vermittlungsfunktion zwischen Gesellschaft und Staat.

Aufgaben der Verbände

Eine wesentliche Aufgabe der Verbände besteht darin, die Vielzahl einzelner Meinungen ihrer Mitglieder zu einer möglichst einheitlichen und nach außen hin überzeugenden Position zusammenzufassen, denn die Chance für seine Wünsche und Forderungen Gehör zu finden, wird größer, wenn die Mitglieder einer Interessengruppe „mit einer Zunge sprechen". In Verbänden organisierte Interessengruppen binden eine große Zahl engagierter Mitglieder in den Prozess öffentlicher Meinungsbildung ein.

Unternehmer und Gewerkschaften

Die wohl größte Bedeutung und Macht innerhalb unseres politischen Systems haben die Interessenverbände der Arbeitnehmer und der Unternehmer. Die Unternehmer sind im Bundesverband der deutschen Industrie (BDI) und in der Bundesvereinigung Deutscher Arbeitgeber (BDA) organisiert, die Gewerkschaf-

---

Partizipation (von lat. particeps = teilhabend): Man versteht darunter das Einbezogensein von Personen oder Gruppen in sie betreffende Entscheidungen. Demokratische Willensbildungsprozesse wie Wahlen oder Abstimmungen sollen durch die unmittelbare Einfluss-nahme der Betroffenen auf den Entscheidungsprozess ergänzt werden. Dies geschieht u.a. durch die gesetzliche Mitbestimmung in Betrieben, Unternehmen oder Schulen. Partizipation kann auch durch Einspruchsrechte wahrgenommen werden, z.B. durch Demonstrationen, Blockaden, Streiks, Besetzung von Institutionen und anderen Formen des zivilen Ungehorsams.

Pluralismus (von lat. plures = mehrere): Darunter versteht man das gleichberechtigte grundrechtlich geschützte Nebeneinanderwirken einer Vielzahl sozialer Gruppen innerhalb einer staatlichen Gemeinschaft. Der Pluralismus gilt heute in demokratischen Gesellschaften als sichtbarer Ausdruck der gesellschaftlichen Vielfalt.

1 **Großkundgebung** des öffentlichen Dienstes in Berlin, 19. Oktober 1999.
Um seine Mitglieder gegen die Sparpläne der Bundesregierung zu mobilisieren, hatte der Deutsche Beamtenbund (DBB) ihnen die Anreise finanziert und zusätzliche Tagesspesen bezahlt.

ten im Deutschen Gewerkschaftsbund (DGB). So unterschiedlich die Interessenlagen dieser beiden Gruppen sind, so sehr hoffen doch viele, dass beide aus einer Gesamtverantwortung heraus im „Bündnis für Arbeit" gemeinsam mit der Bundesregierung Wege aus der hohen Arbeitslosigkeit finden.

Verbände werden häufig als „Lobby" bezeichnet oder – auch im amerikanischen Sprachgebrauch – als „pressure-groups", die Einfluss auf staatliche Entscheidungen nehmen. Möglichkeiten, öffentlichen Druck auszuüben, können darin bestehen, die öffentliche Meinung über die Medien zu mobilisieren, den Mitgliedern zu empfehlen, eine bestimmte Partei zu wählen, zu Demonstrationen oder zu Boykottaktionen aufzurufen oder eine Partei finanziell zu unterstützen. Sie können außerdem versuchen, Abgeordnete zu beeinflussen, Parteien und Parlamente mit Verbandsvertretern personell zu durchdringen, durch exklusive Vergabe von Informationen an Abgeordnete diesen Informationsvorteile zu verschaffen oder gut dotierte Verbandsposten an Politiker zu vergeben. So sind z.B. Abgeordnete, die Industrieverbänden angehören, im Wirtschaftsausschuss oder die Gewerkschaften im Sozialausschuss des Deutschen Bundestages stark vertreten, um dort die arbeitsrechtlichen und sozialpolitischen Interessen ihrer Mitglieder zu vertreten.

Formen des Lobbyismus

Das Wissen der Experten in den Interessenverbänden ist auch für den Bundestag von Bedeutung, wenn Bundestagsausschüsse Verbandsvertreter zu Hearings (Expertenanhörungen) einladen, oder wenn Verbandsvertreter die Abgeordneten im Rahmen „parlamentarischer Abende" informieren. Diese Beteiligung von Interessenverbänden ist politisch gewollt. Nach § 70 der Geschäftsordnung des Deutschen Bundestags können die Ausschüsse „öffentliche Anhörungen von Sachverständigen, Interessenvertretern und anderen Auskunftspersonen vornehmen".

Hearings

Lobby: Der englische Begriff bezeichnete ursprünglich die Vorhalle des Parlaments. Diese „Lobby" galt früher als der klassische Ort, wo Interessenvertreter der verschiedenen gesellschaftlichen Gruppen die Abgeordneten antreffen und ansprechen konnten. Heute bezeichnet der Begriff im übertragenen Sinne die gezielte Einflussnahme auf politische Entscheidungsträger durch Vertreter von Gruppeninteressen.

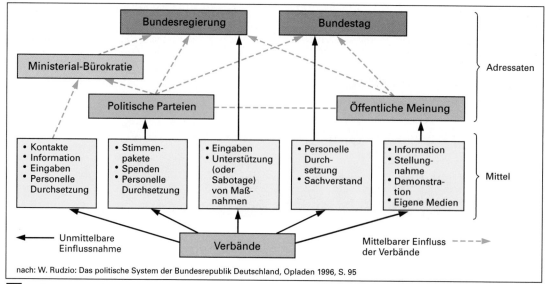

Adressaten

Mittel

- Kontakte
- Information
- Eingaben
- Personelle Durchsetzung

- Stimmen-pakete
- Spenden
- Personelle Durchsetzung

- Eingaben
- Unterstützung (oder Sabotage) von Maß-nahmen

- Personelle Durch-setzung
- Sachverstand

- Information
- Stellung-nahme
- Demonstra-tion
- Eigene Medien

Bundesregierung

Bundestag

Ministerial-Bürokratie

Politische Parteien

Öffentliche Meinung

Verbände

◄── Unmittelbare Einflussnahme

Mittelbarer Einfluss der Verbände ─ ─ ─►

nach: W. Rudzio: Das politische System der Bundesrepublik Deutschland, Opladen 1996, S. 95

2 Adressaten und Methoden der Verbände

3 Typisierung von Verbänden nach gesellschaftlichen Handlungsfeldern

In Deutschland gibt es über 2500 bundesweit tätige Interessenverbände. Dabei ist eine eindeutige Zuordnung zu bestimmten gesellschaftlichen Handlungsfeldern nicht immer möglich. Ist z. B. der ADAC ein Verbraucherverband der Autofahrer, ein Motorsportklub, ein Pannendienst, ein Reiseunternehmen oder eine Lobby für die Automobilbranche?
Die verschiedenen Interessenverbände in der Bundesrepublik lassen sich in folgende Hauptgruppen einteilen:
– Vereinigungen innerhalb des Wirtschafts- und Arbeitslebens (z. B. Bundesvereinigung der Deutschen Arbeitgeberverbände/BDA, Bundesverband der Deutschen Industrie/BDI, Deutscher Gewerk-
5 schaftsbund/DGB, Deutscher Beamtenbund/DBB),
– Vereinigungen im sozialen Bereich (z. B. Verband der Kriegs- und Wehrdienstopfer, Behinderten und Sozialrentner/VdK),
– Vereinigungen im Freizeitbereich (Deutscher Sport-
10 bund/DSB),
– Vereinigungen im Bereich von Kultur, Politik und Religion (z. B. Kirchen),
– Vereinigungen von politischen und anderen Körperschaften des öffentlichen Rechts (z. B. Der Deutsche
15 Städtetag/DST)

Nach: Paul Ackermann u.a., Politik. Ein einführendes Studienbuch, Hamburg 1980, S. 48

4 Regierung und Verbände

Der Politikwissenschaftler Jürgen Weber, 1980:
Skeptiker weisen darauf hin, dass viele Verbände im Bundestag über einzelne Abgeordnete vertreten sind [...], dass die Verbandsaffinität [-nähe] vieler Abgeordneter, die einseitige Verbandsfärbung bestimmter Ausschüsse [...] und schließlich ihre aus jahrelanger 5 Kooperation mit den einschlägigen Ministerien erwachsenen guten Beziehungen die theoretisch vorhandenen Entscheidungsspielräume der Politik in der Praxis stark einschränken.
Hier empfiehlt sich eine Unterscheidung zwischen 10 zwei Gattungen von Verbänden, die diesen Befund zu differenzieren in der Lage ist. Gemeint sind die „normalen" Verbände wie der Bauernverband, die Vertriebenenverbände, Geschädigtenverbände, Sportverbände, kirchliche oder sonstige wertorientierte Organisationen, die ihre Belange verfechten können, ohne 15 jedoch autonome Entscheidungsmöglichkeiten zu besitzen. Demgegenüber setzen die Gewerkschaften und Arbeitgeberverbände im Rahmen der ihnen verfassungsmäßig garantierten Tarifautonomie durch die Lohnabschlüsse mit ihren umfassenden Auswirkun- 20 gen auf Preise, Geldwert, Beschäftigung, internationale Konkurrenzfähigkeit Daten, die den wirtschaftspolitischen Zielen der amtierenden Regierung zuwiderlaufen können.
Die vom Grundgesetz gewollte Autonomie der 25 Tarifvertragsparteien grenzt damit bewusst den Handlungsspielraum des Staates im Bereich der Wirtschaftspolitik und mittelbar auch das große Feld der sozialen Sicherung ein. Ohne ein Mindestmaß an Zu- 30 stimmung dieser Verbände kann keine Regierung ihre wirtschaftspolitischen Vorstellungen verwirklichen.

12

[...] Auch für die erstgenannten „normalen" Verbände, die auf der Grundlage von Art. 9 GG in der politischen

35 Arena auftreten, ohne jedoch autonome Entscheidungsmöglichkeiten mit gesetzgeberischer Wirkung zu besitzen, lässt sich eine Fülle von Formen und Einrichtungen nachweisen, die auf einen ständigen Gedankenaustausch, auf Beratung und Zusammenarbeit

40 mit dem Staat hinzielen. [...]
Die Verbände sind zum einen besonders wirksame Frühwarnsysteme für die Politik, zum anderen aber auch Interpreten des Staates gegenüber ihren Mitgliedern. Wer als Politiker mit diesem Instrumentarium

45 nicht umzugehen versteht, wird [keinen Erfolg haben].
Auf jeden Fall sind die hier geschilderten Strukturbedingungen des Verbändestaates in der Bundesrepublik freiheitsverbürgende Sicherungen gegen Omnikompetenzansprüche [Allmachtsansprüche] des Staates wie

50 auch gegen die Sprachlosigkeit des Bürgers und den Egoismus einzelner Gruppen. Niemand wird darauf verzichten wollen.

Jürgen Weber, Verbändestaat – oder was sonst? In: Aus Politik und Zeitgeschichte, B 44/80, S. 12 ff.

5 Lobbyismus
Der Politikwissenschaftler Martin Sebaldt, 1997:
Allein zwei Drittel aller in Bonn lokalisierten Interessengruppen (1994 gab es insgesamt 1572 in der „Lobbyliste" des Deutschen Bundestages registrierten Verbandsgeschäftsstellen, von denen 530 ihren Sitz in

5 Bonn hatten) sind in einem Umkreis von weniger als 3000 m Luftlinie um den Deutschen Bundestag und das Bundeskanzleramt zu finden. Interpretiert man diese Daten behutsam, so lässt sich daraus einiges

über den am deutschen Regierungssitz existierenden Lobbyistenalltag ablesen: Die Wege sind kurz, infor-

10 melle Treffen mit Abgeordneten, Ministerialbeamten oder Kollegen anderer Organisationen jederzeit zu organisieren. [...] Dies dient auch dem Wunsch *beider Seiten* (Verbandsvertreter und politische Akteure), derlei Beziehungen auf Dauer zu stellen bzw. gar zu

15 routinisieren, um es auf lange Sicht mit berechenbaren und kompetenten Gesprächspartnern zu tun zu haben. Denn empirische Untersuchungen zeigen ganz klar, dass Abgeordnete, Ministerialbeamte etc. die Kontaktversuche von Verbandsfunktionären in der

20 Regel nicht als lästiges Lobbying abzuwehren versuchen, sondern hierfür durchweg recht empfänglich sind, weil sie vonseiten der Interessengruppen die für Entscheidungen nötigen Fachinformationen erhalten.

Martin Sebaldt, Verbände und Demokratie: Funktionen bundesdeutscher Interessengruppen in Theorie und Praxis. In: Aus Politik und Zeitgeschichte, B 36-37/97, S. 27 ff.

6 „Mechanismus umgekehrter Demokratie"
Hans Herbert von Arnim, Professor für Öffentliches Recht und Verfassungslehre in Speyer, 1999:
Unserer pluralistischen Demokratie liegt die Verfassungserwartung zugrunde, Politik führe tendenziell zu ausgewogenen und richtigen Ergebnissen. Selbst der massivste Einfluss von Verbänden und Lobbyisten

5 sei, so meinen viele, nichts Schlimmes, weil er sich ohnehin in seiner Summe ausgleiche.
In Wahrheit besteht aber ein fundamentales Ungleichgewicht. Je allgemeiner Interessen sind, je mehr Menschen sie gemeinsam sind, desto schwieriger ist ihre

10 verbandliche Organisation und desto geringer sind

7 Karikatur von
Burkhardt Mohr,
1999

meist ihre Durchsetzungschancen im Gesetzgebungs-
verfahren [...]. In der Wirklichkeit kommen deshalb
machtvoll organisierbare Partikularinteressen regelmäßig eher zum Zuge wie die der Bauern, Banken, Ver-
15 sicherungen, der Pharmaindustrie oder anderen Ein-
kommensgruppen. Dagegen werden die oft viel wich-
tigeren allgemeinen Interessen (zum Beispiel die von
Konsumenten, Steuerzahlern, Sparern und Wählern)
generell unter dem Druck der Verbände leicht ver-
20 nachlässigt. [...] Finden Interessen desto weniger
Berücksichtigung, je größer der Kreis der Betroffenen
ist, läuft das letztlich auf einen „Mechanismus umge-
kehrter Demokratie" hinaus.
Wie nötig es wäre, Politiker vor excessivem Einfluss
25 der Verbände gesetzlich zu schützen, zeigen die Milli-
ardensummen von Subventionen: Gut organisierte Interessenten haben sie durchgesetzt und verteidigen sie
ganzherzig gegen alle halbherzigen Abbauversuche,
obwohl Subventionen dem allgemeinen Interesse an
30 Transparenz, an gleichmäßiger und niedriger Abga-
benbelastung und einer flexiblen und dynamischen
Wirtschaft zuwiderlaufen. [...]
Wie sehr unkontrollierte Bargeldzuwendungen die Integrität von Parteien und Politikern infrage stellen,
35 hat der Flick-Skandal (s. S. 35) offenbart. [...] Es gibt
zwei Wege zur Abhilfe: Die einen empfehlen die Errichtung parteidistanzierter, unabhängiger, nur der Sache verantwortlicher Entscheidungs-, Beratungs- und
Kontrollgremien [...]. Probleme ergeben sich aller-
40 dings daraus, dass die politische Klasse, etwa bei der
Besetzung der Positionen, zu starken Einfluss nimmt
(„Parteipatronage") und deshalb wirkliche Unabhängigkeit der Institution und ihrer Mitglieder nur schwer
erreichbar erscheint [...]. Zugleich entbehren solche
45 Institutionen der unmittelbaren demokratischen Legitimation. Besser wäre es deshalb, die Leiter solcher Institutionen direkt durch das Volk wählen zu lassen.
Damit sind wir bereits beim zweiten Ansatz, der Politik mehr Handlungsfähigkeit zu verschaffen. Dieser
50 Weg geht dahin, das System durchlässiger zu machen
für den Commen sense der Bürger: durch Direktwahl
der Repräsentanten und durch Ermöglichen von
Sachentscheidungen direkt durch das Volk. [...]

Sonntag Aktuell, 6. Juni 1999, S. 3

8 Einfluss der Verbände auf Abgeordnete

a *Der parlamentarische Geschäftsführer der SPD-
Fraktion Uwe Küster, 1999:*
Auf meinem Bonner Schreibtisch stapelten sich schon
bald nach meinem erstmaligen Einzug in den Deutschen Bundestag im Jahr 1990 Pressemitteilungen, In-
formationsbroschüren, Einladungen und Gesprächs-
5 wünsche von Verbandsvertretern aus ganz Deutschland. Glückwünsche zur Wahl in den Deutschen
Bundestag wurden mit der Vorstellung der Ziele ihrer
Verbände verbunden. Wünsche an die Bonner Politik

folgten, verbunden mit der Hoffnung auf eine gute Zusammenarbeit in der neuen Legislaturperiode. 10
[...] Das Optimum aus Sicht der Verbandsvertreter
wäre es natürlich, die Abgeordneten von ihren Forderungen zu überzeugen und den Gesetzgebungsprozess
in ihrem Sinne auszugestalten. Viele Verbände versuchen deswegen auch – unabhängig von persönlichen 15
Kontakten zu den Parlamentariern – über die Medien
auf die Abgeordneten Einfluss zu nehmen. Häufig star-
ten finanzstarke Verbände zu bestimmten Gesetzen
eigene bundesweite Informationskampagnen. [...]
Dann gilt für jeden Abgeordneten und die Regierungs- 20
fraktionen gleichermaßen, dass sie den von Verbänden
organisierten Druck aushalten. Bei einem Nachgeben
würde man nicht nur die eigene politische Gestal-
tungsfähigkeit aufgeben, man würde auch die zukünftige positive Entwicklung von Wirtschaft und Gesell- 25
schaft behindern.

b *Der Parlamentarische Geschäftsführer der
CSU-Landesgruppe Peter Ramsauer, 1999:*
Deutschland und die Deutschen teilen sich immer
mehr in einzelne Interessengemeinschaften auf [...].
Aufgabe der Politik im Bundestag muss es aber sein,
nach Möglichkeit stets einen fairen Interessenaus-
gleich zwischen den Beteiligten herbeizuführen und 5
stets das Ganze im Blick zu haben. Das gilt umso
mehr für die Vertreter der großen Volksparteien, die
[...] alle Schichten und Bevölkerungsgruppen unserer
Gesellschaft abdecken müssen. Dabei gilt: Gemeinwohl geht vor Eigennutz. Natürlich: In einer hochmo- 10
dernen Industrie-, Technologie- und Dienstleistungs-
gesellschaft ist die öffentliche Artikulierung von Eigeninteressen und Bedürfnissen notwendig. Das
belebt das politische Geschäft und erweitert den Horizont. Es besteht aber dadurch die Gefahr, dass kleine, 15
aber finanzkräftige und organisationsstarke Verbände
oder Institutionen sehr laut und deutlich vernehmbar
ihre Partikularinteressen artikulieren können, eine
breite Mehrheit aber schweigt. Verantwortliche Politik aber darf sich dem Verbandslobbyismus in 20
Deutschland niemals preisgeben. [...].
In unserer modernen aber komplexen Gesellschaft lassen sich zudem nicht alle Entscheidungen auf ein einfaches Ja-Nein-Muster reduzieren. Es gilt, alle Entscheidungen unter vielfältigen Aspekten abzuwägen 25
und den Weg von Kompromissen zu ebnen. Die Bundesrepublik Deutschland ist in nunmehr fünf Jahrzehnten mit dem Prinzip der repräsentativen parlamentarischen Demokratie gut gefahren. Bei allen
grundlegenden Entscheidungen und Weichenstellun- 30
gen hat das Parlament in Bonn klug und mit Weitsicht
Entscheidungen getroffen, oftmals auch gegen den
enormen Druck der Straße und gegen massive öffentliche Proteste. [...]

a) und b): Das Parlament, 30. Juli 1999

14

9 „Heimliche Herrscher"?

Aus dem „Spiegel", 1993:

Die Schar der freiberuflichen Lobbyisten vermehrt sich flotter, als es die Platzverhältnisse im Regierungsviertel erlauben [...].

5 Konzerne, vorneweg die Autobauer, Banken und Rüstungsbetriebe, machen in Bonn Druck. Zusätzich kungeln Verbände, vom ADAC bis zum Arbeitgeberverband, mit den Politikern um Wohlstandsanteile [...].

Unter dem massiven Druck des Bauernverbandes ent-
10 stand in der Landwirtschaft ein Subventionssystem, das Verbraucher und Steuerzahler mehr kostet, als die Bauern dem Sozialprodukt hinzufügen. [...] Kaum eine Lobby kämpft so aggressiv wie die Pharmaindustrie. Die Zuwachsraten liegen seit Jahrzehnten über dem
15 Wirtschaftswachstum. [...] Der mutige CSU-Mann [Gesundheitsminister Seehofer] erlebte eine „enthemmte Lobby", die sich als Staat im Staate verstand und nicht bereit war, sich freiwillig der Bonner Politik unterzuordnen.

Der Umweltbundesausschuss des Bundestages verab-
20 schiedete kürzlich einen Antrag zum Investitionserleichterungsgesetz, die die Elektrizitätswirtschaft Wort für Wort verfasst hatte. [...] Der Antrag, der bisher gültiges Umweltrecht außer Kraft setzt, trug in der Kopfzeile noch die Fax-Kennung des Absenders – Ver-
25 einigung Deutscher Elektrizitätswirtschaft.

Der Spiegel, Nr. 43/1993, S. 50f, 56

10 Regiert die Lobby den Staat?
Titelbild des Spiegel, Nr. 43, 1993

Arbeitsvorschläge und Fragen

a) Schlagen Sie in einer Gesetzessammlung nach, welche Aufgaben Innungen und Handwerkskammern (§§ 91 HandwO) haben. Inwiefern überlagern sich dabei staatliche und berufsständische Aufgaben? Welche Interessenkonflikte könnten entstehen?

b) Fertigen Sie eine Wandzeitung an, indem Sie über mehrere Wochen Zeitungsausschnitte sammeln und anheften, die sich mit Kritik und Anregungen von Verbänden an die Adresse der Bundesregierung beschäftigen. (Unter „www.bundestag.de" finden Sie zudem im Internet unter dem Stichwort „Datenbanken" Informationen über die beim Bundestag registrierten Verbände.) – Welche Grundmuster der Argumentation können Sie unterscheiden? Welche Formen der Einflussnahme erkennen Sie? Nehmen Sie dazu auch M2 zu Hilfe.

c) Sichten und ordnen Sie die Materialien M4–9: Welche Chancen bzw. Probleme des Verbändewesens werden darin jeweils gesehen?

d) Wie beurteilen Sie selbst den Lobbyismus? Diskutieren Sie in der Klasse unter verschiedenen Gesichtspunkten.

e) Spielen Sie in der Klasse ein Rollenspiel (▶ S. 272): Die Regierung hat ein generelles Rauchverbot in öffentlichen Einrichtungen beschlossen. Wie verhalten Sie sich als Vertreter der Rauchwarenindustrie? Wie argumentieren Sie aus der Position der Regierung?

1.2 Eine „vierte Gewalt"?
Die Beeinflussung der Willensbildung durch Medien

Medien werden wegen ihres Einflusses auf die Willensbildung in der Demokratie häufig als „vierte Gewalt" bezeichnet. Ihre Aufgabe besteht auch darin, die Öffentlichkeit über das Tun der anderen Gewalten kritisch zu informieren. Nach dem Missbrauch der Medien in der NS-Zeit (▶ S. 131) stellte das Grundgesetz 1949 die Informations- und Pressefreiheit unter besonderen Schutz.

Am Ende des zwanzigsten Jahrhunderts haben die Massenmedien eine so starke Bedeutung gewonnen, dass viele Menschen geradezu von einer „Mediengesellschaft" sprechen: Immer mehr Bücher und Zeitschriften werden angeboten, immer mehr TV-Programme konkurrieren um die Aufmerksamkeit der Zuschauer, immer kürzer ist auch das „Verfallsdatum" von Informationen. Im Internet-Zeitalter gesellen sich zu den alten Fragen nach der Unabhängigkeit und Objektivität der Berichterstattung oder nach den Grenzen der Pressefreiheit neue Fragen: Hat der Staat überhaupt noch die Möglichkeit, die Inhalte des Internet zu kontrollieren? Soll er diese Möglichkeit haben? Die Auffassungen über diese Frage sind durchaus kontrovers.

Wo endet die Pressefreiheit? Von der Spiegel-Affäre …

Über die Grenzen der Pressefreiheit wurde in der Geschichte der Bundesrepublik immer wieder kontrovers diskutiert. Zu einer starken Mobilisierung der Öffentlichkeit kam es 1962, als Journalisten des Hamburger Nachrichtenmagazins „Der Spiegel" über atomare Planungen der Bundesregierung berichtet hatten. Im Auftrag von Politikern, die den Vorwurf des Landesverrates erhoben, gingen Polizei und Justiz gegen die Journalisten vor (▶ S. 26).

… zum Streit um den „großen Lauschangriff"

1998 wurde im Deutschen Bundestag und im Bundesrat der so genannte „große Lauschangriff" verabschiedet. Dabei wurde Art. 13 des Grundgesetzes (Unverletzlichkeit der Wohnung) mit der erforderlichen Zweidrittelmehrheit geändert. Bis dahin hatten Mikrofone mit Minisendern (Wanzen) oder Richtmikrofone zum Abhören von Privaträumen von der Polizei nur zur Vorbeugung gegen schwere Verbrechen eingesetzt werden dürfen. Nun sollte auch nach besonders schweren Straftaten wie Mord, Erpressung oder Bandenkriminalität die akustische Wohnraumüberwachung zur Beweissicherung eingesetzt werden können. Der „große Lauschangriff" ist allerdings nur zulässig, wenn die Aufklärung einer Straftat auf andere Weise unverhältnismäßig schwer oder aussichtslos erscheint. Er muss im Regelfall durch ein aus drei Richtern bestehendes Kollegium eines Landgerichts angeordnet werden.

Umstritten waren bei der Verabschiedung des Gesetzes vor allem die Personengruppen, die nicht abgehört werden dürfen. Zunächst sollten nur Geistliche, Strafverteidiger und Abgeordnete ausgenommen sein. Am 5. März 1998 stimmte dann der Bundestag und ein Tag später der Bundesrat gegen die Stimmen von CDU/CSU und eines Teils der FDP einem Vorschlag des Vermittlungsausschusses zu, alle Berufe mit Zeugnisverweigerungsrecht, darunter Ärzte, Anwälte und Journalisten vom „großen Lauschangriff" auszunehmen.

Medien (von lat. medium = Öffentlichkeit) sind Kommunikationsmittel zur Verbreitung von Wissen, Nachrichten, Meinungen und Unterhaltung durch Schrift, Ton oder Bild. Sie richten sich an einzelne gesellschaftliche Gruppen oder an ein großes Publikum (Massenmedien). Druckerzeugnisse werden auch als Printmedien, Bild- und Tonträger als audiovisuelle Medien bezeichnet.

1 „Zur Sache, Herr Bundeskanzler"
SAT 1 Sendung, 1994.
Der damalige Bundeskanzler Helmut Kohl bei einem Fernsehinterview an seinem Urlaubsort. Kritiker warfen ihm vor, kritischen Journalisten Interviews verwehrt zu haben.

Da über die Medien der größte Teil der Bevölkerung erreicht werden kann, ist die Darstellung politischer Fragen für alle am Willensbildungsprozess beteiligten Gruppen von höchster Bedeutung. Wer Zugang zu den Medien besitzt und in der Lage ist, seine Anliegen verständlich und überzeugend zu formulieren, kann die öffentliche Meinung entscheidend beeinflussen.

In der Bundesrepublik Deutschland sind Zeitungs- und Zeitschriftenverlage fast ausschließlich in privatem Besitz. Dadurch besteht einerseits Freiheit von direkter staatlicher Beeinflussung. Andererseits ergeben sich Abhängigkeiten, die durch das Meinungsbild des Verlegers oder durch wichtige Anzeigenkunden geprägt sind. Beim Züricher Tagesanzeiger zogen z. B. 1979 fast alle Automobilunternehmer bereits gebuchte Werbeinserate zurück, nachdem sich das Blatt kritisch über die zunehmende Motorisierung geäußert hatte. Die Unabhängigkeit der Redakteure gegenüber den Verlegern ist allerdings bei vielen Zeitungen durch Redaktionsstatute vertraglich geschützt.

Information als Herrschaftsinstrument

Aus dem Zwang, Gewinne zu erwirtschaften, kam es in den letzten Jahrzehnten zu einer zunehmenden Konzentration der Presse. Das führte dazu, dass sehr unterschiedliche Zeitschriften oder Fernsehsender im Besitz ein und desselben Verlegers sind. Bertelsmann, Springer, Bauer und Burda sind die Konzerne, von denen die meisten auflagenstarken Tageszeitungen und Zeitschriften stammen. Zusammen mit der Kirch-Gruppe, der „Westdeutschen Allgemeinen Zeitung" und der Holzbrinck-Gruppe beherrschen diese Konzerne auch die privaten Fernsehanstalten.

Pressekonzentration und Meinungsvielfalt

Nachrichten und Unterhaltung sind zu einem Wirtschaftsgut geworden. Kriterien für den wirtschaftlichen Erfolg sind Umsätze und Einschaltquoten, nicht immer inhaltliche Seriosität. Der Konkurrenzdruck zwingt die Verleger, Informationen immer rascher zu verkaufen, bevor sie veralten. Mitte der 90er-Jahre kam ans Tageslicht, dass in einigen TV-Magazinen erfundene, reißerisch inszenierte Filmbeiträge gesendet wurden. Gründliche journalistische Recherche und redaktionelle Überprüfung angebotener Beiträge scheinen im Konkurrenzkampf der Magazine an Bedeutung verloren zu haben.

Informationen als Ware

Rundfunk und Fernsehen sind im Unterschied zur Presse in Deutschland nicht ausschließlich privatwirtschaftlich organisiert. Um eine sowohl vom Staat als auch von privaten Geldgebern unabhängige Berichterstattung zu gewährleisten, wurden nach 1945 in den Westzonen öffentlich-rechtliche Länderanstalten gegründet. Diese finanzieren ihre Arbeit durch Gebühren der Hörer und Zuschauer und nur zu einem geringeren Teil durch Einnahmen aus der Werbung. Ihre Programme sollen möglichst alle gesellschaftlichen Standpunkte zur Geltung bringen, d.h. „ausgewogen" sein. Trotzdem versuchen Parteien und Interessenverbände immer wieder – vor allem bei bevorstehenden Wahlen – über die Rundfunkräte politischen Druck auf die Redakteure auszuüben.

Die Rundfunkräte bilden die Aufsichtsgremien der Sender. Deren Mitglieder kommen aus allen „gesellschaftlich relevanten (wichtigen) Gruppen". Dazu zählen Vertreter der Landesregierungen, Parteien, Universitäten, Religions-

2 „Ich eröffne die Gesellschafter-Versammlung der Deutschland-Fernsehen-Gesellschaft mit beschränkter Hoffnung. Einziger Punkt der Tagesordnung: Karlsruhe. Das Freie Fernsehen hat sich erfreulicherweise bereit gefunden, eine zum baldigen Verbrauch bestimmte Bildkonserve zu machen." (Manfred Oesterle, 1961)

Bundeskanzler Adenauer wollte die gesetzlichen Grundlagen für den privaten Rundfunk schaffen, weil er und andere CDU-Politiker das seit 1954 ausgestrahlte ARD-Programm für zu politisch einseitig hielten. Das Bundesverfassungsgericht erklärte aber 1961 die Gründung eines geplanten kommerziellen „Deutschland-Fernsehens", an dem der Bund allerdings mit 51 Prozent finanziell beteiligt sein sollte, für verfassungswidrig: Die geplante Gesellschaft verstieße gegen den Grundsatz einer hinreichenden Staatsferne.

gemeinschaften, Gewerkschaften und Arbeitgeberverbände sowie anderer sozialer, kultureller und sportlicher Verbände. Die Rundfunkräte wählen jeweils Intendanten als Leiter der Anstalten. In der Arbeitsgemeinschaft der öffentlich-rechtlichen Rundfunkanstalten Deutschlands (ARD) arbeiten zehn Länderanstalten zusammen, die zusätzlich über die Dritten Programme eigene Regionalprogramme ausstrahlen.

Das Zweite Deutsche Fernsehen (ZDF) wurde 1961 aufgrund eines Staatsvertrags zwischen den Bundesländern errichtet. Obwohl nur wenige Mitglieder des ZDF-Fernsehrates von den Parteien entsandt werden, macht sich auch hier ein starker parteipolitischer Einfluss geltend.

Das Bundesverfassungsgericht hat den „Öffentlich-Rechtlichen" die Aufgabe zugewiesen, die Bevölkerung mit Information, Bildung und Unterhaltung zu versorgen („Grundversorgung"), da dies für die demokratische Ordnung und das kulturelle Leben unerlässlich sei.

Nicht öffentlich-rechtliche Anstalten dürfen erst seit 1984 Programme ausstrahlen. Sie finanzieren sich zumeist aus Werbeeinnahmen. Deshalb sind für sie hohe Einschaltquoten besonders wichtig. Im Pay-TV zahlen die Zuschauer für empfangene Sendungen Gebühren. Auch private Rundfunk- und Fernsehanstalten müssen laut Bundesverfassungsgericht „alle Meinungsrichtungen – auch die der Minderheiten" zum Ausdruck bringen. Meinungsmonopole sollen ausgeschlossen werden.

Die „Privaten"

Im Zuge der Entwicklung der Multimedia-Industrie wird sich möglicherweise auch die Rolle und Bedeutung des Fernsehens ändern. Schon heute investieren Fernsehsender ins Online-Geschäft, bieten zu einzelnen Sendungen Zusatz- oder Hintergrundinformationen über das Internet an. Immer mehr Buchverlage haben sich zu multimedialen Dienstleistern entwickelt, und Zeitungsverleger bieten elektronische Ausgaben ihrer Blätter an. Das Internet wurde die Basis einer immer länger werdenden Reihe von Nutzungsformen. Seine Anfänge reichen bis in die Sechzigerjahre zurück: Damals drang das US-Verteidigungsministerium darauf, ein Kommunikationsnetz zu entwickeln, das von keinem Zentralcomputer abhängig ist und auch dann noch funktioniert, wenn Teile davon zerstört wären.

Boombranche Multimedia und Internet

Die einheitliche Übertragungstechnik des World Wide Web (WWW) stellt eine Art „Datenautobahn" dar, auf die im Internet zugegriffen werden kann. Immer häufiger wird das Internet heute für das Versenden elektronischer Post (E-Mail) genutzt. Personen und Organisationen können über Homepages spezifische Informationen für Interessenten und Kunden zugänglich machen. Über „Suchmaschinen" können Internetnutzer das Netz gezielt nach Informationen durchsuchen. Kommerzielle Online-Dienste machen über Telefonleitungen Informationen verschiedenster Art am Personalcomputer zugänglich. Dazu gehören u. a. Nachrichten und Zeitungsartikel, Reiseinformationen, Lexika oder Kaufangebote. Kennzeichnend für diese Dienste ist hohe Aktualität und ständige Verfügbarkeit von Informationen.

3 Recht auf freie Meinungsäußerung im Grundgesetz

Art. 5 (1) Jeder hat das Recht, seine Meinung in Wort, Schrift und Bild frei zu äußern und zu verbreiten und sich aus allgemein zugänglichen Quellen ungehindert zu unterrichten. Die Pressefreiheit und die Freiheit
5 der Berichterstattung durch Rundfunk und Film werden gewährleistet. Eine Zensur findet nicht statt.
(2) Diese Rechte finden ihre Schranken in den Vorschriften der allgemeinen Gesetze, den gesetzlichen Bestimmungen zum Schutze der Jugend und in dem
10 Recht der persönlichen Ehre.
(3) Kunst und Wissenschaft, Forschung und Lehre sind frei. Die Freiheit der Lehre entbindet nicht von der Treue zur Verfassung.

4 „Ein Abgrund von Landesverrat"?

Aus einem Rückblick auf die Spiegel-Affäre von 1962:

„Wo hört die Pressefreiheit auf, und wo fängt der Landesverrat an?" An dieser Frage schieden sich im Herbst 1962 die Geister. Die Bundesrepublik Deutschland wurde damals von ihrem ersten großen staats-
5 politischen Skandal erschüttert, der so genannten Spiegel-Affäre. Das Hamburger Nachrichtenmagazin „Der Spiegel" machte mit seiner Titelgeschichte vom 10. Oktober 1962 Schlagzeilen, die über die deutschen Grenzen hinaus wirkten. Unter dem Titel „Bedingt
10 abwehrbereit" berichtete das Nachrichtenmagazin über das Nato-Manöver „Fallex 662". Das Bundesverteidigungsministerium entdeckte in dem vom stellvertretenden Spiegel-Chefredakteur Conrad Ahlers verfassten Bericht 40 als „geheim" eingestufte
15 Informationen.
Zwei Wochen nach Erscheinen des Artikels wurden die Hamburger Redaktion und das Bonner Büro des Spiegels von der Polizei durchsucht und beschlagnahmt. Conrad Ahlers, Spiegel-Herausgeber Rudolf
20 Augstein und leitende Mitarbeiter des Nachrichtenmagazins wurden verhaftet. Die Bundesanwaltschaft stellte insgesamt 5,5 Millionen Schriftstücke und 500 000 Fotos sicher.
Bundeskanzler Konrad Adenauer vermutete einen
25 „Abgrund von Landesverrat". Doch die Begleit-Umstände der Spiegel-Aktion gerieten schnell ins Kreuzfeuer der öffentlichen und parlamentarischen Kritik. Es stellte sich heraus, dass Conrad Ahlers in seinem spanischen Urlaubsort verhaftet worden war, noch be-
30 vor der offizielle Haftbefehl dort eintraf. Bundesverteidigungsminister Franz-Josef Strauß stritt jede Beteiligung an der Staatsaktion gegen den Spiegel ab, verstrickte sich aber in Widersprüche und musste Ende November 1962 zurücktreten [...]. Nur der Amtsver-
35 zicht des Bundesverteidigungsministers und eine Kabinettsumbildung konnte die Regierungskrise beilegen. Rudolf Augstein wurde im Februar 1963 aus der

Haft entlassen, das Verfahren gegen den Spiegel 1965 eingestellt.
Doch die Spiegel-Affäre vom Herbst 1962 löste mehr 40
als eine Regierungskrise aus. In der Endphase der Ära Adenauer, ein Jahr nach dem Mauerbau und auf dem Höhepunkt der Kuba-Krise erlitten der demokratische Rechtsstaat und seine Institutionen einen schweren Vertrauensverlust. Die Aktion gegen den Spiegel 45
wurde als Schlag gegen die Pressefreiheit empfunden. Selbst die regierungsnahe Presse kritisierte das Vorgehen der Bundesregierung. [...] [Es] entbrannte eine breite verfassungspolitische Diskussion über die Definition von „Landesverrat" und „Pressefreiheit". Mei- 50
nungsumfragen belegten, dass die Spiegel-Affäre zu einer Politisierung der Bevölkerung führte. So zog der Politikwissenschaftler Dolf Sternberger in der Frankfurter Allgemeinen Zeitung denn auch eine doppelte Bilanz des Skandals. Auf der einen Seite sah er einen 55
Vertrauensschwund gegenüber Verfassung und Staatsführung. Auf der anderen Seite habe sich die Öffentlichkeit und die parlamentarische Opposition als Korrektiv bewährt. Tatsächlich führte die Spiegel-Affäre zu einer beispiellosen Solidarisierung mit der betroffe- 60
nen Redaktion und dem Verlag.

Thomas Emons, in: Das Parlament, 15. April 1999

5 Der „große Lauschangriff"

a *„Der Spiegel" urteilte vor der endgültigen Verabschiedung des Gesetzes, 1998:*

Sie kamen in der Dunkelheit, kurz nach 21 Uhr. Mannschaftswagen der Hamburger Polizei stoppten vor dem Haus, drei Dutzend Polizisten stürmten am Pförtner vorbei in die Büros. Kriminalbeamte durchkämmten den SPIEGEL, jeder Winkel der 2.933,8 Qua- 5
dratmeter großen Redaktions- und Verlagsräume wurde nach geheimen Unterlagen durchsucht. Nach draußen gab es keine Verbindung mehr. Im Fernschreibraum, in der Telefonzentrale saßen Kripo-Leute. Rudolf Augstein und die Mittäter eines ver- 10
meintlichen „Landesverrats" wurden verhaftet. Vier Wochen lang blieb das Hamburger Pressehaus von der Obrigkeit besetzt. Auf der Straße demonstrierten Tausende: „Spiegel tot, die Freiheit tot". Die SPIEGEL-Affäre, die am 26. Oktober 1962 begann, führte zum 15
Rücktritt zweier Bonner Minister.
Das waren noch Zeiten. Heute würde keiner mehr demonstrieren, niemand mehr zurücktreten – und Verhaftungen wären wohl auch nicht nötig. Unliebsame Journalisten bekommt die Staatsgewalt in Zu- 20
kunft lautlos, von der Öffentlichkeit unbemerkt und ohne großen Aufwand in den Kasten. Es braucht nur ein paar Wanzen. Der Verdacht auf Landesverrat und Bestechung, 1962 ausgelöst durch einen kritischen SPIEGEL-Titel über die Verteidigungsbereitschaft der 25
Bundeswehr („Bedingt abwehrbereit"), wäre Anlass genug für die Bundesanwälte, sich bei einer Hambur-

ger Staatsschutzkammer eine Lauscherlaubnis zu holen. Der Rest wäre schnell erledigt.

30 Durchschnittlich 70 Besucher betreten jeden Tag das SPIEGEL-Redaktionshaus an der Hamburger Ost-West-Straße. Zwei oder drei könnten unter dem Vorwand kommen, ein paar Informationen anbieten zu wollen. In Wahrheit wären es Agenten des Bundes-
35 kriminalamtes, die im Haus pfenniggroße Minisender verteilen – für Profis eine Sache von wenigen Handgriffen. Monatelang wären die Redakteure des Nachrichtenmagazins an der elektronischen Leine des Staates. Der Traum eines jeden Regenten, endlich zu er-
40 fahren, wie Journalisten an ihre Informationen über ihn kommen, ginge in Erfüllung. Eine Legislaturperiode später, wenn überhaupt, müssten die Betroffenen informiert werden – falls ihr Blatt dann noch existiert. Der große Lauschangriff bedroht nicht nur ahnungs-
45 lose Bürger in ihrer Intimsphäre, zerstört familiäres Vertrauen, macht Besuche beim Rechtsanwalt oder Arzt zum Sicherheitsrisiko. Er ist der gefährlichste Angriff auf die Pressefreiheit seit der SPIEGEL-Affäre von 1962.

Der Spiegel, Nr. 6/1998, S. 20 f.

b | *Der CSU-Abgeordnete Norbert Geis im Bundestag zum „Großen Lauschangriff", 16. Januar 1998:*
Durch die gigantische Finanzmacht vergiftet die organisierte Kriminalität die öffentliche Verwaltung, die Justiz, die Politik und die Wirtschaft. [...] Die Polizei und Staatsanwaltschaft drängen darauf, dass wir auch
5 für den Bereich der Strafverfolgung die elektronische Wohnraumüberwachung zulassen. [...] Wir müssen aber wissen, dass [das] Recht auf die Unverletzlichkeit der Wohnung in Art. 13 Grundgesetz nie schrankenlos gewährt worden ist. Es gibt natürlich heute schon die
10 Möglichkeit des Eingriffs, zum Beispiel durch die Hausdurchsuchung im Rahmen eines Ermittlungsverfahrens. Dafür genügt die Vermutung, dass dort Beweismittel gesichert werden können. Gegen diesen Eingriff durch akustische Überwachung wird ein wei-
15 teres Argument eingewendet, und zwar die Verletzung des Zeugnisverweigerungsrechts und die Verletzung des verbundenen Vertrauensverhältnisses. Wir wollen das nicht gering achten.
Die Verbände der Ärzte und der Anwälte haben gefor-
20 dert, dass dann, wenn es um ein Gespräch des Betroffenen mit seinem Anwalt, wenn er nicht Verteidiger ist, oder mit seinem Arzt geht, generell und von vornherein keine akustische Überwachung möglich sein darf. Sie fordern das Erhebungsverbot. So weit können
25 wir in dieser Frage nicht gehen, weil wir sonst gleich das ganze Unternehmen sein lassen könnten und keine große Diskussion um eine Verfassungsänderung bräuchten.

Das Parlament, 30. Januar 1998

c | **Der große Lauschangriff.** Karikatur von Felix Mussil, Januar 1998

6 **Wo endet die Pressefreiheit?**
a | **Eine „Rufmordkampagne"?**
Hans Filbinger, von 1966 bis 1978 baden-württembergischer Ministerpräsident, musste von seinem Amt zurücktreten, als bekannt geworden war, dass er als Marinerichter noch kurz vor dem Ende des Zweiten Weltkriegs an Todesurteilen gegen Soldaten mitgewirkt hatte. Der Schriftsteller Rolf Hochhuth war einer der Ersten, der in der „ZEIT" über die Todesurteile schrieb. Filbinger sah sich von nun an als Opfer einer „Rufmordkampagne" der Presse und der Gerichtsbarkeit, die seine Menschenwürde nicht geschützt hätte.

Aus einem Artikel in der „ZEIT" vom 21. Juli 1978:
Der Ministerpräsident von Baden-Württemberg, Hans Karl Filbinger, hat seinen Prozess gegen Rolf Hochhuth und die ZEIT verloren. Am Donnerstag letzter Woche wies die 17. Zivilkammer des Landgerichts Stuttgart die Unterlassungsklage ab, mit der Filbinger 5 die Wiederholung des Satzes verbieten lassen wollte, er sei ein „furchtbarer Jurist" gewesen, der „sogar noch in britischer Gefangenschaft nach Hitlers Tod einen deutschen Matrosen mit Nazi-Gesetzen verfolgt hat". Das Urteil gibt uns keinen Anlass, einen Sieg zu feiern 10 – es sei denn einen Sieg des Rechts auf freie Meinungsäußerung, wie es das Grundgesetz in seinem Artikel 5 verbürgt. Die Filbinger-Entscheidung reiht sich

ein in eine lange Folge von Urteilen, die dieses ver-
briefte Recht im Laufe von nahezu zwanzig Jahren an-
gereichert und unterfüttert haben. Dabei wurde nach
und nach deutlich, dass die Meinungsfreiheit Vorrang
gegenüber dem Ehrenschutz einzelner Personen hat,
wenn es um wichtige öffentliche Belange geht und
sachliche Anhaltspunkte dafür vorliegen, dass der Betroffene nicht schnöde geschmäht werden soll. Das
Stuttgarter Urteil liegt auf dieser Linie, wenn es zugunsten der Beklagten feststellt: „Sie haben für ihre
Wertung ausreichend sachliche Bezugspunkte ange-
führt, sodass die erhobenen Vorwürfe [...] nicht als
Schmähung anzusehen sind." [...]
Das Gericht hatte nicht die Frage zu beantworten, ob
Hochhuths Wertung des Filbinger'schen Verhaltens
während der Kriegszeit und in den Monaten danach
„richtig" war. Dies wäre auf den untauglichen Versuch
hinausgelaufen, eine im politischen Raum geäußerten
Meinung durch eine richterliche zu ersetzen oder zu
widerlegen. Die Aufgabe der Gerichte als Schiedsrichter im politischen Meinungsstreit konnte nur darin
bestehen, den Bereich zulässiger Kritik abzustecken —
mit einem Höchstmaß an Freiheit für Werturteile einerseits, mit strikten Gesetzen für die Wahrhaftigkeit
von Tatsachenbehauptungen und vorsätzlichen
Schmähungen andererseits. [...]

Hans Schueler, in: Die Zeit, 21. Juli 1978

„Können große Medienkonzerne Politiker von
sich abhängig machen?"

Ja	Nein	Weiß nicht
75	15	10

„Können große Medienkonzerne die Wahlent-
scheidung der Bürger beeinflussen?"

Ja	Nein	Weiß nicht
72	14	14

„Lassen Sie sich durch Berichte und Kommentare im Fernsehen oder in Zeitungen in Ihrer
Meinungsbildung beeinflussen?"

Stark	Weniger	Gar nicht	Weiß nicht
12	48	35	5

7 **Die Macht des Fernsehens.** Ergebnisse der Umfrage in Prozent (Die Woche, 15. 9. 1994)

---

b | Recht auf Privatsphäre?

*Über eine Entscheidung des Landgerichts
Hamburg, 1998:*

Die Illustrierte „Bunte" muss dem Prinzen Ernst August von Hannover wegen schwerer Persönlichkeits-
verletzung durch die Veröffentlichung von Fotos eine
Entschädigung von 100 000 Mark zahlen. [...]
In dem Rechtsstreit ging es um [...] Fotos, die Ernst
August zusammen mit Prinzessin Caroline von Monaco in Badekleidung, den Prinzen allein während
eines Winterurlaubs in St. Moritz [...] zeigen. Bei all
diesen Veröffentlichungen hatte der Prinz die Verletzung seines Rechts am eigenen Bild und der Privatsphäre gerügt. [...] Das Gericht wertete den überwiegenden Teil der Fotos als schwerwiegende Persönlich-
keitsverletzung. Diese Verstöße seien wiederholt und
hartnäckig unter bewusster und offenkundiger Missachtung des Willens von Ernst August erfolgt. Die den
Prinzen und Caroline von Monaco gemeinsam dar-
stellenden Abbildungen verletzten die geschützte Privatsphäre [...]. Eine wichtige Rolle hat bei dem Urteil
auch gespielt, dass das Gericht Ernst August nicht als
eine Person der Zeitgeschichte sieht. Er sei zwar Chef
eines Adelshauses, doch das mache ihn in den heutigen Zeiten der Demokratie noch nicht zu einer Person
der Zeitgeschichte. [...] Der Bundesverband deutscher
Zeitungsverleger kritisierte das Urteil als „bedenkli-
chen Eingriff in die Pressefreiheit". Personen, die in
der Öffentlichkeit stehen und diese häufig auch bewusst suchen, müssten es hinnehmen, dass Fotos veröffentlicht werden, die weder ihre Intim- noch ihre
Privatsphäre betreffen. Hier bestehe ein legitimes Interesse der Allgemeinheit an Informationen.

Stuttgarter Zeitung, 9. Mai 1998

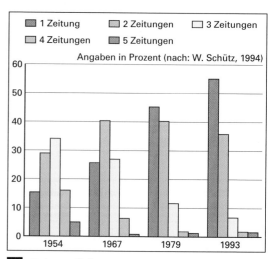

8 **Zeitungsdichte in Kreisen und kreisfreien
Städten** (Angaben in %)

10 Der CDU-Parteispendenskandal und die Medien

a Ende 1999 wurde bekannt, dass führende CDU-Politiker gegen das Parteiengesetz verstoßen haben. Der damalige Partei- und Fraktionsvorsitzende Wolfgang Schäuble (Foto Dez. 1999) versprach Aufklärung, geriet aber selbst in die Kritik.

9 „Amerikanische Verhältnisse"

Über die Medien in den USA schreibt der Politikwissenschaftler Winand Gellner, 1996:

Skandale, Streitigkeiten in den Parteien und im Weißen Haus sowie Fehler des Präsidenten sind die beliebtesten Themen der Medien, die in einem erbarmungslosen Kampf um Einschaltquoten und Auflagen
5 stehen. Weil die Inhalte der Politik selbst zumeist sehr komplex sind, rückt das persönliche Verhalten der Politiker in den Vordergrund. Und weil es sich bei der Politik ganz zwangsläufig und natürlich um einen Kampf um die Macht handelt, erscheint die Politik
10 eben als „schmutziges Geschäft". Der vermeintliche Skandal ist daher allemal besser zu verkaufen als die seriös recherchierte Nachricht. [...]
Insbesondere bei Wahlen verkünden die Medien dem Wahl- oder verstärkt Nicht-Wahlvolk, dass die Kandi-
15 daten und Parteien eigentlich die politischen Ämter nicht wert seien, die sie anstrebten. Ein wesentlicher Grund für diese verhängnisvolle Fehleinschätzung ist die Neigung der Medien, den politischen Prozess ausschließlich als strategisches Spiel anzusehen und zu
20 beschreiben, in dem die skandalträchtigen und korrupten Spieler sich vor allem auf Kosten der Steuerzahler bereichern wollen. Dies führt dazu, dass die Politiker sich im Zweifelsfalle an den zumeist in demoskopischen Umfragen geäußerten Meinungen des
25 Publikums orientieren [...]. Wer wird in einer solchen Situation schon unbedachte Risiken eingehen und etwa unpopuläre Politik verantworten wollen bzw. einen Präsidenten unterstützen, der für eine solche Politik zu stehen scheint?

Winand Gellner, Die Blockade der politischen Gewalten in den USA. In: Aus Politik und Zeitgeschichte, B 8-9/96, S. 7 f.

b *Der CDU-Spendenskandal hat die Berichterstattung der Medien über Monate beherrscht. Hintergründe und bislang verschwiegene Fakten wurden von Journalisten recherchiert und publiziert. Über Bedingungen und Methoden der Berichterstattung schreibt ein Journalist, Februar 2000:*

Die Meute ist täglich am Bildschirm zu sehen. Hoch gestreckte Stative, vorstoßende Mikrofone, schubsende Kameraleute und drängelnde Journalisten – zu hunderten treten sie auf, wenn wieder mal die CDU-Führung zur Krisensitzung schreitet [...] „Was sich 5
Journalisten erlauben, hat mit Menschenwürde oft nichts zu tun", schimpft Wolfgang Schäuble von der CDU. [...]
Der Konkurrenzkampf [der Medien] ist hart. Vor allem aber: Der Markt ist schlecht. Mehr als 250 000 Berli- 10
ner haben in den vergangenen fünf Jahren ihre Zeitungen gekündigt [...]. Motto: „Lieber eine falsche Geschichte als gar keine Geschichte."

Stuttgarter Nachrichten, 9. Februar 2000

c *Nachdem das Nachrichtenmagazin „Der Spiegel" am Montag (21. 2. 00) über eine geplante Hausdurchsuchung beim ehemaligen Bundeskanzler und CDU-Parteivorsitzenden Kohl berichtet hatte, meldete am Tag darauf die Nachrichtenagentur dpa:*

Die Bonner Staatsanwaltschaft verzichtete auf Durchsuchungen in den Büro- und Wohnräumen von Alt Bundeskanzler Helmut Kohl. Ein Sprecher teilte mit, der bereits am Freitag erwirkte Durchsuchungsbeschluss werde nicht vollstreckt, da das Vorhaben 5
durch eine Indiskretion vorher bekannt geworden sei und damit keinen Sinn mehr gehabt hätte.

Stuttgarter Nachrichten, 22. Februar 2000

11 Wer kontrolliert das Internet?

Die Deutsche Presseagentur berichtet über den Ausgang eines Gerichtsprozesses zur Verantwortung von Internet-Providern:

Im Pilotprozess um Pornografie im Internet ist der ehemalige Chef von Compuserve Deutschland, Felix Somm (36), von allen Vorwürfen freigesprochen worden. Online-Dienste seien nach dem Multimedia-
5 gesetz für fremde Inhalte, zu denen sie lediglich einen technischen Zugang vermitteln, nicht verantwortlich, befand das Landgericht München I. Es hob ein Urteil des Landgerichts München auf, das Somm zu zwei Jahren Bewährungsstrafe und 100 000 Mark
10 Geldbuße verurteilt hatte. Somm sei an einer Mittäterschaft bei der Verbreitung von Kinder- und Tierpornografie im Internet nicht schuldig.
Somm war vorgeworfen worden, dass seine Kunden vom Datenspeicher des US-Mutterunternehmens
15 Compuserve Inc. auch rassistische und den Nationalsozialismus verherrlichende Spiele abrufen konnten, die in Deutschland verboten sind. Die 20. Strafkammer beim Landgericht hob hervor, dass Somm den deutschen Kunden lediglich den technischen Zugang
20 zu den Datenspeichern der US-Mutterfirma ermöglicht habe.

Stuttgarter Zeitung, 18. November 1999

12 „Die Stunde des Herrn Berlusconi." Silvio Berlusconi, Chef eines großen italienischen Medienkonzerns (▶ S. 26), aus der Sicht des Karikaturisten TOM, 1994.
Berlusconi besaß zum Zeitpunkt seiner Amtsübernahme drei private Fernsehsender. Kritiker warfen ihm vor, diese hätten nach seinem Regierungsantritt nichts als „Hofberichterstattung" betrieben.

Arbeitsvorschläge und Fragen

a) *Beschaffen Sie sich unterschiedliche überregionale Tageszeitungen (z. B. die Süddeutsche Zeitung, Die Welt, die Frankfurter Allgemeine Zeitung, die Frankfurter Rundschau oder die taz). Vergleichen Sie die Darstellung eines innenpolitischen Themas bzw. Konfliktes und die Kommentare der Zeitungen. Versuchen Sie, Sympathien oder Antipathien zu bestimmten Parteien festzustellen. Erkennen Sie ein Bemühen um Objektivität oder eher Parteilichkeit?*
b) *Wo liegen nach dem Grundgesetz die Grenzen der Pressefreiheit (M3)?*
  – *Ist Ihres Erachtens das gegen die Illustrierte (M6b) verhängte Bußgeld gerechtfertigt bzw. angemessen?*
  – *Vergleichen Sie die Urteile der Landgerichte (M6a,b). Untersuchen Sie, wie darin jeweils das Gesetz über die Pressefreiheit angewendet wird: Warum fielen die Urteile so unterschiedlich aus?*
c) *Nehmen Sie Stellung zu der Frage: Sollten die Inhalte des Internet frei sein von staatlicher oder gesellschaftlicher Kontrolle und Zensur? Bedenken Sie dabei die Chancen und Risiken.*
d) *Erörtern Sie, inwieweit die Spiegel-Affäre (M4 und S. 26) die Kritik am „großen Lauschangriff" mitbegründet. Warum hätte dieser in seiner ursprünglichen Fassung nach Ansicht vieler Politiker und Juristen einen Eingriff in die Grundrechte des einzelnen Bürgers bedeutet? (VT, M5).*
e) *Erörtern Sie anhand der Materialien 10a–c das Spannungsfeld von Medienmarkt, Pressefreiheit und Menschenwürde.*
f) *Diskutieren Sie: Herrschen in der deutschen Medienwelt bald „amerikanischen Verhältnisse" (M9)?*

„Die gute Presse" erschien 1847 im „Leuchtturm", einer liberalen Zeitschrift, die im Vormärz mehrfach mit der Zensur in Konflikt geriet. Die Bildunterschrift lautet: „Süße heilige Zensur, lass uns gehn auf deiner Spur; Leite uns an deiner Hand, Kindern gleich, am Gängelband!"

Politische Karikaturen (von ital. caricare = überladen, übertreiben) sind ironische oder witzige Zeichnungen mit dem Ziel, den meist amüsierten Betrachtern bestimmte Personen oder Sachverhalte des aktuellen Zeitgeschehens kritisch und pointiert „vor Augen zu führen". Dabei sind sie nie das reine Abbild der Wirklichkeit; es liegt vielmehr in ihrem Wesen zu übertreiben, zu verzerren, zuzuspitzen; meist bemühen sie sich nicht um eine abwägende Betrachtung, sondern sind bewusst politisch einseitig.

Politische Karikaturen fanden als visuelle Satire vor allem seit der Französischen Revolution überall in Europa Verbreitung. Veröffentlicht wurden sie zunächst nicht in der Tagespresse, sondern meist in politisch-satirischen Zeitschriften oder in den traditonellen Bild-Flugblättern. In Deutschland waren es im 19. Jahrhundert in erster Linie Zeitschriften wie „Simplizissimus", „Wahrer Jacob", „Fliegende Blätter", „Eulenspiegel" und „Kladderadatsch", die sich der Karikatur bedienten. Gerade in Zeiten der Pressezensur waren solche Darstellungen ein beliebtes Mittel des politischen Kommentars. In §1 des Pressegesetzes der Karlsbader Beschlüsse von 1819 (▶ S. 80) hieß es: „Solange als der gegenwärtige Beschluss in Kraft bleiben wird, dürfen Schriften, die in der Form täglicher Blätter oder heftweise erscheinen, [...] in keinem deutschen Bundesstaate ohne Vorwissen und vorgängige Genehmhaltung der Landesbehörden zum Druck befördert werden". Karikaturen waren in den Zensurbestimmungen nicht ausdrücklich erwähnt. Trotzdem wurden sie häufig der Zensur unterworfen, wenn auch nicht ganz so streng wie das gedruckte Wort.

Zur Diskussion:
- Beschreiben Sie die obige Karikatur. Deuten Sie die verwendeten Motive (z.B. Schere, Maulwurf, Krebs, Lichtlöscher auf der Fahnenstange).
- Deuten Sie die Karikaturen (M2, 5c, 12): Was wird jeweils vom Zeichner kritisch „aufgespießt", welche Haltungen oder Missstände sind gemeint? Welche Stilmittel werden verwendet?

◀Die polizeiliche Durchsuchung des „Spiegel" und die Festnahme seines Herausgebers, Rudolf Augstein, führten 1962 zu zahlreichen Protesten. Das Bild zeigt einen Sitzstreik von Studenten vor der Frankfurter Hauptwache im Oktober 1962.

1987 geriet der Ministerpräsident von Schleswig-Holstein, Uwe Barschel (CDU), in die Medien, als sich zunehmend Verdachtsmomente erhärteten, dass mit seinem Wissen unter Einsatz rechtlich zweifelhafter und moralisch verwerflicher Mittel gegen den Oppositionsführer, Björn Engholm (SPD), vorgegangen worden war. Die Abbildung zeigt die Pressekonferenz vom 18. September 1987, auf der Barschel sein Ehrenwort gab, dass alle Vorwürfe unhaltbar seien. Im Oktober wurde er tot in einem Hotelzimmer in Genf aufgefunden, nach Auffassung der Ermittlungsbehörden durch Selbsttötung. ▼

▲ 1994 wurde Silvio Berlusconi zum Ministerpräsidenten Italiens gewählt; seine Amtszeit war nur kurz. Kritiker warfen dem Besitzer eines großen Medienkonzerns vor, seinen Wahlkampf auch unter Einsatz seiner eigenen Medien geführt zu haben. Die Abbildung zeigt ihn auf einer Kundgebung in Rom. Berlusconi, ein politischer „Newcomer", gelang es mit seiner Partei „Forza Italia" auf Anhieb, die alten Führungsparteien, Christdemokraten und Sozialisten, zu entmachten.

Im Alltag der Deutschen spielen die Massenmedien eine bedeutende Rolle. Presse, Rundfunk, vor allem aber die sich stets vergrößernde Zahl der zu empfangenden TV-Programme nehmen in der Freizeit – auch schon der Kinder – immer mehr Raum ein.

Historisch gesehen sind Rundfunk und Fernsehen gerade erst den Kinderschuhen entwachsen. In Deutschland strahlte 1923 der erste deutsche Mittelwellensender regelmäßige Sendungen aus, das Fernsehen erst ab 1954. Auf eine vergleichsweise lange Geschichte kann die Presse zurückblicken. Sie entstand mit der Erfindung des Buchdrucks um 1450. Die mit ihr gegebenen Möglichkeiten, aktuell Nachrichten zu übermitteln und die öffentliche Meinung zu beeinflussen, machten sie bald zum Gegenstand erhöhter Aufmerksamkeit des Staates sowie opponierender Kräfte. Seit dem 17. Jahrhundert gab es erste Tageszeitungen und Wochenschriften. Nachdem Aufklärung und Französische Revolution besonders in Frankreich zur Entstehung einer bedeutenden politischen Presse geführt hatten, nahm auch im Deutschland des 19. Jahrhunderts die Publizistik einen großen Aufschwung. Zu den frühen zeitungsähnlichen Druckerzeugnissen zählen die Flugschriften. Sie waren meist lose geheftet und wurden im Eigenverlag und unter Umgehung der Zensur verbreitet. In Krisenzeiten wie zur Zeit der Reformation, im Dreißigjährigen Krieg, während der Französischen Revolution, in der deutschen Revolution von 1848/49 (▶ S. 84 ff.) und in der Studentenbewegung Ende der 1960er-Jahre (▶ S. 29) erlebten sie ihre Höhepunkte.

Von Anfang an reagierten Staat und Kirche mit Zensurmaßnahmen auf die neuen Veröffentlichungen. So machte es der Augsburger Reichsabschied von 1530 allen Fürsten zur Pflicht, dafür zu sorgen, dass „nichts Neues in Sachen des Glaubens" gedruckt werde. Gegen Ende des 17. Jahrhunderts gewährte England als erster europäischer Staat die Pressefreiheit. Sie wurde Bestandteil der amerikanischen Unabhängigkeitserklärung (1776) und der französischen Erklärung der Menschen- und Bürgerrechte (1789). In Deutschland machte erst das Grundgesetz die volle Pressefreiheit zum Grundrecht.

In der Demokratie haben die Nachrichtenmedien den Auftrag zu informieren, zur Meinungsbildung beizutragen sowie das politische Geschehen darzustellen und kritisch zu kommentieren („vierte Gewalt"). Um den Pluralismus der Berichterstattung zu gewährleisten, sollen Monopolbildungen ausgeschlossen werden. Das Anliegen des Deutschen Presserates ist es (seit 1956), dafür Sorge zu tragen, dass nur Nachrichten veröffentlicht werden, deren Wahrheitsgehalt sorgfältig überprüft wurde. Der Presserat ist ein Organ der Selbstkontrolle.

Die letzten Fotos des südafrikanischen Bildreporters Ken Oosterbroek, der am 18. April 1994 im Elendsviertel Thokoza bei seiner Arbeit erschossen wurde.

Untersuchen Sie die Fotos: Welche Aspekte des Themas „Macht der Medien"
werden in ihnen erkennbar?
Erörtern Sie auch das Problem der Gefährdung von Reportern.

| **Arbeitsvorschläge und Fragen** |

1.3 Von den Bürgerinitiativen zu politisch-sozialen Bewegungen

Schon die Spiegel-Affäre hatte viele Bürgerinnen und Bürger politisch mobilisiert. Immer mehr Menschen waren nicht mehr bereit, Entscheidungen von Politikern oder althergebrachte Zustände einfach hinzunehmen. Einen Höhepunkt erlebte die Protestbewegung Ende der Sechzigerjahre mit der Studentenbewegung. Diese Bewegung wird heute von einigen Politikwissenschaftlern als „partizipatorische Revolution" bezeichnet. Ziel war die Einmischung „von unten" in den parlamentarischen Entscheidungsprozess.

Probleme „vor der eigenen Haustür"

In dieser Zeit entstanden zahlreiche „Bürgerinitiativen". Anders als Verbände oder Parteien sind Bürgerinitiativen – der Begriff kommt im Grundgesetz nicht vor – in der Regel spontane, zeitlich begrenzte und lockere Zusammenschlüsse von Bürgerinnen und Bürgern. Sie beschäftigen weder hauptamtliche Mitarbeiter noch verfügen sie über Beitrag zahlende Mitglieder.

Bürgerinitiativen („BIs") sind meist „Ein-Punkt-Organisationen", die kein breites Programm haben. Sie kämpfen zum Beispiel gegen Lärm- und Abgasbelästigung durch Straßen, für den Bau von Umgehungsstraßen oder gegen Fahrpreiserhöhungen. Sie versuchen – etwa durch Flugblattaktionen, Infostände, Leserbriefe etc. – andere Bürger aufzuklären und ihre Unterstützung zu gewinnen, um auf diese Weise öffentlichen Druck auf die Entscheidungsträger in Politik und Verwaltung ausüben zu können.

Kampf um grundlegende Veränderungen

Waren es zunächst ganz konkrete Anliegen und häufig die unmittelbaren Eigeninteressen, die die Bürger aufbrachten, so entstanden bald überregional tätige politisch-soziale Bewegungen. Bürgerinitiativen lösen sich zumeist auf, wenn ihr Ziel erreicht ist; die neuen sozialen Bewegungen aber verfolgten Ziele, die weit über Einzelprojekte hinausgingen; sie wollten grundlegende wirtschaftliche und gesellschaftliche Veränderungen bewirken. Schon Ende der 70er-Jahre verfolgten über die Hälfte der Umweltgruppen allgemeine Ziele.

Umweltbewegung

Die 1972 veröffentlichte Studie „Die Grenzen des Wachstums" (Club of Rome) hatte in starkem Maße zur Entstehung eines allgemeinen Bewusstseins für die Begrenztheit der Rohstoffe und die Gefährdungen der natürlichen Umwelt beigetragen. Viele Menschen stellten nun das industrielle Wachstum grundsätzlich infrage. Kritik und Widerstand richteten sich vor allem gegen die Atomenergie, die nach Auffassung der Kritiker unkalkulierbare Risiken berge. Anti-AKW-Gruppen kämpften gegen Kernkraftwerke (z. B. in Wyhl oder Brokdorf), andere Gruppen richteten sich gegen große Bauvorhaben wie Flughafenerweiterungen (z. B. „Startbahn West" in Frankfurt). Die Gruppen erkannten schnell, dass sie schlagkräftiger waren, wenn sie sich zusammenschlossen. Etwa seit Mitte der Siebzigerjahre entwickelten sich die zunächst vereinzelt wirkenden Bürgerinitiativen nach und nach zu einer überregional organisierten Umweltschutzbewegung.

Ein Produkt der ökologischen Protestbewegung ist die Partei der „Grünen". Erste ökologisch orientierte Listen konnten im kommunalen Bereich und bei Landtagswahlen Erfolge erringen. Bei den Europawahlen 1979 kandidierte bundesweit erstmals ein Zusammenschluss verschiedener ökologischer Vereinigungen und erzielte 3,2 Prozent der Stimmen. Im Januar 1980 konstituierten sich „Die Grünen" als Partei auch auf Bundesebene.

1 **Demonstration gegen den NATO-Nachrüstungsbeschluss** auf der Bonner Hofgartenwiese, 1983

Seit den Sechzigerjahren entstanden in vielen westlichen Industriestaaten Frauenbewegungen, die ihre Ziele offensiv ansteuerten. Übereinstimmend verurteilten die Feministinnen männlichen Sexismus, verlangten Chancengleichheit in allen Lebensbereichen und Selbstbestimmung über ihren Körper (z. B. Straffreiheit bei Schwangerschaftsabbrüchen). An der Gründung der Partei der „Grünen" 1980 waren auch zahlreiche Frauengruppen beteiligt.

Frauenbewegung

Auch die Friedensbewegung gehörte zu den neuen sozialen Bewegungen. Viele Bürgerinnen und Bürger sahen im Wettrüsten der Blöcke eine Gefährdung des Friedens. Auslöser war vor allem der NATO-Doppelschluss (▶ S. 181) zur Stationierung neuer Mittelstreckenraketen in Westeuropa 1979. Zu ersten Massenprotesten kam es 1981 im Rahmen des evangelischen Kirchentages in Hamburg. Später entstanden neue Formen des Protestes wie Menschenketten oder der zivile Ungehorsam. Dabei blockierten Demonstranten meist gewaltfrei Raketendepots, indem sie sich auf Zufahrtsstraßen setzten. Sie ließen sich ohne Widerstand wegtragen, wurden aber häufig wegen Landfriedensbruchs angeklagt.

Friedensbewegung

Studentenbewegung: Der Begriff bezeichnet die studentischen Proteste etwa Mitte der 60er- bis Mitte der 70er-Jahre. In der Bundesrepublik entzündete sich die Kritik vieler Studentinnen und Studenten auch an den nicht mehr als zeitgemäß betrachteten hierarchischen und autoritären Strukturen an den Hochschulen. Der studentische Protest dehnte sich bald zu einer antiautoritären Bewegung aus, die ihren Höhepunkt in weltweiten Demonstrationen gegen den Vietnamkrieg fand. In Deutschland wurde zur Zeit der Großen Koalition von CDU/CSU und SPD (1966–1969) der Sozialistische Deutsche Studentenbund (SDS) zur Keimzelle der „Außerparlamentarischen Opposition" (APO). Deren Widerstand richtete sich u. a. gegen die Notstandsgesetze, die für bestimmte Krisensituationen die ▶ Einschränkung der Grundrechte vorsahen (▶ S. 54 f.).

Feminismus (von lat. femina = die Frau): Richtung der Frauenbewegung, die die vollständige Rechts- und Chancengleichheit von Frauen und Mädchen sowie die Abschaffung aller patriarchalischen – d. h. von Männern bestimmten – Herrschaftsverhältnisse anstrebt.

2 Möglichkeiten politischer Einflussnahme?

„Wenn Sie politisch in einer Sache Einfluss nehmen wollen: Welche der Möglichkeiten würden Sie dann nutzen und was davon kommt für Sie infrage?" Umfrageergebnis in %.

	West	Ost
„sich an Wahlen beteiligen"	73	65
„Mitarbeit in einer Bürgerinitiative"	43	36
„Unterschriften sammeln"	41	40
„sich in Versammlungen an öffentlichen Diskussionen beteiligen"	36	44
„Teilnahme an einer politischen Diskussion"	35	40
„in irgendeine Partei eintreten, aktiv mitarbeiten"	24	11
„für Ruhe und Ordnung kämpfen, auch wenn dazu Gewalt gegen andere Mitbürger notwendig ist"	6	5
„Teilnahme an einer verbotenen Demonstration"	6	4
„dem eigenen Standpunkt Nachdruck verleihen, auch wenn es dabei zu einer direkten Konfrontation mit der Polizei, mit der Staatsgewalt kommt"	5	4
„für eine Sache kämpfen, auch wenn dazu Gewalt gegen politisch Verantwortliche notwendig ist"	4	4
„Hausbesetzung, Besetzung von Fabriken und Ämtern"	4	4
„bei einer Demonstration mal richtig Krach schlagen, auch wenn dabei einiges in Bruch geht"	2	2

Matthias Metje/Hildegard Cramer, Einstellungen der Bundesbürger zu Fragen der inneren Sicherheit, EMNID-Institut, Dez. 1992, S. 26–27

3 Basisdemokratie durch Bürgerinitiativen

1985 schrieb der damalige Bundestagsabgeordnete der GRÜNEN H. Verheyen:

[Die Bürgerinitiativen] haben einerseits viel früher und viel nachdrücklicher auf neuartige Gefährdungen aufmerksam gemacht als das Parlament, und sie haben andererseits die öffentliche Diskussion zu diesen
5 Themen entscheidend vorangetrieben. Beide Faktoren sind für jede Demokratie von hohem Wert, denn ohne Frühwarnsystem und ohne ausreichende Informiertheit der Bevölkerung ist eine Demokratie auf Dauer nicht lebensfähig.
10 Ganz anders urteilten jedoch die meisten Parlamentarier. Sie warfen den Initiativen vor, sie seien eine Gefahr für die Demokratie. Einerseits verträten sie lediglich Partikularinteressen, die weder mit dem Gemein-

wohl übereinstimmten, noch in irgendeiner Weise demokratisch legitimiert seien. Andererseits versuch-15 ten sie, die Interessen einer kleinen Minderheit mithilfe einer „Emotionalisierung" der Sachprobleme durchzusetzen.
Je stärker die Basisbewegungen wurden, desto stärker wurden die Angriffe, und zwar nicht nur auf der Ebene 20 der vom Parlament „begrüßten", teilweise sehr brutalen Polizeieinsätze, sondern auch auf der Ebene der geistigen Auseinandersetzung. Ein sehr verbreiteter Kampfbegriff war (und ist) z. B. der „Druck der Straße". Mit dem Hinweis, man dürfe diesem nicht 25 nachgeben, wurde auf Erfahrungen mit den Nazis angespielt – die ja den (gewaltsamen) Druck der Straße mobilisierten, um die Demokratie abzuschaffen – und eine geistige Nähe der Demonstranten zu gewalttätigen Verfassungsfeinden hergestellt. Der Grundimpuls 30 der Bürgerinitiativen, der auf mehr, nicht auf weniger Demokratie abzielte und klar gewaltfrei orientiert war, wurde von den Parlamentariern entweder nicht verstanden oder aus politischem Interesse gezielt diffamiert. 35
In der geistigen Auseinandersetzung mit den Basisinitiativen beharrten nahezu alle Parlamentarier auf einem demokratischen Alleinvertretungsanspruch des Parlaments. Sie seien die einzigen, vom Volk legitimierten Entscheidungsträger. Kritik am Parlament 40 wurde mit Sätzen wie „dies ist die beste Demokratie, die es jemals auf deutschem Boden gegeben hat", in pauschaler Weise abgewehrt. In seiner geistigen Fixierung auf die eigene Bedeutung war es dem Parlament offenbar entgangen, dass es in vielen „Lebensfragen" 45 schon längst nicht mehr das „Sagen" hatte. [...] Die „Vertreter des Volkes" waren in vielen Bereichen zu Erfüllungsgehilfen der Regierung degradiert. Sie mussten auf der Grundlage von Expertengutachten entscheiden, für deren Überprüfung sie weder die Zeit 50 noch den notwendigen Sachverstand hatten. [...]
So war es kein Wunder, dass das Glaubwürdigkeitsproblem des Bundestages immer größer wurde und dass immer mehr Menschen zu der Überzeugung kamen: Die echten, aufrechten und engagierten Demo-55 kraten sitzen nicht in Parlamenten, Parteibüros und Regierungszentralen, sondern sind außerhalb dieser Institutionen zu finden – an der Basis.

Hans Verheyen, Ohne Basisdemokratie stirbt das Parlament. In: Aus Politik und Zeitgeschichte, B 6/85, S. 31 f.

4 Der Kampf um die Startbahn West

Zu größten Protestaktionen in der Geschichte der Bundesrepublik gehört der Widerstand gegen die geplante Erweiterung des Frankfurter Flughafens. Eine Zeitung blickt zurück:

Was als lokaler Widerstand begann, geriet binnen weniger Jahre zum Symbol des damals aufkeimenden „Grünen Protests"— wuchtiger als die 68er-Studen-

tenbewegung, urteilte der damalige hessische Um-
weltpfarrer Kurt Oeser. Dabei köchelte der Widerstand gegen die rund vier Kilometer lange Betonpiste
bei Mörfelden-Walldorf jahrelang nur auf kleiner
Flamme. Als der in der Flughafen-Nachbarschaft wohnende Oeser 1965 auf die Ausbaupläne aufmerksam
wurde, zählte die kurz darauf gegründete Bürgerinitiative (BI) gerade mal 35 Personen; eineinhalb Jahrzehnte später war sie mit Zehntausenden Aktiven
eine der größten in Deutschland. In die Schlagzeilen
geriet der Startbahn-Widerstand aber erst mit der ersten großen Demonstration im April 1979: Rund 3000
protestierten am Kopfende der Rollbahn gegen den
„Wachstumswahnsinn" der Frankfurter Flughafen-
Gesellschaft. Einen Schub bekam die Bewegung im
Mai 1980: Mitten auf der künftigen Startbahn-Trasse
errichteten BI-Mitglieder in einer Nacht- und Nebel-
Aktion ein so genanntes Widerstandshaus. Drum
herum entstand bald ein Hüttendorf. In dcn rund 60
Holzgebäuden entwickelte sich rasch eine Subkultur,
die Anhänger der Öko-Bewegung wie magisch anzog.
Zum rabenschwarzen Tag für die Startbahngegner
wurde die Räumung des Hüttendorfs am 2. Oktober
1981. Bewohner der Region beantworteten die Räumung ihres Widerstandssymbols mit Großdemonstra-
tionen. Bis zu 150 000 skandierten vor kilometerlan-
gen Natodraht-Sperren gegen die „starre Haltung" der
sozial-liberalen Landesregierung unter SPD-Minister-
präsident Holger Börner. Mit dem Anrücken der Bull-
dozer in den darauf folgenden Monaten brach zwar der
massenhafte Widerstand rasch zusammen; doch die
Verbitterung über den „Moloch Flughafen" hielt sich
im Umland über Jahre. Grüne Parteien schossen in
den umliegenden Ortschaften wie Pilze aus dem Boden und zogen auf Anhieb in die Kommunalparla-
mente, 1982 auch in den hessischen Landtag ein. Kleinere Gruppen versuchten derweil mit so genannten

5 **Startbahngegner**, Oktober 1981

„Sonntags-Spaziergängen" die politische Kultur des
Startbahn-Widerstandes am Leben zu erhalten: Jahrelang zogen sie Sonntag für Sonntag zur inzwischen
unüberwindlichen Betonmauer und provozierten die
Polizei.

Das Parlament, 16. April 1999

---

*a) Wie beurteilten nach der Meinung von Hans Verheyen (M3) in der Vergan-
genheit viele Abgeordnete die Bürgerinitiativen? Was wirft der Autor den Politikern vor? Worauf können sich die Parlamentarier berufen? Nehmen Sie selbst
Stellung.*

*b) Erörtern Sie, warum die Bürgerinitiativen als „partizipatorische Revolu-
tion" bezeichnet wurden.*

*c) Suchen Sie Kontakt zu Mitgliedern ehemaliger oder bestehender Bürger-
initiativen. Fragen Sie nach Zielen, Problemen und Erfolgen der Arbeit.*

*d) Laut einer Umfrage des „Spiegel" waren Ende der Siebzigerjahre 58 Prozent
der 15- bis 25-jährigen Bürgerinnen und Bürger der Bundesrepublik bereit, sich
in Bürgerinitiativen zu engagieren. Welche Entwicklung dokumentiert M2?
Wie schätzen Sie die Bereitschaft dazu heute ein? Wie ist Ihre eigene Bereitschaft? Diskutieren Sie in der Klasse.*

**Arbeitsvorschläge
und Fragen**

1.4 Was leisten die Parteien?

„Wenn man bedenkt, dass weniger als vier Prozent unserer Wahlbevölkerung Mitglieder von politischen Parteien und von diesen bestenfalls ein Viertel innerparteilich aktiv sind, dann sind das schon beunruhigend wenige Bürger. Was ist das für eine repräsentative Demokratie, die nur von einer hauchdünnen Parteioligarchie bestimmt wird?", fragte 1998 Hildegard Hamm-Brücher, selbst seit Jahrzehnten Politikerin der FDP. Immer wieder gerieten die Parteien ins Kreuzfeuer der Kritik, das Schlagwort von der „Parteienverdrossenheit" entstand, manche Kritiker sehen gar den Staat als „Beute der Parteien". – Was sind Funktionen und Aufgaben der Parteien in unserer Demokratie, was leisten sie – wie berechtigt ist die Kritik an ihnen?

Verfassungs-rechtliche Stellung und Bedeutung

Erstmals in der deutschen Verfassungsgeschichte werden Parteien im Grundgesetz von 1949 ausdrücklich genannt. Artikel 21 weist ihnen bei der politischen Willensbildung des Volkes eine wichtige Funktion zu. Die Bestimmungen des Grundgesetzes werden im Parteiengesetz konkretisiert. Nach diesem Gesetz von 1967 sind Parteien Vereinigungen von Bürgern, die „auf die politische Willensbildung Einfluss nehmen und an der Vertretung des Volkes im Deutschen Bundestag oder einem Landtag mitwirken wollen". Parteien haben somit eine gesamtpolitische längerfristige Wirkung anzustreben. Sie müssen den Willen erkennen lassen, regelmäßig an der politischen Repräsentanz der Bevölkerung teilzunehmen. Damit unterscheiden sie sich von den Verbänden, die keine politische Verantwortung für alle Bereiche haben, und ebenso von Bürgerinitiativen, die lediglich punktuell Einfluss nehmen, jedoch keine politischen Ämter übernehmen wollen.

Parteienverbot

Aufgrund der Erfahrungen der Weimarer Republik und der NS-Herrschaft macht das Grundgesetz das Verbot von Parteien sehr schwer. Eine Partei kann – anders als andere politische Gruppen, die gegen gesetzliche Bestimmungen verstoßen –, nicht durch die Innenminister des Bundes oder der Länder verboten werden, sondern nur durch das Bundesverfassungsgericht (Parteienprivileg). In der Geschichte der Bundesrepublik wurden nur zweimal Parteien verboten: 1952 die rechtsextreme SRP (Sozialistischen Reichspartei), 1956 die KPD (Kommunistischen Partei Deutschlands).

Parteiensystem seit 1949: Trend zu Volksparteien

Kennzeichnend für die parteipolitische Entwicklung in Deutschland seit 1949 ist vor allem die Konzentration auf wenige Parteien. Diese Entwicklung wurde nach dem Zweiten Weltkrieg durch die Ausprägung eines Parteientyps ermöglicht, der als „Volkspartei" bezeichnet wird. Im Gegensatz zu Klassen- und Interessenparteien vermögen Volksparteien breite Wählerschichten anzusprechen. Dies drückt sich auch in der sozialen Herkunft ihrer Mitgliedern aus. Sie kommen aus unterschiedlichen gesellschaftlichen Bereichen, wenngleich einzelne weltanschaulich geprägte soziale Gruppen jeweils dominieren.

So fühlt sich die CDU/CSU traditionell eher einer christlich-konservativen, die SPD eher einer arbeitnehmerfreundlichen Gesellschaftspolitik verpflichtet. Unter den Wählern der CDU/CSU sind die Berufsgruppen der leitenden Angestellten und Beamten, der Selbständigen und Landwirte überproportional vertreten. Das vorherrschende Wählerpotenzial der SPD stellen demgegenüber die schlechter verdienenden Arbeitnehmer. Beim so genannten neuen Mittelstand, d. h. den kleinen und mittleren Angestellten und Beamten, sind die Anteile von

»Wir werden nicht alles anders machen. Aber **vieles** besser.«

Weltklasse für Deutschland

SPD
Wir sind bereit

1 Bundestags-
wahl 1998.
Der amtierende
Bundeskanzler und
CDU-Vorsitzende,
Helmut Kohl, und
der niedersächsische
Ministerpräsident,
Gerhard Schröder,
kandidieren für das
Amt des Bundes-
kanzlers.
– Der Bundestags-
wahlkampf 1998
kostete insgesamt
mehr als 130 Millio-
nen DM.

CDU/CSU und SPD etwa gleich groß. Gewerkschaftlich organisierte Arbeiter wählen häufiger SPD als nichtorganisierte, Wähler mit Kirchenbindung häufiger CDU/CSU.

Um ein möglichst breites Spektrum sozialer Profile ansprechen zu können, finden sich in den Volksparteien jeweils verschiedene Gruppierungen. Diese sind bei der CDU z. B. die Mittelstandsvereinigung als Zusammenschluss mittelständischer Unternehmer, der Wirtschaftsrat als Vertretung von Großunternehmen und die Sozialausschüsse als Arbeitnehmervertretung. Bei der SPD, die sich 1959 im „Godesberger Programm" von ihrer traditionellen klassenkämpferischen Ausrichtung verabschiedete, gibt es u. a. die Arbeitsgemeinschaft für Arbeitnehmerfragen und die Arbeitsgemeinschaft der Selbständigen.

Politische Parteien sind schon früh in der Geschichte des Parlamentarismus hervorgetreten. In Deutschland entstanden sie, als sich die alte Ständeordnung allmählich auflöste und das aufstrebende Bürgertum politischen Einfluss forderte.

Fast alle großen Parteirichtungen lassen sich auf die ersten nach 1815 in Süddeutschland gewählten Parlamente und auf die parlamentarische Versammlung in der Paulskirche von 1848/49 zurückverfolgen. Dies gilt für Konservative und Liberale ebenso wie für die ersten Vereinigungen von Arbeitern. Die Abgeordneten der Paulskirche fanden sich in Fraktionen zusammen, die sich zunächst noch nach ihren Versammlungslokalen benannten (z. B. Casino, Deutscher Hof). Fest

gefügte Parteiorgansationen gab es erst seit den Sechzigerjahren des 19. Jahrhunderts.

In der Weimarer Republik, der ersten parlamentarischen Demokratie in Deutschland, gewannen die Parteien an Bedeutung, obwohl sie von der Bevölkerung meist gering geschätzt wurden. Die Nationalsozialisten errichteten nach ihrer Machtübernahme 1933 ein Einparteiensystem, in dem alle gesellschaftlichen Organisationen „gleichgeschaltet" waren.

Eine Sonderform des Einparteiensystems ist das Blocksystem der sozialistischen „Volksdemokratien", wie es 1945 der Bevölkerung im östlichen Teil Deutschlands aufgezwungen wurde (▶ S. 189).

2 „Welche Zunge, wo sprechen Sie heute? Mittelstand, Industrie, Gewerkschaft, Frauen?" Karikatur von Jupp Wolter, 1980

Kleinere Parteien

Kleinere Parteien wie FDP, Grüne oder PDS weisen kein so breites Spektrum politischer Interessenvertretung auf. Mittelpunkt der Innenpolitik der FDP ist traditionell die Durchsetzung liberaler Grundsätze in Wirtschaft und Gesellschaft. Zu ihrer Stammwählerschaft gehören deshalb gut verdienende höhere Angestellte, Beamte oder Selbständige.

Das Programm der Grünen basierte traditionell auf der Durchsetzung ökologischer Grundsätze und auf gewaltfreien Formen außerparlamentarischen Widerstands. Spätestens seit die Partei 1998 im Bundestag Regierungsverantwortung übernahm, siegte der realpolitische Flügel der Partei gegenüber den so genannten „Fundamentalisten" und akzeptierte sogar den militärischen Einsatz der Bundeswehr im Kosovo-Konflikt. Ihre Wähler stammen vorwiegend aus der Studentenschaft und dem Bildungsbürgertum.

Die PDS (Partei des demokratischen Sozialismus) ging nach der deutschen Wiedervereinigung aus der DDR-Staatspartei SED hervor. Sie versteht sich vor allem als Arbeiterpartei und als Interessenvertretung jenes Teils der Bewohner der neuen Bundesländer, die sich von der Einheit eine größere soziale Integration und mehr soziale Gerechtigkeit erhofft hatten.

Wandel im Parteiengefüge

Im ersten Jahrzehnt der Bundesrepublik Deutschland hatte es außer den beiden großen Parteien CDU/CSU und SPD sowie der FDP noch viele kleinere konservative Gruppierungen gegeben, die dann vor allem in der CDU oder der CSU aufgingen. Diese Vereinfachung des Parteiengefüges beruhte zum Teil auf der 5 %-Sperrklausel bei den Zweitstimmen (▶ S. 49), die eine Zersplitterung der politischen Kräfte wie in der Weimarer Republik verhindern und stabile Mehrheiten ermöglichen sollte. Es entstand ein Parteiensystem mit zwei politischen Richtungen, bei dem die FDP im Bundestag häufig das „Zünglein an der Waage" bildete. Eine neue Situation ergab sich 1983, als die Grünen (ab 1993 „Bündnis 90/Grüne") als „parlamentarischer Arm" der neuen sozialen Bewegung erstmals die Fünf-Prozent-Hürde übersprangen und in das Parlament einzogen.

1989/1990 gingen die ehemaligen „Blockparteien" der DDR und Parteigründungen der Wende-Zeit schon bald in den entsprechenden Parteien westdeutscher Herkunft auf oder schlossen sich mit ihnen zusammen. Eine Ausnahme machte die PDS.

Rechtsextreme Parteien wie die DVU, die NPD oder die Republikaner, die zeitweise in einigen Länderparlamenten Fuß fassen konnten, scheiterten bei allen Bundestagswahlen an der Sperrklausel.

Parteien-finanzierung

Parteien müssen zur Erfüllung ihrer Aufgaben eine weit verzweigte Organisation vom Ortsverein bis hin zum Bundesverband unterhalten. Sie benötigen hauptamtliche Mitarbeiter und müssen Wahlkämpfe bestreiten. Ihre Einnahmen setzen sich aus Mitgliedsbeiträgen, Spenden und Steuermitteln zusammen. Aus Mitgliedsbeiträgen allein können die Kosten nicht bestritten werden. Eine teilweise Finanzierung aus Steuermitteln hält das Bundesverfassungsgericht deshalb für zulässig. Nach der CDU-Spendenaffäre von 1999/2000 wird in der Öffentlichkeit verstärkt über eine Verschärfung des Parteiengesetzes diskutiert. Dass die Parteien in der Behandlung von Spenden nicht immer redlich handelten, verdeutlichte bereits die erste „Parteispendenaffäre". Diese erreichte 1985–1987 mit dem Prozess gegen den Flick-Manager v. Brauchitsch sowie gegen die früheren Wirtschaftsminister Friedrichs und Lambsdorf ihren Höhepunkt.

Seit 1994 erhalten Parteien, die mindestens 0,5 Prozent der Zweitstimmen erreicht haben, pro Jahr für bis zu fünf Millionen Wählerstimmen in Europa-, Bundestags- und Landtagswahlen 1,30 DM pro abgegebener Stimme, für jede weitere abgegebene Stimme je 1,00 DM. Für jede Mark aus Beitrags- und Spendeneinnahmen erhalten die Parteien zusätzlich 0,50 DM aus Steuermitteln. Insgesamt dürfen die staatlichen Zuwendungen an die Parteien die Summe von jährlich 245 Millionen DM nicht überschreiten. Die Höchstgrenze steuerlich absetzbarer Spenden wird auf 6000 DM pro (lediger) Person und Jahr festgesetzt. Unternehmen dürfen ihre Spenden nicht steuermindernd geltend machen. Spenden, die höher als 20 000 DM pro Jahr sind, müssen in den jährlichen Rechenschaftsberichten der Parteien unter Nennung des Spenders veröffentlicht werden.

Parteispendenaffäre: Mit diesem Begriff werden unlautere Wege der Parteienfinanzierung in den 70er- und 80er-Jahren bezeichnet, die das Vertrauen der Bevölkerung in die Arbeit der Parteien nachhaltig erschütterten. Spenden an Parteien können nur in weitaus geringerem Umfang von der Steuer abgesetzt werden als Spenden an gemeinnützige Organisationen. Jahrelang umgingen die Parteien diese Schranken, indem sie Parteispenden der Industrie über parteinahe Stiftungen in ihre Kassen lenkten. Diese „Umwegfinanzierung" erfüllte den Tatbestand der Steuerhinterziehung. Die Affäre zog weitere Kreise, als bekannt wurde, dass die Staatsanwaltschaft im November 1981 die Zentrale des Flick-Konzerns durchsucht hatte und zahlreiche Belege über finanzielle Zuwendungen des Konzerns an Parteien gefunden hatte. Diese Spenden, so wurde vermutet, seien die Gegenleistung für steuerliche Vergünstigungen, die dem Konzern gewährt worden waren.

Im Zuge der Affäre traten Politiker von ihren Ämtern zurück. 1987 wurden Politiker wegen Steuerdelikten gerichtlich zu hohen Geldstrafen verurteilt .

3 Parteien im Grundgesetz

Art. 21. (1) Die Parteien wirken bei der politischen Willensbildung des Volkes mit. Ihre Gründung ist frei. Ihre innere Ordnung muss demokratischen Grundsätzen entsprechen. Sie müssen über die Herkunft und
5 Verwendung ihrer Mittel sowie über ihr Vermögen öffentlich Rechenschaft geben.

(2) Parteien, die nach ihren Zielen oder nach dem Verhalten ihrer Anhänger darauf ausgehen, die freiheitliche demokratische Grundordnung zu beeinträch-
10 tigen oder zu beseitigen oder den Bestand der Bundesrepublik Deutschland zu gefährden, sind verfassungswidrig. Über die Frage der Verfassungswidrigkeit entscheidet das Bundesverfassungsgericht.

(3) Das Nähere regeln Bundesgesetze.

Satz 4 des Absatzes 1 wurde erst 1983 in das Grundgesetz eingefügt.

4 Versagen die politischen Parteien?

a *Christian Graf von Krockow, 1986:*

„Wozu brauchen wir eigentlich Parteien, hier und heute in der Bundesrepublik? Selbstverständlich sind sie nicht, sondern weit eher ein Ärgernis. Sie zanken und streiten; sie flicken einander am Zeug, wie sie nur
5 können ..."

Dennoch: Parteien mögen ein Notbehelf sein, aber sie sind praktisch unentbehrlich – dann jedenfalls, wenn

nicht bloß die Wenigen, sondern die Vielen politisch mitreden sollen. Zwar verkündet das Bonner Grundgesetz in Artikel 20 feierlich „Alle Staatsgewalt geht vom 10 Volke aus." Aber das Volk kann nicht regieren; es kann unter den Bedingungen der modernen Massengesellschaft mit Millionen von Staatsbürgern nicht auf einem Marktplatz zur „Volksversammlung" zusammenkommen, um zu diskutieren und durch Zuruf unmit- 15 telbar zu entscheiden. Das Pro und Kontra der komplizierten Sachfragen und ihrer Lösungsmöglichkeiten ebenso wie die Kandidatenauslese für Führungsämter müssen vielmehr organisiert und Alternativen öffentlich dargestellt werden, damit die Menschen sich 20 ein Urteil bilden und dann wählen können. [...].

Parteien in der Krise, hrsg. von C. G. von Krockow und P. Lösche, München 1986, S. 39

b *Der Rechts- und Politikwissenschaftler Hans Herbert von Arnim, 1993:*

Die Zurückdrängung des Volkes ist besonders ausgeprägt auf der besonders wichtigen Bundesebene. [...] Selbst bei der Wahl der Abgeordneten für den Bundestag entscheidet der Wähler nicht mehr über Kandidaten, sondern nur noch über die Größe der verschiede- 5 nen Fraktionen und damit nur noch über die Herrschaftsanteile der Parteien. Wer von seiner Partei auf einen „sicheren" Listenplatz oder in einem „sicheren" Wahlkreis nominiert worden ist, dem kann der Wähler nichts mehr anhaben. Selbst wer im Wahlkreis 10 nicht die Mehrheit der Bürger erlangt, ist auf der Landesliste oft abgesichert und kommt auf diesem Weg doch noch ins Parlament. Der Wähler wird also selbst bei Ausübung seines demokratischen Königsrechts von den Parteien bevormundet [...]: Einfluss auf die 15 Auswahl der Volksvertreter – etwa durch Häufeln der Stimmen auf bestimmte Kandidaten oder durch Ankreuzen von Kandidaten verschiedener Listen – hat der Wähler selbst bei Kommunalwahlen nur in wenigen Bundesländern. Die Wahl des Bürgermeisters di- 20 rekt durch das Volk gibt es bisher nur in Süddeutschland, und dies nicht etwa, weil die Volkswahl Demagogen und Kandidaten minderer Qualität ins Amt brächte. Wie die baden-württembergischen Erfahrungen zeigen, ist in Wahrheit das Gegenteil der Fall. Der 25 hohe Status des Amtes zieht die besten Bewerber an, und das Volk hat ein Gespür für Qualität. [...] Gewählt wird regelmäßig eine geglückte Mischung aus Verwaltungserfahrung und politischer Ausstrahlung.

Der extremen Zurückdrängung des Volkes, die weit 30 über die Erfordernisse der Massendemokratie hinausgeht, entspricht das Hervortreten und Sich-immer-breiter-Machen der politischen Parteien. Diese Verkehrung ließe sich allenfalls rechtfertigen, wenn sie im Interesse einer möglichst hohen Qualität des politi- 35 schen Personals und zur Sicherung der nötigen Entscheidungsfähigkeit unseres politischen Systems un-

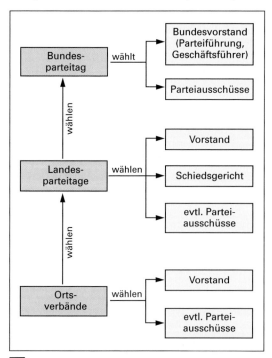

5 Schema einer Parteiorganisation nach dem Parteiengesetz

	Deutschland	Frankreich
Wichtigste Vorschriften	– Spenden ab 20 000 Mark pro Kalenderjahr müssen veröffentlicht werden – Privatpersonen können Spenden bis 6000 Mark steuerlich geltend machen, Firmenspenden sind nicht abzugsfähig – staatliche Zuschüsse nach Wählerstimmen, Einnahmen aus Einnahmen und Kleinspenden	– Spenden von Unternehmen an Parteien sind nicht zulässig – Höchstgrenze für Spenden von Privatpersonen – Finanzierung zur Hälfte aus Staatszuschüssen, die sich nach der Zahl der Abgeordneten in der Nationalversammlung berechnen
Sanktions-möglichkeiten	– keine persönliche Haftung – unrechtmäßig eingenommene Spenden müssen beim Bundestagspräsidenten abgegeben werden, die Partei verliert in zweifacher Höhe dieser Summe den Anspruch auf die staatlichen Zuschüsse	– Mandatsverlust – Geldstrafe und Aberkennung des passiven Wahlrechts für mehrere Jahre

6 **Vorschriften zur Parteienfinanzierung im Vergleich** (nach: Der Spiegel, 5/2000, S. 46)

erlässlich wäre. Genau diese höhere Qualität der parteilichen Willensbildung wird aber immer mehr infrage gestellt. Unser Parteienstaat wird an diesem – für den Repräsentationsgedanken lebenswichtigen – Nerv immer skeptischer beurteilt.
Die Frage der Qualität des Personals scheint mir auch der eigentliche Grund zu sein, warum die Bezahlung der Politiker in der Öffentlichkeit ein solch gewichtiges Thema darstellt. Es ist weniger die Höhe ihrer Bezüge als vielmehr das Missverhältnis zu ihren Leistungen, das auf Kritik stößt.
In: Aus Politik und Zeitgeschichte, B 11/1993, S. 15

c | *Der Politikwissenschaftler Ulrich von Alemann, 1996:*
Im Deutschland der Zeit seit der Vereinigung hat Parteienkritik Hochkonjunktur. Parteien- und Politikverdrossenheit wurden zu (Un-)Worten des Jahres. [...] Und selbst der ehemalige Bundespräsident Richard von Weizsäcker warf den Parteien vor, dass sie sich zu einem „ungeschriebenen sechsten Verfassungsorgan entwickelt haben, das auf die anderen fünf einen immer weiter gehenden, zum Teil völlig beherrschenden Einfluss ausübt".
Manche berechtigte Kritik an Parteienfinanzierung und Verfilzungen, an Entscheidungsschwäche und Schönrederei der Parteien wird bei diesen Kritikern zu einem Generalangriff auf die in Deutschland schon immer ungeliebten Parteien umgemünzt. Ihr Ruf nach Allgemeinwohl und Überparteilichkeit klingt verdächtig nach der Sehnsucht nach überparteilichen Parteien, die keine Interessen, sondern nur das Gemeinwohl kennen. Insofern erinnert viel an dieser Kritik fatal an die Position des Konservatismus zum Ende der Weimarer Republik mit seiner Abneigung gegen die Parteien des „Systems". Ist das überzogen? Keineswegs, jedenfalls nicht bei Hans Herbert von Arnim, der in seinem Buch „Staat ohne Diener" schrieb: „Die Parteien haben im politischen Leben der Bundesrepublik Deutschland alle Fäden in der Hand. Kehrseite ihrer alles beherrschenden Stellung ist die völlige Entmachtung des Volkes." Wo bleibt da Platz für die Macht von Wirtschaft und Bürokratie, Verbände und Medien? [...] Hier schimmert viel von der alten deutschen Parteienverachtung, die pluralismus-parlamentarismusfeindlich ist, durch.
Ulrich von Alemann, Die Parteien in den Wechsel-Jahren? Zum Wandel des deutschen Parteiensystems. In: Aus Politik und Zeitgeschichte, B 6/96, S. 3 f.

7 **„Seine Majestät, der Wähler".** Bildunterschrift: „Ist ja Gottseidank nur einmal in vier Jahren!" Karikatur von Sepp Buchegger, 4. 10. 1980

8 Schicht- und Konfessionsentscheidung in der Bundestagswahl 1998

a *in Prozent der jeweiligen Berufsgruppe:*

	SPD	CDU/CSU	GRÜNE	FDP	PDS
Insgesamt	40,9	35,2	6,7	6,2	5,1
Arbeiter	48	30	3	3	6
– davon in Ostdeutschland	39	27	2	3	17
Angestellte	42	32	8	7	6
Beamte	36	40	11	6	3
Selbständige	22	44	10	15	4
Landwirte	15	69	2	9	3
Rentner	42	41	3	6	5
In Ausbildung	37	27	17	6	6
Arbeitslose	44	23	7	4	13

b *in Prozent der jeweiligen Konfessionsgruppe:*

		SPD	CDU/CSU	GRÜNE	FDP	PDS
Katholiken	/West	36	47	6	6	1
	/Ost	28	46	9	3	8
Protestanten	/West	48	32	7	8	1
	/Ost	35	37	6	5	9
Konfessionslose	/West	47	22	13	7	4
	/Ost	36	21	5	3	26

Befragung einer repräsentativen Stichprobe von 19700 Wählern nach der Stimmabgabe vor dem Wahllokal durch die Forschungsgruppe Wahlen e. V.

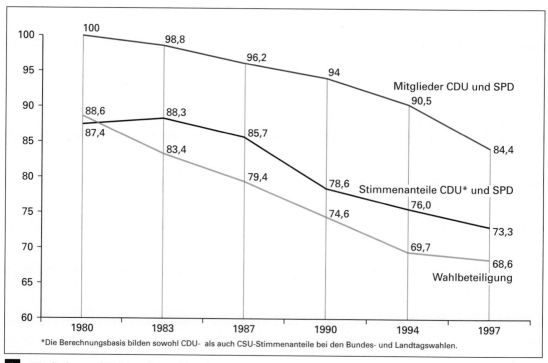

*Die Berechnungsbasis bilden sowohl CDU- als auch CSU-Stimmenanteile bei den Bundes- und Landtagswahlen.

9 Mitglieder- und Wählerschwund bei den Volksparteien, 1980–1997

10 Karikatur von Walter Hanel, 1993

11 **Keine Alternative zu den Volksparteien?**
Über die Leistungen der Volksparteien schreibt der
Politologe Peter Lösche, 1999:
Wenn die geballte Kritik an den Volksparteien zuträfe,
wie konnten sie dann die Machtposition erringen, in
der sie sich heute befindet? [...]
Die Erfolgsgeschichte der Volksparteien hätte nicht
5 geschrieben werden können ohne die gravierenden sozialen und ökonomischen Veränderungen in der
Nachkriegsgesellschaft: Es begann mit einem Jahrzehnt der Völkerwanderung, mit Trecks aus den zer-
bombten Großstädten, aus den Ortsgebieten des ehe-
10 maligen Reichs, dann aus der Sowjetischen Besatzungszone und später der DDR. Es folgten
Modernisierungsschübe und Veränderungen auf dem
Arbeitsmarkt, in deren Folge sich „Blaumann" und
„weißer Kragen" nicht mehr unversöhnlich gegenüber
15 standen. Zwischen sie haben sich vielmehr unter-
schiedlichst getönte „graue Kragen" platziert, alle Ar-
ten von Spezialisten, Dienstleistern, Ingenieuren,
Selbständigen – eben die „neue Mitte".
Die Bildungsrevolution der Siebzigerjahre („Bildung
20 für alle") tat schließlich ein Weiteres, um Klassengegensätze, die die Weimarer Republik noch tief gespalten hatten, im Nachkriegssozialstaat einzuebnen. Die
Widersprüche zwischen den Konfessionen schwäch-
ten sich ab [...]. Die Parteibindungen der Wähler, auf-
25 grund von Tradition, Gewohnheit oder sozialer Situation, lockerten sich. [...] So hatte jeder dritte SPD
Wähler 1998 bei der vorhergehenden Bundestagswahl
noch für eine andere Partei gestimmt.
Genau hier liegt die „neue Mitte", der Ort, an dem
30 sich Sieg oder Niederlage für die Volksparteien entscheidet. Will eine Volkspartei heute mehr als 35 oder

gar 40 Prozent der Stimmen, muss ihr ein mehrfacher
Spagat gelingen, um eine bunte Wählerkoalition zu
schmieden: hin zu Arbeitern, Selbständigen, ange-
grünten Yuppies und konservativen Rentnern, Haus- 35
mütterchen und Karrierefrauen, zu Ingenieuren und
Landwirten, Ossis und Wessis. [...]
In den Volksparteien sind die vielen auseinander stre-
benden gesellschaftlichen und politischen Kräfte integriert und an die Demokratie gebunden worden: die 40
Konfessionen, die Landsmannschaften, gegensätzliche
Klassen und Schichten, konkurrierende Vereinigungen wie der Arbeitnehmerflügel und der Wirtschaftsrat, und soziale Bewegungen, Bürgerinitiativen und
Vereine, ehemalige Nationalsozialisten und Stalinis- 45
ten, die Fundamentaldemokraten der Apo und manche Populisten von der extremen Rechten. [...]
Die vielleicht größte Leistung der Volksparteien ist
ihre Vermittlungsarbeit in einem höchst komplizierten, verwirrenden politischen System. [...] In dieses 50
scheinbare Chaos haben die Parteien Struktur gebracht, den politischen Kompromiss, wenn auch auf
zumeist kleinstem Nenner, ermöglicht. Dabei haben
sie oftmals wie schützende Filter gegen den Einfluss
von Verbänden, etwa der Pharmaindustrie oder Atom- 55
wirtschaft, gewirkt.
[...] Trotz aller Veränderungen und trotz des Niedergangs der Volksparteien alten Typs: Eine Alternative
zu den Parteien bietet sich nicht an, weder Bürgerinitiativen, politische Klubs und Salons, soziale Bewe- 60
gungen oder Formen der direkten Demokratie wie
Volksbegehren und Volksentscheide.

Peter Lösche, in Der Spiegel, 15. März 1999

12 Leben wir in einer „Demoskopiedemokratie"?

a *Der ehemalige Bundespräsident Richard von Weizsäcker schreibt über die Parteien, 1992:*
Mandate aufgrund von Wahlergebnissen sollen doch nur die Voraussetzung für die eigentliche Aufgabe der Politik sein, nämlich die Herausforderung der Zeit zu erkennen und mit ihren Risiken und Chancen fertig

5 zu werden. Doch diese werden allzu rasch im Lichte der nächsten Wahlkämpfe gesehen. [...] Wir leben in einer Demoskopiedemokratie. Sie verführt die Parteien dazu, in die Gesellschaft hineinzuhorchen, dort die erkennbaren Wünsche zu ermitteln, daraus ein

10 Programm zu machen, dieses dann in die Gesellschaft zurückzufunken und sich dafür durch das Mandat für die nächste Legislaturperiode belohnen zu lassen. So ist es zwar nicht immer, aber zu oft. Und es handelt sich um einen Kreislauf, bei dem die politische Auf-

15 gabe der Führung und Konzeption zu kurz kommt.
Die Zeit, 19. Juni 1992

b „Wie viel wollen Sie denn anlegen? Ich quetsche Ihnen gerne noch ein paar Prozent heraus!"
Karikatur von Jupp Wolter (80er Jahre)

13 „Wem schadet der Spendenskandal der CDU?"
Im Januar 2000 ließ der „Stern" demoskopisch untersuchen, wie der Skandal auf die Menschen wirkte.

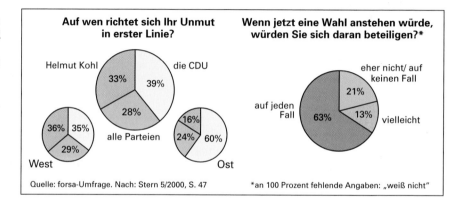

Auf wen richtet sich Ihr Unmut in erster Linie?

Helmut Kohl — 33% / 39% — die CDU / 28% — alle Parteien

West: 36% / 35% / 29%
Ost: 16% / 24% / 60%

Wenn jetzt eine Wahl anstehen würde, würden Sie sich daran beteiligen?*

auf jeden Fall 63% — eher nicht/ auf keinen Fall 21% — vielleicht 13%

Quelle: forsa-Umfrage. Nach: Stern 5/2000, S. 47

*an 100 Prozent fehlende Angaben: „weiß nicht"

Arbeitsvorschläge und Fragen	

a) Formulieren Sie, welche gesetzlichen Anforderungen an politische Parteien erhoben werden (DT, M3, M6).
Informieren Sie sich, welche Konsequenzen Parteien und Gesetzgeber aus dem CDU-Spendenskandal gezogen haben (z. B. Zeitungen, Geschäftsstellen der Parteien, Internet, Bundestagsabgeordnete des Wahlkreises).
b) Welche Ursachen nennen von Arnim und von Alemann (M4b,c) für die „Parteienverdrossenheit" vieler Bürger? Beurteilen Sie in diesem Zusammenhang die Grafik (M9). Wem kommen die verlorenen Stimmenanteile der beiden Volksparteien wohl zugute?
c) Durch Skandale sind Parteien immer wieder in die Kritik geraten. Diskutieren Sie über die Berechtigung dieser Kritik; beachten Sie auch M4c, M11, M13.
d) Vergleichen Sie die Parteiprogramme von CDU, Bündnis 90/Die Grünen, FDP, PDS und SPD hinsichtlich ihrer Aussagen zur Wirtschafts- und Sozialpolitik und zum Umweltschutz. Sie finden die Parteiprogramme im Internet unter den Adressen: www.cdu.de; www.liberale.de; www.gruenefraktion.de; www.pds-online.de; und www.spd.de.
e) Die Kosten für Wahlkämpfe der Parteien sind stetig gestiegen. Welche Mittel und Formen des Wahlkampfes halten Sie für gerechtfertigt (s. auch M1)?

Demoskopen im Wahlstudio am Tag der Landtagswahl in Baden-Württemberg, 1996. Nach allen Bundes-oder Landtagswahlen bemühen sich die TV-Anstalten, möglichst bald nach Schluss der Wahllokale über Hochrechnungen präzise Prognosen zum Wahlausgang zu liefern.

Im Auftrag von Parteien, Verbänden, v. a. aber von Medien ermitteln private Meinungsforschungsinstitute die politische Einstellung der Wählerinnen und Wähler. Dabei werden durch statistische Verfahren die Befragten so ausgewählt, dass sie das gesamte Wählerspektrum repräsentieren (z. B. Mann–Frau, arm–reich, alt–jung, Stadt–Land, kirchlich gebunden–ungebunden, alte–neue Bundesländer u. a.). Je größer der Umfang der Stichprobe ist, umso zuverlässiger ist das Ergebnis, desto teurer ist aber auch das Verfahren.

Bei Befragungen über Wahlentscheidungen hat sich die Befragung von ca. 2000 Personen in der Regel als hinreichend zuverlässig erwiesen. Bei der heute am häufigsten praktizierten Methode werden die Informationen telefonisch erhoben. Nachteilig kann sich hier auswirken, dass komplexe Fragestellungen am Telefon nur schwer zu erörtern sind. Der wesentliche Vorteil sind die Aktualität, die nahezu unbegrenzte Reichweite und die geringen Kosten.

Um die Befragungsergebnisse besser auswerten zu können, müssen sich die Befragten zumeist für einen bestimmten Wert auf einer Skala entscheiden. Grundsätzlich können Befragungsergebnisse mit mancherlei Mängeln behaftet sein. So mögen Befragte dem Interviewer ihre politische Meinung nicht immer anvertrauen, schon gar nicht, wenn sie radikale Parteien wählen.

Demoskopische Umfragen vor Wahlen werden zunehmend kritisch gesehen. Es wird vermutet, dass der vorhergesagte Wahlsieg einer Partei unentschiedene Wähler veranlasst, auf die führende Meinung „aufzuspringen". Sympathisanten einer Verliererpartei gehen eventuell erst gar nicht zur Wahl, da sie ihre Stimme für verloren erachten. Wenn die Meinungsforschungsinstitute bei einer Partei knapp 5% der Stimmen voraussagen, entscheiden sich manche Wähler taktisch, indem sie dieser Partei ihre Stimme nur deshalb geben, um durch das Überwinden der Fünf-Prozent-Hürde die Mehrheit einer Koalition zu sichern.

Zur Diskussion:

– Mit welchen Argumenten kritisierte Richard von Weizsäcker (M12a) die „Demoskopie–Demokratie"? Diskutieren Sie seine Auffassung.
– Führen Sie eine Pro- und Kontra-Diskussion (▶ S. 60 f.) über die These: Wir leben im „Internet-Zeitalter". Darum müssen Auffassungen von Bürgern zu aktuellen Fragen bei politischen Entscheidungen stärker berücksichtigt werden!

2 Der politische Entscheidungsprozess: Wie Gesetze gemacht – oder verhindert werden

Im Altertum übten die waffenfähigen Männer Athens die Volksherrschaft direkt in Volksversammlungen aus. In unserem Zeitalter der Massengesellschaften haben sich in den demokratischen Staaten vor allem repräsentative Demokratien entwickelt. Die Bürgerinnen und Bürger wählen solche Parteien und Abgeordnete in die Parlamente, die am ehesten ihre politische Meinung repräsentieren. Wie sieht nun in unserer Demokatie der politische Entscheidungsprozess aus? Welche Verfassungsorgane sind daran beteiligt?

Gesetzgebungs-verfahren: Einbringung eines Gesetzentwurfs

Gemäß den Bestimmungen des Grundgesetzes erfolgt die Gesetzgebung des Bundes durch den Bundestag, oft mit Beteiligung des Bundesrates als der Vertretung der Länder. Das Gesetzgebungsverfahren wird mit der Einbringung eines Gesetzentwurfs beim Bundestag eingeleitet. Das Recht, Gesetzesvorlagen einzubringen (Initiativrecht) haben die Bundesregierung (Kabinettsvorlage) sowie die Abgeordneten des Bundestags oder des Bundesrats. Von Bundestagsabgeordneten eingebrachte Gesetzesvorlagen müssen von den Abgeordneten einer Fraktion oder von mindestens 5 % aller Abgeordneten unterzeichnet sein. Zwischen 1949 und 1998 brachte die Bundesregierung 4848 Gesetzentwürfe ein, von den Abgeordneten des Bundestags kamen 2903 und aus dem Bundesrat 631 Gesetzesvorlagen. Die starke Stellung der Regierung wird darin deutlich, dass von den Entwürfen der Bundestagsabgeordneten und des Bundesrats nur rund ein Drittel auch verabschiedet wurden, während die „Erfolgsquote" der Regierungsvorlagen bei fast 90 % lag. Die zuständigen Fachminister und ihre Fachreferenten machen sich häufig bereits bei der Ausarbeitung der Entwürfe den Sachverstand und die Praxiserfahrung der Interessenverbände zunutze, stimmen sich mit anderen Ministerien ab und holen die Meinung von Ministerien der Bundesländer ein.

Drei Lesungen

Jeder Gesetzentwurf durchläuft im Bundestag drei Beratungen (Lesungen). Nach der ersten Beratung, bei der nur grundsätzliche Auffassungen zu dem Vorhaben diskutiert werden, wird der Entwurf an den zuständigen Bundestagsausschuss überwiesen. Die Ausschussberatung ist die wichtigste Stufe des Gesetzgebungsverfahrens. Hier soll die Vorlage in Anwesenheit von Mitgliedern der Regierung, des Bundesrats und der zuständigen Ministerialbeamten gründlich geprüft werden. Bei besonders wichtigen Vorhaben findet eine öffentliche Anhörung (Hearing) u. a. von Wissenschaftlern und Verbands-

Repräsentative Demokratie: Darin geht die staatliche Gewalt zwar vom Volk aus, wird von diesem aber nicht unmittelbar, sondern durch gewählte Vertreter (Repräsentanten) ausgeübt.

Direkte (unmittelbare) Demokratie: Die direkte Demokratie begegnet uns als unmittelbare Machtausübung durch die Volksversammlung (wie im antiken Athen oder heute in Schweizer Gemeinde- und Kantonsversammlungen, ▶ S. 72 f.). Die direkte Demokratie kann nur in kleineren, überschaubaren Gemeinwesen funktionieren, in denen alle Aktivbürger den Versammlungsort in kurzer Zeit erreichen und über genügend freie Zeit für die politischen Geschäfte verfügen können.

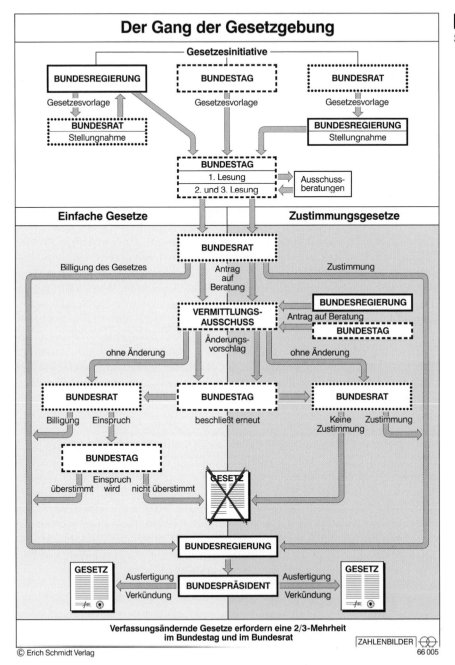

Der Gang der Gesetzgebung

Gesetzesinitiative

| BUNDESREGIERUNG | BUNDESTAG | BUNDESRAT |

Gesetzesvorlage — Gesetzesvorlage — Gesetzesvorlage

BUNDESRAT
Stellungnahme

BUNDESREGIERUNG
Stellungnahme

BUNDESTAG
1. Lesung
2. und 3. Lesung

Ausschuss-
beratungen

Einfache Gesetze — **Zustimmungsgesetze**

BUNDESRAT

Billigung des Gesetzes — Antrag auf Beratung — Zustimmung

VERMITTLUNGS-AUSSCHUSS

BUNDESREGIERUNG
Antrag auf Beratung
BUNDESTAG

ohne Änderung — Änderungsvorschlag — ohne Änderung

| BUNDESRAT | BUNDESTAG | BUNDESRAT |

Billigung Einspruch — beschließt erneut — Keine Zustimmung

BUNDESTAG

Einspruch
überstimmt wird nicht überstimmt

GESETZ

BUNDESREGIERUNG

GESETZ

Ausfertigung **BUNDESPRÄSIDENT** Ausfertigung
Verkündung   Verkündung

GESETZ

**Verfassungsändernde Gesetze erfordern eine 2/3-Mehrheit
im Bundestag und im Bundesrat**

ZAHLENBILDER

© Erich Schmidt Verlag

66 005

1 Das Gesetz-
gebungsverfahren

43

vertretern statt. Fast alle Gesetze werden im Laufe der Ausschussberatungen überarbeitet. Hat der Ausschuss seine Beschlussempfehlung vorgelegt, wird das Gesetz in der zweiten und der sich meist unmittelbar anschließenden dritten Beratung eingehend diskutiert und zur Abstimmung gestellt.

Wann muss der Bundesrat zustimmen?

Ist die erforderliche Mehrheit erreicht, muss das Gesetz dem Bundesrat zugeleitet werden, der in der föderativ aufgebauten Bundesrepublik eine wichtige Stellung einnimmt. Dabei ist es entscheidend, ob es sich um ein Zustimmungsgesetz oder um ein „einfaches" Bundesgesetz handelt. Zustimmungspflichtig sind Gesetze, wenn sie die Verfassung ändern, wenn sie Auswirkungen auf die Finanzen der Länder haben oder von den Ländern auszuführen sind. Da die meisten Bundesgesetze von den Ländern ausgeführt werden, besitzt der Bundesrat weit gehende Mitwirkungsrechte. „Einfache" Bundesgesetze sind alle übrigen Gesetze, für die im Grundgesetz nicht ausdrücklich die Zustimmung des Bundesrats vorgesehen ist. Änderungen des Grundgesetzes müssen im Bundestag und im Bundesrat jeweils mit Zweidrittelmehrheit beschlossen werden.

Vermittlungsausschuss

Lehnt der Bundesrat ein vom Bundestag beschlossenes Gesetz ab, kann er die Einberufung des Vermittlungsausschusses verlangen, der sich aus je 16 Mitgliedern beider Organe zusammensetzt. Hat ein Gesetz den Bundestag und den Bundesrat erfolgreich passiert, wird es vom zuständigen Minister, vom Bundeskanzler und vom Bundespräsidenten unterzeichnet. Wenn kein anderer Termin genannt ist, tritt es 14 Tage nach der Verkündigung im Bundesgesetzblatt in Kraft.

Das Bundesverfassungsgericht

Das Bundesverfassungsgericht (BVerfG) in Karlsruhe mit seinen umfassenden Zuständigkeiten ist ohne Vorbild in der deutschen Verfassungsgeschichte. Beschließt das BVerfG über die Rechtswirksamkeit von Bundes- und Ländergesetzen, so haben seine Entscheidungen Gesetzeskraft. Das Gericht besteht aus zwei Senaten mit jeweils acht Richterinnen und Richtern. Jeder Senat entscheidet selbständig.

Der politische Charakter des Gerichts ergibt sich schon aus der Berufung der Richterinnen und Richter: Sie werden je zur Hälfte von Bundestag und Bundesrat gewählt. Ihre Amtsdauer beträgt zwölf Jahre. Die Wahl der vom Bundestag berufenen Richter erfolgt über einen Wahlausschuss aus zwölf Abgeordneten. Zum Richter ist gewählt, wer mindestens zwei Drittel der Stimmen des Wahlausschusses auf sich vereint. Die vom Bundesrat berufenen Richter werden mit zwei Dritteln der Bundesratsstimmen gewählt. Das jeweilige Erfordernis der Zweidrittelmehrheit zwingt zu Kompromissen und schließt die Wahl von parteipolitisch besonders engagierten Kandidaten aus.

Föderalismus (von lat. foedus = Bündnis): Danach behalten die Gliedstaaten eines Staates große Selbständigkeit und eigene Rechte (z. B. Kulturhoheit). Das gemeinsame Kennzeichen aller föderativen Ideen ist das Subsidiaritätsprinzip (▶ S. 234). Vor allem die historischen Erfahrungen mit dem zentra- listischen Einheitsstaat des Dritten Reiches, in dem alle Länder beseitigt waren, bewogen die Mitglieder des parlamentarischen Rates, sich für den föderativen Aufbau der Bundesrepublik zu entscheiden und den Bundesrat als zweite Kammer der Gesetzgebung neben den Bundestag zu stellen.

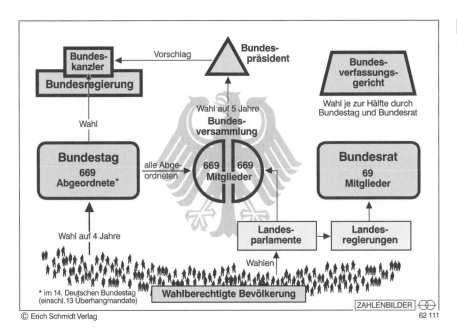

Bundes-kanzler
Bundesregierung

Vorschlag

Bundes-präsident

Bundes-verfassungs-gericht

Wahl je zur Hälfte durch
Bundestag und Bundesrat

Wahl

Wahl auf 5 Jahre
Bundes-versammlung

Bundestag
669
Abgeordnete*

alle Abge-ordneten

669 | 669
Mitglieder

Bundesrat
69
Mitglieder

Wahl auf 4 Jahre

Landes-parlamente

Landes-regierungen

Wahlen

* im 14. Deutschen Bundestag
(einschl. 13 Überhangmandate)

Wahlberechtigte Bevölkerung

ZAHLENBILDER

© Erich Schmidt Verlag

62 111

Jeder Bürger kann mit einer Verfassungsbeschwerde das BVerfG anrufen, wenn er glaubt, durch einen Verwaltungsakt, ein Gesetz oder ein Gerichtsurteil in seinen Grundrechten verletzt worden zu sein. Allerdings kann erst dann Verfassungsbeschwerde eingelegt werden, wenn vorher alle zuständigen Instanzen der anderen Gerichte angerufen worden sind. Bei Entscheidungen der acht Richter einer Kammer genügt die einfache Mehrheit; bei Patentscheidungen gilt ein Antrag als abgelehnt. Seit 1971 gibt es im BVerfG das „Sondervotum". Es gibt Richtern, die bei einem Verfahren überstimmt werden, die Möglichkeit, ihre abweichende Meinung zu begründen und dem Urteil beizufügen.

Bundesverfassungs-gericht als „Ersatzgesetzgeber"

Auch die Bundesregierung, eine Landesregierung oder ein Drittel der Mitglieder des Bundestages können beantragen, dass ein Gesetz vom BVerfG auf seine Vereinbarkeit mit dem Grundgesetz überprüft wird (Normenkontrollverfahren). Da sich Klagen nur gegen bestehende Gesetze oder gegen Entscheidungen der Exekutive richten können, ist es in der Regel die Opposition, die das Gericht gegen Beschlüsse der Regierungsmehrheit anruft. Dadurch gerät das Verfassungsgericht zwangsläufig in die Situation, Gesetze zu korrigieren und dadurch selbst quasi gesetzgeberisch tätig zu werden. Die Öffentlichkeit beobachtet verfassungsgerichtliche Entscheidungen politischer Konflikte mit Misstrauen. Es liegt jedoch nicht im Ermessen des Gerichts, die Behandlung einer politischen Streitfrage abzulehnen, wenn es angerufen wird. Es gibt zudem eine zunehmende Tendenz der Abgeordneten, unpopuläre Entscheidungen dem BVerfG zuzuschieben, weil diese dann in der Öffentlichkeit eher akzeptiert würden, als wenn sie im Parlament getroffen würden – ein Beispiel ist die Entscheidung des Verfassungsgerichts über Bundeswehreinsätze außerhalb des NATO-Bereichs (▶ S. 266 f.).

a) Beschreiben Sie das Zustandekommen eines Bundesgesetzes (M1).
b) Warum billigte das Grundgesetz 1949 dem Bundesverfassungsgericht eine derart starke Stellung zu? Berücksichtigen Sie geschichtliche Erfahrungen.

Arbeitsvorschläge und Fragen

Fallstudien im politischen Unterricht ermöglichen es, am Beispiel eines politisch-gesellschaftlichen Konfliktes komplexe Fragestellungen zu untersuchen. Am 10. August 1995 verkündete das Bundesverfassungsgericht das so genannte „Kruzifix-Urteil". Dieses Urteil gehört zu seinen bis heute in der Öffentlichkeit am meisten diskutierten Entscheidungen. Großkundgebungen in Bayern und eine Flut von Protestbriefen folgten der Urteilsverkündung.

a | *Aus der Bayerischen Schulordnung,*
§13, Absatz 1 Satz 3:
Die Schule unterstützt die Erziehungsberechtigten bei der religiösen Erziehung der Kinder. Schulgebet, Schulgottesdienst und Schulandacht sind Möglichkeiten dieser Unterstützung. In jedem Klassenzimmer ist
5 ein Kruzifix anzubringen. Lehrer und Schüler sind verpflichtet, die religiösen Empfindungen aller zu achten.

b | *Aus dem Urteil des Bundesverfassungsgerichts:*
Leitsatz 1: Die Anbringung eines Kreuzes oder Kruzifixes in den Unterrichtsräumen einer staatlichen Pflichtschule, die keine Bekenntnisschule ist, verstößt gegen Art. 4 Abs. 1 GG. [...]
5 Gründe: Art. 4 Abs. 1 GG schützt die Glaubensfreiheit. Die Entscheidung für oder gegen einen Glauben ist danach Sache des Einzelnen, nicht des Staates. Der Staat darf ihm einen Glauben oder eine Religion weder vorschreiben noch verbieten. [...] Zusammen mit der
10 allgemeinen Schulpflicht führen Kreuze in Unterrichtsräumen dazu, dass die Schüler während des Unterrichts von Staats wegen und ohne Ausweichmöglichkeit mit diesem Symbol konfrontiert und gezwungen werden, „unter dem Kreuz" zu lernen. [...] Die
15 Anbringung von Kreuzen in Klassenzimmern überschreitet die danach gezogene Grenze weltanschaulicher Ausrichtung der Schule. [...]

Bundesverfassungsgericht, Erster Senat, 1 BvR 1087/91

c | *Keine Kreuze mehr in Schulen*
Geklagt hatte ein Elternpaar mit drei schulpflichtigen Kindern [...]. Mit ihrer Klage beim Bundesverfassungsgericht haben die Eltern beanstandet, durch die Symbole, insbesondere durch die Darstellung eines „sterbenden Körpers", werde im Sinne des Christentums
5 auf ihre Kinder eingewirkt. Dies laufe ihren Erziehungsvorstellungen zuwider.
Der erste Senat des Bundesverfassungsgerichts verweist in seiner mit fünf gegen drei Stimmen getroffenen Entscheidung auf das Recht der Eltern, ihren
10 Kindern diejenigen Überzeugungen in Glaubens- und Weltanschauungsfragen zu vermitteln, die sie für richtig halten. Damit hätten sie auch das Recht, ihre Kinder von Glaubensüberzeugungen fernzuhalten, die sie für falsch oder schädlich halten. [...].
15 In einer abweichenden Meinung vertreten die Richter Otto Seidl, Alfred Söllner und Evelyn Haas – dies sind die von der CDU/CSU vorgeschlagenen Richter des Senats – die Auffassung, dass den Ländern bei der Gestaltung des Volksschulwesens ein weiter Gestal-
20 tungsspielraum zusteht. Wenn der Landesgesetzgeber verfassungsrechtlich unbedenklich den Schultyp der christlichen Gemeinschaftsschule einführen dürfe, könne es ihm nicht verwehrt sein, die Wertvorstellungen, die diesen Schultyp prägen, in den Unter-
25 richtsräumen durch das Kreuz zu symbolisieren.

Stuttgarter Zeitung, 11. August 1995

d | *Mekka neben dem Kreuz*
In den Klassenzimmern sollten nach Auffassung des Bischofs der Evangelischen Kirche in Berlin-Brandenburg, Wolfgang Huber, auch Symbole nichtchristlicher Religionen angebracht werden können. Es sei
5 nichts dagegen einzuwenden, wenn zum Beispiel in einer Schule in Berlin-Kreuzberg mit einem hohen Anteil türkischer Kinder neben dem Kreuz „ein Bild von Mekka" hänge, sagte er am Mittwoch in einem Interview des Südwestfunks. Die Kinder könnten dann
10 voneinander wahrnehmen, was in ihrer jeweiligen religiösen Tradition wichtige Orte und Symbole seien.

Stuttgarter Zeitung, 17. August 1995

e | *Streit um Rolle des Verfassungsgerichts*
CSU-Chef Theo Waigel hatte im „Bayernkurier" gefordert, die Macht des Verfassungsgerichts zu begrenzen. Dem Gericht dürften nicht weiterhin „solche fundamentalen Eingriffe in Länderrechte gestattet
5 bleiben". Die Richter hätten mit dem Kruzifix-Urteil über eine Norm befunden, die in der alleinigen Zuständigkeit des Landesgesetzgebers stehe. Waigel stellte darüber hinaus die Frage, ob „eine knappe 5:3 Mehrheit so weit reichende Entscheidungen" weiter-
10 hin treffen dürfe.

Stuttgarter Zeitung, 18. August 1995

f | *Kohl bekräftigt Kritik am Kruzifix-Urteil*

Bundeskanzler Helmut Kohl hat seine Kritik am Schulkreuz-Urteil bestätigt. Er halte „eigentlich" nichts von Urteilsschelte. Aber das Votum der Karlsruher Richter sei „in seinem Inhalt und in seiner Bedeutung nicht verständlich", sagte Kohl in einem Interview der ARD-Sendung „Bericht aus Bonn". Es gehe um weit mehr als um die konkrete Frage, ob Kreuze oder Kruzifixe in Schulklassen hängen sollten. Zur Debatte stehe die christliche Tradition Deutschlands, die sich durch die „ganze Verfassungsgesetzgebung" ziehe. Deshalb habe er für das Urteil überhaupt kein Verständnis.

Stuttgarter Zeitung, 19. August 1995

i | „**Kreuzzug**". Karikatur von Burkhard Mohr, 1995

g | *Bayern will Kruzifix-Urteil umgehen*

Trotz eindringlicher Mahnungen zur Mäßigung droht der Streit über das Kruzifix-Urteil und die Rolle des Bundesverfassungsgerichts zu eskalieren. Der bayerische Ministerpräsident Edmund Stoiber (CSU) will mithilfe eines neuen Gesetzes den Spruch der obersten deutschen Richter umgehen und die Kreuze in den staatlichen Pflichtschulen in Bayern hängen lassen. Der rechtspolitische Sprecher der CDU/CSU-Bundestagsfraktion, Norbert Geis, vertrat die Auffassung, die Kruzifix-Entscheidung verletze die Verfassung. Geis (CSU) stellte ferner die Verbindlichkeit des Karlsruher Urteils infrage. [...] Geis nannte es dringend geboten, über die Stellung des Verfassungsgerichts nachzudenken. Die Fälle, in denen das Verfassungsgericht sich in die Kompetenzen des Gesetzgebers und der ordentlichen Gerichte einmische, seien „nicht selten".

Stuttgarter Zeitung, 21. August 1995

h | *Karlsruhe räumt Fehler ein*

In einem außergewöhnlichen Schritt hat ein Bundesverfassungsrichter das umstrittene Kruzifixurteil nachträglich präzisiert. [...] Henschel, der auch Vorsitzender des ersten Senats und Berichterstatter des Beschlusses war, stellte klar: „Wir hätten [in Leitsatz 1] richtigerweise formulieren müssen: Die staatlich angeordnete Anbringung eines Kreuzes oder Kruzifixes in den Unterrichtsräumen einer staatlichen Pflichtschule, die keine Bekenntnisschule ist, verstößt gegen Artikel 4, Absatz 1 des Grundgesetzes." In dem veröffentlichten Leitsatz aber auch in anderen Passagen fehlen die Worte „staatlich angeordnete". [...]

Unterdessen belastet der Streit um das Kruzifix-Urteil zunehmend auch das Klima der Bonner Koalition. [...] FDP-Chef Wolfgang Gerhard rügte die Diskussion um das Urteil als „völlig überzogen". Gerhard sagte in Bonn: „Wir hatten bisher geglaubt, dass Fundamentalismus woanders stattfindet." Gerhard rügte die Äußerungen des rechtspolitischen Sprechers der Unionsfraktion, Norbert Geis, der das Urteil als verfassungswidrig bezeichnet hatte.

Stuttgarter Zeitung, 22. August 1995

j | *Justizminister weisen Kritik zurück*

Die Justizminister von neun Bundesländern haben [...] gemeinsam die Kritik an der Kruzifix-Entscheidung des Bundesverfassungsgerichts zurückgewiesen. In einer auf Initiative der niedersächsischen Ministerin Heidi Alm-Merk (SPD) veröffentlichten Erklärung warnen sie vor „solcher Kritik, die das Verfassungsorgan Bundesverfassungsgericht als Institution beschädigt. [...] Nicht wenige von denen, die jetzt zum Widerstand gegen die Kruzifix-Entscheidung aufrufen, nehmen diese Autorität in Fällen, die ihnen geeignet erscheinen, gern in Anspruch".

Süddeutsche Zeitung, 25. August 1995

Zur Diskussion:

– Stellen Sie die Ereignisse im Zusammenhang mit dem Kruzifix-Streit chronologisch dar.
– Erklären Sie, unter welchen Voraussetzungen in Bayern Kruzifixe aus Klassenzimmern entfernt werden müssen.
– Kennzeichnen und vergleichen Sie die politischen Kommentare zum Kruzifix-Urteil.
– Wie bewerten Sie selbst das Urteil?
– Wer müsste an Ihrer Schule über das Anbringen religiöser Symbole entscheiden?

3 „Alle Staatsgewalt geht vom Volke aus" – die Legitimation der politischen Herrschaft

„Alle Staatsgewalt geht vom Volke aus" – mit Artikel 20, Absatz 2 bekennt sich das Grundgesetz ausdrücklich zum Prinzip der Volkssouveränität. Das Volk übt die Staatsgewalt „in Wahlen und Abstimmungen" aus – delegiert sie in der repräsentativen Demokratie gleichsam an die gewählten Volksvertreter. Der Bundestag besitzt als einziges Staatsorgan eine direkte Legitimation durch den Souverän, den Wähler; alle anderen Staatsorgane besitzen nur eine abgeleitete Legitimation.

Aus der Frage nach der Legitimation der politischen Herrschaft folgen zahlreiche weitere Fragen: Demokratische Wahlen können nach sehr unterschiedlichen Prinzipien durchgeführt werden – und demzufolge auch sehr unterschiedliche Ergebnisse bringen. Nach welchen Grundsätzen werden die Abgeordneten gewählt? Die Abgeordneten repräsentieren gleichsam den Willen des Volkes – inwieweit sind sie in ihren Entscheidungen an den Wählerwillen gebunden?

Freies Mandat und Fraktionsdisziplin

In der Bundesrepublik gilt wie in allen anderen repräsentativen Demokratien der Grundsatz des freien Mandats. Die Abgeordneten vertreten das ganze Volk; sie sind nicht an Weisungen ihrer Wähler und Parteien gebunden, sondern „nur ihrem Gewissen unterworfen" (Artikel 38 Grundgesetz). Ein imperatives Mandat, bei dem die Abgeordneten an Weisungen gebunden wären, gibt es in unserer Demokratie nicht.

Aber das freie Mandat bedeutet in der Praxis wiederum auch nicht, dass Abgeordnete ohne Rücksicht auf ihre Wähler oder auf ihre Fraktionen abstimmen. Eine Fraktion gilt in den Augen der meisten Wähler tatsächlich nur dann als entscheidungsfähig, wenn sie geschlossen auftritt. Öffentliche Auseinandersetzungen und abweichendes Stimmverhalten werden darum leicht als Zerstrittenheit gewertet und mindern die Wahlchancen der Partei insgesamt. Abgeordnete können in den Arbeitskreisen der Parteien oder bei Fraktionssitzungen für ihre Auffassungen werben. Wenn die Fraktion dann mit Mehrheit entschieden hat, üben die Abgeordneten meist „Fraktionsdisziplin" und schließen sich der Mehrheitsentscheidung an. Ein „Fraktionszwang" für die einzelnen Abgeordneten besteht dennoch nicht, und bei wichtigen Abstimmungen, insbesondere bei „Gewissensfragen" – z.B. bezüglich des Bundeswehreinsatzes im Kosovo oder des Abtreibungsrechtes – gibt es regelmäßig „Abweichler", die sich der Fraktionsdisziplin nicht beugen. Ihr Verhalten ist zulässig, sie verlieren deshalb nicht ihr Bundestagsmandat.

Mehrheitswahlrecht: Das Wahlgebiet wird in Wahlkreise eingeteilt. In jedem Wahlkreis können sich mehrere Kandidaten um ein Mandat bewerben. Beim einfachen Mehrheitswahlrecht ist derjenige Kandidat gewählt, der die meisten Stimmen in einem Wahlkreis erringt. Beim absoluten Mehrheitswahlrecht (Reichstagswahlrecht 1871–1918) benötigt der Kandidat mehr als die Hälfte der Stimmen. Erreicht er sie nicht, ist ein zweiter Wahlgang erforderlich.

Verhältniswahlrecht: Es teilt jeder Partei im Verhältnis der für sie abgegebenen Stimmen Parlamentssitze zu (Wahlrecht der Weimarer Republik 1919–1933).

Das Grundgesetz bestimmt in Artikel 38, dass die Abgeordneten „in allgemeiner, unmittelbarer, freier, gleicher und geheimer Wahl" zu wählen sind.

– Allgemein bedeutet, dass grundsätzlich alle Staatsbürger ab 18 Jahren unabhängig von Besitz, Einkommen, Geschlecht oder Religion wählen und gewählt werden können.
– Unmittelbar ist die Wahl, weil die Abgeordneten direkt und nicht über Wahlmänner – wie etwa in den USA – gewählt werden.
– Frei ist sie, weil die Stimme ohne Zwang oder Druck abgegeben werden kann und keine Wahlpflicht besteht.
– Die Wahl ist gleich, weil alle Stimmen gleich viel zählen.
– Sie ist geheim, weil nicht feststellbar sein darf, wie der Einzelne gewählt hat.

Wahlberechtigt ist, wer mindestens 18 Jahre alt ist und die deutsche Staatsangehörigkeit besitzt; wählbar ist, wer seit mindestens einem Jahr deutscher Staatsbürger ist. Anders als bei Kommunalwahlen sind auch Bürger von EU-Staaten von der Bundestagswahl ausgeschlossen. In der Stadt Stuttgart sind zum Beispiel 24,9 % der Gesamtbevölkerung nicht wahlberechtigt (Stand 1997), weil sie keine deutsche Staatsangehörigkeit besitzen.

Der Deutsche Bundestag besteht regulär aus 656 Abgeordneten. Bei der Bundestagswahl hat der Wähler zwei Stimmen: Mit der Erststimme wählt er den Kandidaten einer Partei in seinem Wahlkreis (Mehrheitswahl), mit der Zweitstimme die Landesliste einer Partei (Verhältniswahl). Aus diesem Grunde spricht man vom „personalisierten Verhältniswahlrecht". Nach dem Bundeswahlgesetz entscheidet das Verhältnis der abgegebenen Zweitstimmen über die Mandatsverteilung, d.h. über Verteilung der Abgeordnetensitze im Parlament. Bei der Umrechnung wird seit 1987 das Hare-Niemeyer-Verfahren angewandt.

Hare-Niemeyer-Verfahren: Methode der Stimmauszählung im Verhältniswahlrecht. Die Stimmverrechnung bewirkt eine exakte Übertragung des Stimmenverhältnisses auf das Sitzverhältnis. Scheitert eine Partei allerdings an der Sperrklausel, bleiben die für sie abgegebenen Stimmen unwirksam. Das Niemeyer'sche Verfahren sieht vor, dass für jede Partei eine Verteilungszahl nach der Formel „Gesamtzahl der Sitze × Stimmzahl der Partei : Gesamtzahl der Stimmen aller Parteien" ermittelt wird. Vor dem Komma der Verteilungszahl ist dann abzulesen, wie viele Sitze die jeweilige Partei mindestens erhält. Die noch nicht vergebenen Sitze werden in der Reihenfolge der größeren Zahlenbruchteile hinter dem Komma zugeteilt. Beispiel: Es sind 20 Sitze zu vergeben:

	Partei A	Partei B	Partei C	Partei D	Summe
Zahl der Wählerstimmen	15 300	8 400	2 600	1 120	27 420
$\dfrac{\text{Gesamtzahl der Sitze} \times \text{Stimmenzahl der Partei}}{\text{Gesamtzahl der Stimmen aller Parteien}}$	11,17	6,13	1,89	0,82	20,00
Sitze entsprechend der Zahl vor dem Komma	11	6	1	0	18
Noch zu vergebende Sitze entsprechen der größten Dezimalbrüche hinter dem Komma			1	1	2
Summe der Sitze je Partei	11	6	2	1	20

Mit dem Verhältniswahlrecht wird dem Wählerwillen am genauesten Ausdruck verliehen. Das System der Mehrheitswahl dagegen (z. B. Frankreich, Großbritannien) begünstigt die größeren Parteien. Die bei den Bundestagswahlen über die Erststimmen vergebenen Direktmandate werden auf die Gesamtzahl der Abgeordnetensitze angerechnet, die aufgrund der Zweitstimmen ermittelt wurden. Bei der Verteilung der Sitze werden (seit 1956) nur Parteien berücksichtigt, die mehr als fünf Prozent der Zweitstimmen oder mindestens drei Direktmandate erlangt haben. Mit dieser „Sperrklausel" soll verhindert werden, dass Splitterparteien in den Bundestag kommen.

Überhangmandate

Dem 1998 gewählten 14. Deutschen Bundestag gehören 669 Abgeordnete an, 13 davon sind Inhaber von Überhangmandaten. Solche Mandate entstehen, wenn für eine Partei in einem Bundesland mit den Erststimmen mehr Direktkandidaten in den Bundestag gewählt werden, als der Partei nach der Zahl der Zweitstimmen in diesem Land zustehen würden. Dadurch entstehen geringfügige Abweichungen von der proportionalen Sitzverteilung vor allem zugunsten größerer Parteien.
Ein Beispiel: Nach dem Anteil der Zweitstimmen hätten der SPD 1998 in Brandenburg 9 Abgeordnetensitze zugestanden. Sie erreichte aber mit ihren Erststimmen alle 12 Direktmandate in den brandenburgischen Wahlkreisen. Die zusätzlichen drei Mandate waren demnach Überhangmandate.
Nach der Bundestagswahl von 1994, bei der die meisten Überhangmandate der CDU zugute kamen, musste sich das Bundesverfassungsgericht nach einer Klage der niedersächsischen Landesregierung mit der Frage auseinander setzen, ob die Überhangmandate mit dem Grundsatz der gleichen Wahl vereinbar sind. Da sich 1997 vier Richter für und und vier Richter gegen die beantragte Wahlrechtsänderung aussprachen, stellte das Gericht keinen Verstoß gegen das Grundgesetz fest.

Regierungsbildung

Im parlamentarischen Regierungssystem der Bundesrepublik Deutschland stehen sich in der politischen Auseinandersetzung nicht das Gesamtparlament und die Regierung gegenüber – wie dies das traditionelle Verständnis der Gewaltenteilung zwischen Legislative und Exekutive vorsah –, sondern die Parlamentsmehrheit unter Einschluss der Regierung einerseits und die parlamentarische Opposition andererseits (▶ S. 67). Wenn eine Partei allein bei der Bundestagswahl nicht die absolute Mehrheit erringt, muss sie mit anderen Parteien eine Regierungskoalition bilden. Schon vor dem Zusammentritt eines neuen Bundestages werden in den Verhandlungskommissionen der Koalitionspartner das Regierungsprogramm und die Besetzung der Ministerien vereinbart.
Die Regierung hat die Aufgabe, den Willen der parlamentarischen Mehrheit in praktische Politik umzusetzen. Sie hat dabei die Verantwortung für die Ausführung der Gesetze durch die Bundesbehörden. Die Bundesregierung besteht aus dem Bundeskanzler und den Bundesministern (Kabinett). Die Regierung übt die vollziehende Gewalt (Exekutive) aus und ist ebenfalls durch das Recht der Gesetzesinitiative an der Gesetzgebung beteiligt. Der Bundeskanzler wird ohne vorherige parlamentarische Aussprache auf Vorschlag des Bundespräsidenten mit der absoluten Mehrheit aller Abgeordneten des Bundestages gewählt („Kanzlermehrheit") und vom Bundespräsidenten ernannt. Seine Amtszeit endet spätestens mit dem Zusammentritt des nächsten Bundestages. Die Bundesminister werden auf Vorschlag des Bundeskanzlers vom Bundespräsidenten ernannt und entlassen.

Der Bundeskanzler wird als einziges Mitglied der Bundesregierung vom Bundestag gewählt. Er bestimmt die Richtlinien der Politik (Art. 65 GG) und trägt dafür Verantwortung gegenüber dem Parlament (Richtlinienkompetenz). Die von ihm festgelegten Richtlinien sind für die Bundesminister verbindlich und von ihnen in ihrem jeweiligen Geschäftsbereich selbständig und in eigener Verantwortung zu verwirklichen (Ressortprinzip). Angelegenheiten von allgemeiner Bedeutung sind der Bundesregierung zur gemeinsamen Beratung und Beschlussfassung vorzulegen, darunter alle Gesetzentwürfe (Kabinettsprinzip).

Vertrauensfrage und ...

Der Bundeskanzler ist vom Vertrauen des Bundestages abhängig. Besteht zwischen Parlamentsmehrheit und Bundeskanzler keine Übereinstimmung mehr, kommt entweder der Kanzlerwechsel oder die Auflösung des Bundestages in Betracht. Der Bundeskanzler kann im Bundestag die Vertrauensfrage stellen (Art. 68 GG). Findet sein Antrag, ihm das Vertrauen auszusprechen, nicht die Mehrheit der Mitglieder des Bundestages, kann der Bundespräsident auf Vorschlag des Kanzlers innerhalb von 21 Tagen den Bundestag auflösen. In diesem Fall müssen innerhalb von 60 Tagen Neuwahlen stattfinden. Das Recht zur Auflösung erlischt jedoch, wenn der Bundestag innerhalb der 21-Tage-Frist mit der Mehrheit seiner Mitglieder einen neuen Bundeskanzler wählt.

... konstruktives Misstrauensvotum

Der Bundestag seinerseits kann dem Bundeskanzler nur dadurch das Misstrauen aussprechen (Art. 67 GG), dass er mit der absoluten Mehrheit seiner Mitglieder einen Nachfolger wählt. In der Weimarer Republik gab es nur ein „destruktives" Misstrauensvotum: Das Parlament konnte einen Kanzler stürzen, ohne gleichzeitig einen Nachfolger zu bestimmen.

Bundeskanzler Brandt stellte 1972 die Vertrauensfrage, in der Absicht, Neuwahlen herbeizuführen. Damals unterstützten 248 Abgeordnete die Regierung und 248 Abgeordnete standen in der Opposition. Die dem Bundestag angehörigen Regierungsmitglieder enthielten sich der Stimme, um die Ablehnung zu sichern. Dadurch konnten der Bundestag aufgelöst und Neuwahlen möglich gemacht werden.

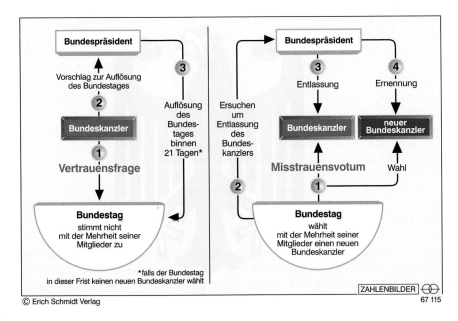

1 Vertrauensfrage und konstruktives Misstrauensvotum

67 115

51

Das Schaubild auf der rechten Seite zeigt den Anteil der Stimmen der im jeweiligen Parlament vertretenen Parteien. Die Parteien, die an der Fünf-Prozent-Klausel scheiterten, sind nicht berücksichtigt.

---

[1] *Ende 1966 ging die CDU/CSU nach dem Bruch des Bündnisses mit der FDP eine „große Koalition" mit der SPD ein, die nach der Wahl von 1969 mit der FDP koalierte.*

[2] *Die FDP wechselte im Herbst 1982 die Seiten und koalierte mit der CDU/CSU.*

[3] *Davon 2,4 % PDS, 1,2 % Grüne. – Die Grünen in Westdeutschland schafften 1990 den Einzug ins Parlament nicht, da sie mit 4,8 % nicht die Fünf-Prozent-Hürde überspringen konnten. Bündnis 90/Grüne und PDS in Ostdeutschland zogen aufgrund einer Sonderregelung ins Parlament ein, obwohl sie nur im Wahlgebiet Ost über 5 % kamen.*

[4] *Da es 1994 der PDS gelang, vier Direktmandate zu gewinnen, konnte sie ins Parlament einziehen, obwohl sie weniger als 5 % der Stimmen erhielten.*

Die im Oktober 1982 nach einem Koalitionswechsel der FDP durch ein konstruktives Misstrauensvotum gewählte Regierung Kohl erklärte von Anfang an, nur befristet amtieren zu wollen und strebte Neuwahlen an. Bundeskanzler Kohl wählte im Dezember 1982, wie Willy Brandt 1972, die Möglichkeit über eine absichtlich gescheiterte Vertrauensfrage den Bundestag auflösen zu lassen. Dieses Verfahren wurde später vom Bundesverfassungsgericht kritisiert, weil Kohl, anders als Brandt 1972, über eine ausreichende Mehrheit verfügte.

Machtkontrolle durch die Wähler

Parlamentswahlen haben nicht nur eine voraus-, sondern auch eine zurückweisende Funktion: Sie machen auch deutlich, wie die Wählerinnen und Wähler die Arbeit der Abgeordneten und ihrer Parteien in der abgelaufenen Legislaturperiode bewerten. Dadurch wird die Arbeit der Abgeordneten und der von ihnen gewählten Regierung kontrolliert. Gelingt es der Regierungspartei bzw. der Regierungskoalition nicht, erneut die Mehrheit der Mandate zu erreichen, kommt es nach der Wahl zu einem Regierungswechsel.

In den ersten Jahrzehnten nach der Gründung der Bundesrepublik hatten von der CDU/CSU geführte Bundesregierungen die politische Macht inne. Ende 1966, nach einem Bruch des Bündnisses mit der FDP, ging die CDU/CSU eine „große Koalition" mit der SPD ein. Die SPD koalierte dann nach der Wahl von 1969 mit der FDP, bis diese im Herbst 1982 erneut an die Seite der CDU/CSU wechselte. 1998 wurde erstmals in der Geschichte der Bundesrepublik eine Koalition komplett abgewählt.

Arbeitsvorschläge und Fragen

a) Stellen Sie in einer Grafik die vom Grundgesetz vorgesehenen Möglichkeiten dar, den Bundeskanzler zu wählen bzw. abzuwählen.
Grenzen Sie Vertrauensfrage und konstruktives Misstrauensvotum gegeneinander ab (DT, M1).
b) Erläutern Sie die Wahlrechtsgrundsätze unserer Verfassung.
c) Der Begriff „Kanzlerdemokratie" unterstellt, dass der Bundeskanzler im politischen System der Bundesrepublik über erhebliche Macht verfügt. Erörtern Sie die Richtigkeit dieser These.
d) Informieren Sie sich über die Positionen der im Bundestag vertretenen Parteien zum Wahlrecht (Internet, Abgeordnete, Ortsverbände der Parteien). In welchen Parteien finden Sie Befürworter des Mehrheitswahlrechts? Welche Parteien lehnen dieses strikt ab? Nennen Sie Gründe.

Kanzler	Gegenkandidat		Kanzler	Gegenkandidat	

14. 8.1949
- 31,0
- 29,2
- 11,9
- 27,9

K. Adenauer — K. Schumacher — Wahlbeteiligung: 78,5%

5.10.1980[2]
- 44,5
- 42,9
- 10,6

H. Schmidt — F. J. Strauß — Wahlbeteiligung: 88,7%

6. 9.1953
- 45,2
- 28,8
- 9,5
- 10,0

K. Adenauer — E. Ollenhauer — Wahlbeteiligung: 86,0%

6. 3.1983
- 48,8
- 38,2
- 7,0
- 5,6

H. Kohl — H.-J. Vogel — Wahlbeteiligung: 89,1%

15. 9.1957
- 50,2
- 31,8
- 7,7
- 3,4

K. Adenauer — E. Ollenhauer — Wahlbeteiligung: 87,8%

25.1.1987
- 44,3
- 37,0
- 9,1
- 8,3

H. Kohl — J. Rau — Wahlbeteiligung: 84,3%

17. 9.1961
- 45,3
- 36,2
- 12,8

K. Adenauer — W. Brandt — Wahlbeteiligung: 87,7%

2.12.1990
- 43,8
- 33,5
- 11,0
- 3,6[3]

H. Kohl — O. Lafontaine — Wahlbeteiligung: 77,8%

19. 9.1965[1]
- 47,6
- 39,3
- 9,5

L. Erhard — W. Brandt — Wahlbeteiligung: 86,8%

16.10.1994
- 41,5
- 36,4
- 6,9
- 7,3
- 4,4[4]

H. Kohl — R. Scharping — Wahlbeteiligung: 79,0%

28. 9.1969
- 46,1
- 42,7
- 5,8

W. Brandt — K.G. Kiesinger — Wahlbeteiligung: 86,7%

27.9.1998
- 35,1
- 40,9
- 6,2
- 6,7
- 5,1
- 5,9

H. Kohl — G.Schröder — Wahlbeteiligung: 82,2%

19.11.1972
- 44,9
- 45,8
- 8,4

W. Brandt — R. Barzel — Wahlbeteiligung: 91,1%

Im Parlament vertretene Parteien:
- CDU/CSU
- SPD
- FDP
- Grüne (ab 1993 Bündnis 90/Grüne)
- PDS
- Sonstige

3.10.1976
- 48,6
- 42,6
- 7,9

H. Schmidt — H. Kohl — Wahlbeteiligung: 90,7%

4 Grundrechte in Deutschland

Die „Väter und Mütter des Grundgesetzes" hatten es sich 1948/49 im Parlamentarischen Rat zum Ziel gesetzt, einen demokratischen Rechtsstaat zu schaffen. Rechtssicherheit hatte die bürgerliche Gesellschaft bereits im frühen 19. Jahrhundert angestrebt. Staatliche Eingriffe in die Freiheits- und Eigentumsrechte der Bürger sollten nur auf fest umrissener gesetzlicher Grundlage zulässig sein. Doch viele der heute selbstverständlichen Grundrechte, darunter die Pressefreiheit, blieben den Menschen in Deutschland noch lange verwehrt. Die Formulierung der Grundrechte durch den Parlamentarischen Rat 1948/49 fußte auf der Arbeit der Nationalversammlung in der Frankfurter Paulskirche 1848/49 sowie auf der Arbeit der Weimarer Nationalversammlung 1919. Mit den Grundrechten wurde das Prinzip der Rechtstaatlichkeit fest in der Verfassung verankert. Die Grundrechte beschreiben das Verhältnis zwischen Staat und Staatsbürgern.

Parlamentarischer Rat

Am 1. Juli 1948 hatten die westlichen Besatzungsmächte die Regierungschefs der deutschen Länder aufgefordert, eine Verfassung für einen zukünftigen westdeutschen Staat zu schaffen. Dies drohte die Spaltung Deutschlands zu besiegeln. Deshalb konstituierte sich am 1. September 1948 in Bonn nicht eine „Verfassunggebende Versammlung", sondern der „Parlamentarische Rat". Dies sollte den vorläufigen Charakter der Verfassung – die man als „Grundgesetz" bezeichnete – betonen; eine Wiedervereinigung mit der sowjetischen Besatzungszone sollte möglich bleiben. Dem Parlamentarischen Rat gehörten 65 Mitglieder an, die entsprechend den Ergebnissen der Landtagswahlen entsandt worden waren (CDU/CSU und SPD jeweils 27; FDP 5; Zentrum, Deutsche Partei und KPD jeweils 2 Abgeordnete).

Freiheits-, Unverletzlichkeits- und Gleichheitsrechte

Der Parlamentarische Rat legte fest, dass die Grundrechte des Grundgesetzes auch durch Gesetze nicht aufgehoben werden können (Artikel 79, Absatz 3). Dies war eine unmittelbare Lehre aus den Menschenrechtsverletzungen der NS-Zeit. Die Abgeordneten nahmen lediglich die Grundrechte von Einzelpersonen in den Grundrechtskatalog auf:
- Freiheitsrechte sollen den Einzelnen vor Eingriffen des Staates in seine Freiheitsrechte schützen (z. B. durch das Recht auf freie Meinungsäußerung).
- Zu den Gleichheitsrechten gehören die Gleichheit vor dem Gesetz und die Gleichberechtigung von Mann und Frau. Gleichheitsrechte verpflichten die Bundesrepublik außerdem, keinerlei Rassendiskriminierungen zu dulden und soweit dies möglich ist auch denjenigen Schutz zu gewähren, die in anderen Ländern aus ethnischen Gründen verfolgt werden.
- Unverletzlichkeitsrechte wie die Unverletzlichkeit der Wohnung, die Freizügigkeit oder das Briefgeheimnis sind Abwehrrechte der Bürger gegenüber dem Staat und seinen Organen. Niemand darf z. B. durch willkürliche Festnahme Beschränkungen erleiden.

Notstandsgesetze

Die Bürgerinnen und Bürger der Bundesrepublik reagierten äußerst kritisch, wenn sie den Eindruck hatten, Grundrechte sollten oder könnten eingeschränkt werden. Dies zeigte sich vor allem bei den heftigen Auseinandersetzungen um die „Notstandsgesetze", die 1968 von der damaligen „Großen Koalition" aus CDU/CSU und SPD verabschiedet wurden. Für den inneren Notstand sieht das

1 „Mütter des Grundgesetzes".
Unter den 65 Mitgliedern des Parlamentarischen Rates befanden sich nur vier Frauen.
Als im Rat versucht wurde, wie in der Weimarer Verfassung nur die staatsbürgerliche
Gleichstellung der Frauen festzuschreiben, nicht aber auch die familienrechtliche, mo-
bilisierte Elisabeth Selbert (2.v.l.) die Öffentlichkeit. Darauf trafen zahlreiche Briefe
empörter Frauen ein. Nun wurde Elisabeth Selberts Formulierung als Artikel 3 ins
Grundgesetz aufgenommen. Damit war der Weg geebnet, die Gleichstellung der Frauen
in allen Lebensbereichen durchzusetzen.

Grundgesetz seit 1968 den Einsatz von Polizei, Bundesgrenzschutz und – mit Zustimmung von Bundesrat oder Bundestag, – auch den Einsatz der Bundeswehr
vor. Der Verteidigungsfall (äußerer Notstand) muss von Bundestag und Bundesrat oder – wenn der Bundestag handlungsunfähig ist – durch einen Gemeinsamen
Ausschuss beschlossen werden. Der Gemeinsame Ausschuss, der an die Stelle
des Bundestages tritt, besteht aus 33 Mitgliedern, wobei 22 Mitglieder vom Bundestag und 11 Mitglieder vom Bundesrat benannt werden. Er kann Gesetze erlassen aber keine Grundgesetzänderung vornehmen.
In der öffentlichen Diskussion wurde vor allem Kritik geübt an der Einschränkung des Brief-, Post- und Fernmeldegeheimnisses. Weiter muss der Bürger im
Verteidigungsfall damit rechnen, dass das garantierte Recht auf freie Wahl des
Arbeitsplatzes eingeschränkt wird, da Einberufungen zum Wehr- oder Ersatzdienst möglich sind oder Bürger dienstverpflichtet werden können. Bei Frei-
heitsentzug wird die Frist, innerhalb der ein Festgenommener seinem Haft-
richter vorgeführt werden muss, von einem Tag auf vier Tage verlängert.

Grundrechte verpflichten den Staat, die Freiheiten seiner Bürger zu gewährleisten. Er muss Leistungen erbringen, damit der Einzelne die Grundrechte in
Anspruch nehmen kann. Ein menschenwürdiges Leben (Art. 1 GG) setzt z. B.
ein Mindesteinkommen voraus. Deshalb hat derjenige, der ein solches Einkommen nicht erzielen kann, u. a. Anspruch auf Sozialhilfe.
Kontrovers wird über ein „Recht auf Arbeit" diskutiert (▶ S.60f). Art. 12 GG
sichert das Recht auf freie Wahl des Arbeitsplatzes zu, doch wer arbeitslos ist,
kann davon keinen Gebrauch machen. Ein soziales Grundrecht wie ein „Recht
auf Arbeit" kennt das Grundgesetz aber nicht.

Staat in der Pflicht

Recht auf Eigentum

Das Grundgesetz weist auch dem Recht auf Eigentum hohen Rang zu, hebt aber ausdrücklich hervor, „dass Eigentum verpflichtet" und „zugleich dem Wohle der Allgemeinheit dienen" soll (Art. 14). Eine Enteignung zum Wohl der Allgemeinheit ist zulässig, allerdings nur gegen eine angemessene Entschädigung. Eine besondere Situation entstand durch die deutsche Vereinigung: Im April 1991 entschied das Bundesverfassungsgericht, dass Enteignungen in der sowjetisch besetzten Zone während der Zeit des Besatzungsrechtes zwischen 1945 und 1949 nicht rückgängig gemacht werden müssen. Entsprechende Bestimmungen des Einigungsvertrages (1990) (▶ S. 190 und 231) wurden für rechtens erklärt. Betroffen sind Enteignungen von Grundbesitz über 100 Hektar im Zuge der Bodenreform ebenso wie von Industrie- und Gewerbebetrieben, die auf Befehl der Sowjetischen Militäradministration sozialisiert worden waren oder als Reparationsgüter gedient hatten. Das Bundesverfassungsgericht argumentierte, die deutsche Einheit hätte ohne Anerkennung der Enteignungsmaßnahmen vor 1949 nicht vollzogen werden können. Es gestand den Betroffenen aber einen Anspruch auf staatliche Ausgleichzahlungen zu. Die Kläger hatten mit ihrer Verfassungsbeschwerde eine Verletzung des Gleichheitsgrundsatzes beanstandet, da Enteignungen, die nach dem 7. Oktober 1949 – also zu DDR-Zeiten – erfolgt waren, nach der deutschen Einheit rückgängig gemacht wurden.

2 „**Grundrechte der Menschen**" kamen in der Staatsphilosophie des Engländers Thomas Hobbes (1588–1679) nicht vor (oben: Ausschnitt aus dem Titelblatt seines Werkes „Leviathan", 1651). Nach Hobbes´ Lehre haben die Untertanen sich dem absoluten Herrscher des Staates in einem Gesellschaftsvertrag unterworfen. Damit verzichten sie auf jegliches Recht der bürgerlichen Selbstverteidigung und persönlichen Freiheitsentfaltung. Aus diesem Grunde wählt Hobbes für den allmächtigen Herrscher das Bild des alttestamentarischen Seeungeheuers „Leviathan". So setzt sich der Rumpf des abgebildeten Herrschers aus zahllosen Körpern von Untertanen zusammen.
Die Grenzen der persönlichen Freiheit wurden staatsphilosophisch erst mit den Gedanken der Aufklärer, vor allem John Lockes (▶ S. 67), erweitert.

3 Grundrechte 1848/49

Aus der Reichsverfassung:

§ 137. [...] Die Deutschen sind vor dem Gesetz gleich

§ 138. Die Freiheit der Person ist unverletzlich [...]

§ 139. Die Todesstrafe [ist] abgeschafft

§ 140. Die Wohnung ist unverletzlich. Die Verhaftung
einer Person soll [...] nur geschehen in Kraft eines
richterlichen, mit Gründen versehenen Befehls [...]

§ 143. Jeder Deutsche hat das Recht, durch Wort,
Schrift, Druck und bildliche Darstellung seine Meinung frei zu äußern [...]

§ 144. Jeder Deutsche hat volle Glaubens- und Gewis-
sensfreiheit [...]

§ 161. Die Deutschen haben das Recht, sich friedlich
und ohne Waffen zu versammeln [...]

§ 162. Die Deutschen haben das Recht, Vereine zu bilden [...]

§ 164. Das Eigentum ist unverletzlich. Eine Enteignung kann nur aus Rücksichten des gemeinen Besten,
nur aufgrund eines Gesetzes und gegen gerechte Entschädigung vorgenommen werden [...]

§ 178. Das Gerichtsverfahren soll öffentlich und
mündlich sein [...]

Nach: Quellen zum Staatsrecht der Neuzeit, hrsg. v. E. R. Huber, Bd. 1,
Tübingen 1949, S. 257ff.

4 Grundrechte im Nationalsozialismus

*Aus der Verordnung „zum Schutz von Volk und
Staat", 28. Februar 1933:*

Aufgrund des Artikels 48, Absatz 2 der Reichsverfassung wird zur Abwehr kommunistischer staats-
gefährdender Gewaltakte Folgendes verordnet:

§ 1 Die Artikel [zur Freiheit der Person, Unverletzlichkeit der Wohnung, Briefgeheimnis, Presse-, Ver-
sammlungs- und Vereinigungsfreiheit, Recht auf Ei-
gentum] der Verfassung des Deutschen Reiches werden bis auf weiteres außer Kraft gesetzt.

5 Die Bedeutung der Grundrechte

*Aus einer Rede Carlo Schmids, SPD, im Parlamenta-
rischen Rat, 1948:*

Der Staat soll nicht alles tun können, was ihm gerade
bequem ist [...], sondern der Mensch soll Rechte haben, über die auch der Staat nicht soll verfügen können. Die Grundrechte müssen das Grundgesetz regieren; sie dürfen nicht nur ein Anhängsel des Grundgesetzes sein, wie der Grundrechtskatalog von Weimar
ein Anhängsel der Verfassung gewesen ist. Diese
Grundrechte sollen [...] unmittelbar geltendes Bundesrecht [sein], aufgrund dessen jeder einzelne Deutsche, jeder einzelne Bewohner unseres Landes vor den
Gerichten soll Klage erheben können.

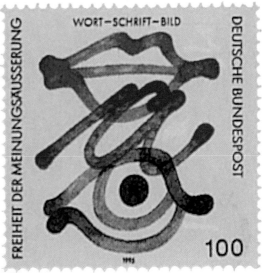

6 Briefmarke aus der Reihe „Grundgedanken der Demokratie"

7 Grundrechte im Grundgesetz:

*Freiheitsrechte (Art. 2, 4, 5, 8, 11, 12 und 17) Unver-
letzlichkeitsrechte (Art. 2, 10, 13, 14 dazu 19, 101, 103
und 104) und Gleichheitsrechte (Art. 3, 33).*

1. Schutz der Menschenwürde
2. Freiheit der Person
3. Gleichheit vor dem Gesetz
4. Glaubens-, Gewissens- und Bekenntnisfreiheit
5. Informations-, Meinungs- und Pressefreiheit
6. Ehe, Familie, nichteheliche Kinder
7. Schulwesen
8. Versammlungsfreiheit
9. Vereinigungsfreiheit
10. Brief-, Post- und Fernmeldegeheimnis
11. Freizügigkeit
12. Freie Berufswahl
13. Unverletzlichkeit der Wohnung
14. Garantie des privaten Eigentums
16. Staatsangehörigkeit
16a. Asylrecht
17. Petitionsrecht
19. Rechtsweggarantie
20. Widerstandsrecht
20a. Schutz der natürlichen Lebensgrundlagen
33. Gleicher Zugang zu öffentlichen Ämtern
38. Wahlrecht
101. Anspruch auf den gesetzlichen Richter
103. Grundrechte vor Gericht
104. Schutz vor willkürlicher Verhaftung

b *Aus einer Rede Hans-Jürgen Krahls (Sozialisti-*
scher Deutscher Studentenbund), Mai 1968:
Trotz der massenhaften Proteste aus den Reihen der
Arbeiter, Studenten und Schüler, trotz der massiven
Demonstrationen der APO in den letzten Jahren sind
dieser Staat und seine Bundestagsabgeordneten entschlossen, unsere letzten spärlichen demokratischen
Rechtsansprüche in diesem Land auszulöschen. Gegen alle diejenigen – Arbeiter oder Studenten –, die es
künftig wagen werden, ihre Interessen selbst zu vertreten, werden Zwang und Terror das legale Gesetz des
Handels der Staatsgewalt bestimmen. Angesichts dieser Drohung hat sich in den Betrieben, an den Universitäten und Schulen seit dem Tag der Zweiten Lesung
vor mehr als einer Woche eine erste Streikwelle mani-
festiert [offenbart], die den Widerstandswillen der Bevölkerung demonstrierte. [...]
Die Notstandsgesetze bilden das vorläufige Ende einer
Entwicklung, in der sich eine undemokratische
Staatsgewalt die Mittel schuf, die Bedürfnisse der
Massen zu unterdrücken. Die Geschichte, nicht
zuletzt die der Deutschen, hat uns mehrfach gelehrt, dass der einzige Ausweg der kapitalistischen
Wirtschaftsordnung aus der Krise in der offenen
Gewalt des Faschismus besteht. [...]

D. Claussen,/R. Dermitzel (Hrsg.), Universität und Widerstand, Frankfurt 1968, S. 36 ff.

c *Aus der Rede des Abgeordneten Lenz, CDU:*
Es ist nicht wahr, dass dieser Entwurf den Weg zur
Diktatur bereitet. Der vorliegende Entwurf hält unter
parlamentarischen und rechtsstaatlichen Gesichtspunkten jeden Vergleich mit jeder Vorsorgeregelung

für den Notfall aus, die es auf der Welt gibt. Es ist nicht
wahr, dass durch diesen Entwurf den gewerkschaftli-
chen Rechten der Boden entzogen wird. Im Gegenteil,
der Entwurf verankert das bestehende Arbeitskampf-
recht ausdrücklich in der Verfassung. Es ist nicht
wahr, dass durch diesen Entwurf die staatsbürgerlichen Freiheiten beseitigt werden. Meinungsfreiheit,
Pressefreiheit, Vereins- und Versammlungsfreiheit
werden durch diesen Entwurf nicht berührt. [...]. Es ist
nicht wahr, dass durch diese Vorlage der Bürgerkrieg
vorbereitet wird. Sowohl bei der Formulierung des
staatsbürgerlichen Widerstandsrechts als auch bei der
Möglichkeit der Bundesregierung, im äußersten Notfall Truppen gegen militärisch bewaffnete Aufständi-
sche einzusetzen, hat der Rechtsausschuss sich
bemüht klarzustellen, dass dies nur das letzte Mittel
sein dürfe. [...] Dieses Gesetz ist notwendig um die alliierten Vorbehaltsrechte zum Erlöschen zu bringen,
aufgrund derer die drei Mächte noch heute die oberste
Staatsgewalt in der Bundesrepublik übernehmen können. Dieses Gesetz ist notwendig, um die lebensnot-
wendige Versorgung der Bevölkerung und der Streitkräfte und den Schutz der Bevölkerung im Verteidigungsfall sicherzustellen [...]. Dieses Gesetz ist
notwendig, um der Zusammenfassung der Hilfsmittel
von Bund und Ländern bei Naturkatastrophen und
schweren Unfällen die Rechtsgrundlage zu geben.
Dieses Gesetz ist notwendig, um von innen drohende
Gefahren für die demokratische Verfassungsordnung
unserer Bundesrepublik abzuwehren [...].

Verhandlungen des 5. Deutschen Bundestages, Bd. 69, Bonn 1968,
S. 834 f.

9 Einschränkung der Versammlungsfreiheit?

Eine Zeitung berichtet über die öffentliche Diskussion nach Unruhen in Berlin und Leipzig am 1. Mai 1998, bei denen viele Polizisten verletzt wurden:
Nach den Krawallen in Leipzig und Berlin ist der Ruf nach Beschränkungen des Grundrechts auf Versammlungsfreiheit laut geworden. Berlins Innensenator Jörg Schönbohm (CDU) forderte am Sonntag eine Dis-

5 kussion über die Grenzen der Versammlungsfreiheit. Es müsse darüber gesprochen werden, ob die traditionellen „Revolutionären 1.-Mai-Demonstrationen" in Berlin künftig als Umzüge verboten würden und nur noch an einem Ort als Versammlung stattfinden

10 dürften. Es sei nicht auszuschließen, dass die Ausschreitungen in Berlin nach dem Regierungsumzug an Schärfe zunehmen könnten. Sachsens Innenminister Klaus Hardrath kündigte eine Initiative gegen Missbrauch der Demonstrationsfreiheit an. [...] Er sagte,

15 man müsse klären, wie weit man radikalen Gruppen Versammlungsfreiheit gewähren müsse.

Stuttgarter Zeitung, 4. Mai 1998

10 Pro und Kontra: Grundrecht auf Asyl?

Mitte November 1999 forderte Bundesinnenminister Otto Schily (SPD), das Grundrecht auf Asyl (GG Art. 16a) müsse an das EU-Recht angepasst werden. In der Folge kam es zu einer öffentlichen Debatte über den Stellenwert des Grundrechts auf Asyl.

a *Rupert Scholz, rechtspolitischer Sprecher der CDU-Fraktion im Bundestag, schreibt:*
[...] Das deutsche Asylrecht muss sich dem der anderen Mitgliedsstaaten der Europäischen Union anpassen, was vor allem bedeutet, dass vom subjektiv-rechtlichen (für jedermann einklagbaren) Grundrecht auf

Asyl Abschied genommen wird und an die Stelle des- 5 sen eine objektiv-rechtliche Regelung gestellt wird, die zwar politisch Verfolgten Aufnahme garantiert, die näheren Einzelheiten des Asylverfahrens aber in die Hand der Gesetzgebung legt und die vor allem – wie in jedem für jedes Land der Europäischen Union – auch 10 die Möglichkeit der zahlenmäßigen Aufnahmebegrenzung sowie Aufnahmesteuerung ermöglicht. Nur so kann eine gerechte Lastenverteilung innerhalb Europas gewährleistet werden. [...]

b *Reinhard Bütikofer, Bundesgeschäftsführer der Grünen, 21. November 1999:*
[...] Flüchtlingsschutz ist Menschenrecht. Für die in der Bundesrepublik politisch verantwortliche Generation unmittelbar nach Nazi-Diktatur und Zweitem Weltkrieg war das eine Selbstverständlichkeit. Sie wusste, dass viele der Besten, Aufrichtigsten, Mutigs- 5 ten unseres Volkes damals nicht überlebt hätten, wenn sie nicht anderswo Schutz gefunden hätten. In einer immer mehr zusammenwachsenden Welt diese historische Erfahrung zu „entsorgen", wäre verheerend. In dem Anspruch, dass es ein Recht auf Asyl ge- 10 ben sollte, nicht nur einen Gnadenerweis, der jederzeit nach eigensüchtigen, nationalistischen oder finanziellen Gründen wieder entzogen werden kann, steckt das Versprechen, dass Menschen einander über die Nationalgrenzen hinweg Brüder und Schwestern 15 sein wollen. [...] Dass wir eine europäische Vereinheitlichung im Flüchtlingsschutz brauchen, ist klar. Dass nicht jeder, der Asyl begehrt, dies zu Recht tut, ist auch wahr. Wenn Ruhe und ein klarer menschenrechtlicher Kurs unsere Politik prägen, muss daraus 20 kein Problem werden. [...]

a) und b) aus: Sonntag Aktuell, 21. November 1999, S. 4

a) Kennzeichnen Sie das Verhältnis von Staat und Bürger im Zeitalter des Absolutismus (M2) und in der Bundesrepublik (M5). Skizzieren Sie die historischen Stationen seit 1848/49 (M3–5, 7). b) Inwiefern unterscheidet sich die „Stellung" der Grundrechte im Grundgesetz von der Stellung der Grundrechte in der Weimarer Verfassung? c) Suchen Sie Erklärungen dafür, warum die Notstandsgesetzgebung die öffentliche Meinung spaltete (M8). d) Es gibt immer wieder Forderungen nach Einschränkung einzelner Grundrechte. Diskutieren Sie diese Forderungen am Beispiel von M9. e) Inwiefern schränkt das Grundgesetz das Recht auf Eigentum ein (DT)? f) Fragen des Asylrechts werden aktuell kontrovers diskutiert (M10). Suchen Sie im Internet Positionen von Parteien und Verbänden zur Zuwanderung von Asylbewerbern und Ausländern aus Nicht-EU-Staaten. Diskutieren Sie die Zuwanderung auch vor dem Hintergrund des ungünstigen Altersaufbaus der deutschen Bevölkerung, des Mangels an Fachkräften (z. B. in IT- und Pflegeberufen) einerseits und hoher Arbeitslosigkeit andererseits. Überlegen Sie, ob weitere ausländische Arbeitskräfte mit Hilfe von „Greencards" angeworben werden sollten.	**Arbeitsvorschläge und Fragen**

Seit der Entstehung der Industriegesellschaft und der anwachsenden Arbeitslosigkeit wurde immer wieder die Forderung erhoben, das „Recht auf Arbeit" müsse verfassungsmäßig als Grundrecht garantiert werden. In einigen Länderverfassungen (z. B. Bremen oder Rheinland-Pfalz) ist das „Recht auf Arbeit" verankert, im Grundgesetz aber nicht.

In der Diskussion über diese Frage stehen sich Argumente dafür und dagegen – pro und kontra – gegenüber.

Das Ziel von Pro- und Kontra-Diskussionen besteht darin, strittige Sachverhalte und Probleme aus unterschiedlichen oder gar gegensätzlichen Positionen zu betrachten. Dabei kommt es darauf an, möglichst alle Argumente für oder gegen eine Position zu formulieren, vielleicht sogar zu Lösungen zu finden.

Um dieses Ziel zu erreichen, sollte ein Diskussionsleiter als Moderator eingesetzt werden. Alle sollen die gleiche Chance haben, ihre Argumente zu formulieren (Reihenfolge der Wortmeldungen, gleiche Redezeit).

Eine echte Diskussion sollte auf Sachkenntnissen basieren, nicht lediglich auf Meinungen oder Vorurteilen. Darum ist es in der Vorbereitung wichtig, sich möglichst umfassende Informationen zu einem Sachverhalt zu beschaffen, gegebenenfalls auch sachverständige Experten zu befragen. Am Ende der Diskussion kann eine Abstimmung erfolgen oder auch der Versuch, einen Kompromiss zu formulieren.

Grundlage einer Pro-und-Kontra-Diskussion über die Verankerung des Rechts auf Arbeit im Grundgesetz könnten die folgenden Materialien sein:

a *Aus der Verfassung der Weimarer Republik (Art. 163), 1919:*
Jedem Deutschen soll die Möglichkeit gegeben werden, durch wirtschaftliche Arbeit seinen Unterhalt zu erwerben. Soweit ihm angemessene Arbeitsgelegenheit nicht nachgewiesen werden kann, wird für seinen
5 notwendigen Unterhalt gesorgt.

b *Aus der Erklärung der Menschenrechte der Vereinten Nationen, 1948:*
Jeder Mensch hat das Recht auf Arbeit, auf freie Berufswahl, auf angemessene und befriedigende Arbeitsbedingungen sowie auf Schutz gegen Arbeitslosigkeit.

c *Grundgesetz der Bundesrepublik Deutschland (Art. 12):*
Alle Deutschen haben das Recht, Beruf, Arbeitsplatz und Ausbildungsstätte frei zu wählen.

d *Aus der Europäischen Sozialcharta , 1965:*
Das Recht auf Arbeit: Um die wirksame Ausübung des Rechts auf Arbeit zu gewährleisten, verpflichten sich die Vertragsparteien,

1. zwecks Verwirklichung der Vollbeschäftigung die Erreichung und Aufrechterhaltung eines möglichst 5 hohen und stabilen Beschäftigungsstandes zu einer ihrer wichtigsten Zielsetzungen und Aufgaben zu machen,
2. das Recht des Arbeitnehmers wirksam zu schützen, seinen Lebensunterhalt durch eine frei übernommene 10 Tätigkeit zu verdienen.

e *Aus einer Zeitschrift für Unternehmer, 1978:*
Ein „Recht auf Arbeit" bedeutet den Abschied vom marktwirtschaftlichen System. Gleichgültig ob es der Staat selbst oder die Unternehmen einlösen sollen, die Zwangsbewirtschaftung ist die notwendige Folge. Gewerbefreiheit und Eigentumsschutz, Unternehmens- 5 und Vertragsfreiheit müssen eingeschränkt werden, um die Einrichtungsgarantien eines „Rechts auf Arbeit" zu erfüllen. Aber auch die Freiheit der Berufswahl, der Berufsausbildung und Berufsausübung sind nicht mehr gewährleistet. Eine Bewirtschaftung des 10 Arbeitsmarktes, gleichgültig ob direkt oder indirekt, ist erforderlich, um die mit einem verfassungsmäßigen Recht auf Arbeit ausgestatteten Anspruchsteller

Was tun gegen das „Gespenst der Arbeitslosigkeit"? rechts: Demonstration des Deutschen Gewerkschafts-
bundes, Hamburg 1983

in freie Arbeitsplätze zu steuern oder unabhängig von
allen konjunkturellen Schwankungen und Struktur-
veränderungen auf Arbeitsplätzen zu halten. Damit
ist offensichtlich, dass ein „Recht auf Arbeit" auch
wesentliche Verfassungsgarantien unseres Staates
sprengt.

Olaf Junge, in: Der Arbeitgeber Nr. 1/30. 1978, S. 8

f *Gerhard Hofe, Staatsekrtär im rheinland-pfälzi-
schen Justizministrium, 1994:*
Die anhaltende Massenarbeitslosigkeit ist eine Gefahr
für den Bestand der demokratischen Industriegesellschaft. Wir brauchen deshalb ein Recht auf Arbeit in
der Verfassung. [...] Merkwürdigerweise zerbrechen
wir uns den Kopf um die Zukunft des Wirtschafts-
standortes. [...] Die Bedeutung der Arbeit über ihre
Existenz sichernde Funktion für den Einzelnen, über
ihre „Selbstverwirklichungsfunktion" und über ihre
volkswirtschaftliche Funktion hinaus [...] bleibt jedoch nach wie vor weithin unbeachtet. Diese Bedeutung liegt in der integrierenden gesellschaftlichen
Funktion der Arbeit. Der Arbeitslose steht in Gefahr
zu vereinzeln, Arbeit ist wesentlicher Integrationsfak-
tor während des ganzen Lebens. [...]
Ein Recht auf Arbeit kann niemals als individuelles,
subjektives Recht des Einzelnen verstanden werden,
vom Staat einen bestimmten Arbeitsplatz zugewiesen
zu bekommen. [...] Das Recht auf Arbeit müsste,
wenn es tatsächlich etwas bewirken sollte, die Ver-

pflichtung des Staates zu einer aktiven Arbeitsmarktpolitik aussprechen – bis hin zum offenen Bekenntnis
zur öffentlichen Subvention von Arbeitsplätzen. Die
besondere Betonung eines Rechts auf Arbeit in der
Werteordnung der Verfassung ist freilich mit umfangreichen Eingriffen in die Wirtschaft [...] verbunden.
Totzdem: Gibt es einen anderen Weg als eine inter-
ventionistische [eingreifende] Arbeitsmarktpolitik,
um der seit nunmehr dreißig Jahren von Konjunkturzyklus zu Konjunkturzyklus steigenden Arbeitslosigkeit Herr zu werden? Wohl kaum.

Die Zeit, 11. März 1994, S. 26

g *Franz Möller (CDU), 1994 vor dem Deutschen
Bundestag:*
Wir haben mit guten Gründen der Versuchung weit
gehend widerstanden, das Grundgesetz mit Weltbe-
glückungsprogrammen in Form von Staatszielen und
nicht erfüllbaren sozialen Grundrechten zu überfrach-
ten. [...] Denn der in Deutschland gewachsene Verfas-
sungskonsens, die Tatsache, dass unser Grundgesetz
von den Deutschen in West und Ost gleichermaßen
akzeptiert wird, beruht nicht zuletzt auf seiner juristischen Redlichkeit. Es verspricht nämlich nichts, was
der Staat nicht einlösen und der Bürger nicht einkla-
gen kann.

Stenografischer Bericht des Deutschen Bundestages, 30. Juni 1994

Zur Diskussion:
– Bereiten Sie die Diskussion in der Klasse vor, indem Sie die in den Materialien erkennbaren Argumente stichpunktartig in eine Pro- bzw. in eine Kontra-Spalte eintragen. Ergänzen Sie Argumente
oder Informationen, die nicht aus den Materialien hervorgehen.
– Bestimmen Sie einen Diskussionsleiter und führen die Diskussion durch.
– Welche Argumente überzeugen Sie am meisten? Sehen Sie eine Möglichkeit, zwischen beiden Positionen zu vermitteln?

5 Volksentscheide – eine „Prämie für Demagogen"?

In der Bundesrepublik Deutschland wählen die Bürgerinnen und Bürger Volksvertretungen, denen dann allein die Entscheidungsbefugnis für Ämterbesetzungen und Sachentscheidungen zukommt. Umfragen zufolge hat in den letzten Jahren der Wunsch der Bevölkerung nach einer direkten Beteiligung an politischen Entscheidungen zugenommen. Viele Bundesbürger befürworten Plebiszite, also Entscheidungen durch Volksabstimmungen.

Bereits in den Jahren 1948/49 diskutierte der Parlamentarische Rat in Bonn über die Aufnahme plebiszitärer Elemente in das Grundgesetz als der höchsten Stufe staatsbürgerlicher Mitbestimmung. Seine Mitglieder entschieden sich aber für eine ausschließlich repräsentative Form der politischen Willensbildung. Begründet wurde dies vor allem mit den Erfahrungen aus der Zeit der Weimarer Republik und des Nationalsozialismus.

Geschichtliche Erfahrungen

Schon zur Zeit der Weimarer Republik hatten die Nationalsozialisten im Verbund mit anderen deutschnationalen Gruppen Erfahrung mit dem Instrument des Plebiszits sammeln können: Mit massiver Propaganda und aggressiver Agitation versuchten sie 1929, die Bevölkerung gegen den Young-Plan (▶ S. 110) zu mobilisieren. Beim Volksentscheid unterlagen zwar die Gegner des Young-Plans, dennoch konnten die Nationalsozialisten diese Kampagne nutzen, um sich einem breiten Publikum bekannt zu machen; und tatsächlich schlug sich die nun geweckte große Beachtung der Nationalsozialisten bald auch in rasant angestiegenen Wählerstimmen nieder.

Nach dem Austritt des Deutschen Reichs aus dem Völkerbund im Oktober 1933 rief Hitler, nach riesiger propagandistischer Vorbereitung, die Bevölkerung zu einer Abstimmung auf mit der Frage: „Billigst du deutscher Mann, und du deutsche Frau, diese Politik deiner Reichsregierung und bist du bereit, sie als den Ausdruck deiner eigenen Auffassung und deines eigenen Willens zu erklären und dich feierlich zu ihr zu bekennen?" Der im

1 Plakat für das Volksbegehren gegen den Young-Plan, 1929. Es brachte genügend Stimmen für einen Volksentscheid, bei dem aber die Gegner des Young-Plans unterlagen.

Stil eines Glaubensbekenntnisses aufgemachten Fragestellung stimmten 95 % der Wähler zu. Viele der Abstimmenden hatten dabei allerdings die begründete Befürchtung, dass das Wahlgeheimnis nicht gewährleistet sei und eine Nicht-beteiligung an der Wahl üble Folgen haben werde. Das NS-Regime machte Volksabstimmungen zu einem propagandistischen Instrument, um die ver-meintliche Übereinstimmung zwischen diktatorischer Regierung und Volks-mehrheit vor allem gegenüber dem Ausland zu demonstrieren.

Der Parlamentarische Rat wollte den Volksentscheid nicht zur „Prämie für Demagogen" (Volksverführer) machen, wie es der spätere Bundespräsident Theodor Heuss (FDP) ausdrückte. Doch wenn auch im Bund Plebiszite prak-tisch nicht vorgesehen sind – lediglich eine Neugliederung der Bundesländer müsste durch Volksentscheid bestätigt werden –, so gibt es doch in vielen Bun-desländern und Gemeinden durchaus die Möglichkeit von Plebisziten, aller-dings in recht unterschiedlichen Ausprägungen.

Plebiszite auf Kommunal- und Länderebene

Damit z. B. in Baden-Württemberg ein Volksbegehren zugelassen wird, müssen zunächst 10 000 Unterschriften von Wahlberechtigten gesammelt werden. Um dann einen Volksentscheid zu erzwingen, muss sich im Volksbegehren inner-halb von zwei Wochen ein Sechstel der Wahlberechtigten mit ihrer Unter-schrift in Listen eintragen, die meist auf den Rathäusern ausliegen – dies sind zur Zeit etwa 1,2 Millionen Unterschriften. In Baden-Württemberg war noch nie ein Volksbegehren erfolgreich. Bei einer 1994 gestarteten Initiative gegen die Abschaffung des Pfingstmontags als Feiertag lenkte die Regierung bereits ein, bevor es zum Volksbegehren kam. Auch die Vorschrift, dass mindestens 30 % der Stimmberechtigten einen Gesetzentwurf billigen müssen, ist wesent-lich höher als in vielen anderen Bundesländern. In Bayern wurde in einem Volksentscheid im Februar 1998 der Senat, die erste Kammer des damals aus zwei Kammern bestehenden bayerischen Parlaments, abgeschafft. In Bayern kommt ein Volksentscheid bereits dann zustande, wenn 10 % der Wahlberech-tigten dies in einem Volksbegehren fordern. Bei dem sich anschließenden Volksentscheid genügt die einfach Mehrheit.

Volksentscheid (Plebiszit): Unmittelbare Mitwirkung der Bürgerinnen und Bürger an der staatlichen Gesetzgebung oder ande-ren staatlichen Entscheidungen. Das Plebis-zit ist ein Instrument der direkten Demokra-tie (▶ S. 73).
Unterschieden werden das Personalplebiszit (zum Beispiel die Direktwahl des Präsiden-ten in den USA) und das Sachplebiszit (Refe-rendum) zur Entscheidung von Sachfragen.

Volksbegehren (Volksinitiative): Versuche von Bürgerinnen und Bürgern, politische Ent-scheidungen in ihrem Sinne herbeizuführen (zumeist als Vorstufe zu einem Volksent-scheid): Eine Mindestzahl von Stimmberech-tigten kann durch Unterschriftenleistung die Herbeiführung eines Volksentscheids erzwingen.

Bürgerentscheid: Möglichkeit, wichtige Ge-meindeangelegenheiten durch die Gemein-debürger selbst entscheiden zu lassen. In Baden-Württemberg beispielsweise müssen 15 Prozent der wahlberechtigten Bürger einer Gemeinde das vorausgehende Bürgerbegeh-ren unterstützen, d. h. ihren Namen, ihre An-schrift und ihre Unterschrift in eine Liste eintragen. Die Hürde für die Annahme des sich anschließenden Bürgerentscheids be-trägt in Baden-Württemberg 30 Prozent der Wahlberechtigten.

2 „Große Nachteile der direkten Demokratie"?

Der Staatsphilosoph Montesquieu, 1748:

Da in einem freien Staat jeder, dem man einen freien Willen zuerkennt, durch sich selbst regiert sein sollte, so müsste das Volk als Ganzes die gesetzgebende Gewalt haben. Das aber ist in den großen Staaten unmöglich, in den kleinen mit vielen Misshelligkeiten verbunden. Deshalb ist es nötig, dass das Volk durch seine Repräsentanten das tun lässt, was es selbst nicht tun kann […]. Der große Vorteil der Repäsentanten besteht darin, dass sie fähig sind, die Angelegenheiten zu verhandeln. Das Volk ist dazu keineswegs geschickt. Das macht einen der großen Nachteile der direkten Demokratie aus […]. Es soll in die Regierungssphäre nur hineingelassen werden, um die Abgeordneten zu wählen, was seinen Fähigkeiten durchaus entspricht."

Charles de Montesquieu, Vom Geist der Gesetze, XI. 6 (Übersetzung: Ernst Forsthoff), in: Klassiker der Staatsphilosophie, Bd. I, hrsg. v. Arnold Bergstraesser und Dieter Oberndörfer, Stuttgart 1975, S. 241

3 Plebiszitäre Elemente auf Bundesebene?

a *Annemarie Renger, 1972 bis 1976 Präsidentin des Deutschen Bundestages, 1989:*

Ein falscher Schluss scheint mir zu sein, verstärkt nach plebiszitären Elementen in unserer Verfassungsordnung zu rufen. Wer Volksabstimmungen auf Bundesebene fordert, muss sich darüber klar sein, dass er damit die politische Verantwortlichkeit, die die Verfassung aus gutem Grund dem deutschen Bundestag auferlegt hat, an anonyme Kräfte abgibt […]. In einer immer komplizierter und komplexer werdenden Welt […] mutet es geradezu als ein gefährlicher Irrtum an, wenn man glaubt, in zentralen gesellschaftlichen Fragen mit simplen Ja-Nein-Kategorien Politik verantwortlich gestalten zu können. Dem lauter werdenden Ruf nach plebiszitären Elementen ist insofern auch schon mit Distanz zu begegnen, als es neben der Vielzahl von Wahlen auf Kommunal-, Landes- und Bundesebene nahezu unbegrenzte Möglichkeiten gibt, in Parteien, Bürgerinitiativen, Selbstverwaltungskörperschaften, Demonstrationen und anderen Ausdrucksformen an der Formulierung des Bürgerwillens aktiv teilzunehmen.

Annemarie Renger, Vierzig Jahre Deutscher Bundestag. Erfahrungen und Maßstäbe. In: Aus Politik und Zeitgeschichte, B 37–38/89, S. 9

b *Tilman Evers, Politologe in Berlin, 1991:*

Es überrascht nicht, dass in der bundesdeutschen Staatslehre die Warnung vor „Weimarer Erfahrungen" bereitwillig zur Abwehr direktdemokratischer Mitsprache übernommen und tradiert wurde, obwohl sie sich bei historischer Nachprüfung als oberflächliche Legende erweist. Was den Nationalsozialismus möglich machte, waren nicht die plebiszitären Elemente im Weimarer Regierungssystem, sondern die wirtschaftlichen und politischen Belastungen, unter de-nen die erste deutsche Republik antreten musste; unter diesen Vorzeichen gesehen ist die Bilanz damaliger Anläufe zur direkten Demokratie […] nicht negativer als die des Parlamentarismus der Weimarer Zeit. Den Weg zur „legalen Machtergreifung" öffneten den Nationalsozialisten nicht Plebiszite, sondern Reichstagswahlen und zuletzt das Ermächtigungsgesetz. […] Die Sorge ist heute nicht mehr, ob die repräsentative Demokratie sich in Deutschland festigt, sondern dass sie sich in Deutschland verfestigt hat zu einem „Parteienabsolutismus", der den gewachsenen Mitsprachebedürfnissen und ausgefächerten Kompetenzen einer pluralistischen Gesellschaft nicht mehr gerecht wird. Die in Art. 21 GG vorgesehene Mitwirkung der Parteien bei der politischen Willensbildung des Volkes hat sich in ein faktisches Politmonopol verkehrt, während sich die Willensbildung des Volkssouveräns darauf beschränkt, bei Wahlen seine Stimme abzugeben. Die Mängelliste der dadurch entstandenen „Zuschauerdemokratie" ist bekannt […]. Die Einführung von Volksbegehren und Volksentscheid hätte hier die Bedeutung einer sinnfälligen Öffnung. Sie wäre in keiner Weise antiparlamentarisch, sondern ein außergewöhnliches Korrektiv zum parlamentarischen Normalverfahren. Es enthielte ein Element zusätzlicher Gewaltenteilung.

Tilman Evers, Volkssouveränität im Verfahren. Zur Verfassungsdiskussion über direkte Demokratie. In: Aus Politik und Zeitgeschichte, B 23/91, S. 6ff.

4 Gegen die Rechtschreibreform

Am 1. August 1999 passten die meisten Zeitungen in der Bundesrepublik ihre Rechtschreibung den neuen Regeln an. In Berlin, Bremen und Mecklenburg-Vorpommern gab es zu dieser Zeit immer noch Bürgerinitiativen, die versuchten, die Neuregelung über Volksabstimmungen rückgängig zu machen. Erfolgreich war dieses in Schleswig-Holstein. Die Zeitschrift „Das Parlament" berichtet darüber:

Bei einem Volksbegehren der Bürgerinitiative „Wir gegen die Rechtschreibereform" von 1998 in Schleswig-Holstein wurde das dort erforderlich Quorum von fünf Prozent der Stimmberechtigten (etwa 106 000 Stimmen) weit überschritten. Damit waren die Voraussetzungen für eine Volksabstimmung am 27. September 1998 erfüllt. In der Initiative hatten die Gegner der Rechtschreibreform verlangt, dass in den Schulen die „allgemein übliche Rechtschreibung unterrichtet" werde. Als allgemein üblich gelte die Rechtschreibung, „wie sie in der Bevölkerung seit langem anerkannt ist und in der Mehrzahl der lieferbaren Bücher verwendet wird".

Schleswig-Holstein hat am Sonntag sich per Volksabstimmung gegen die Rechtschreibreform entschieden. Für die 312 000 Schülerinnen und Schüler zwischen Nord- und Ostsee heißt das Votum ein Zurück zu den

5 „Aufruf für Direkte Demokratie", eine Aktion zur Einführung des bundesweiten Volksentscheids „Der Bürger im Käfig – Befreit den mündigen Bürger!" fand zeitgleich an 50 Orten der Bundesrepublik Deutschland statt, wie hier in Karlsruhe.

alten Regeln – vorerst jedenfalls. Das Ergebnis war deutlich: 56,4 Prozent der Stimmberechtigten
20 votierten gegen die Einführung der Reform im nördlichsten Bundesland. Schleswig-Holstein hat sich vom Rest der Republik abgekoppelt, in der nach den neuen Regeln unterrichtet wird. Die gelten seit dem 1. August im gesamten deutschen Sprachraum. [...]
25 Die beschlossene Gesetzesvorlage zielt allein auf das Schulgesetz und damit auf die Schulen zwischen Flensburg und Lauenburg. Die werden nach dem Volksvotum praktisch zur „Insel auf der Insel". Dem Wortlaut der Volksinitiative nach nämlich sind etwa
30 Hochschulen und der Rest der Landesverwaltung nicht betroffen. Damit kann die Situation eintreten, dass etwa Studenten der Erziehungswissenschaftlichen Fakultät der Uni Kiel, die zur „übrigen Verwaltung" gehört, künftig Lehrer nach den neuen Regeln
35 ausbildet. Im Schuldienst angekommen aber dürfen die Schulmeister – siehe Schulgesetz – nicht nach den neuen Regeln unterrichten. [...] Zieht ein „Altschreiber" aus dem nördlichsten Bundesland mit seinen Eltern etwa zu den „Neuschreibern" über die Elbe ins
40 benachbarte Hamburg oder umgekehrt, droht das nächste Problem. „Wackelkandidaten" im Fach Deutsch können leicht eine Note absacken.

Das Parlament, 2./9. Oktober 1998

Nachdem seit August 1999 in Schleswig-Holstein Behörden und Zeitungen die neue Rechtschreibung verwendeten, wurde die Situation an den Schulen absurd. Der Landtag verabschiedete deshalb im September 1999 eine Schulgesetzänderung, die nachträglich die neue Rechtschreibung verfügte.

6 „Mehr Demokratie durch Volksbegehren"?,
Über eine Abstimmung im Landtag:
In Baden-Württemberg werden die Hürden für Volksbegehren und Volksentscheid auf Landesebene nicht gesenkt. Der Landtag lehnte in abschließender zweiter 5 Lesung einen Gesetzentwurf der oppositionellen SPD ab, mit dem das Quorum für ein erfolgreiches Volksbegehren von einem Sechstel auf ein Zehntel der Wahlberechtigten verringert werden sollte. Für den SPD-Entwurf stimmten Bündnis 90/Die Grünen, da- 10 gegen die Koalitionsfraktionen CDU und FDP. Die rechtsextremen „Republikaner" enthielten sich. Die Sozialdemokraten wollten auch erreichen, dass bei einem Volksentscheid die einfache Mehrheit der abgegebenen Stimmen ausreicht. Nach der geltenden 15 Regelung ist eine Volksabstimmung erst dann erfolgreich, wenn mehr als ein Drittel aller Stimmberechtigten zustimmt.
Redner der CDU und der FDP begründeten ihre Ablehnung mit der Befürchtung, bei einer Senkung der 20 Hürden für die Volksgesetzgebung könnten Minderheiten einen zu großen Einfluss bekommen. In Baden-Württemberg gab es noch kein Volksbegehren.

Stuttgarter Zeitung, 11. Dezember 1998

Arbeitsvorschläge und Fragen

a) Stellen Sie Positionen zur Einführung von Bürgerbegehren und Bürgerentscheiden in das Grundgesetz zusammen (DT, M1b, 3a).
b) Wie sind Bürgerbegehren und Bürgerentscheide in Baden-Württemberg und wie in Bayern geregelt (DT, M5, M6)?
c) Diskutieren Sie das Ergebnis des Volksentscheids zur Rechtschreibreform in Schleswig-Holstein (M4).
d) Wie beurteilte Montesquieu (M2) die unmittelbare Demokratie? Nehmen Sie aus heutiger Sicht dazu Stellung.
e) Informieren Sie sich, ob es in Ihrer Gemeinde schon Versuche gegeben hat, einen Bürgerentscheid herbeizuführen. Wie war das Ergebnis?

6 Demokratien im Vergleich

Viele Staaten der Erde berufen sich auf die Prinzipien der Demokratie, und dennoch finden sich unter ihnen sehr unterschiedliche Ausprägungen der Staatsform, die auf der Volkssouveränität fußt. Wie funktionieren andere Demokratien? Wie ist die Gewaltenteilung dort im Vergleich zum politischen System der Bundesrepublik geregelt?

Und inwieweit können bzw. konnten „Volksdemokratien" wie die ehemalige DDR für sich in Anspruch nehmen, tatsächlich eine Herrschaft des Volkes angestrebt oder verwirklicht zu haben? Welche Alternativmodelle zum politischen System der Bundesrepublik gibt es?

6.1 Das parlamentarische System der Bundesrepublik Deutschland

Demokratische Legitimation

Der Verfassung der Bundesrepublik Deutschland liegt ein repräsentatives Regierungssystem zugrunde. Die gesamte demokratische Legitimation konzentriert sich auf den Bundestag, in den Ländern auf die Landesparlamente. Andere Staatsorgane wie die Regierung oder der Bundespräsident haben eine davon abgeleitete Legitimation. Der Bundestag verabschiedet im Zusammenwirken mit dem Bundesrat die Gesetze, er wählt den Kanzler und kann ihn ersetzen, und er kontrolliert die Bundesregierung und die Bundesverwaltung. Eine plebiszitäre Gesetzgebung an ihm vorbei gibt es nicht, ebenso wenig eine politische

1 **Verfassung der Bundesrepublik Deutschland**

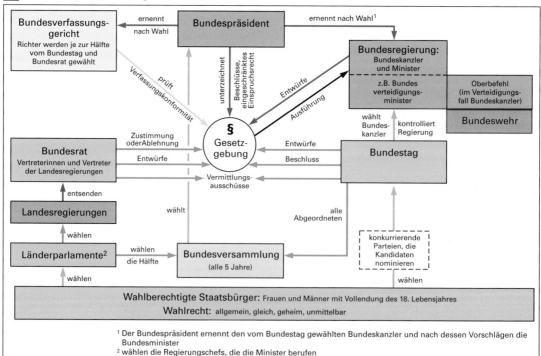

¹ Der Bundespräsident ernennt den vom Bundestag gewählten Bundeskanzler und nach dessen Vorschlägen die Bundesminister
² wählen die Regierungschefs, die die Minister berufen

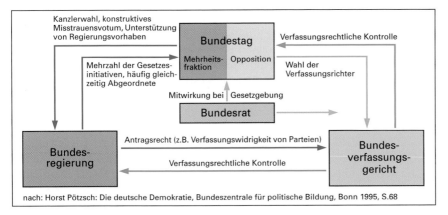

2 Gewalten-
verschränkung im
parlamentarischen
System der
Bundesrepublik
Deutschland

Innerhalb der Grafik:

Kanzlerwahl, konstruktives
Misstrauensvotum, Unterstützung
von Regierungsvorhaben

Bundestag

Verfassungsrechtliche Kontrolle

Mehrzahl der Gesetzes-
initiativen, häufig gleichzeitig Abgeordnete

Mehrheits-
fraktion | Opposition

Wahl der
Verfassungsrichter

Mitwirkung bei | Gesetzgebung

Bundesrat

**Bundes-
regierung**

Antragsrecht (z.B. Verfassungswidrigkeit von Parteien)

Verfassungsrechtliche Kontrolle

**Bundes-
verfassungs-
gericht**

nach: Horst Pötzsch: Die deutsche Demokratie, Bundeszentrale für politische Bildung, Bonn 1995, S.68

Führung durch den Bundespräsidenten. Die Funktionen von Staatsoberhaupt und Regierungschef sind getrennt in dem Amt des Bundespräsidenten und dem des Bundeskanzlers.

Das parlamentarische Regierungssystem der Bundesrepublik Deutschland beruht auf einer engen Verbindung von Parlament und Regierung und zeichnet sich durch zahlreiche gewaltenverschränkende Elemente aus (horizontale Gewaltenteilung). Die Regierung ist vom Vertrauen des Parlaments abhängig. Die Regierungskompetenzen sind zwischen dem Kanzler, den einzelnen Ministern, die ihr Ressort selbstverantwortlich leiten, und dem Kabinett aufgeteilt, das Mehrheitsentscheidungen fällen kann. Im föderalistischen System sind zusätzlich die staatlichen Aufgaben zwischen Bund und Ländern aufgeteilt. Sie müssen zusammenwirken und kontrollieren sich dabei gegenseitig (vertikale Gewaltenteilung). Dies geschieht in erster Linie durch die Mitwirkung des Bundesrats an der Gesetzgebung. Die vertikale Gewaltenteilung wird aber auch wirksam bei der Wahl des Bundespräsidenten durch die Bundesversammlung, die aus den Mitgliedern des Bundestages und einer gleich großen Zahl von Mitgliedern der Länderparlamente besteht. Eine ähnliche Konstellation ergibt sich bei der Wahl der Richter des Bundesverfassungsgerichts, die zur einen Hälfte vom Bundesrat, zur anderen von einem Wahlausschuss des Bundestages gewählt werden.

Gewaltenteilung

Gewaltenteilung: Grundprinzip des demokratischen Rechtstaats zum Schutz des Einzelnen gegen einen übermächtigen Staat. Die drei Aufgaben der Staatsgewalt (Legislative, Exekutive, Judikative) sollen nicht – wie in der absoluten Monarchie – in einer Hand liegen, sondern von unabhängigen Organen durchgeführt werden, die sich gegenseitig kontrollieren („horizontale Gewaltenteilung"). Die Gewaltenteilung wurde zuerst von John Locke und dann von Charles de Montesquieu gefordert. (Als „vertikale Gewaltenteilung" bezeichnet man die Verteilung der staatlichen Gewalt auf die Vertretung des Zentralstaates – in der Bundesrepublik ist dies der Bundestag – und die Vertretung der Gliedstaaten – dies ist der Bundesrat.)

Montesquieu wollte die Gewalten sehr streng getrennt wissen. So sollten Personen, die exekutive Gewalt ausüben, nicht von der legislativen Gewalt gewählt werden. Diese klassische Vorstellung der Gewaltenteilung hat in der Geschichte der demokratischen Entwicklung zum Teil sehr unterschiedliche Gestalt angenommen.

6.2 Das Regierungssystem der USA

Präsidentielles
Regierungssystem

In der Bundesrepublik Deutschland ist das repräsentierende Staatsoberhaupt der Bundespräsident, die Regierungsgeschäfte werden vom Bundeskanzler und den ca. 16 jeweils für ihr Ressort verantwortlichen Bundesministern wahrgenommen. In den USA dagegen besteht die Regierung gemäß der Verfassung nur aus einer einzigen Person: dem Präsidenten, der durch Wahlmänner in den Einzelstaaten gewählt wird.

Wahlmänner werden von den Wahlberechtigten im Verhältnis zur jeweiligen Bevölkerungszahl der Einzelstaaten gewählt (z. B. in Kalifornien 45, in Texas 26, in Delaware und Nevada nur drei Wahlmänner). Es gilt das Mehrheitsprinzip, mit dem sich jeder einzelne Staat für einen Präsidentschaftskandidaten entscheidet. Wer in einem Einzelstaat nur eine einzige Stimme mehr erhält, dem fallen die Wahlmännerstimmen dieses Staates zu.

Der Präsident –
ein Monarch
der Demokratie?

Der Präsident muss als Staatsoberhaupt repräsentieren, als Regierungschef die Richtlinien seiner Politik entwerfen, als Verwaltungschef die Ausführung der verabschiedeten Gesetze sicherstellen, als Oberbefehlshaber der Streitkräfte ist er für die strategische Konzeption von Heer, Flotte und Marine verantwortlich. Statt Minister gibt es nach der Verfassung nur dem Präsidenten unterstellte „Sekretäre", die jeweils Leiter der Departments sind. Tatsächlich erfüllen die Sekretäre heute ministerähnliche Aufgaben. Auch die Amtsbezeichnung „Minister" ist mittlerweile üblich geworden. Anders als bei uns kennt die US-Verfassung weder ein Kabinettsprinzip – bei dem die Regierung Gesetzentwürfe berät – noch ein Ressortprinzip – bei dem der Minister sein Ressort innerhalb der vom Regierungschef vorgegebenen Leitlinie eigenverantwortlich leitet (▶ S. 51).

Legislative und Exekutive sind in den USA strenger getrennt als in der Bundesrepublik. So besteht beispielsweise Unvereinbarkeit zwischen einem Mandat als Kongressabgeordneter und einer Tätigkeit als Minister oder als Berater des Präsidenten.

„Checks and
Balances"

Der Präsident kann vom Kongress nicht durch Misstrauensvotum abberufen werden, es sei denn wegen Verfassungs- oder Rechtsbruch durch ein Impeachment. Andererseits ist der Kongress, das heißt die 100 Senatoren, die die Interessen der Einzelstaaten vertreten, und das Repräsentantenhaus, in dem 435 Abgeordnete gesamtstaatliche aber auch lokale Interessen vertreten, vom Präsidenten unabhängig. Dieser kann weder den Senat noch das Repräsentantenhaus auflösen. Allerdings kann der Präsident ein Veto gegen Gesetze einlegen.

Es herrscht das Prinzip der „Checks and Balances" (Kontrollen und Gegengewichte), demzufolge die staatlichen Teilgewalten ungefähr gleich stark sein müssen, um sich in ihrer Machtausübung gegenseitig zu beschränken und so einen Missbrauch der staatlichen Macht zu verhindern. So kann beispielsweise der Präsident die Einführung neuer Waffensysteme verfügen, der Kongress muss aber die dazu notwendigen Haushaltsmittel bewilligen.

„Divided
government"

Kongress und Präsident werden in getrennten Wahlen bestimmt. Es ist deshalb möglich, dass der Präsident gegen eine Mehrheit der gegnerischen Partei im Kongress regieren muss. Gesetze kann der Präsident nicht selber in den Häusern des Kongresses einbringen, vielmehr muss er sich dabei der Hilfe ihm nahe stehender Abgeordneter bedienen. Zwar ist der Präsident nominell Führer sei-

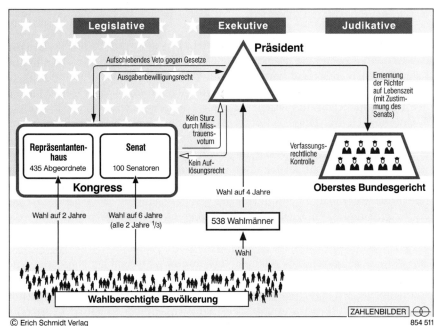

Legislative Exekutive Judikative

Präsident

Aufschiebendes Veto gegen Gesetze

Ausgabenbewilligungsrecht

Ernennung
der Richter
auf Lebenszeit
(mit Zustim-
mung des
Senats)

Kein Sturz
durch Miss-
trauens-
votum

Repräsentanten-
haus
435 Abgeordnete

Senat
100 Senatoren

Verfassungs-
rechtliche
Kontrolle

Kein Auf-
lösungsrecht

Kongress

Oberstes Bundesgericht

Wahl auf 4 Jahre

Wahl auf 2 Jahre

Wahl auf 6 Jahre
(alle 2 Jahre 1/3)

538 Wahlmänner

Wahl

Wahlberechtigte Bevölkerung

ZAHLENBILDER

© Erich Schmidt Verlag

854 511

ner Partei, aber sein Einfluss ist gering, er muss sich für jede einzelne Parlamentsentscheidung Verbündete suchen. Im Gegensatz zum Deutschen Bundestag herrscht bei Abstimmungen im Kongress nur selten „Fraktionsdisziplin" innerhalb einer Partei. Parteien werden in der Verfassung nicht einmal erwähnt. Die Abgeordneten fühlen sich in erster Linie als Repräsentanten der Bürger ihrer Wahlbezirke. Es ist deshalb nicht ungewöhnlich, dass der Präsident bei Abstimmungen oft von einem Teil der Abgeordneten seiner Partei nicht unterstützt wird, oder dass er sogar Entscheidungen gegen die Mehrheit seiner Partei herbeiführt.

Die dritte Gewalt, der Oberste Gerichtshof (Supreme Court), kontrolliert nicht nur die Rechtmäßigkeit der Gesetze, sondern hat auch einen zunehmenden Einfluss auf die Politik. So wäre die rechtliche und gesellschaftliche Gleichstellung der Schwarzen ohne seine richtungsweisenden Entscheidungen, die sowohl die Legislative als auch die Exekutive in Handlungszwang setzen, kaum denkbar gewesen.

Die dritte Gewalt

Suspensives (= aufschiebendes) Veto: Dieser Begriff bezeichnet das Recht des amerikanischen Präsidenten, einem Gesetz des Kongresses seine Zustimmung zu verweigern und an die Legislative zurückzugeben. Der Kongress kann dann das Gesetz verändern oder es durch Zweidrittelmehrheit in beiden Häusern auch gegen den Willen des Präsidenten in Kraft setzen.

Impeachment (engl.: Anklage): Recht des Repräsentantenhauses, gegen Mitglieder der Exekutive wegen Landesverrats, Bestechung oder anderer schwerer Verbrechen „Anklage" zu erheben. Diese wird im Senat verhandelt. Dieses Verfahren ist ein traditioneller Bestandteil des präsidentiellen Regierungssystems, in dem es keine Wahl oder Abwahl der Exekutivmitglieder durch das Parlament gibt.

69

6.3 Das Regierungssystem Frankreichs

Frankreich – semipräsidentielles Regierungssystem

In Frankreich besteht ein Regierungssystem, das weder als präsidentiell – wie das der USA – noch als parlamentarisch – wie das der Bundesrepublik – gelten kann. Der Staatspräsident wird hier durch direkte Wahlen bestimmt. Er hat einen bedeutenden Einfluss auf die Bildung der Regierung, die aber – anders als in den USA – nicht von ihm allein abhängig, sondern gegenüber dem Parlament verantwortlich ist. Diese Mischform wird als „semipräsidentielles" Regierungssystem bezeichnet.

Die Wurzeln der heutigen Verfassung Frankreichs gehen auf den Beginn der Revolution im Jahr 1789 zurück. Der Verfassung von 1791, die vielen anderen konstitutionellen Monarchien als Vorbild diente, folgten in Frankreich 16 weitere monarchische und republikanische Verfassungen, seit 1958 die Verfassung der so genannten „Fünften Republik". Einige Grundprinzipien von 1791 sind aber bis heute sichtbar.

Legislative

Das Parlament besteht aus Nationalversammlung (Assemblée Nationale) und Senat. Die Mitglieder der Nationalversammlung werden alle fünf Jahre von den wahlberechtigten Franzosen in direkter Wahl gewählt. Der Senat als Vertretung der Departements (Verwaltungsbezirke) und der Gemeinden wird dementgegen durch Wahlmänner alle drei Jahre zu einem Drittel erneuert. Zur Verabschiedung von Gesetzesvorlagen, die aus der Mitte des Parlaments oder vom Premierminister eingebracht werden können, ist eine Übereinstimmung zwischen beiden Kammern erforderlich.

Exekutive

Der Präsident der Republik wird seit 1962 unmittelbar vom Volk für die Dauer von sieben Jahren gewählt. Er ist während dieser Zeit nicht absetzbar und dem Parlament nicht verantwortlich. Er ist Oberbefehlshaber der Streitkräfte, ernennt und entlässt den Premierminister und die Regierung, leitet die Kabinett-

4 Die Verfassung der Französischen Republik

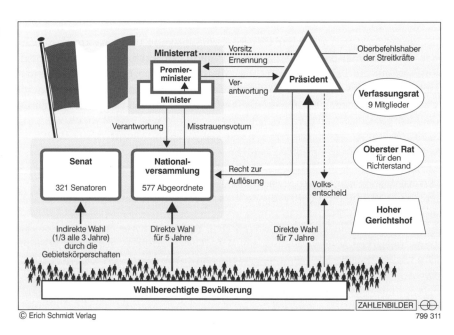

© Erich Schmidt Verlag

ZAHLENBILDER

799 311

70

sitzungen, verkündet die Gesetze, gegen die er auch ein suspensives Veto einlegen kann, hat das Recht, die Nationalversammlung aufzulösen und die Möglichkeit, über besonders wichtige Gesetzentwürfe einen Volksentscheid herbeizuführen. Somit steht er in der Exekutive an oberster Stelle. Der Präsident kann seine starke Stellung aber nur halten, wenn er im Parlament über eine eigene Mehrheit verfügt. Zu Zeiten hingegen, in denen er von einer Partei gestellt wird, die in der Nationalversammlung nicht die Mehrheit innehat, ist der Premierminister der eigentliche Machtträger, während der Präsident dann an Einfluss verliert. Der konservative Präsident Jaques Chirac löste 1997 die Nationalversammlung ein Jahr vor dem normalen Wahltermin auf, weil er sich eine erneute konservative Mehrheit erhoffte, mit der er die bevorstehende schwierige Etappe zur europäischen Währungsunion möglichst ungestört bewältigen wollte. Die französischen Wähler gaben eine andere Antwort: In der Folge musste der konservative Präsident Chirac mit einer Linksregierung unter Premierminister Lionel Jospin regieren.

Obwohl dem Präsidenten untergeordnet, ist die Regierung dem Parlament gegenüber verantwortlich und kann von diesem auch gestürzt werden. Der Premierminister wird nicht – anders als der deutsche Bundeskanzler – vom Parlament gewählt, sondern vom Präsidenten ernannt. Obwohl der Präsident dabei an keine Mehrheitsbeschlüsse gebunden ist, muss er darauf achten, dass der Premier und dessen Regierung bei der Gesetzgebung später Mehrheiten im Parlament finden kann.

Die Bedeutung der Mehrheits-verhältnisse

Die Rechte der Nationalversammlung sind deutlich geringer als die des deutschen Bundestages. Wenn das französische Parlament die Regierung durch ein Misstrauensvotum stürzt, hat der Präsident sofort die Möglichkeit, seinerseits die Nationalversammlung aufzulösen. Wenn die Regierung Widerstände gegen einen Gesetzentwurf erwartet, kann sie die Abstimmung an die Vertrauensfrage koppeln; wird dann innerhalb von 24 Stunden kein Misstrauensantrag von der Nationalversammlung gestellt, so gilt der Gesetzentwurf auch ohne Abstimmung als beschlossen.

Mit der Verfassung der Fünften Republik von 1958 wurde in Frankreich für die Wahl der Nationalversammlung das Mehrheitswahlrecht eingeführt: In jedem Wahlkreis wird als Abgeordneter in die Nationalversammlung gewählt, wer die meisten Stimmen auf sich vereinigen kann. Gewinnt einer der Kandidaten im ersten Wahlgang die absolute Mehrheit – also mehr als die Hälfte der abgegebenen Stimmen –, dann ist er gewählt. Anderenfalls findet eine Woche später ein zweiter Wahlgang statt, bei dem die einfache Mehrheit für einen Sitz im Parlament genügt. Vor dem zweiten Wahlgang kommt es häufig zu „Wahlbündnissen": Der schlechter platzierte Kandidat verzichtet zugunsten des Besserplatzierten. (Dies könnte zum Beispiel innerhalb des bürgerlichen Lagers geschehen, um Kandidaten der Linken nicht zum Zuge kommen zu lassen – oder umgekehrt.)

Wahlrecht

Aufgrund des Mehrheitswahlrechtes haben es kleinere Parteien mit entsprechend geringer Anhängerschaft schwer, Parlamentssitze zu erringen. Absprachen im zweiten Wahlgang können ihnen dann aber doch noch Erfolge bescheren. Umgekehrt können sich Parteibündnisse auch gezielt gegen einzelne Bewerber richten, z. B. Wahlabsprachen zwischen den demokratischen Parteien in einem Wahlkreis gegen die rechtsextreme „Front National".

6.4 Die Direktorialverfassung der Schweiz

Direktorialsystem

Das Verfassungssystem der Schweiz wurzelt in den liberalen und demokratischen Traditionen des 19. Jahrhunderts. Im Revolutionsjahr 1848 wurde die schweizerische Eidgenossenschaft vom lockeren Staatenbund eigenständiger Kantone in einen Bundesstaat umgewandelt. Das wichtigste Element der neuen Verfassung war die Verlagerung der Entscheidungsgewalt auf den Bund. Die Kantone blieben als Gliedstaaten souverän, doch nur im Rahmen der übergeordneten Bundeskompetenz.

Die so genannte Direktorialverfassung verbindet als ein gemischtes Regierungssystem Elemente des präsidentiellen und des parlamentarischen Regierungssystems. Vielfach wird die Demokratie der Schweiz als „Konsensdemokratie" bezeichnet: Staatliche Probleme sollen möglichst einvernehmlich bewältigt werden. Dementsprechend sind in der Regierung (Bundesrat) die vier größten Parteien vertreten. Der Bundesrat steht gleichsam als ein Direktorium „über" den Parteien.

Exekutive

Der Vorsitzende der Regierung (Bundespräsident) wechselt jährlich und ist prinzipiell „primus inter pares", das heißt „Erster unter Gleichgestellten" (Kollegialprinzip). Die Regierung und ihre Mitglieder können nicht durch ein Misstrauensvotum abberufen werden. Ebenso wenig kann das Parlament aufgelöst werden.

Legislative

Gesetzgebendes Organ ist die aus den beiden Kammern Ständerat und Nationalrat bestehende Bundesversammlung. Die Abgeordneten des Nationalrats werden von den Wahlberechtigten nach dem Verhältniswahlrecht auf vier Jahre gewählt. Im Ständerat, der nach dem Vorbild des amerikanischen Senats geschaffen wurde, sind die 23 Kantone unabhängig von ihrer Größe durch je zwei Abgeordnete vertreten.

5 Die schweizerische Bundesverfassung

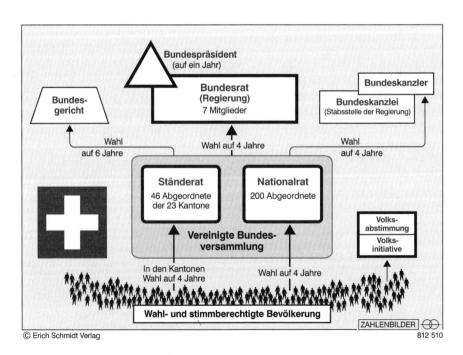

812 510

6 Direkte Demokratie. Volksabstimmung im Schweizer Kanton Appenzell

Im Vergleich zu anderen Demokratien sieht die Schweizerische Verfassung starke direktdemokratische Einflussmöglichkeiten der Bürgerinnen und Bürger vor. Kein anderes Land der Welt macht so häufig von Plebisziten Gebrauch. Diese Form der direkten Demokratie – auf Bundes-, Kantons- und Gemeindeebene – bildet ein Gegengewicht zum Direktorialsystem, das nicht auf einer parlamentarischen Opposition fußt.

Plebiszitäre Elemente

„Bundesgesetze sowie allgemein verbindliche Bundesbeschlüsse sind dem Volke zur Annahme oder Verwerfung vorzulegen, wenn es von 50 000 stimmberechtigten Schweizer Bürgern oder von acht Kantonen verlangt wird", heißt es in der Schweizerischen Bundesverfassung. Die Referendumsdrohung schwebt über dem gesamten legislativen Prozess. Um zu verhindern, dass unzufriedene Interessengruppen ein Gesetz nach Abschluss des parlamentarischen Verfahrens mithilfe des Referendums doch noch verhindern, hat sich in der Schweiz die Praxis herausgebildet, dass alle „referendumsfähigen" Organisationen bereits in einem frühen Stadium in den Gesetzgebungsprozess einbezogen werden. Die plebiszitäre Demokratie wurde dadurch zu einer vorparlamentarischen Verhandlungsdemokratie, wo „referendumsfeste" Kompromisse ausgehandelt werden.

Referendum

Während das Referendum am Schluss eines politischen Entscheidungsprozesses steht, bildet dessen Ausgangspunkt die in der Schweiz mögliche Volksinitiative. Sie erlaubt es, Anregungen zu geben, und verpflichtet Regierung und Parlament, sich mit der Initiative auseinander zu setzen.
Volksinitiativen sind in der Schweiz traditionell in erster Linie ein Instrument der Arbeiterbewegung, die mit einer Reihe von Initiativen den Ausbau des schweizerischen Sozialsystems bewirkte. Dazu waren Verfassungsänderungen notwendig, die dann durch Gesetze konkretisiert wurden. Heute gewinnen ökologische Initiativen an Bedeutung. 1990 setzte eine solche Initiative einen zehnjährigen Baustopp für Kernkraftwerke durch. Die Möglichkeiten des Referendums und der Initiative gibt es in der Schweiz nicht nur auf Bundesebene, sondern auch auf kantonaler und regionaler Ebene.

Volksinitiative

6.5 Die DDR als Beispiel einer sozialistischen Volksdemokratie

Keine Gewaltenteilung

Bis zum Ende ihres Bestehens 1989/90 war die Deutsche Demokratische Republik ein zentralistischer Einheitsstaat, der sich auf die Lehre des Marxismus/Leninismus berief und als „Volksdemokratie" bezeichnete. Doch anders als in den von der DDR abgelehnten „bürgerlichen Demokratien" galt hier nicht der Grundsatz der Gewaltenteilung: „Die Volkskammer verwirklicht in ihrer Tätigkeit" – so heißt es in Artikel 48 der DDR-Verfassung von 1968 – „den Grundsatz der Einheit von Beschlussfassung und Durchführung". „Das oberste Gericht" – so wird in Artikel 93 ausgeführt – „ist der Volkskammer und zwischen ihren Tagungen dem Staatsrat verantwortlich".

Alle staatliche Instanzen waren zudem an die Beschlüsse der Sozialistischen Einheitspartei Deutschlands (SED) gebunden, deren gesellschaftliche und politische Führungsrolle in der DDR-Verfassung verankert war. Die staatlichen Organisationen hatten vor allem die Aufgabe, die Parteibeschlüsse umzusetzen. Aufgrund der Durchdringung nahezu sämtlicher Lebensbereiche mit den Vorgaben von Staat und Partei wurde die DDR als ein totalitärer Staat bezeichnet.

Die Bedeutung der Wahlen

Laut Verfassung war die Volkskammer das „oberste staatliche Machtorgan". Ihre Beschlüsse galten als verbindliche Grundlage für die ausführenden Staatsorgane. In Wirklichkeit traf die Volkskammer aber keine eigenständigen Entscheidungen, sondern war der Weisungsgewalt der zentralen Parteigremien der SED unterworfen (Zentralkomitee und Politbüro). Die Wahl der Volkskammer-Abgeordneten erfolgte über eine Einheitsliste, die von der „Nationalen Front" unter Führung der SED aufgestellt wurde. Der Großteil der Mandate entfiel auf

7 „Auf Händen getragen".
Die Plakate zeigen Mitglieder des Politbüros der SED; Träger sind Angehörige der FDJ (Freie Deutsche Jugend), Maidemonstration in Berlin, 1989.
– Im „Arbeiter- und Bauernstaat" gab es schon früh einen Personenkult.

Totalitarismus (lat. totus = vollständig): Gegenbegriff zu Pluralismus. Als totalitär werden Staaten bezeichnet, die auf der Basis einer verbindlichen Ideologie und mit gewaltsamen Mitteln das gesamte politische, gesellschaftliche und kulturelle Leben unter ihre Kontrolle bringen wollen. Der vermeintliche Gesamtwille verkörpert sich in der Herrschaft einer Staatspartei (z. B. SED, KPdSU oder NSDAP).

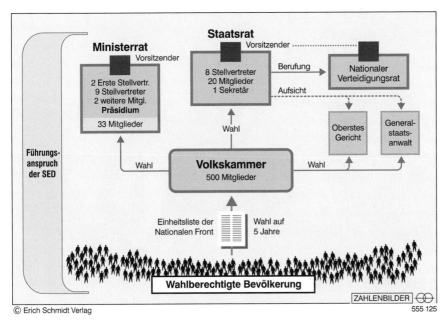

Ministerrat
Vorsitzender

2 Erste Stellvertr.
9 Stellvertreter
2 weitere Mitgl.
Präsidium

33 Mitglieder

Staatsrat
Vorsitzender

8 Stellvertreter
20 Mitglieder
1 Sekretär

Berufung → Nationaler Verteidigungsrat

Aufsicht

Oberstes Gericht

General-staats-anwalt

Wahl

Volkskammer
500 Mitglieder

Wahl

Wahl

Führungs-anspruch der SED

Einheitsliste der Nationalen Front

Wahl auf 5 Jahre

Wahlberechtigte Bevölkerung

ZAHLENBILDER

© Erich Schmidt Verlag

555 125

die SED und staatlich gelenkte Interessenverbänden, den so genannten „Massenorganisationen" wie z. B. der Freie Deutsche Gewerkschaftsbund (FDGB). Die restlichen Mandate teilten sich die vier „Blockparteien": die Demokratische Bauernpartei Deutschlands (DBD), die Christliche Demokratische Union (CDU), die National-Demokratische Partei Deutschlands (NDPD) und die Liberal-Demokratische Partei Deutschlands (LDPD).

Eine Ablehnung der Einheitsliste bei der Wahl durch Neinstimme war möglich, hatte aber keine Auswirkung auf das Wahlergebnis, da es keine Alternativen gab. Auch die Streichung von Kandidaten war theoretisch möglich, aber sehr schwierig. Streichungen kamen schon deswegen selten vor, weil die offene Stimmabgabe propagiert wurde.

Die Volkskammer trat in der Regel viermal jährlich zu Plenarsitzungen zusammen. Sie fasste ihre Beschlüsse einstimmig, ohne vorherige Debatten über sachliche Alternativen. Nur ein einziges Mal, bei dem Gesetz zur Schwangerschaftsunterbrechung, hatten 1972 einige CDU-Abgeordnete gegen den Entwurf gestimmt. Die Volkskammer wählte auf Vorschlag der SED-Fraktion auch die Vorsitzenden des Staatsrats, des Ministerrats und des nationalen Verteidigungsrats, ferner die Richter des Obersten Gerichts sowie den Generalstaatsanwalt.

Volkskammer und Staatsrat

a) Bilden Sie Arbeitsgruppen, die jeweils die nichtbundesrepublikanischen Regierungssysteme untersuchen. Beschreiben Sie die unterschiedlichen Demokratiemodelle (DT, Verfassungsschaubilder). Wer legitimiert jeweils Legislative und Exekutive? Welche Aufgaben haben diese Gewalten jeweils? Wo gibt es Gewaltenverschränkungen?
b) Welche Unterschiede bestehen zwischen parlamentarischem, präsidentiellem, semipräsidentiellem und direktorialem Regierungssystem?
c) Grenzen Sie demokratische von totalitären Herrschaftssystemen ab.

Arbeitsvorschläge und Fragen

Revolution 1848:
die Revolutionäre Hecker (links mit Fahne)
und Struve (rechts)

„Politische Freiheit findet sich nur dann,
wenn man die Macht nicht missbraucht;
aber es ist eine ewige Erfahrung, dass jeder, der Macht hat, zu ihrem Missbrauch
neigt. Er geht so weit, bis er auf Schranken
stößt. …
Um den Missbrauch der Macht zu verhindern, muss die Macht der Macht Schranken setzen."

Charles de Montesquieu, 1689–1755

**„Sie tragen die Buchstaben der Firma –
wer aber trägt den Geist?"**
Karikatur von Th. Th. Heine, 1927

Demokratie und Diktatur in Deutschland

Für den, der in den letzten 50 Jahren im Westen Deutschlands aufwuchs, gehören die „Rituale" der Demokratie zu den Alltagserinnerungen: Vor den regelmäßig wiederkehrenden Wahlen zum Gemeinderat, zum Kreis- oder Länderparlament und zum Bundestag werben die politischen Parteien um die Gunst der Wählerinnen und Wähler. Jeder muss am Wahltag entscheiden, welche Argumente, Personen oder Programme ihm am überzeugendsten und glaubwürdigsten erscheinen und an welcher Stelle auf dem Wahlzettel er sein Kreuz macht. Alle politische Macht ist Macht auf Zeit, und alle Macht fußt letztlich auf dem Votum des Volkes.

Was uns heute alltäglich erscheint, ist in der deutschen Geschichte keineswegs selbstverständlich. Freiheit und Demokratie wurden über eine lange Zeit von mutigen Frauen und Männern erkämpft. In Deutschland schien vielen während der Revolution von 1848/49 die Verwirklichung von Freiheit und Einheit greifbar nahe – doch am Ende wurden die Revolutionäre von den alten Mächten besiegt. Erst siebzig Jahre später, nach dem verlorenen Ersten Weltkrieg, hatte die demokratische Republik in Deutschland wieder eine Chance: 1918/19 mit der Gründung der Weimarer Republik. Doch auch das Weimarer Experiment schlug fehl: Bereits 1933 übernahmen die Nationalsozialisten die Macht – und missbrauchten sie, um Deutschland in eine totalitäre Diktatur zu verwandeln. Sie zerstörten die demokratischen Strukturen, traten die Menschenrechte mit Füßen, terrorisierten Minderheiten und entfesselten den Zweiten Weltkrieg.

Im Zeichen des Hakenkreuzes: Übung der Berliner Schutzpolizei, März 1934

1 Das Streben nach Einheit und Freiheit: Deutschland im 19. Jahrhundert

1.1 Restauration und „Vormärz"

Die Französische Revolution hatte das monarchische Herrschaftssystem infrage gestellt. Trotz der militärischen Niederlage Napoleons wurde es seit dieser Zeit auch für die deutschen Fürsten immer schwieriger, ihre Macht zu verteidigen. Die gekrönten Häupter Europas versuchten zwar mit allen Mitteln, ihre Untertanen im Zaum zu halten, doch immer wieder kam es zu Demonstrationen des Freiheitswillens. Waren es zunächst vor allem Vertreter des Bildungsbürgertums, die Reformen anstrebten, so erweiterte sich der Kreis derjenigen, die ihrem Unmut über die bestehenden Verhältnisse Ausdruck verliehen, bald auf Besitzbürger, Bauern, Handwerker und Arbeiter.

1814/15	Auf dem Wiener Kongress ordnen die Großmächte die Machtverhältnisse in Europa neu.
1815	35 souveräne deutsche Staaten und vier freie Städte schließen sich zum Deutschen Bund zusammen.
1817	Studenten auf der Wartburg verbrennen Symbole der verhassten Restauration.
1832	An einem nationalen Volksfest („Hambacher Fest") nehmen fast 30 000 Menschen teil.

Wiener Kongress und „Heilige Allianz"

Nach der Niederlage Napoleons trafen sich zwischen September 1814 und Juni 1815 die führenden Staatsmänner fast aller Herrscherhäuser Europas in Wien um zu beraten, wie die monarchische Macht aufrechterhalten werden konnte. Die Herrscherhäuser sahen sich durch die Ideen der Volkssouveränität, der Freiheit und der Gleichheit in ihrer Existenz bedroht. Sie verteidigten die „monarchische Legitimität" und verlangten nach Restauration, d. h. nach Wiederherstellung dieser legitimen Ordnung. Die wiederhergestellte Ordnung sollte nach innen und nach außen durch die Solidarität der Herrscher geschützt wer-

Vormärz: Bezeichnung für die der deutschen Märzrevolution von 1848 vorausgehende Zeit, insbesondere seit der französischen Julirevolution von 1830. Diese geschichtliche Epoche ist gekennzeichnet durch äußeren Frieden und gewaltsam erzwungene Ruhe im Inneren, durch die gewaltsame Unterdrückung liberaler und nationaler Kräfte sowie durch den allmählichen Beginn der Industrialisierung in Deutschland.

Legitimität: Im Mittelalter und während der Zeit des Absolutismus beriefen sich die europäischen Monarchen darauf, ihre Herrschaft werde in göttlichem Auftrag wahrgenommen (Gottesgnadentum) und sei deshalb legitim (lat.: rechtmäßig). Dagegen wurde während der Französischen Revolution nur die Herrschaft des Volkes (Volkssouveränität) als legitim anerkannt. Wir verstehen heute unter Legitimität die Begründung staatlicher Herrschaft durch Volkswahlen.

den. Zu diesem Zweck schlossen der russisch-orthodoxe Zar, der römisch-katholische österreichische Kaiser und der protestantische preußische König eine „Heilige Allianz". Jeder Versuch, diese monarchische Ordnung zu stören, sollte ein gewaltsames Eingreifen der Bündnispartner zur Folge haben. Fast alle europäischen Herrscher traten der Allianz bei.

Das 1806 untergegangene „Heilige Römische Reich Deutscher Nation" mit seinen fast 1800 Herrschaftsgebieten wurde in Wien nicht wiederhergestellt. Stattdessen schlossen sich die 35 Fürsten und vier ehemaligen freien Reichsstädte zum „Deutschen Bund" zusammen. Österreich und Preußen gehörten dem Bund nur mit einem Teil ihres Staatsgebietes an. Den Vorsitz im Deutschen Bund hatte Österreich. Dieser locker organisierte Staatenbund beschränkte die Souveränität der Einzelstaaten kaum, und es gab auch kein gemeinsames Oberhaupt. Die einzige zentrale Einrichtung war der Bundestag in Frankfurt. Dieser setzte sich aus Gesandten der Mitgliedstaaten zusammen und konnte mit Zwei-Drittel-Mehrheit Beschlüsse fassen, die für die Einzelstaaten bindend waren.

Der Deutsche Bund wird gegründet

Die Bundesverfassung eröffnete zunächst durchaus Chancen für mehr politische Mitbestimmung der Bürger. Sie sah vor, dass in allen Mitgliedstaaten Verfassungen gewährt werden. Das führte in den einzelnen deutschen Ländern zu sehr unterschiedlichen Entwicklungen. Nur wenige Länder, darunter Bayern, Baden, Württemberg und Sachsen-Weimar, setzten bis 1820 liberale Verfassungen in Kraft, die auch bürgerlichen Bevölkerungsgruppen die Mitwirkung bei politichen Entscheidungen ermöglichten. Österreich und Preußen hatten bis 1849 keine Verfassungen.

Chancen für liberale Verfassungen?

1 **Der Deutsche Bund 1815.**
Dem Deutschen Bund gehörten auch die Herrscher Englands, Dänemarks und der Vereinigten Niederlande an, die das Königreich Hannover, das Herzogtum Holstein bzw. das Großherzogtum Luxemburg in Personalunion regierten.

Burschenschaftler: für „Ehre, Freiheit, Vaterland"	Viele Deutsche wollten sich nicht damit abfinden, dass es keinen gesamtdeutschen Nationalstaat mit Volksvertretung gab. So schlossen sich 1815 Studenten in Jena zu einer deutschen Burschenschaft zusammen, deren Wahlspruch lautete: „Ehre, Freiheit, Vaterland". Ihre Fahne hatte die Farben Schwarz-Rot-Gold.
	Ihre erste gemeinsame Kundgebung veranstalteten die Studenten 1817 auf der Wartburg bei Eisenach anlässlich der Dreihundertjahrfeier der Reformation und des vierten Jahrestages der Völkerschlacht bei Leipzig, wo die Truppen Napoleons geschlagen worden waren. Sie forderten die Schaffung eines deutschen Nationalstaats und mehr politische Mitbestimmungsmöglichkeiten.
Karlsbader Beschlüsse gegen „revolutionäre Umtriebe"	In der Demonstration der Studenten sahen die Fürsten das Vorzeichen einer Rebellion. Zwei Jahre später bot sich ein Anlass zum Eingreifen. Ein Student ermordete 1819 den Schriftsteller August von Kotzebue, der die nationale und liberale Gesinnung der Burschenschaftler verspottet und die Regierungen vor den Ideen der Studenten gewarnt hatte.
	Auf Veranlassung des österreichischen Staatskanzlers, Fürst Metternich, trafen sich die Vertreter der größeren deutschen Staaten und einigten sich 1819 auf die Karlsbader Beschlüsse. Diese verboten die Burschenschaften, ordneten die Überwachung der Universitäten an und verschärften die Pressezensur. In Mainz wurde eine zentrale Untersuchungskommission zur Aufdeckung „revolutionärer Umtriebe" eingerichtet. Viele bekannte liberale oder nationale Persönlichkeiten wurden als „Demagogen" (Volksverführer) verfolgt, einige erhielten „Berufsverbot".
Auswirkungen der Julirevolution	Die Karlsbader Beschlüsse verwandelten Deutschland in einen Polizeistaat und schüchterten die liberalen und demokratischen Kräfte ein. Doch die Julirevolution in Frankreich (1830) gab dem Freiheits- und Einheitsgedanken in Deutschland neuen Auftrieb. In vielen Residenzstädten der Landesfürsten zogen liberale Bürger vor die Schlösser und forderten eine Reform des Bundes, Pressefreiheit und liberale Verfassungen. An einigen Orten mussten die Fürsten

Nation (von lat. natio = Geburt, Volksstamm): Wenn eine große Zahl von Menschen eine gemeinsame Abstammung, Sprache, Kultur, Geschichte, oft auch Religion hat, spricht man von einer Kulturnation. Eine solche Kulturnation kann auf verschiedene Staatsgebiete verteilt sein. Stimmen die Staatsgrenzen mit denen der Kulturnation ungefähr überein, spricht man von einem Nationalstaat.
Daneben wird der Begriff der Staatsnation gebraucht: So verstehen sich in der Schweiz Menschen unterschiedlicher Sprachen als Schweizer, in den USA Menschen unterschiedlicher Abstammung als Amerikaner.

Liberalismus (von lat. liber = frei): So nennt man eine Weltanschauung, die die persönliche Freiheit jedes Menschen in den Vordergrund stellt. Jeder soll im Rahmen der Rechtsordnung seine Kräfte und Fähigkeiten ungehindert entfalten können.
Die Wurzeln des Liberalismus liegen in der Aufklärung. Liberale Denker verlangten Grundrechte wie Glaubens-, Versammlungs- und Pressefreiheit sowie die Teilung der Staatsgewalt in Legislative, Exekutive und Judikative. Zudem strebten sie nach dem Abbau wirtschaftlicher Hemmnisse, vor allem der Zollschranken.

sogar dem Druck nachgeben und Verfassungen bewilligen. Doch es blieb bei vereinzelten lokalen Aufständen.

Die wieder erweckten liberalen Gedanken drückten sich vor allem in den immer zahlreicher erscheinenden Zeitungen und Zeitschriften aus, soweit es die Pressezensur zuließ. Neben liberalen Besitz- und Bildungsbürgern verlangten zunehmend auch ärmere Bevölkerungsschichten politische Mitwirkungsrechte und soziale Gleichheit – Forderungen, die als demokratisch oder radikal galten.

Zu einer eindrucksvollen Demonstration der deutschen liberalen und nationalen Bewegung kam es im Mai 1832: Fast 30 000 Menschen aus allen Teilen Deutschlands zogen zur Burgruine Hambach bei Neustadt an der Weinstraße und forderten Einheit und Freiheit in Deutschland. Das Hambacher Fest und ein 1833 von einigen revolutionären Studenten angeführter – gescheiterter – Sturm auf die Frankfurter Hauptwache, der einen Angriff auf den Bundestag und eine Volkserhebung einleiten sollte, gaben den Fürsten Anlass, erneut zurückzuschlagen.

Hambacher Fest: Massendemonstration für Einheit und Freiheit

Die Rechte der Abgeordneten wurden eingeschränkt, die Pressezensur verschärft, die Rede- und Versammlungsfreiheit aufgehoben, und erneut wurden „Demagogen" verfolgt: Hunderte verschwanden für lange Zeit in den Gefängnissen, die Polizei überwachte alle Verdächtigen, Tausende emigrierten in die Schweiz oder nach Frankreich.

Neuer Druck auf die Opposition

1837 hob der König von Hannover sogar die nach der Julirevolution gewährte Verfassung wieder auf. Gegen diesen Rechtsbruch protestierten mutige Göttinger Professoren, die „Göttinger Sieben". Sie erklärten, dass sie sich ihrem Eid auf die Staatsverfassung nach wie vor verpflichtet fühlten. Die Professoren wurden aus dem Hochschuldienst entlassen, drei wurden sogar des Landes verwiesen.

81

3 **Das Hambacher Fest, 1832**

Aus der Rede des Journalisten Philipp Jakob Sieben-
pfeiffer auf dem Hambacher Fest (Siebenpfeiffer kam
wegen seiner Rede 14 Monate in Untersuchungshaft
und konnte später in die Schweiz entkommen):

Und es wird kommen der Tag [...], wo der Deutsche
vom Alpengebirg und der Nordsee, vom Rhein, der
Donau und Elbe den Bruder im Bruder umarmt, wo die
Zollstöcke und die Schlagbäume, wo alle Hoheitszei-
5 chen der Trennung und Hemmung und Bedrückung
verschwinden samt den Constitutiönchen, die man
etlichen mürrischen Kindern der großen Familie als
Spielzeug verlieh; wo freie Straßen und freie Ströme
den freien Umschwung aller Nationalkräfte und Säfte
10 bezeugen [...], wo das deutsche Weib nicht mehr die
dienstpflichtige Magd des herrschenden Mannes, sondern die freie Genossin des freien Bürgers, unseren
Söhnen und Töchtern schon als stammelnden Säug-
lingen die Freiheit einflößt; [...] wo der Bürger nicht in
15 höriger Untertänigkeit den Launen des Herrschers,
[...] sondern dem Gesetz gehorcht und auf den Tafeln
des Gesetzes den eigenen Willen liest und im Richter
den frei erwählten Mann seines Vertrauens erblickt
[...] Es lebe das freie, das einige Deutschland!
20 Hoch leben die Polen, der Deutschen Verbündete!
Hoch leben die Franken, der Deutschen Brüder, die
unsere Nationalität und Selbständigkeit achten!
Hoch lebe jedes Volk, das seine Ketten bricht und mit
uns den Bund der Freiheit schwört!
25 Vaterland – Volkshoheit – Völkerbund hoch!

Nach: J. G. A. Wirth, Das Nationalfest der Deutschen zu Hambach,
Neustadt 1832, S. 34 ff.

5 **„Friede den Hütten! Krieg den Palästen!"**

1834 verfasste der Dichter Georg Büchner gemein-
sam mit dem Schuldirektor und Pfarrer Ludwig Wei-
dig die anonyme Flugschrift „Der Hessische Land-
bote", die an die Landbevölkerung verteilt wurde.
Im April 1835 flog eine geplanter Aufstand auf.
Büchner konnte in die Schweiz fliehen, Weidig nahm
sich in der Untersuchungshaft das Leben.

Friede den Hütten! Krieg den Palästen! Im Jahre 1834
sieht es so aus, [...] als hätte Gott die Bauern und
Handwerker am fünften Tage und die Fürsten und Vornehmen am sechsten gemacht, und [...] zu diesen ge-
5 sagt: „Herrschet über alles Getier, das auf Erden
kriecht", und hätte die Bauern und Bürger zum Ge-
würm gezählt. Das Leben der Vornehmen ist ein langer Sonntag: Sie wohnen in schönen Häusern, sie tragen zierliche Kleider, die haben feiste Gesichter und
10 reden eine eigene Sprache; das Volk aber liegt vor ihnen wie Dünger auf dem Acker [...].
Hebt eure Augen auf und zählt das Häuflein eurer
Presser, die nur stark sind durch das Blut, dass sie euch
aussaugen, und durch eure Arme, die ihr ihnen wil-
15 lenlos leiht. Ihrer sind vielleicht 10000 im Großherzogtum und eurer sind es 700000, und also verhält
sich die Zahl des Volkes zu seinen Pressern auch im
übrigen Deutschland [...]. Deutschland ist jetzt ein
Leichenfeld, bald wird es ein Paradies sein.

Georg Büchner, Werke und Briefe, hrsg. v. Fritz Bergemann, Bd. 1,
Frankfurt a. M. 1979, S. 333

4 **Zug auf das**
Schloss Hambach.
Kolorierte Litho-
grafie, 1832.
Fast 30000 Bürger,
Handwerker, Stu-
denten und Bauern
versammelten sich
am Morgen des 27.
Mai 1832 auf dem
Marktplatz in Neu-
stadt und zogen von
dort aus gemeinsam
den Schlossberg hin-
auf.

6 Ein Liberaler warnt vor den Demokraten

Der liberale rheinische Industrielle David Hanse-
mann verfasste 1840 eine Denkschrift an den preußi-
schen König Friedrich Wilhelm IV.:

Wärmste Besorgnisse flößt gewiss jedem preußischen
Staatsmanne die starke und außerordentliche Zunahme des demokratischen Elements ein [...]. Es
mögen hier mit wenigen Worten die vorzüglichsten
5 Ursachen angedeutet werden, die unabweisbar zur
Ausbildung und Verstärkung des demokratischen Elements sowie zu dessen Gefährlichkeit beitragen
müssen:

1. Das Maschinenwesen. Es vermehrt auf der einen
10 Seite die Zahl der besitzlosen Menschen, die vom
Tage zu Tage leben. Auf der anderen Seite vermindert
es den Preis der Fabrikate [...] dergestalt, dass die Kleidung oder die äußerliche Erscheinung schon zum
Gleichmachen oder zum Nähern der Stände beiträgt.

15 2. Die Fortschritte in der Produktion von Lebensmitteln, insbesondere der Kartoffelbau.

3. Die Herstellung wohlfeiler und schneller Transport-
mittel. Es wird dadurch einer großen Anzahl von
Menschen das früher nicht vorhandene Mittel geboten,
20 nicht nur fern von Geburts- und Wohnorte Erwerb zu
finden, sondern auch durch Reisen eine Menge neuer
Begriffe, Ansichten und Wünsche aufzufassen.

7. Die Allgemeinheit des Unterrichts. [...] Das Prinzip der Gleichheit [...] [bringt] die Gefahr des Umstur-
25 zes. [...] Damit Vernunft und Fähigkeit herrschen,
muss der politische Einfluss der höheren und wohlhabenden Volksklassen stärker sein als der von den übrigen Volksklassen auszuübende. Die Freiheit ist nicht
die Gleichheit der Rechte. Sie ist die Herrschaft des
30 Gesetzes [...]. Wer von öffentlichen Unterstützungen
lebt, wer kein Besitztum hat, auch keins erwerben
will oder keins erwerben kann, wer keinen den hinreichenden Unterhalt sichernden Erwerb treibt, wer
seine Kinder oder seine Eltern durch öffentliche Un-

7 Der „Zeitgeist". Stich von J. M. Voltz, 1819

terstützungsanstalten unterhalten lässt, dem mögen 35
die bürgerlichen Rechte auch weniger zugute kommen als dem, welcher besitzt, erwirbt oder für seine
Kinder oder Eltern pflichtgemäß sorgt.

Vormärz und Revolution 1840–1849, hrsg. v. Hans Fenske, Darmstadt
1976, S. 29 f.

---

a) *Nennen Sie wichtige Grundsätze und Beschlüsse des Wiener Kongresses.*

b) *Beschreiben Sie die Grenzen des Deutschen Bundes (M1).*

   – *Welche nichtdeutschen Herrscher herrschten auch im Deutschen Bund?*

   – *Welche Gebiete deutscher Herrscher gehörten nicht zum Deutschen Bund?*

   – *Vergleichen Sie die politische Landkarte Deutschlands mit der Frankreichs.*

   – *Wie könnte man die jeweilige staatliche Organisation nennen?*

c) *Wie hoffte die preußische Regierung, die Liberalen und Demokraten*
schwächen zu können (M7)?

In fast allen Reden auf dem Hambacher Fest wurde auch Polen erwähnt. Ei-
nige Festbesucher führten polnische Fahnen mit sich. Informieren Sie sich,
z. B. in einem Lexikon, über den polnischen Aufstand von 1830 in dem vom
russischen Zaren regierten Königreich Polen („Kongresspolen").

d) *Wie unterscheiden sich Liberale von Demokraten (Glossar, M3, 5)? Warum*
warnte Hansemann (M6) vor den Demokraten?

**Arbeitsvorschläge
und Fragen**

1.2 Die Revolution von 1848/49

Nur vier Tage nach dem Beginn der Februarrevolution in Paris (1848), wo vor allem Handwerker und Arbeiter soziale Gerechtigkeit gefordert hatten, sandte eine große Volksversammlung in Mannheim eine Bittschrift an die badische zweite Kammer: „Eine ungeheure Revolution hat Frankreich umgestaltet ... Das alte System zerfällt in Trümmer ... auch das deutsche Volk hat das Recht zu verlangen ... Wohlstand, Bildung und Freiheit für alle Klassen der Gesellschaft..., unbedingte Pressefreiheit ... und sofortige Herstellung eines deutschen Parlaments." In fast allen Staaten des Deutschen Bundes wurden ähnliche Forderungen erhoben. Demonstrationen und Straßenkämpfe folgten. Das „alte System" geriet ins Wanken – aber würde es auch in Trümmer zerfallen?

März 1848	Märzrevolution in Deutschland: Bürger, Bauern, Studenten und Arbeiter erheben sich.
18. Mai	Eröffnung der verfassunggebenden Nationalversammlung in der Frankfurter Paulskirche.
1849, 28. März	Verabschiedung der Reichsverfassung. Wahl Friedrich Wilhelms IV. von Preußen zum „Kaiser der Deutschen". Der König lehnt die Krone ab.

Hungersnot und Wirtschaftskrise

In Deutschland vollzogen sich, wie fast überall in Europa, die revolutionären Geschehnisse vor dem Hintergrund einer Hungersnot, die durch Missernten bei Getreide und durch eine Kartoffelkrankheit hervorgerufen wurde. Die Teuerung bei Nahrungsmitteln verursachte einen Kaufkraftschwund, der Absatzschwierigkeiten bei der Industrie bewirkte und deshalb Entlassungen und damit Arbeitslosigkeit zur Folge hatte. Doch die eigentlichen Ursachen der Revolution lagen tiefer. Bei Bürgern, Handwerkern und Studenten herrschte tiefe Enttäuschung über die politischen Zustände in Deutschland: Noch immer war das Land ohne gemeinsame Verfassung und Parlament, und noch immer besaßen die Fürsten eine übergroße Machtfülle. Im März 1848 erhoben an zahlreichen Orten Deutschlands revolutionär gesinnte Menschen nationale und liberal-demokratische Forderungen. Es kam zu Demonstrationen und Bauernaufständen. Die Bauern vor allem in Südwestdeutschland und Österreich versuchten, die Aufhebung der Zehnten und Frohnden gewaltsam durchzusetzen.

Einsetzung von „Märzministern"

Die Fürsten der Kleinstaaten waren gleichsam „vor Schreck gelähmt" und beeilten sich meist, ihren Untertanen Zugeständnisse zu machen, indem sie liberale Politiker, so genannte Märzminister, in ihre Kabinette beriefen. Nun wurden einige der „Märzforderungen" erfüllt. Die Bauern konnten sich von ihren Feudallasten befreien, indem sie den Grundherrn eine Entschädigung zahlten.

Revolution in Wien: Metternich flieht

In Wien demonstrierten am 13. März Studenten und Arbeiter. Als die Regierung Soldaten gegen die Demonstranten einsetzte, kam es zu Straßenkämpfen. Der bis dahin mächtige Staatskanzler Metternich dankte ab und floh nach England. Der Kaiser versprach die Erfüllung der wichtigsten Forderungen: Pressefreiheit, Errichtung einer Nationalgarde, Verabschiedung einer Verfassung sowie die Aufhebung der Dienste und Abgaben der Bauern. Mit der Aufhebung der Feudal-

lasten (Bauernbefreiung) erlosch das Interesse der bäuerlichen Bevölkerung an der Revolution rasch. Trotzdem kam Österreich nicht zur Ruhe. Arbeiter und Kleinbürger verlangten soziale Verbesserungen. Tschechen und Ungarn strebten nach Autonomie innerhalb der Habsburger Monarchie, und die Staaten Norditaliens verlangten die Befreiung von der habsburgischen Herrschaft.

Revolution in Berlin

In Berlin hatte es König Friedrich Wilhelm IV. noch 1847 abgelehnt, „dass sich zwischen unseren Herrgott im Himmel und [Preußen] ein beschriebenes Blatt [= eine Verfassung] eindränge". Erst auf die Nachricht vom Sturz Metternichs versprach er eine Verfassung für ganz Preußen. Am 18. März versammelte sich vor dem Berliner Schloss eine große Menschenmenge: Bürger, Studenten, Handwerker und Arbeiter. Viele von ihnen wollten dem König für sein Versprechen, eine Verfassung zu gewähren, danken. Doch als sie, von Truppen umstellt, aufgefordert wurden, den Schlossplatz zu räumen, fielen vonseiten der Soldaten Schüsse. Das schien Verrat zu sein, und innerhalb einer Stunde verbarrikadierten die Demonstranten alle Straßen, die zum Schloss führten.

Die Revolution zwang den König, Liberale in sein Kabinett aufzunehmen und eine aus Wahlen nach allgemeinem und gleichen Wahlrecht hervorgegangene preußische „Nationalversammlung" einzuberufen. Mit seinem Aufruf „An mein Volk und an die deutsche Nation" versprach Friedrich Wilhelm IV., sich an die Spitze der Revolution in Preußen und in Deutschland zu setzen. Sein Aufruf endete mit dem Satz: „Preußen geht fortan in Deutschland auf."

Vom Vorparlament zur Nationalversammlung

Am 31. März kamen in Frankfurt über 500 Vertreter der revolutionären Bewegung aus ganz Deutschland zusammen. Sie waren weder vom Volk gewählt noch von den Bundesstaaten gesandt. Ihr Zusammentreffen erfolgte auf eigenen Entschluss. Trotzdem anerkannten sowohl die Einzelstaaten als auch der Frankfurter Bundestag die dort getroffenen Vorbereitungen zur Wahl einer gesamtdeutschen verfassunggebenden Nationalversammlung an.

85

Die Durchführung der Wahl zur Nationalversammlung blieb den Einzelstaaten vorbehalten, doch sollte ein Abgeordneter jeweils 50 000 Wähler vertreten. Die Mehrzahl der Abgeordneten, die erstmals am 18. Mai 1848 in der Frankfurter Paulskirche zusammentraten, kamen aus dem Bürgertum: Richter, Professoren, Lehrer, Schriftsteller, Kaufleute, Beamte, Pfarrer oder Ärzte – durchweg angesehene und einflussreiche Persönlichkeiten. Bauern, Handwerker und Arbeiter hatten aufgrund des Mehrheitswahlrechts kaum eine Chance gewählt zu werden, da sie zu wenig bekannt waren.

Bildung von Fraktionen

Organisierte politische Parteien gab es noch nicht. Unter den Abgeordneten bildeten sich allerdings politische Interessengruppen oder Klubs. Diese trafen sich außerhalb des Parlaments in Frankfurter Gasthäusern. Im Parlament traten sie als Fraktionen mit gemeinsamen politischen Programmen auf, die sie in den Klubsitzungen erarbeitet hatten.

Provisorische Zentralgewalt – ohne Machtmittel

Das Parlament besaß zwar seit Juni 1848 eine provisorische Regierung, diese hatte aber nur wenige Machtmittel. Sie hatte keine festen Einnahmen, keine eigene Verwaltung und kein eigenes Heer. Damit war sie auf die Unterstützung vor allem der Regierungen Österreichs und Preußens angewiesen.

Die Grundrechte der Deutschen werden beraten

Die Mehrheit der Nationalversammlung war monarchisch gesinnt, nur eine kleinere Gruppe war für eine Republik. Gemeinsam aber war allen der Wille, die „Grundrechte des deutschen Volkes" zu formulieren, die der Verfassung vorangestellt werden sollten. Diese Aufgabe nahmen die Abgeordneten als Erstes in Angriff. Bis zum Ende des Jahres 1848 erarbeiten sie den Grundrechtskatalog, der 100 Jahre später weit gehend in das Grundgesetz der Bundesrepublik Deutschland übernommen wurde (▶ S. 54). Doch während das Parlament über die Grundrechte debattierte, machten sich die Fürsten daran, ihre Macht zurückzugewinnen – die Revolutionäre hatten sie nicht aus ihren Ämtern gejagt und ihre Soldaten nicht entwaffnet.

2 Die Nationalversammlung.
Die Abgeordneten saßen im Halbkreis: rechts die gemäßigten Liberalen, links die radikalen Demokraten, in der Mitte das Zentrum (vom Rednerpult aus gesehen).
Frauen waren nur als Zuschauerinnen auf der Tribüne vertreten. Sie besaßen bei den Wahlen zur Nationalversammlung weder das aktive noch das passive Wahlrecht.

Ende September 1848 begannen in der Paulskirche die außerordentlich schwierigen Beratungen über die Verfassung und die künftigen Grenzen des neu zu schaffenden Nationalstaates. Ein entscheidendes Problem war dabei das Schicksal Österreichs. Die „Großdeutschen" unter den Abgeordneten wollten, dass die deutschen Länder Österreichs (zu denen sie auch Böhmen und Mähren rechneten) zum Reich gehören sollten. Doch dies hätte die Auflösung der Donaumonarchie zur Folge gehabt. Letztlich setzten sich die „Kleindeutschen" durch: Sie wollten einen starken Staat ohne Österreich unter der Führung Preußens. Im März 1849 nahm die Nationalversammlung die Reichsverfassung an und wählte gleichzeitig den preußischen König Friedrich Wilhelm IV. zum „Kaiser der Deutschen". Sehr viel hing nun von der Entscheidung des preußischen Königs ab. Würde er die Krone annehmen?

Die Reichsverfassung von 1849

Arbeiter und Handwerker waren zunehmend enttäuscht darüber, dass über ihre Probleme – niedrige Löhne, lange Arbeitszeiten, drückende Not – in den Parlamentsdebatten kaum gesprochen wurde. Viele Arbeiter kamen zu der Ansicht, dass sie selbst für die Verbesserung ihrer Lage kämpfen müssten. Die Bedingungen dafür hatten sich mit der Revolution verbessert: Versammlungs- und Redefreiheit, Pressefreiheit und das Recht zur Vereinsgründung galten auch für sie. So schlossen sich 1848 in vielen Orten Arbeiter und Handwerksgesellen zu „Arbeitervereinen" zusammen. Auch Frauen wurden aufgenommen.

Vertritt die Nationalversammlung alle Deutschen?

An der politischen Rechtlosigkeit der Frauen und ihrer Abhängigkeit von den Männern hatte sich nichts geändert. Sie durften nicht wählen, viele Ausbildungs- und Berufswege waren ihnen verschlossen. Vor allem Frauen aus dem Bürgertum fanden sich deswegen in Klubs zusammen, diskutierten dort ihre Lage, und in politischen Schriften und Briefen forderten sie öffentlich Gleichberechtigung. Auch Frauen aus ärmeren Bevölkerungsschichten organisierten sich, ihnen ging es aber vor allem darum, ihre soziale Lage zu verbessern.

Frauen verlangen gleiche Rechte

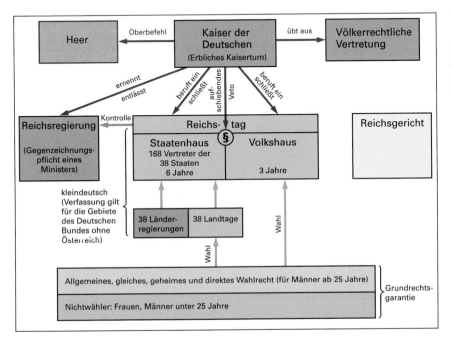

3 Schaubild zum Verfassungsentwurf der Nationalversammlung vom 28. März 1849. Dieser Entwurf ist nie verwirklicht worden; er wurde aber zur Grundlage späterer Verfassungen in Deutschland.

4 Bauernunruhen in Baden 1848

Ein Mannheimer Bürger schrieb in sein Tagebuch:
In der Nacht vom 7./8. März wurde der Schlosshof der
Freiherrn von Adelsheim der Schauplatz einer wüten-
den Bauernmenge. Der in die dunkle Märznacht hin-
einleuchtende Schein eines riesigen Feuers, das man
5 aus Büchern und Akten der Grundherrschaft ange-
macht hatte, beleuchtete eine tobende und lärmende
Menge von Bauern. [...] Frauen, Mädchen und Kinder
jubelten dem Beginnen zu. Aus dem oberen Stockwerk
des einen Flügels des Schlosses schleppten zer-
10 störungswütige Bauernfäuste Bücher und Papiere, die
ihre Leistungspflicht an die Herrschaft enthielten,
Rechnungen und Schuldscheine herbei und warfen sie
in das lodernde Feuer, als ginge mit ihrer Vernichtung
auch das ganze Abhängigkeitsverhältnis zum Adel in
15 Rauch und Asche auf. [...]
Der inzwischen herbeigekommene Rentbeamte [...]
überreichte der Menge endlich im Namen seiner Herrschaft die folgende Verzichtsurkunde: 1. Die Grundherrschaft wolle zu den Gemeindebedürfnissen gleich
20 anderen Bürgern mit ihrem Steuerkapital beitragen;
2. verzichte sie auf das Marktstandgeld jeder Art, sowohl bei Krämer- als Viehmärkten; [...] 4. Die Jagden
und Fischereien sollten verpachtet werden und das
Pachtgeld in die Gemeindekasse fließen; [...] 6. hebe
25 sie die Abzugssteuer von den Auswanderern auf [...].
Mitternacht war lange vorüber, als der Herrschaftssitz
derer von Adelsheim wieder ruhig und still dalag mit
den Spuren der Zerstörung.

Volksstaat und Einherrschaft. Dokumente aus der badischen Revolution
1848/1849, hrsg. v. Friedrich Lautenschlager, Konstanz 1920, S. 50 ff.

5 Märzforderungen

*In einem Flugblatt veröffentlichte eine Gruppe Dres-
dener Bürger am 7. März 1848 ihre Forderungen:*
Die Zeit der allgemeinen Versprechungen [...] ist vorüber, [...] tatsächliche Zugeständnisse müssen an
deren Stelle treten.
Von dieser Überzeugung beseelt sprechen wir, [...] die
5 Erwartung aus, dass auch von der sächsischen Staatsregierung den Forderungen der Zeit, deren Gewährung
teils für das Wohlergehen unseres Sachsenlandes, [...]
teils für die einheitliche Entwicklung Deutschlands
[...] unerlässlich und unabweisbar ist, dieselbe schleu-
10 nige Erfüllung werde zu Teil werden, welche ihnen in
anderen deutschen Staaten teils verheißen, teils schon
gefolgt ist.
Diese Wünsche sind:
1. Freiheit der Presse, Wegfall des Konzessions-
15 zwangs für Zeitschriften [...]
2. Freiheit des religiösen Bekenntnisses [...]
3. Freiheit des Versammlungs- und Vereinsrechtes
4. Gesetzliche Sicherstellung der Person gegen willkürliche Verhaftung, Haussuchung und Untersu-
20 chungshaft

5. Verbesserung des Wahlgesetzes namentlich durch
Herabsetzung des Zensus und Ausdehnung der
Wählbarkeit auf das ganze Land
6. Öffentlichkeit und Mündlichkeit der Rechtspflege
mit Schwurgericht 25
7. Vereidigung des Militärs auf die Verfassung
8. Verminderung des stehenden Heeres, Umbildung
des Militärwesens und der Bürgerbewaffnung
9. Vertretung der deutschen Völker bei dem Deutschen Bunde 30
10. Lossagung der sächsischen Regierung von den
Karlsbader Beschlüssen von 1819

Flugblätter der Revolution 1848/49, hrsg. von Karl Obermann, München 1972, S. 49 f.

6 Klein- oder großdeutsch?

a *Aus einer Rede des Abgeordneten Ludwig
Uhland, Januar 1849:*
Die Revolution und ein Erbkaiser – das ist ein Jüngling
mit grauen Haaren. Ich lege noch meine Hand auf die
alte offene Wunde, den Ausschluss Österreichs. Ausschluss: das ist doch das aufrichtige Wort [...].
Auch hier glaube ich an die erste Zeit erinnern zu 5
müssen. Als man Schleswig erobern wollte, wer hätte
da gedacht, dass man Österreich preisgeben würde?
Als die österreichischen Abgesandten mit den deutschen Fahnen in die Versammlung einzogen und mit
lautem Jubel begrüßt wurden, wem hätte da geträumt, 10
dass vor Jahresablauf die österreichischen Abgeordneten ohne Sang und Klang aus den Toren der Paulskirche abziehen sollten? [...]
Welche Einbuße wir an Macht, an Gebiet, an Volks-
zahl erleiden würden, das ist hinreichend erörtert; 15
ich füge nur eines bei: Deutschland würde ärmer um
all die Kraft des Geistes und Gemütes, die in einer
deutschen Bevölkerung von acht Millionen lebendig
ist [...] Meine Herren, verwerfen Sie die Erblichkeit,
schaffen Sie keinen herrschenden Einzelstaat, stoßen 20
Sie Österreich nicht ab, retten Sie das Wahlrecht,
dieses kostbare Volksrecht!

22. 1. 1849 – Stenografische Berichte [...] der deutschen [...] Nationalversammlung, hrsg. v. Franz Wigard, Frankfurt a. M. 1848/49, Bd. 7,
S. 4818 f.

b *Für die Kleindeutschen sprach Friedrich
Dahlmann:*
Aus [...] schweren Lebensjahren habe ich die Erfahrung geschöpft, dass wir vor allen Dingen einer einheitlichen Gewalt bedürfen [...]. Uns tut ein Herrscherhaus not, welches [...] gänzlich in Deutschland
lebt und in nichts anderem. Ein solches Herrscherhaus 5
kann Österreich uns nicht sein. Es kann es nicht, denn
es hängen diesem Österreich, bei all seinem verdienten
Ruhme, zu viele außerdeutsche Sorgen an [...]. An
den Hohenzollern Preußens können wir ein solches
Herrscherhaus nicht nur haben, sondern [...] [es] ist 10

keine Zukunft für Deuschland möglich ohne Preußen. [...] Deutschland muss als solches endlich in die Reihe der politischen Großmächte des Weltteils eintreten. Das kann nur durch Preußen geschehen, und weder Preußen kann ohne Deutschland noch Deutschland ohne Preußen genesen.

Stenografische Berichte, a. a. O., S. 4819 ff.

c | *Um eine Einigung zwischen Kleindeutschen und Großdeutschen zu ermöglichen, schlug Heinrich von Gagern in der Nationalversammlung folgende Lösung vor:*
Ich glaube, [...] dass wir ein Verhältnis suchen müssen, wobei Österreich nicht genötigt wird, seine deutschen von seinen nichtdeutschen Provinzen abzulösen, dennoch aber im innigsten Verband mit Deutschland erhalten wird [...]. Ich habe daher einen dieser Ansicht entsprechenden Antrag formuliert [...]: „Österreich bleibt in Berücksichtigung seiner staatsrechtlichen Verbindung mit nichtdeutschen Ländern und Provinzen mit dem übrigen Deutschlande in dem beständigen und unauflöslichen Bunde."

28. 10. 1848 – Stenografische Berichte, a. a. O., Bd. 4, S. 289 ff.

7 | Forderungen von Handwerkern und Arbeitern
a | *Aus einer Eingabe von Berliner Arbeitern an die Nationalversammlung (25. Mai 1848):*
Abgeordnete des Volkes! Es spricht zu Ihnen der große Teil der Nation, durch dessen Fleiß und Anstrengung die kostbarsten wie die notwendigsten Güter des Lebens geschaffen werden, der in Elend verdirbt, wenn er müßig gehen muss, der oft genug noch darbt und leidet, wenn er arbeitet. Wir sind die ernährende, die erhaltende Macht des Staates. Vergessen Sie uns nicht in Ihren Beschlüssen [...]. Wir verlangen, dass es in der Verfassung heißt: Der Staat verpflichtet sich, einem jeden, der arbeiten will, eine den menschlichen Bedürfnissen angemessene Existenz zu geben. Der Staat übernimmt die unentgeltlich zu leistende Erziehung der Jugend.

Dokumente des Sozialismus, hrsg. v. E. Bernstein, Bd. 3, Stuttgart 1903, S. 40

b | *Der Schriftsetzer Stephan Born hatte in Berlin einen der ersten deutschen Arbeitervereine gegründet. In einer von ihm herausgegebenen Zeitung forderte er am 10. Juni 1848:*
1. Bestimmung des Minimums des Arbeitslohns und der Arbeitszeit durch Kommissionen von Arbeitern und Meistern oder Arbeitgebern.
2. Verbindung der Arbeiter zur Aufrechterhaltung des festgesetzten Lohnes.
3. Aufhebung der indirekten Steuer, Einführung progressiver Einkommenssteuer mit Steuerfreiheit derjenigen, die nur das Nötigste zum Leben haben.
4. Der Staat übernimmt den unentgeltlichen Unterricht [...].
5. Unentgeltliche Volksbibliotheken [...]
9. Beschäftigung der Arbeitslosen in Staatsanstalten [...]
11. Der Staat versorgt alle Hilflosen und also auch alle Invaliden der Arbeit.

Dokumente des Sozialismus, a. a. O., S. 40 f.

8 | Stimme der Frauen
Louise Otto-Peters schrieb am 1. April 1849 in ihrer Frauen-Zeitung:
Mitten in den großen Umwälzungen, in denen wir uns alle befinden, werden sich die Frauen vergessen sehen, wenn sie selbst an sich zu denken vergessen! Wohlauf denn, meine Schwestern, vereinigt euch mit mir, damit wir nicht zurückbleiben, wo alle und alles um uns und neben uns vorwärts drängt und kämpft. [...] Wir wollen auch unser Teil fordern und verdienen an der großen Welterlösung, welche der ganzen Menschheit, deren eine Hälfte wir sind, endlich werden muss. Wir wollen unser Teil fordern: das Recht das Rein-Menschliche in uns in freier Entwicklung aller unserer Kräfte auszubilden, und das Recht der Mündigkeit und Selbständigkeit im Staat.

„Dem Reich der Freiheit werb' ich Bürgerinnen". Die Frauen-Zeitung von Luise Otto-Peters, hrsg. von R. Schmitter, Die Frauenbewegung im 19. Jahrhundert in den USA und in Europa, Stuttgart 1981, S. 77 f.

a) *Zum 150-jährigen Jubiläum der Revolution von 1848/49 ist eine große Zahl von Zeitungsartikeln, Zeitschriftenaufsätzen und Büchern erschienen. Sie finden diese Publikationen in Zeitungsarchiven und Bibliotheken. Informieren Sie sich, ob auch in Ihrer Heimatgemeinde revolutionäre Unruhen stattfanden. Welcher Abgeordnete vertrat Ihre Gemeinde in der Paulskirche? Warum wurde er gewählt?*
b) *Welche Forderungen stellten die südwestdeutschen und die österreichischen Bauern (M4, VT)? – Wie steht der Berichterstatter zu dem Vorfall?*
c) *Vergleichen Sie die Märzforderungen (M5) mit denen der Liberalen und Demokraten im Vormärz.*
d) *Vergleichen Sie die Argumente von Uhland, Dahlmann und Gagern (M6a, b und c) bezüglich der anzustrebenden deutschen Grenzen.*

Arbeitsvorschläge und Fragen

1.3 Das Scheitern der Revolution und die Reichsgründung unter preußischer Führung

Ein unbekannter Dichter schrieb ein Jahr nach Ausbruch der Revolution: „'s ist wieder März geworden, vom Frühling keine Spur. Ein kalter Hauch aus Norden erstarrt rings die Flur." Diese Naturbilder beschreiben treffend die politische Situation im Frühjahr 1849: Von der revolutionären Hochstimmung des „Völkerfrühlings" ein Jahr zuvor ist nichts geblieben. Schlimmer noch: Die Revolution stand „mit dem Rücken zur Wand", die alten Mächte kehrten zurück.

1848, Oktober	Sieg der Gegenrevolution in Österreich: Kaiserliche Truppen erobern Wien zurück.
Dezember	Der Preußische König löst die Berliner Nationalversammlung auf und erlässt eine Verfassung.
1849, April	Der preußische König lehnt die Kaiserkrone ab. Preußische Truppen werfen revolutionäre Erhebungen in Deutschland nieder.
1850	Der Deutsche Bund wird wiederhergestellt.
1871	Das (kleindeutsche) Kaiserreich wird gegründet.

Das Scheitern der Revolution in Wien und Berlin

Im Oktober 1848 eroberten kaiserliche Truppen nach blutigen Kämpfen mit mehreren tausend Toten Wien zurück, das fast einen Monat lang in der Gewalt aufständischer Arbeiter, Studenten und Soldaten gewesen war. Die führenden Revolutionäre wurden hingerichtet.

In der preußischen Nationalversammlung (Berlin) hatten radikal-demokratische Abgeordnete immer größeren Einfluss gewonnen. Als daraufhin das liberale Märzministerium zurücktrat, berief der König einen Anhänger der absoluten Monarchie zum Ministerpräsidenten. Dieser ließ die Nationalversammlung auflösen und erließ eine neue Verfassung: Das zunächst liberale Wahlrecht wurde im Mai 1849 zum „Dreiklassenwahlrecht" abgeändert.

Die Ablehnung der Kaiserkrone

Die Frankfurter Nationalversammlung hatte die Reichsverfassung verabschiedet, und die meisten der 39 deutschen Regierungen hatten sie anerkannt, teils freiwillig, teils unter dem Druck der öffentlichen Meinung. Doch für den Fortgang des Geschehens war vor allem eine Frage von zentraler Bedeutung: Wie würde sich der preußische König verhalten? Friedrich Wilhelm IV. enttäuschte die Abordnung des Parlaments zutiefst, als sie ihm die Krone antrugen: Der Monarch wollte keine Krone „von Volkes Gnaden".

Das Ende der Revolution

Die Hoffnung der Liberalen, ihre Ziele auf dem Weg der Vereinbarung mit den Fürsten zu erreichen, hatte sich als Illusion erwiesen. Fast alle Abgeordneten traten aus der Nationalversammlung aus. Ungefähr 100 Abgeordnete der Linken übersiedelten Anfang Mai nach Stuttgart und bildeten dort ein „Rumpfparlament", das nach kurzer Zeit von württembergischem Militär auseinander getrieben wurde. Zur gleichen Zeit kam es fast überall in Deutschland zu Demonstrationen für die Reichsverfassung, Aufstände im Rheinland, in der Pfalz, in

Baden und in Sachsen wurden vor allem von preußischem Militär blutig niedergeschlagen. Die Revolution war gescheitert, viele Revolutionäre wurden verurteilt oder vertrieben. Wie würde es weitergehen in Deutschland? Ein Freund und Mitarbeiter des Industriellen Ludolf Camphausen, der „Märzminister" in Berlin gewesen war, bemerkte in einem Brief: „In unserer Gegend schmachten die besitzenden Klassen nach einer Macht, die sie stützen kann; der herzstärkende Anblick preußischer Regimenter wird den Kern des Volkes überall erobern."

Zeit der Reaktion – Hoffen auf Preußen

Erste Amtshandlung des im August 1851 neu zusammengetretenen Frankfurter Bundestages war die Aufhebung der Grundrechte. Gleichzeitig erging ein dringender Appell an die Einzelregierungen, „durch alle gesetzlichen Mittel die Unterdrückung der Zeitungen und Zeitschriften unter Bestrafung der Schuldigen herbeizuführen, welche atheistische, sozialistische und kommunistische oder auf Umsturz der Monarchie gerichtete Zwecke verfolgen". Aufgrund der wirtschaftlichen Überlegenheit Preußens mit den Industriezentren des Ruhr- und Saargebiets sowie Oberschlesiens wurde dem liberal und national gesinnten Bürgertum immer klarer, dass nur Preußen die Führungsrolle in einem Kleindeutschland übernehmen konnte. Da Preußens Staatsgebiet zweigeteilt war (▶ Karte S. 79), strebte auch die preußische Regierung nach einem einheitlichen Nationalstaat. 1862 wurde Otto von Bismarck preußischer Ministerpräsident. Er war es vor allem, der nach Kriegen gegen Dänemark (1864) und Österreich (1866) den Norddeutschen Bund 1867 ins Leben rief. Nach dem Sieg über Frankreich (1870/71) vereinigten sich die süddeutschen Staaten mit dem Norddeutschen Bund zum Deutschen Reich.

Die Reichsgründung 1871

Die Reichsgründung wird oft als nationale Einigung „von oben" interpretiert, zumal beim Festakt der Kaiserproklamation am 18. Januar 1871 im Spiegelsaal von Versailles fast nur Fürsten und Offiziere anwesend waren (▶ Abbildung S. 93). Dabei darf nicht übersehen werden, dass die Mehrheit der Bevölkerung die staatliche Einheit herbeigesehnt hatte, wenngleich nicht in der Form eines – wie sich dann zeigte – autoritär geführten Obrigkeitsstaates. Die Parlamentarier blieben bei der Reichsgründung keineswegs ausgegrenzt: Die im November 1870 geschlossenen Regierungsvereinbarungen des Norddeutschen Bundes und der süddeutschen Staaten zur Reichsgründung wurden erst gültig mit deren parlamentarischer Ratifizierung (Verabschiedung) durch den ersten deutschen Reichstag.

Dreiklassenwahlrecht: Nach der Steuerleistung abgestuftes, 1849 in Preußen eingeführtes Wahlrecht. Es war öffentlich (also nicht geheim) und indirekt, über Wahlmänner. Bis zu seiner Beseitigung 1918 wurde es so gehandhabt, dass man das Steueraufkommen eines Wahlkreises drittelte und danach die Wähler in drei Klassen einteilte. 1849 entstammten der 1. Klasse 4,7 %, der 2. Klasse 12,6 % und der 3. Klasse 82,6 % der Wähler. Jede dieser Klassen wählte im Wahlbezirk ein Drittel der Wahlmänner und diese die Abgeordneten. Nicht Konservative, sondern rheinische Liberale hatten dieses Wahlrecht vorgeschlagen, da es den einzelnen Bürgern ein Stimmrecht „nach Maßgabe des Gewichts ihrer Beiträge zu den Staatslasten" zuweisen sollte.

In der späteren, von Bismarck geprägten Verfassung des Deutschen Reichs von 1871 galt dagegen nicht das Dreiklassenwahlrecht, sondern das allgemeine Männerwahlrecht.

Bismarcks Verfassung sichert Preußens Vorherrschaft

Die von Bismarck entworfene Verfassung des Deutschen Reiches war die einer konstitutionellen Monarchie. Sie sicherte Preußen die Führung und beschränkte die Macht des Reichstags. Die neu hinzugekommenen süddeutschen Staaten behielten einige Sonderrechte im Militär, Steuer-, Verkehrs- und Postwesen. Nur unter dieser Voraussetzung waren sie bereit gewesen, dem Reich beizutreten. Das preußische Übergewicht beruhte zunächst auf seiner territorialen Größe (drei Viertel der Fläche und Bevölkerung des Reiches). Politisch wurde seine Vorherrschaft dadurch begründet, dass das Amt des Kaisers mit dem des preußischen Königs verbunden war.

Wilhelminismus

Deutscher Kaiser wurde 1871 Wilhelm I. Er und vor allem sein Nachfolger Wilhelm II. (ab 1888) liebten alles Militärische, besonders die Marine. Das große Ansehen des Militärs im deutschen Kaiserreich entsprach preußischer Tradition. Nicht „gedient" zu haben machte eine erfolgreiche berufliche und gesellschaftliche Karriere nahezu unmöglich. Immer mehr junge Männer aus bürgerlichen Familien strebten die Offizierslaufbahn an. Infolge der zahlenmäßigen Verstärkung des Heeres war der Adel tatsächlich immer weniger in der Lage, alle Offiziersstellen zu besetzen. Doch diese „Verbürgerlichung" führte nicht zu einer Änderung der Verhaltensformen der Offiziere. „Der bürgerliche sowohl wie der adlige Offizier", betonte das Militärwochenblatt im Juli 1889, vertritt „die aristokratische Weltanschauung gegen die demokratische, … Erhaltung des Bestehenden … und Bekämpfung vaterlandsloser, königsfeindlicher Gesinnung". Ähnlich wie das Heer galt auch die Beamtenschaft als treue Stütze der Monarchie. Der Adel bekleidete wichtige Ämter im Staat, der auswärtige Dienst blieb eine Domäne des Adels.

In den Augen vieler heutiger Historiker war das Kaiserreich ein politisch rückständiges Staatswesen. Seine autoritären gesellschaftlichen Strukturen werden vielfach als Mitursachen des deutschen Verhängnisses von 1933 bis 1945 gewertet. Der Judenhass war schon im wilhelminischen Kaiserreich ein integrierender Bestandteil des deutschen Nationalismus.

1 **Die Verfassung des Deutschen Reiches von 1871** sah keine dem Reichstag verantwortliche Regierung vor. Der Reichskanzler war nur an das Vertrauen des Monarchen gebunden. Aber er musste mit dem Reichstag zusammenarbeiten, da dieser neben dem Bundesrat das Gesetzgebungsrecht besaß und dem Staatshaushalt zustimmen musste.

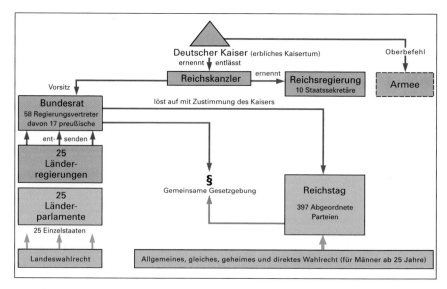

Ausrufung König Wilhelms I. von Preußen zum deutschen Kaiser am 18. Januar 1871 im Spiegelsaal des Schlosses von Versailles.
Gemälde von Anton von Werner, 1895, Öl auf Leinwand, 1,7 × 2,0 Meter.
Das nebenstehende Werk schuf der Künstler im Auftrag des Kaisers, der es Bismarck schenken wollte. Obwohl Werner 1871 Augenzeuge des Geschehens war, wich er in Vielem von der Wirklichkeit ab: Bismarck steht im Mittelpunkt des Geschehens und trägt eine weiße Uniform – tatsächlich war sie blau. Außerdem trägt er den Orden Pour le mérite, der ihm erst 1884 verliehen worden war.

Bevor Kameras historische Ereignisse für die Mit- und Nachwelt festhielten, war es Aufgabe der Historienmalerei, die von den Zeitgenossen für wichtig gehaltenen Ereignisse in würdiger Weise „ins Bild zu setzen". Diese überliefern allerdings kein „objektives" Bild , sondern eine Sichtweise, die in vielfältiger Weise vom historischen Geschehen abweichen kann. So berichtete z. B. der Maler Anton von Werner, die Kaiserproklamation sei „in prunkloser Weise" vor sich gegangen – ein Eindruck, der sich aus seinem Gemälde nicht ableiten lässt. Werner scheute sich auch nicht Kriegsminister von Roon in den Vordergrund des Bildes zu stellen (rechts von Bismarck), obwohl dieser krankheitshalber gar nicht an der Zeremonie teilnahm.
Historiengemälde geben geschichtliche Ereignisse oft verklärend und überhöht oder auch in dramatischer Zuspitzung wieder. Der Wunsch nach Selbstdarstellung und Verherrlichung der Gegenwart findet seinen Ausdruck häufig schon in monumentalen Bildformaten: Werners erstes Gemälde zur Reichsgründung, das im Zweiten Weltkrieg zerstört wurde, maß 4,3 × 7,3 Meter!
Folgende Fragen können helfen, Historiengemälde als Quellen zu „befragen":
– Wie wirkt das Bild auf den Betrachter (früher/heute)? Welche Wirkung ist wohl beabsichtigt?
– Wer war der Auftraggeber des Bildes? Lässt sich eventuell von seiner Seite ein Einfluss auf die Gestaltung des Bildes vermuten?
– Inwieweit weicht das Bild – erwiesenermaßen oder augenscheinlich – vom historischen Geschehen ab? Wie lassen sich die Abweichungen erklären?

Zur Diskussion:
Untersuchen Sie, inwieweit es sich beim obigen Bild und bei den Bildern auf den Seiten 81, 82 und 85 um Historiengemälde handelt.

2 Ein „Reif aus Dreck und Letten"

Schon als die Möglichkeit einer Wahl diskutiert wurde, schrieb Friedrich Wilhelm IV. im Dezember 1848 an seinen Freund Freiherr von Bunsen:

Ich will weder der Fürsten Zustimmung zu der Wahl noch die Krone. [...] Die Krone, die ein Hohenzoller nehmen dürfte, [...] ist eine, die den Stempel Gottes trägt. [...] Die aber, die Sie – leider – meinen, verunehrt
5 überschwänglich mit ihrem Ludergeruch der Revolution von 1848, der albernsten, dümmsten, schlechtesten, wenn auch gottlob nicht der bösesten dieses Jahrhunderts. Einen solchen imaginären Reif, aus Dreck und Letten gebacken, soll ein legitimer König von
10 Gottes Gnaden, und nun der König von Preußen sich geben lassen? [...] Soll die tausendjährige Krone deutscher Nation, die 42 Jahre geruht hat, wieder einmal vergeben werden, so bin ich es und meinesgleichen, die sie vergeben werden; und wehe dem, der sich an-
15 maßt, was ihm nicht zukommt.

Leopold von Ranke, Aus dem Briefwechsel Friedrich Wilhelms IV. mit Bunsen, Leipzig 1873, S. 233 f.

3 Verbrecherische Demokraten?

Aus einer Denkschrift der preußischen Regierung an die deutschen Fürsten vom 9. Mai 1849:

Das energische Auftreten gegen die verbrecherischen Pläne der Demokraten wird nur dann einen dauernden Erfolg haben, wenn dem Volke zugleich die Gewissheit, dass seine berechtigten Forderungen erfüllt
5 werden, gegeben und es dadurch den Einwirkungen der Demokraten entzogen wird. [...] Die zwei Institutionen, die wir für notwendig halten – und zwar, wie wir bemerken dürfen, nicht nur vom deutschen, sondern vom europäischen Gesichtspunkt aus –, sind der
10 deutsche Bundesstaat und die deutsche Union mit Österreich. Der deutsche Bundesstaat bilde sich ohne Österreich, er trete aber zugleich mit der österreichischen Gesamt-Monarchie in eine feste Union.

E. R. Huber, Dokumente zur deutschen Verfassungsgeschichte, 1803–1850, Stuttgart 1961, Bd. 1, S. 221 f.

4 Bismarcks Einschätzung des Parlaments

a *Schon als Bundestagsgesandter äußerte Bismarck 1853:*

Es ist ein unzweifelhaft gerechter Anspruch, dass jeder Preuße den Grad von Freiheit genieße, welcher mit der öffentlichen Wohlfahrt und mit der Laufbahn, welche Preußen in der europäischen Politik zu machen hat,
5 verträglich ist, aber mehr nicht. Diese Freiheit kann man auch ohne parlamentarische Regierung haben, und bei der Stufe geistiger Entwicklung, auf welcher Preußen steht, gehört der Missbrauch der königlichen Gewalt zu den unwahrscheinlichsten
10 Dingen.

Otto von Bismarck, Die Gesammelten Werke, Bd. 1, Berlin 1924, S. 375

b *Vor preußischen Abgeordneten erklärte Bismarck 1862:*

Nicht auf Preußens Liberalismus sieht Deutschland, sondern auf seine Macht: Bayern, Württemberg, Baden mögen den Liberalismus indulgieren [ihm gegenüber nachsichtig sein], darum wird ihnen doch keiner
5 Preußens Rolle anweisen; Preußen muss seine Kraft zusammenfassen und zusammenhalten auf den günstigen Augenblick, der schon einige Male verpasst ist; Preußens Grenzen nach den Wiener Verträgen sind zu einem gesunden Staatsleben nicht günstig; nicht
10 durch Reden und Majoritätsbeschlüsse werden die großen Fragen der Zeit entschieden – das ist der große Fehler von 1848 gewesen –, sondern durch Eisen und Blut.

Otto von Bismarck, Die Gesammelten Werke, Bd. 10, Berlin 1928, S. 140

5 Besiegt – aber nicht vergessen?

Der damalige Bundespräsident Heinemann bei der Eröffnung der „Erinnerungsstätte für die deutschen Freiheitsbewegungen in der deutschen Geschichte" in Rastatt, 1974:

Sind wirklich jene die Sieger, die damals die deutsche Einheit verhindert haben und die demokratischen Freiheitsrechte niedergeschossen haben? Sind nicht am Ende doch sie die Verlierer und Sieger jene, die einst für das kämpften, was wir heute unsere frei-
5 heitlich-demokratische Grundordnung nennen?
An sie und alle anderen Männer und Frauen soll hier erinnert werden, die damals gerungen haben, Freiheit für den Einzelnen und für Gemeinschaften in Deutschland zu schaffen.
10

Katalog der Erinnerungsstätte für die Freiheitsbewegungen in der deutschen Geschichte, Rastatt 1974, S. 5

6 Die Revolution – „Beginn des deutschen Desasters?"

Aus einem Gespräch mit dem Historiker Lothar Gall, 1998:

Spiegel: Sie haben der Frankfurter Ausstellung zum 150. Geburtstag der Revolution von 1848/49 den Titel „Aufbruch zur Freiheit" gegeben. Wurden damals nicht eher die Weichen zur deutschen Katastrophe gestellt?
5
Gall: Nein, man sollte die deutsche Geschichte nicht als Einbahnstraße ins Dritte Reich sehen. Der Titel zielt auf das, was der Kern der Bewegung von 1848 war und was über die Jahrzehnte trotz aller Gegenkräfte fortgewirkt hat. Wesentliche Elemente unseres
10 Gemeinwesens, die Garantie von Grundrechten, der Parlamentarismus, die demokratische Legitimation politischen Handels, gehen auf 1848 zurück.
Spiegel: Aber steht das Scheitern der Revolution nicht doch am Beginn jenes Weges, der zum Kaiser-
15 reich Wilhelms II. und später zu Adolf Hitler führte?

Gall: Sicher hat die Wiederherstellung der alten Machtverhältnisse manche verhängnisvolle Entwicklung begünstigt. Aber die Menschen sind nicht bloße Marionetten der Geschichte. Jede Generation trägt ihre eigene Verantwortung. [...]

Spiegel: Gab es denn in den Jahren nach 1849 noch eine reelle Chance für die Demokratie?

Gall: Ja, durchaus, in den Köpfen blieben die Ideen von 1848 lebendig. Und seit Ende der 1850er-Jahre erlebten ihre Hauptträger, die Liberalen, wieder einen großen Zuwachs an Bedeutung und Einfluss ...

Spiegel: ... bis Bismarck 1862 preußischer Ministerpräsident wurde.

Gall: Auch danach. Gerade Bismarck musste – zum Schrecken seiner Standesgenossen – viele Forderungen der Revolution von 1848 umsetzen, um sich politisch zu behaupten. Allerdings: Das dunkelste Kapitel der deutschen Geschichte, die Entwicklung eines schließlich mörderischen Antisemitismus, wäre bei einem Erfolg der ersten deutschen Demokratie vielleicht gar nicht erst aufgeschlagen worden.

Spiegel: Auch während der Revolution kam es zu judenfeindlichen Ausschreitungen, vor allem auf dem Lande.

Gall: Die will ich damit nicht leugnen. Aber man muss unterscheiden zwischen den seit Jahrhunderten gängigen, im Kern religiös geprägten Vorurteilen, die sich für die breite Masse auch daraus nährten, dass viele Juden Geldverleiher waren, und jenem radikalen, völkisch-rassenideologisch motivierten Antisemitismus, der schließlich nach Auschwitz führte.

Der Spiegel, Nr. 7/1998, S. 54

7 „Spiegel"-Titelbild (7/1998)

a) *Vergeben Sie in der Klasse die Rolle eines Abgeordneten der Frankfurter Paulskirche, der dem preußischen König die Kaiserkrone anbietet. Welche Argumente wird er vortragen, um den König zu bewegen, die Kaiserwürde anzunehmen? Versetzen Sie sich auch in die Lage des Königs.*

b) *Als Ursachen für das Scheitern der Revolution gelten unter anderem:*
   – *die Angst des Bürgertums vor einer sozialen Revolution,*
   – *die Machtlosigkeit der Provisorischen Regierung,*
   – *die Ablehnung der Kaiserkrone durch Friedrich Wilhelm IV,*
   – *der Rückzug der Bauern aus der Revolution, nachdem ihre Forderungen weit gehend erfüllt waren.*

Erörtern Sie jeden einzelnen Gesichtspunkt.

c) *Das Ergebnis der Revolution ist nicht nur das Scheitern. Sie zeigte auch Wirkungen. Nennen Sie solche Wirkungen (M5, 6).*

d) *Wie wollte die preußische Regierung der revolutionären Bewegung von 1848/49 „den Wind aus den Segeln nehmen" (M3)? Welchen Weg schlug Bismarck ein (VT, M4a,b), um dieses Ziel zu erreichen?*

e) *Sie haben im letzten Kapitel mit dem Verfassungsentwurf der Paulskirche und der „Bismarck-Verfassung" von 1871 zwei unterschiedliche Verfassungssysteme kennen gelernt. Listen Sie Unterschiede und Gemeinsamkeiten auf.*

Arbeitsvorschläge und Fragen

„Die Zukunft". Karikatur aus der Reihe „Münchner Odinskarten", um 1900

Mit dem 1879 aufgekommenen Begriff Antisemitismus wurden Juden nicht als Angehörige einer Religionsgemeinschaft gesehen, sondern einer „Rasse". Sie wurden damit als Fremdkörper innerhalb der deutschen Nation verunglimpft. Vorurteile gegen Juden gab es auch in anderen europäischen Ländern, vor allem in Russland. Die Judenfeindschaft in Europa hat eine lange

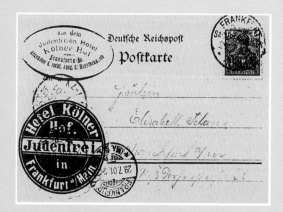

Postkarte aus Frankfurt a./M., 1901

Tradition. Bis ins 19. Jahrhundert war sie primär religiös und sozial motiviert. Der Vorwurf des Mordes an Christus wurde häufig begleitet von Gerüchten über angebliche Hostienschändungen, Ritualmorde an christlichen Kindern oder Seuchen auslösende Brunnenvergiftungen. Diese religiöse Ablehnung der Juden drückte sich in sozialen Einschränkungen in der mittelalterlichen und frühneuzeitlichen Gesellschaft aus: Ihnen blieben die Zünfte verschlossen, und sie lebten meist abgesondert in städtischen Gettos. Andererseits wurden sie als Händler und vor allem als Geldverleiher gebraucht. Daher standen sie vor allem im Mittelalter gelegentlich unter dem durch Geld erkauften Schutz des Landesherrn. Über die Jahrhunderte hinweg wechselten sich Zeiten relativer Duldung mit harten Verfolgungen ab.

Nach der im Gefolge der Aufklärung gewährten (zumindest formalen) Gleichberechtigung (Frankreich 1790/91, Preußen 1812) assimilierten sich viele Juden an ihre christliche Umgebung und konnten z.B. als Kaufleute, Rechts-

Löw, Bär, Hirsch und Cohnsorten in Karlsbad.

„Gruß aus Karlsbad". Postkarte aus dem Jahre 1917

anwälte oder Ärzte wirtschaftlich aufsteigen. Dagegen hielt in Osteuropa die Unterdrückung an und gipfelte 1881 in Russland in Pogromen. Im letzten Drittel des 19. Jahrhunderts erstarkte der Antisemitismus in fast allen europäischen Staaten wieder und richtete sich nun vor allem gegen die rechtliche und gesellschaftliche Gleichstellung der Juden. Begründet und salonfähig gemacht wurde er durch die scheinbar wissenschaftlich begründete Lehre des französischen Grafen Gobineau (1816–1882) von der Ungleichheit der Rassen. Sozialpsychologisch erklären lässt sich die damalige Judenfeindschaft als eine Reaktion auf die wirtschaftlichen und gesellschaftlichen Krisenerscheinungen der Zeit (u. a. Gründerkrise von 1873); dabei hatte sie vielfach gleichzeitig einen antikapitalistischen und antiliberalen Akzent. Im Deutschen Reich gab es neben der antisemitisch ausgerichteten Christlich-Sozialen Partei des Hofpredigers Adolf Stoecker zahlreiche weitere antisemitisch ausgerichtete Parteien und Organisationen. In einem breiten Schrifttum entfalteten diese ihre Ideologie, die in den 90er-Jahren auch Eingang in viele Verbände und Massenorganisationen fand. An diese weit verbreiteten antisemitischen Ressentiments konnten später die Nationalsozialisten anknüpfen und so den Juden alle Schuld an den sozialen und wirtschaftlichen Problemen der 20er- und frühen 30er-Jahre des 20. Jahrhunderts zuschieben. Seinen fürchterlichen Höhepunkt fand der Judenhass in der systematischen Vernichtung fast der gesamten jüdischen Bevölkerung Europas durch die deutschen Machthaber im Verlauf des Zweiten Weltkriegs.

a) Kennzeichnen und erläutern Sie die in den Abbildungen zutage tretenden antisemitischen Vorurteile. Vergleichen Sie diese mit der Darstellung der Juden in der nationalsozialistischen Weltanschauung (▶ S. 124 ff.).
b) Charakterisieren Sie das in den Abbildungen deutlich werdende Selbstverständnis des Deutschen Reiches und der deutschen Gesellschaft und bestimmen Sie die Funktion des Antisemitismus.

Arbeitsvorschläge und Fragen

2 Das Scheitern der Weimarer Republik

2.1 Zwischen Räterepublik und parlamentarischer Demokratie

Der Wilhelminismus war die deutsche Ausprägung des übersteigerten Nationalismus, der um die Wende zum 20. Jahrhundert die Politik der meisten europäischen Mächte beherrschte. Nationalistisches Machtstreben und wirtschaftliche Interessen waren die Triebfedern des Imperialismus. Der Wettlauf der Kolonialmächte um die Aufteilung der vermeintlich „herrenlosen" Gebiete der Erde verschärfte sich und schuf zahlreiche internationale Krisen und Konflikte. Mit dem Ersten Weltkrieg erreichten die internationalen Spannungen ihren Höhepunkt. Konfliktparteien waren auf der einen Seite vor allem die so genannten Mittelmächte (Deutsches Reich, Österreich-Ungarn) und auf der anderen Seite die Mächte der Entente (England, Frankreich, Russland, seit 1917 auch die USA). Eine Folge dieses Krieges war auch die politische Umgestaltung Deutschlands: Mit dem Zusammenbruch des Kaiserreiches bekam die Demokratie in Deutschland eine neue Chance.

29. 9. 1918	Die Oberste Heeresleitung (OHL) gesteht die militärische Niederlage ein.
13. 10. 1918	Der Kaiser ernennt Prinz Max von Baden zum Reichskanzler.
Okt./ Nov. 1918	Mannschaften der Seekriegsflotte verweigern den Gehorsam. Arbeiter- und Soldatenräte übernehmen vielerorts die politische Macht.
9. 11. 1918	Reichskanzler Max von Baden verkündet eigenmächtig die Abdankung des Kaisers und überträgt das Kanzleramt dem SPD-Vorsitzenden Friedrich Ebert.

Die OHL zieht sich aus der Verantwortung für die Niederlage

An der Westfront traten die Kriegsgegner Deutschlands seit August 1918 zur Offensive an und zwangen die OHL zur Rückverlegung der deutschen Front. Der Zusammenbruch der deutschen Militärmacht stand bevor. Die OHL wollte die Verantwortung dafür von sich schieben und veranlasste den Kaiser, Prinz Max von Baden, den Befürworter eines Verständigungsfriedens, zum Regierungschef zu ernennen. Von der neuen Regierung forderte sie ein Waffenstillstandsangebot an die Alliierten, das am 4. Oktober erfolgte. Dabei bezog sich die deutsche Regierung auf die Kongressbotschaft des US-Präsidenten Wilson vom Januar 1918. Wilson hatte in seinen so genannten „Vierzehn Punkten" auch eine staatliche Neuordnung Europas vorgeschlagen, die auf Demokratie und Selbstbestimmung der Völker setzte.

Verfassungsänderung in letzter Minute

Prinz Max von Baden hatte die Reichstagsmehrheit hinter sich und berief sogleich bürgerliche und sozialdemokratische Abgeordnete in seine Regierung. Ende des Monats wurde die Verfassung geändert: Der Kanzler benötigte nun zu seiner Amtsführung das Vertrauen des Reichstages; Regierungsakte des Kaisers mussten vom Kanzler gegengezeichnet werden, der damit die politische Verantwortung übernahm. Aus der konstitutionellen war eine parlamentarische Monarchie geworden.

An der militärischen Niederlage gab es keinen Zweifel mehr. Dennoch erteilten die Admiräle der noch intakten deutschen Hochseeflotte eigenmächtig den – militärisch sinnlosen – Befehl, gegen englische Schiffe auszulaufen. In der vor Wilhelmshaven zusammengezogenen Flotte kam es daraufhin am 29. Oktober zu spontanen Gehorsamsverweigerungen von Matrosen. Die Flottenführung ließ die meuternden Schiffsbesatzungen verhaften; der geplante Vorstoß zur See aber unterblieb.

Von einer Meuterei zur Revolution

Mit den verhafteten Matrosen solidarisierten sich Matrosen und Werftarbeiter in anderen Städten. Sie wählten „Soldatenräte" zu ihrer Führung, entwaffneten die Offiziere, befreiten die Gefangenen und übernahmen die militärische und zivile Gewalt in Kiel. In kurzer Zeit setzten sich in vielen Städten neu gewählte „Arbeiter- und Soldatenräte" gegenüber den alten Behörden durch. Alle in den Reichsländern regierenden Fürsten wurden im Laufe eines Monats entweder zur Abdankung gezwungen oder sie verzichteten freiwillig auf die Regierungsgewalt.

Am Morgen des 9. November formierten sich Arbeiter in Berlin zu einem Demonstrationszug zur Stadtmitte. In Sprechchören forderten sie den Rücktritt des Kaisers. Als dieser zögerte, gab Max von Baden um die Mittagszeit eigenmächtig die Abdankung des Kaisers bekannt, trat selbst von seinem Amt zurück und übertrug es Friedrich Ebert. Jetzt lag die Verantwortung in den Händen der Sozialdemokraten. Als sich eine riesige Menschenmenge vor dem Reichstag versammelte, rief der Sozialdemokrat Philipp Scheidemann vom Fenster des Reichstagsgebäudes die „Deutsche Republik" aus. Er wollte Karl Liebknecht, einem Führer des linksextremen „Spartakusbundes", zuvorkommen, der zwei Stunden später vom Balkon des Berliner kaiserlichen Stadtschlosses die „Sozialistische Republik" verkündete.

9. November 1918: Entscheidung in Berlin

Die Gründung der deutschen Republik.

1 Der Rat der Volksbeauftragten. Zeitgenöss. Postkarte. Links: Mitglieder aus den Reihen der USPD, rechts aus den Reihen der SPD. In der Mitte: Ausrufung der Republik durch Philipp Scheidemann vom Hauptgebäude aus. Die Szene wurde 1927 nachgestellt. Ein authentisches Foto dieser Szene existiert nicht.

2 **a** Parlamentarische Demokratie ...

Plakat des „Rates der Volksbeauftragten" zur Wahl der Verfassunggebenden Nationalversammlung, 1919. In kaum einer anderen Epoche hatten Plakate als Mittel der politischen Propaganda eine so große Bedeutung wie in der Weimarer Republik.

Ein „Zivilist" unterschreibt den Waffenstillstandsvertrag

Die Ereignisse der ersten Novemberwochen zwangen die neue Regierung, den Waffenstillstand ohne weitere Verhandlungen abzuschließen. Da von deutscher Seite Wert darauf gelegt worden war, dass die zivile Regierung und nicht die OHL um Beendigung des Krieges ersucht hatte, unterschrieb den Vertrag am 11. November der Zentrumsabgeordnete Matthias Erzberger – dafür wurde er von rechten Politikern später als „Novemberverbrecher" diffamiert und von Rechtsextremen 1921 ermordet.

SPD in schwieriger Situation

Die Sozialdemokraten befanden sich nach Ausrufung der Republik durch Scheidemann in einer schwierigen Situation. 1917 hatten sich von der SPD die Unabhängigen Sozialdemokraten (USPD) abgespalten. Die SPD mit Ebert an der Spitze (MSPD; M steht für Mehrheit) wollte die parlamentarische Demokratie. Die USPD erstrebte eine Räterepublik. Noch weiter links stand der zahlenmäßig kleine Spartakusbund (seit der Jahreswende 1918/19: KPD/Spartakus) mit Karl Liebknecht und Rosa Luxemburg an der Spitze. Die Spartakisten lehnten Wahlen zu parlamentarischen Gremien entschieden ab und wollten die sozialistische Revolution nach russischem Vorbild vorantreiben.

Die revolutionäre Regierung des „Rates der Volksbeauftragten"

Am 10. November wurde eine revolutionäre Übergangsregierung aus je drei Vertretern beider Parteien gebildet (▶ M1). In der gegebenen politischen Situation konnte die Regierungsgewalt nur von den Räten legitimiert werden, die die reale Macht besaßen. Die Versammlung der am 10. November gewählten Berliner Arbeiter- und Soldatenräte im Zirkus Krone – etwa 3000 Delegierte – bestätigte die Regierung als „Rat der Volksbeauftragten". Dieser verstand sich als revolutionäre Übergangsregierung. Über die endgültige Ordnung des neuen Reiches sollte eine verfassunggebende Nationalversammlung befinden. Die Wahlen dazu wurden auf den 19. Januar 1919 festgesetzt. Damit waren die Weichen für die Errichtung einer parlamentarischen Demokratie gestellt.

Rätesystem: Aus einer Revolution hervorgegangenes Regierungssystem der Arbeiterbewegung. Die von den Arbeitern in ihren Betrieben gewählten, jederzeit abberufbaren Vertrauensleute sollen in ihren Vollversammlungen durch Vollzugsausschüsse die gesetzgebende und vollziehende Gewalt ausüben. Die Arbeiterräte (russ.: sowjets) sind ihren Wählern verantwortlich und an deren Weisungen gebunden (imperatives Mandat). Nach der russischen Oktoberrevolution von 1917 sollten sie bis zur Verwirklichung des Sozialismus die „Diktatur des Proletariats" ausüben.

Ebert wollte eine sozialistische Revolution verhindern. Noch am 10. November traf er mit General Groener, dem Nachfolger Ludendorffs in der OHL, eine Absprache: Die OHL erkannte die Regierung an und sagte ihr Hilfe gegen radikale „bolschewistische" Bestrebungen zu; dafür sollten die bisherige Befehlsstruktur im Heer und das alte kaiserliche Offizierskorps unangetastet bleiben. Vorläufig stabilisiert, verkündete der „Rat der Volksbeauftragten" den Achtstundentag und ein neues Wahlrecht, das nun – erstmals in der deutschen Geschichte – auch Frauen zugesprochen wurde.

Das „Ebert-Groener-Bündnis"

Um den Einfluss der radikalen Kräfte in den Räten einzudämmen, trafen Vertreter der Gewerkschaften und der Unternehmer am 15. November eine wegweisende Vereinbarung: Die Eigentumsverhältnisse sollten nicht angetastet werden. Als Gegenleistung wurde den Gewerkschaften u. a. das Recht zugestanden, mit den Arbeitgebern Löhne für einen bestimmten Zeitraum zu vereinbaren (Tarifautonomie).

Das „Bündnis" der Unternehmer mit den Gewerkschaften

Die Verfechter einer sozialistischen Revolution verfolgten ihr Ziel weiter. Anfang 1919 rief die extreme Linke in Berlin zum Sturz der Regierung auf. Gegen den Aufstand sammelte der Volksbeauftragte Gustav Noske neben regulären Truppen auch Freiwilligenverbände. Diese „Freikorps" – zumeist Soldaten, aber auch Schüler, Studenten und Arbeitslose – lehnten die Republik ab. Am 11. und 12. Januar tobte in den Straßen von Berlin ein Bürgerkrieg, in dem sich die Regierungstruppen schließlich gegen die „Spartakisten" durchsetzten. Karl Liebknecht und Rosa Luxemburg wurden am 15. Januar von rechtsextremen Freikorpsführern festgenommen und ermordet.
Auch in Bremen, Baden, Braunschweig, München und Sachsen wurden Räterepubliken ausgerufen. Heeresverbände unter dem Befehl Noskes schlugen im Laufe des Frühjahres 1919 auch diese revolutionären Versuche blutig nieder.

Der „Spartakusaufstand"

b … oder Räterepublik?
Plakat der Kommunistischen Arbeiter-Partei zu den ersten Reichstagswahlen, 1920.
In kaum einer anderen Epoche hatten Plakate als Mittel der politischen Propaganda eine so große Bedeutung wie in der Weimarer Republik.

3 Aufruf der SPD, 9. November 1918

4 Zweimal Ausrufung der Republik am 9. November 1918

a *Philipp Scheidemann gab die improvisierte Rede, die er gegen 14 Uhr hielt, in seinen später geschriebenen Memoiren wie folgt wieder:*

Arbeiter und Soldaten! Furchtbar waren die vier Kriegsjahre. [...] Der Prinz Max von Baden hat sein Reichskanzleramt dem Abgeordneten Ebert übergeben. Unser Freund wird eine Arbeiterregierung bilden, der alle so-
5 zialistischen Parteien angehören werden. Die neue Regierung darf nicht gestört werden in ihrer Arbeit für den Frieden, in der Sorge um Brot und Arbeit.
Arbeiter und Soldaten! Seit euch der geschichtlichen Bedeutung dieses Tages bewusst! Unerhörtes ist ge-
10 schehen. Große und unübersehbare Arbeit steht uns bevor. Alles für das Volk, alles durch das Volk. Nichts darf geschehen, was der Arbeiterbewegung zur Unehre gereicht. Seid einig, treu und pflichtbewusst! Das Alte und Morsche, die Monarchie ist zusammengebrochen.
15 Es lebe das Neue! Es lebe die deutsche Republik!

Ursachen und Folgen, hrsg. von W. Michaelis u. E. Schraepler, Bd. 2, Berlin 1958, S. 570 ff.

b *Karl Liebknecht verkündete zwei Stunden nach der Rede Scheidemanns:*

Der Tag der Revolution ist gekommen. Wir haben den Frieden erzwungen. [...] Das Alte ist nicht mehr. Die Herrschaft der Hohenzollern, die in diesem Schloss

jahrhundertelang gewohnt haben, ist vorüber [...]. Par-
5 teigenossen, ich proklamiere die freie sozialistische Republik Deutschland, die alle Stämme umfassen soll, in der es keine Knechte mehr gibt, in der jeder ehrliche Arbeiter den ehrlichen Lohn seiner Arbeit finden wird. Die Herrschaft des Kapitalismus, der Europa in ein Lei-
10 chenfeld verwandelt hat, ist gebrochen [...]. Wenn auch das Alte niedergerissen ist, dürfen wir doch nicht glauben, dass unsere Aufgabe getan sei. Wir müssen alle Kräfte anspannen, um die Regierung der Arbeiter und Soldaten aufzubauen und eine neue staatliche Ordnung
15 des Proletariats zu schaffen, eine Ordnung des Friedens, des Glücks und der Freiheit unserer deutschen Brüder und unserer Brüder in der ganzen Welt. Wir reichen ihnen die Hände und rufen sie zur Vollendung der Weltrevolution auf.

Vossische Zeitung, Nr. 576, Berlin, 10. November 1918

5 Rettung durch Soldaten?

Ansprache Eberts an die rückkehrenden Truppen beim Einzug in Berlin am 10. Dezember 1918:

Kameraden, [...] Ihr seid dem grässlichen Gemetzel glücklich entronnen. [...] Ihr findet unser Land nicht so vor, wie ihr es verlassen habt. Neues ist geworden, die deutsche Freiheit ist erstanden! Die alte Herr-
5 schaft, die wie ein Fluch auf unseren Taten lag, hat das deutsche Volk abgeschüttelt. Es hat sich selbst zum Herrn über das eigene Geschick gemacht. Auf euch vor allem ruht die Hoffnung der deutschen Freiheit. Ihr seid die stärksten Träger der deutschen Zukunft.
10 Niemand hat schwerer als ihr unter der Ungerechtigkeit des alten Regimes gelitten, an euch haben wir gedacht, als wir mit einem verhängnisvollen System aufräumten [...]. Sorgt ihr dafür, dass Deutschland beieinander bleibt, dass nicht das alte Kleinstaatenelend uns
15 wieder übermannt, dass nicht die alte Zerrissenheit unsere Niederlage vervollständigt. [...] Und so lasst mich eure Treue zur Heimat, die uns allen gemeinsame Liebe zur Einheit Deutschlands, unseren Stolz auf die Freiheit und die große unteilbare deutsche Re-
20 publik zusammenschließen in dem Ruf: Unser deutsches Vaterland, die deutsche Freiheit, der freie Volksstaat Deutschland – sie leben hoch!

G. Ritter/S. Miller, Die deutsche Revolution 1918–1919, Frankfurt/M. 1968, S. 127 ff.

6 Parlamentarische Demokratie oder Rätesystem?

a *Aus der Rede Max Cohens (MSPD) vor Arbeiter- und Soldatenräten in Berlin, 19. Dezember 1918:*

Der Volkswille kann nur festgestellt werden durch die Nationalversammlung, zu der jeder Deutsche mit gleichem Rechte wählen kann. Die Arbeiter- und Soldatenräte drücken immer nur einen Teilwillen aus, nie-
5 mals den Willen des ganzen Volkes. Die sehr ernst zu nehmende Gefahr, in der wir schweben, der Zerfall, muss kommen, wenn es uns nicht gelingt, der Diszi-

plinlosigkeit und Einsichtslosigkeit Herr zu werden,
die leider auch ein großer Teil der deutschen Arbeiter-
schaft zeigt; jener Teil, der die ganze glorreiche deutsche Revolution zu einer bloßen Lohnbewegung her-
abwürdigt. [...] Im Augenblick können die Räte ihre
Gewalt nur auf die Bajonette stützen, und das ist eine
sehr unsichere Lage, die zu einem Bürgerkrieg führen
kann, ohne dass man ihn will.
Die Diktatur will nur ein kleiner Teil der Arbeiter-
schaft, während die große Masse sie ablehnt. Im Interesse unseres Landes, das wirklich einmal jetzt „unser"
Land geworden ist, und das wir alle aus tiefster Seele
lieben, [...] und im Interesse auch der neu aufzubauen-
den Menschheitsorganisation vom Standpunkt der
Demokratie und des Sozialismus aus brauchen wir die
Nationalversammlung [...].

Nach: Geschichte in Quellen, Bd. 6, München 1970, S. 156

b | *Ernst Däumig (USPD) sprach auf derselben*
Veranstaltung über das Rätesystem:
Das Neue kann nur bewirkt werden durch die politische, wirtschaftliche und kulturelle Aktivität des
ganzen deutschen Proletariats. [...] Das Rätesystem ist
die gegebene Organisationsform für die revolutionären Kräfte des Volkes. Ich weiß, dass diesem
System der Ludergeruch des Bolschewismus anhaftet.
Aber alle Revolutionäre werden verleumdet. [...] Die
Diktatur ist zweifellos mit dem Rätesystem verbunden; aber was in Russland geschehen ist, braucht nicht
in Deutschland nachgeahmt zu werden. [...] Durch die
Nationalversammlung würde gerade die Diktatur der
Minderheit verewigt werden, sie hat weder den Willen
noch die Energie, den Sozialismus zu schaffen.

Der Antrag Cohens, dass die Wahlen zur Nationalversamm-
lung am 19. Januar 1919 stattfinden sollten, wurde mit 400
gegen 50 Stimmen angenommen. Däumigs Antrag, „dass
unter allen Umständen an dem Rätesystem als Grundlage
der Verfassung der sozialistischen Republik festgehalten
wird, und zwar derart, dass den Räten die höchste, gesetz-
gebende Vollzugsgewalt zusteht", wurde mit 344 gegen
98 Stimmen abgelehnt.
Nach: Geschichte in Quellen, Bd. 6, München 1970, S. 156

Arbeiter, Bürger!
Das Vaterland ist dem Untergang nahe.
Rettet es!
Es wird nicht bedroht von außen, sondern von innen:

Von der Spartakusgruppe.

Schlagt ihre Führer tot!
Tötet Liebknecht!
Dann werdet ihr Frieden, Arbeit und Brot haben!

Die Frontsoldaten

7 Aufruf anlässlich des kommunistischen Auf-
standes („Spartakusaufstand") in Berlin, 5.–12.1.1919

8 Rettung durch den Sozialismus?
Rosa Luxemburg auf dem Gründungsparteitag der
KPD (31. Dezember 1918):
Parteigenossen, was hat dieser Krieg anderes von der
bürgerlichen Gesellschaft zurückgelassen als einen
gewaltigen Trümmerhaufen? Formell liegen noch
sämtliche Produktionsmittel [...] in den Händen der
herrschenden Klassen: Darüber täuschen wir uns
nicht. Aber was sie damit ausrichten können, außer
den krampfhaften Versuchen, die Ausbeutung durch
Blutbäder wieder aufzurichten, ist nichts als Anarchie.
Sie sind so weit, dass heutzutage das Dilemma, vor
dem die Menschheit steht, heißt: entweder Untergang
in der Anarchie oder die Rettung durch den Sozialismus.

Rosa Luxemburg, Politische Schriften, hrsg. v. Günter Radczun, Leipzig
1970, S. 390–391

a) Arbeiten Sie Gemeinsamkeiten und Unterschiede in Zielen und Methoden
der beiden politischen Gruppen vom 9. November 1918 heraus (M3, M4a, b).
b) Welche Hoffnungen und Befürchtungen verbanden sich mit den Ereignissen
vom 9. November 1918 (M6a, b)?
c) Wie werden Soldaten die Ebert-Rede aufgefasst haben (M5)?
d) Vergleichen Sie die Rede Liebknechts vom 9. November mit der Rosa
Luxemburgs vom 31. Dezember 1918 (M4b, M8). Berücksichtigen Sie dabei die
Ereignisse zwischen dem 9. November und dem 31. Dezember 1918.

Arbeitsvorschläge
und Fragen

Werkstatt Geschichte und Gesellschaft:
Die Revolution im Spiegel der Lokalpresse – ein Projekt

Am 9. November 1918 dankte der Kaiser ab, die Republik wurde ausgerufen. Arbeiter- und Soldatenräte übernahmen die Macht in vielen Rathäusern. Diese Geschichte „vor der eigenen Haustür" zu erforschen, könnte die Aufgabe eines lokalgeschichtlichen Projektes sein: Wie spiegelt sich die Revolution in der Lokalpresse?

Ziel von Unterrichtsprojekten ist es, eine bestimmte Fragestellung zu verfolgen. Dazu gehören die gemeinsame Planung zu Beginn, dann das Sammeln, Ordnen und Auswerten von Informationen und Materialien und schließlich die Präsentation der Ergebnisse. Projekte sind meist komplex und zeitaufwendig, darum ist die Arbeitsteilung im Team wichtig.

– Wenn Sie ein Zeitungsprojekt über diesen Zeitabschnitt durchführen wollen, sollten Sie sich zuerst einen Überblick über die Ereignisse vom November 1918 in Ihrer Region verschaffen (z. B. mithilfe von Ortsgeschichten).
– Besprechen Sie in Ihrer Klasse, welche Aspekte des Themas Sie ausführlich erarbeiten wollen (z. B. Rätebewegung, Auseinandersetzung innerhalb der SPD, politische Unruhen, soziale Probleme heimkehrender Soldaten, Probleme der Lebensmittelversorgung der Bevölkerung) und bilden Sie Arbeitsgruppen.
– Recherchieren Sie, z. B. mithilfe von Stadt- oder Kreisarchiven, welche Tageszeitungen es damals gab. Nutzen Sie Zeitungsarchive, sammeln und kopieren Sie Artikel, Abbildungen oder Schlagzeilen. Dokumentieren Sie Ihre Ergebnisse (z. B. auf Stellwänden).

Zur Diskussion:

Diskutieren Sie Ihre Ergebnisse: Wie stellte sich die Geschichte der Novemberrevolution in Ihrer Gemeinde/Region dar? Gibt es auffällige Besonderheiten gegenüber der „Allgemeingeschichte"? Wie berichtete die Presse darüber? Welche Parteilichkeiten entdecken Sie?

Diskutieren Sie auch Ihre Arbeitsweise: Was hätte verbessert werden können?

Wegen dringender Gefahr für die öffentliche Sicherheit wird der

Belagerungszustand

für das Gebiet des Stadtdirektionsbezirks Stuttgart, des Amtsoberamts Stuttgart und der Oberämter Eßlingen, Cannstatt und Böblingen von der Staatsregierung erklärt.

Im Einverständnis mit dem Militärbefehlshaber werden mit sofortiger Wirkung folgende Anordnungen getroffen:

1. Alle Versammlungen, alle Menschenansammlungen auf Straßen und Plätzen sowie öffentliche Umzüge aller Art sind verboten.
2. Die Beschränkungen der Gesetze hinsichtlich der Verhaftung, Beschlagnahme und Durchsuchung sind aufgehoben.
3. Jede Verbreitung von Flugschriften und Handzetteln, ebenso der Vertrieb von Zeitungen auf Straßen und Plätzen ist nur mit Regierungsgenehmigung gestattet.
4. Die Polizeistunde wird auf abends 8 Uhr festgesetzt. Alle öffentlichen Lokale, Wirtschaften, Theater und Lichtspielhallen und dergl. sind abends 8 Uhr zu schließen und dürfen vor morgens 9 Uhr nicht geöffnet werden. Der Straßenverkehr ist von abends 9 Uhr ab verboten.
5. Die Organe der Regierung sind ermächtigt, jeden zu verhaften, der es unternimmt die öffentliche Ruhe und Ordnung zu stören oder den Bestand des Staates oder der Staatsregierung zu gefährden, oder der den hier getroffenen Anordnungen zuwiderhandelt.
6. Für das Gebiet des Belagerungszustandes werden außerordentliche Kriegsgerichte eingesetzt, die in beschleunigtem Verfahren alle Straftaten des Hoch- und Landesverrats, Aufruhrs, Mordes und Raubes der Plünderung, der Befreiung von Gefangenen, der tätlichen Widersetzung, der Zerstörung von Eisenbahnen und Telegraphen, des unbefugten Waffentragens, endlich alle Zuwiderhandlungen gegen die von der Staatsregierung im Interesse der öffentlichen Sicherheit erlassenen Verbote abzuurteilen haben.

Wir fordern die Bevölkerung auf, den Anordnungen der Staatsregierung unbedingt Folge zu leisten. Dann wird es möglich sein, den Belagerungszustand in kürzester Frist wieder aufzuheben.

Blos. Baumann. Herrmann. Kiene. Liesching. Lindemann. Schlicke.

Plakat zur Verhängung des Belagerungszustandes durch die württembergische Regierung

2.2 Der neue deutsche Staat: eine parlamentarische Republik

Trotz vielfältiger Probleme, die sich aus der militärischen Niederlage ergaben (Demobilisierung, Friedensvertragsverhandlungen, Nahrungsmittelversorgung), gelang es der Nationalversammlung, erstmals in Deutschland eine Verfassung in Kraft zu setzen, die die Souveränität des Volkes verankerte.

Januar 1919	Wahlen zur verfassunggebenden Nationalversammlung.
Februar	Friedrich Ebert wird der erste Reichspräsident der Republik.
August	Die Verfassung der Weimarer Republik tritt in Kraft.

Für die Wahlen zur verfassunggebenden Nationalversammlung im Januar 1919 hatte der Rat der Volksbeauftragten ein neues Wahlrecht beschlossen: Ein reines Verhältniswahlrecht mit aktivem und passivem Wahlrecht auch für Frauen. Nach einem lebhaften Wahlkampf (Wahlbeteiligung 83 %) zogen neben 386 männlichen erstmals 37 weibliche Abgeordnete in das Parlament ein. Die SPD hatte sich eine absolute Mehrheit erhofft; mit knapp 38 % der Stimmen waren die Sozialdemokraten nun aber auf die Zusammenarbeit mit bürgerlichen Parteien angewiesen.

Wahlergebnis 1919: Die Parteien der Mitte erhalten über 75 %

Abseits vom unruhigen Zentrum Berlin trat am 6. Februar in Weimar die Nationalversammlung zusammen. Sie wählte Friedrich Ebert zum Reichspräsidenten; dessen Nachfolger wurde 1925 durch Volkswahl bestimmt. Am 13. Februar nahm eine neue Regierung unter Philipp Scheidemann ihre Arbeit auf. Sie löste den „Rat der Volksbeauftragten" ab und leitete bis zum Inkrafttreten der Reichsverfassung die Regierungsgeschäfte. Der Regierung Scheidemann gehörten Vertreter von SPD, DDP und Zentrum an – bald „Weimarer Koalition" genannt (▶ S. 107). Diese Koalition der demokratischen Parteien hatte allerdings nicht lange Bestand.

Die Nationalversammlung

Mit der Schaffung einer neuen Verfassung befasste sich die Nationalversammlung bis Ende Juli. Erfahrungs- und Diskussionsgrundlagen waren vor allem die Paulskirchenverfassung von 1849 – deren Grundrechtskatalog weit gehend übernommen wurde –, die Reichsverfassung seit der Änderung vom 28. Oktober 1918, außerdem Vorarbeiten und Überlegungen des Reichsinnenministers und Staatsrechtslehrers Hugo Preuß (DDP).

Die Weimarer Verfassung

Der Reichstag war das zentrale Organ der Reichsgewalt. Er übte die Gesetzgebung für das Reich aus und kontrollierte die Exekutive. Die Reichsregierung war vom Vertrauen des Reichstags abhängig. Die Abgeordneten des Reichstags wurden in allgemeiner, gleicher, unmittelbarer und geheimer Wahl nach den Grundsätzen des Verhältniswahlrechts gewählt. Auf jeweils 60 000 Wählerstimmen entfiel ein Reichstagsmandat, wodurch die Zahl der Reichstagsmitglieder von der Wahlbeteiligung und der Zahl der Wahlberechtigten abhing.

Legislative

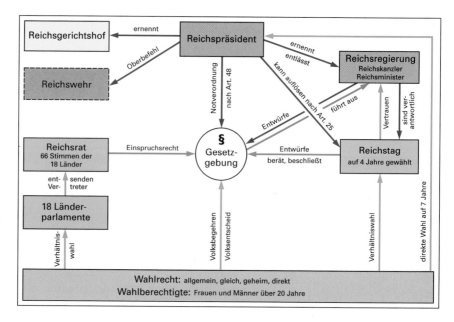

1 Die „Weimarer Verfassung". 66 Stimmen im Reichsrat: Preußen 26; Bayern 11; Sachsen 7; Württemberg 4; Baden 3; Hessen, Thüringen und Hamburg je 2; Anhalt, Braunschweig, Bremen, Lippe-Detmold, Lübeck, Mecklenburg-Schwerin, Mecklenburg-Strelitz, Oldenburg und Schaumburg-Lippe je 1

Reichsgerichtshof ← ernennt — **Reichspräsident** → ernennt / entlässt → **Reichsregierung** Reichskanzler Reichsminister

Oberbefehl → **Reichswehr**

Notverordnung nach Art. 48

kann auflösen nach Art. 25

führt aus

Vertrauen / sind verantwortlich

Reichsrat 66 Stimmen der 18 Länder — Einspruchsrecht → **§ Gesetzgebung** ← Entwürfe berät, beschließt — **Reichstag** auf 4 Jahre gewählt

Entwürfe →

entsenden Vertreter

18 Länderparlamente

Verhältniswahl

Volksbegehren / Volksentscheid

Verhältniswahl

direkte Wahl auf 7 Jahre

Wahlrecht: allgemein, gleich, geheim, direkt
Wahlberechtigte: Frauen und Männer über 20 Jahre

Die Reichsverfassung spiegelte das Misstrauen der Verfassungsväter gegenüber einem voll ausgebildeten parlamtarischen System wider. Die plebiszitären Elemente der Verfassung (Volksbegehren, Volksentscheid) und die starke Stellung des Reichspräsidenten beschränkten die Souveränität der Reichstagsabgeordneten.

Exekutive

Das Amt des Reichspräsidenten wurden mit vielfältigen Befugnissen ausgestattet. Er wurde auf sieben Jahre direkt vom Volk gewählt und war damit vom Parlament unabhängig. Ihm oblag die Ernennung und Entlassung des Reichskanzlers und der Reichsminister, die vom Vertrauen des Reichstags abhängig waren. Der Reichspräsident hatte zudem den Oberbefehl über Heer und Kriegsmarine sowie das Recht, gemäß Artikel 25 den Reichstag aufzulösen. Der Reichspräsident konnte durch die Anordnung eines Volksentscheids in das Gesetzgebungsverfahren eingreifen.

Artikel 48: Notverordnung

Zu einer ursprünglich nicht geplanten Bedeutung gelangte das nur für kritische Ausnahmesituationen geplante Notverordnungsrecht (Art. 48, Abs. 2). Es ermächtigte den Reichspräsidenten, „die zur Wiederherstellung der öffentlichen Sicherheit und Ordnung nötigen Maßnahmen zu treffen, wenn im Deutschen Reich die öffentliche Sicherheit und Ordnung erheblich gestört oder gefährdet" wurde. Die Verfassungspraxis sah dann anders aus: Unter Störungen wurden auch wirtschaftliche und soziale Nöte, finanzielle Probleme und sogar die Unfähigkeit der Regierung verstanden, im Parlament notwendige Mehrheiten zu erreichen.

Verfassung als Kompromiss

Die Verfassung war ein Kompromiss zwischen sozialdemokratischen und bürgerlichen Vorstellungen: Die bürgerlichen Parteien konnten sich mit vielen Forderungen durchsetzen (z.B. Gewährleistung des Erbrechts, Berufsbeamtentum, herausragende Rechtsstellung der Kirchen, Religionsunterricht in den Schulen); auf Drängen der Arbeiterparteien sah die Verfassung die Möglichkeit vor, private wirtschaftliche Unternehmungen in Gemeineigentum umzuwandeln (Sozialisierung).

2 *Aus Grundsätzen und Parteiprogrammen der wichtigsten Parteien der Weimarer Republik:*

KPD (Kommunistische Partei Deutschlands, 1919): Die Revolution [wurde] geboren aus der wirtschaftlichen Ausbeutung des Proletariats durch den Kapitalismus und aus der politischen Unterdrückung durch
5 die Bourgeoisie zum Zwecke der Aufrechterhaltung des Ausbeutungsverhältnisses [...]. Die Ersetzung des kapitalistischen Ausbeutungsverhältnisses durch die sozialistische Produktionsordnung hat zur Voraussetzung die Beseitigung der politischen Macht der Bour-
10 geoisie und deren Ersetzung durch die Diktatur des Proletariats.

USPD (1919): Die Unabhängige Sozialdemokratische Partei setzt der Herrschaftsorganisation des kapitalistischen Staates die proletarische Herrschaftsorgani-
15 sation auf der Grundlage des politischen Rätesystems entgegen, dem bürgerlichen Parlament [...] den revolutionären Rätekongress. Die Umwandlung der kapitalistischen Wirtschaftsanarchie in die planmäßige sozialistische Wirtschaft erfolgt durch das wirtschaft-
20 liche Rätesystem.

SPD (1921): Die Sozialdemokratische Partei [...] betrachtet die demokratische Republik als die durch die geschichtliche Entwicklung unwiderruflich gegebene Staatsform, jeden Angriff auf sie als ein Attentat auf die
25 Lebensrechte des Volkes. [...] Sie kämpft um die Herrschaft des im freien Volksstaat organisierten Volkswillens über die Wirtschaft, um die Erneuerung der Gesellschaft im Geiste sozialistischen Gemeinsinns.

Zentrumspartei (1923): Die Stellung der Zentrums-
30 partei zu den innerstaatlichen Angelegenheiten wird durch die christliche Staatsauffassung [...] bestimmt. Jeden gewaltsamen Umsturz der verfassungsmäßigen Zustände lehnt sie grundsätzlich ab. Sie bekennt sich zum deutschen Volksstaat, dessen Form durch den Wil-
35 len des Volkes auf verfassungsmäßigem Wege bestimmt wird. [...] Darum sind die Bürger aller Volksschichten in weit gehender Selbstverwaltung an den öffentlichen Angelegenheiten zu beteiligen.

DDP (1919): Die Deutsche Demokratische Partei steht auf dem Boden der Weimarer Verfassung. [...] Die
40 deutsche Republik muss ein Volksstaat sein und unverbrüchlich zugleich ein Rechtsstaat.

DVP (1919): Die Deutsche Volkspartei wird den Wiederaufbau des Reiches mit allen Mitteln fördern. [...] Die Deutsche Volkspartei erblickt in dem durch freien
45 Entschluss des Volkes auf gesetzmäßigem Wege aufzurichtenden Kaisertum, dem Sinnbild deutscher Einheit, die für unser Volk nach Geschichte und Wesensart geeignetste Staatsform.

DNVP (Deutschnationale Volkspartei, 1920): Die
50 monarchische Staatsform entspricht der Eigenart und geschichtlichen Entwicklung Deutschlands. Über den Parteien stehend verbürgt die Monarchie am sichersten die Einheit des Volkes, den Schutz der Minderheiten, die Stetigkeit der Staatsgeschäfte und die Un-
55 bestechlichkeit der öffentlichen Verwaltung. [...] Für das Reich erstreben wir die Erneuerung des von den Hohenzollern aufgerichteten deutschen Kaisertums.

Nach: Geschichte in Quellen, Bd. 6, München 1970, S. 165–169

3 **Aus der „Weimarer Verfassung"**

Art. 25: Der Reichspräsident kann den Reichstag auflösen, jedoch nur einmal aus dem gleichen Anlass. Die Neuwahl findet spätestens am sechzigsten Tag nach der Auflösung statt.

Art. 48: Wenn ein Land die ihm nach der Reichsverfas-
5 sung oder den Reichsgesetzen obliegenden Pflichten nicht erfüllt, kann der Reichspräsident es dazu mithilfe der bewaffneten Macht anhalten.

Der Reichspräsident kann, wenn im Deutschen Reiche die öffentliche Sicherheit und Ordnung erheblich ge-
10 stört oder gefährdet wird, die zur Wiederherstellung der öffentlichen Sicherheit und Ordnung nötigen Maßnahmen treffen, erforderlichenfalls mithilfe der bewaffneten Macht einschreiten. Zu diesem Zwecke darf er vorübergehend die [...] Grundrechte ganz oder zum Teil
15 außer Kraft setzen.

Von allen gemäß Abs. 1 oder Abs. 2 dieses Artikels getroffenen Maßnahmen hat der Reichspräsident unverzüglich dem Reichstag Kenntnis zu geben. Die Maßnahmen sind auf Verlangen des Reichstages außer Kraft
20 zu setzen [...]

---

a) *Man kann in der Weimarer Verfassung einen Kompromiss zwischen parlamentarisch-demokratischen und plebiszitären Ordnungsvorstellungen sehen: Zeigen Sie mithilfe des Verfassungsschaubildes (M1) und des DT jeweils Elemente dieser politischen Vorstellungen auf.*

b) *Der Reichspräsident der Weimarer Verfassung ist auch als „Ersatzkaiser" bezeichnet worden: Erörtern Sie diesen Begriff (M1 und M3, DT).*

Arbeitsvorschläge und Fragen

2.3 Die Weimarer Republik – Belastungen und Umbrüche

Für die schlimmen Kriegsfolgen machten viele Deutsche vor allem die demokratischen Parteien der neuen Republik verantwortlich. Dem Obrigkeitsstaat der wilhelminischen Epoche waren viele Menschen stärker verbunden gewesen als der parlamentarischen Demokratie. Monarchisch eingestellt waren vor allem Beamte und Offiziere, die ihre einflussreiche Stellung in Verwaltung, Rechtsprechung, Bildungswesen und Armee behalten hatten und häufig zur Bekämpfung der Republik nutzten. So fielen die republikfeindlichen Parolen der rechten Parteien auf fruchtbaren Boden. Aber auch viele Linke distanzierten sich von der „Kompromissdemokratie".

Juni 1919	Versailles: Deutschland unterzeichnet nach ultimativer Aufforderung der Alliierten den Friedensvertrag.
März 1920	Ein Putsch von Freikorpsführern misslingt (Kapp-Lüttwitz-Putsch).
Jan. 1923	Französisch-belgische Armee besetzt das Ruhrgebiet.
8./9. Nov.	Hitler-Ludendorff-Putsch in München
Nov.	Mit der „Rentenmark" wird die Inflation besiegt.

Das „Versailler Friedensdiktat"

Von der Friedenskonferenz, die im Januar 1919 in Versailles begann, blieben die Deutschen ausgeschlossen. Das Vertragswerk übertraf die schlimmsten Befürchtungen der Besiegten. Die Grundlage für die von Deutschland verlangten Gebietsabtretungen, des Verlustes sämtlicher Kolonien, der Militärbeschränkungen, Reparationen und sonstigen Bestimmungen bildete Artikel 231, der Deutschland und seinen Verbündeten die alleinige Kriegsschuld zuwies. Dies empfanden viele Deutsche als Ungerechtigkeit.

Streit um die Vertragsannahme

Trotz allgemeiner Empörung sahen verantwortliche Politiker und Militärs keine Chance, den Vertrag abzulehnen; er wurde durch eine Mehrheit von SPD-, Zentrums- und einigen DDP-Abgeordneten in der Nationalversammlung angenommen. Die Politiker der rechten Parteien diffamierten daraufhin in der Öffentlichkeit die Vertreter der Weimarer Koalition als „Vaterlandsverräter". Als politische Waffe diente ihnen u. a. die „Dolchstoßlegende", die besagte, das deutsche Heer sei im Ersten Weltkrieg nicht besiegt, sondern von der Revolution hinterrücks erdolcht worden. So war der Versailler Vertrag sowohl eine schwere außenpolitische als auch innenpolitische Belastung der Republik.

Gefahr von rechts ...

Da die Alliierten im Versailler Vertrag die Verminderung der deutschen Truppenstärke auf 100 000 Mann forderten, wollte die Regierung auch die Freikorps-Verbände auflösen. Deutschnationale Gruppen um Wolfgang Kapp und Generalleutnant von Lüttwitz machten sich den Unmut der Freikorps zunutze und widersetzten sich der Auflösung. Am 13. März 1920 fiel Berlin kampflos in die Hände der Putschisten – der Reichswehrgeneral von Seeckt soll erklärt haben:

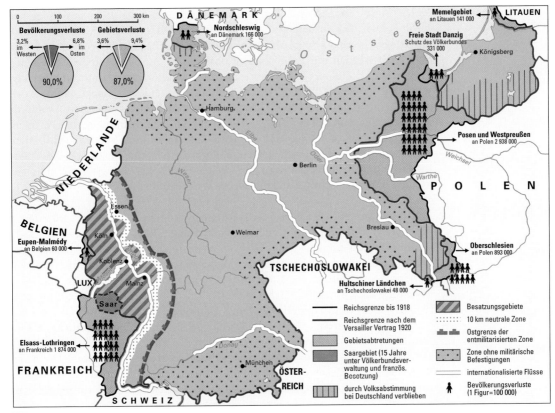

1 Das Deutsche Reich nach dem Frieden von Versailles, 1920

Die folgenden Beschriftungen sind in der Karte enthalten:

- **Bevölkerungsverluste** / **Gebietsverluste**
  - 3,2% im Westen / 6,8% im Osten — 90,0%
  - 3,6% / 9,4% — 87,0%
- DÄNEMARK
- Nordschleswig an Dänemark 166 000
- Memelgebiet an Litauen 141 000
- LITAUEN
- Freie Stadt Danzig Schutz des Völkerbundes 331 000
- Königsberg
- Hamburg
- Posen und Westpreußen an Polen 2 938 000
- Berlin
- P O L E N
- NIEDERLANDE
- Essen
- BELGIEN
- Eupen-Malmédy an Belgien 60 000
- Köln
- Koblenz
- Breslau
- Weimar
- Oberschlesien an Polen 893 000
- LUX
- Mainz
- Saar
- TSCHECHOSLOWAKEI
- Hultschiner Ländchen an Tschechoslowakei 48 000
- Elsass-Lothringen an Frankreich 1 874 000
- FRANKREICH
- München
- ÖSTER-REICH
- SCHWEIZ

Legende:
- Reichsgrenze bis 1918
- Reichsgrenze nach dem Versailler Vertrag 1920
- Gebietsabtretungen
- Saargebiet (15 Jahre unter Völkerbundsverwaltung und französ. Besetzung)
- durch Volksabstimmung bei Deutschland verblieben
- Besatzungsgebiete
- 10 km neutrale Zone
- Ostgrenze der entmilitarisierten Zone
- Zone ohne militärische Befestigungen
- internationalisierte Flüsse
- Bevölkerungsverluste (1 Figur=100 000)

„Reichswehr schießt nicht auf Reichswehr". Die schutzlose Regierung musste fliehen. In dieser Situation riefen SPD, USPD, KPD, DDP und die Gewerkschaften zum Generalstreik auf: Arbeiter legten Betriebe und Verkehr still, Beamte befolgten keine Weisungen. Kapp und Lüttwitz flohen ins Ausland. Unmittelbar darauf probte die extreme Linke noch einmal den bewaffneten Aufstand. Um Berlin waren die Aufständischen schnell niedergeworfen. Im Ruhrgebiet hatte die KPD eine „Rote Armee" von etwa 50 000 Mann aufgebaut; erst nach schweren Kämpfen konnte das Militär unter dem Oberbefehl Noskes die kämpfenden Arbeiter niederringen.

... und links

Auch nach dem Scheitern der Aufstände blieb die innenpolitische Situation des Reiches unsicher: Drohungen und Gewalt bis hin zu politischen Morden kennzeichneten das Klima. Weite Teile der Bevölkerung standen der jungen Republik ablehnend gegenüber: Die politischen und wirtschaftlichen Eliten des alten Reiches organisierten sich politisch in der DNVP und DVP und bekämpften mithilfe der nationalistischen Presse die neuen Regierungsparteien. Das mittelständische Bürgertum machte den neuen Staat für die wirtschaftlichen Folgen des verlorenen Krieges, von denen es besonders getroffen wurde, verantwortlich. Die KPD verharrte in Feindschaft zu den ihnen verhassten Sozialdemokraten und wartete auf eine neue Gelegenheit, die 1918 „stecken gebliebene Revolution" weiterzutreiben. Die Reichswehr blieb ein „Staat im Staate". Besonders die Offiziere lebten in der Tradition des kaiserlichen Heeres.

Eine „Republik ohne Republikaner"?

Das Reparations-problem

Neben diesen innenpolitischen Belastungen drückten die finanziellen Lasten. Nach Beendigung des Krieges war der deutsche Staat mit 164 Milliarden Mark verschuldet; hinzu kamen Kriegsfolgekosten und Reparationsverpflichtungen. Seit 1920 wurden auf zahlreichen Konferenzen verschiedene Zahlungspläne ausgearbeitet. Ziel war es, Ausmaß und Art der Reparationszahlungen nach den wirtschaftlichen Möglichkeiten Deutschlands festzulegen. Dabei gelang es den deutschen Politikern durchaus, die Situation deutlich zu verbessern. Trotzdem stieß jeder Zahlungsplan in Deutschland auf Ablehnung durch rechte Parteien. Gegen den Young-Plan (1929), der eine Gesamtsumme von 112 Milliarden Goldmark in 59 Jahresraten festsetzte, leitete die Rechtsopposition ein Volksbegehren ein: Regierungsmitglieder, die das „Joch der Young-Sklaverei" anerkennen würden, sollten als Landesverräter verurteilt werden (▶ S. 62).

Ruhrkampf

In den Jahren 1921/22 erfüllte die Reichsregierung die Reparationsforderungen der Alliierten nach Kräften und fast vollständig. Doch ein geringfügiger Zahlungsrückstand für das Jahr 1922 veranlasste die Reparationskommission, Deutschland einen vorsätzlichen Bruch der Reparationsverpflichtungen vorzuwerfen: Am 11. Januar 1923 marschierte eine französisch-belgische Armee in das Ruhrgebiet ein. Die Reichsregierung, von allen Parteien unterstützt, verfügte daraufhin die Einstellung aller Reparationslieferungen und wies die Beamten im besetzten Gebiet an, Befehle der Besatzungsmacht nicht auszuführen. Die Bevölkerung im Ruhrgebiet leistete einen von der Regierung und allen Reichsbewohnern einhellig begrüßten passiven Widerstand. Doch der Kampf gegen die Besetzung war außerordentlich teuer – der Staat musste riesige Mittel für die finanzielle Unterstützung der Arbeitslosen im Ruhrgebiet zur Verfügung stellen – und er war aussichtslos. Darum traf die Regierung unter Reichskanzler Gustav Stresemann (DVP) im Herbst 1923, die äußerst unpopuläre Entscheidung den Kampf abzubrechen.

Sieg über die Inflation

Der Wertverlust der Deutschen Mark war gleich nach Kriegsende sichtbar geworden und hatte sich seitdem fortgesetzt. Infolge des für Deutschland „unproduktiven" Ruhrkampfes stürzte der Wert der Mark ins Bodenlose: Im Mai 1923 zahlte man 50 000 Mark für einen Dollar, im August 4,6 Millionen Papiermark. Vor allem Selbständige und gut verdienende Angestellte, die für ein sorgenfreies Alter ihre Ersparnisse zurückgelegt hatten, wurden durch die Inflation mittellos. Die Angehörigen dieses Mittelstandes machten die Republik und die sie repräsentierenden Politiker für ihr Unglück verantwortlich.

Inflation (lat.: Aufblähung): Geldentwertung durch Erhöhung der Geldmenge oder der Umlaufgeschwindigkeit, ohne dass die Gütermenge im gleichen Umfang zunimmt. Folgen sind steigende Preise und damit Kaufkraftschwund, Entwertung von Sparguthaben, „Flucht in die Sachwerte", Warenhortung und Hamsterkäufe. Durch Inflationen werden Bezieher fester Einkommen, Sparer und Gläubiger geschädigt, nicht aber Besitzer von Sachwerten und Schuldner. Die soziale Ungleichheit zwischen Sachwertbesitzern und Lohnempfängern nimmt zu. Die Ursache galoppierender Inflationen ist häufig der Geldbedarf des Staates in Kriegszeiten, wenn Rüstungsausgaben nicht durch Steuereinnahmen finanziert werden können. Im und nach dem Ersten Weltkrieg kam es in fast allen Krieg führenden Staaten zu gewaltigen Inflationen.

Nach Beendigung des Ruhrkampfes wurden wirksame Maßnahmen gegen die Währungs- und Reparationsprobleme ergriffen. Im November 1923 erließ die Regierung eine Verordnung über eine neue Währungseinheit: die „Rentenmark". Die neue Mark war nun nicht mehr durch Gold gedeckt, sondern – als fiktive Deckung – durch den gesamten Grund und Boden des Deutschen Reiches. Grund und Boden wurden mit Rentenbriefen belastet, in die die neue Währung bei Bedarf umgetauscht werden konnte. Die Umstellung der alten auf die neue Währung erfolgte im Verhältnis 1 Billion zu 1. Eine drastische Beschränkung der Geldmenge schuf neues Vertrauen in die Währung, die Inflation war besiegt.

Das Einlenken der Reichsregierung im Ruhrkampf wurde von nationalistischen Kräften als Schwäche gewertet. Adolf Hitler, der Führer der „Nationalsozialistischen Deutschen Arbeiterpartei" (NSDAP), sah die Chance, mit Unterstützung Ludendorffs von Bayern aus in Deutschland die Macht zu erringen. Am Abend des 8. November versuchte er, den rechtsradikalen bayrischen Generalstaatskommissar, Ritter von Kahr, und seine Anhänger zu einem Staatsstreich zu nötigen. Die führenden Männer der bayerischen Regierung wollten sich aber nicht für Hitlers Pläne einspannen lassen; sie riefen Reichswehrtruppen und Landespolizei gegen die Putschisten auf. In einer letzten Anstrengung führten Hitler und Ludendorff am Vormittag des 9. November einen Demonstrationszug ihrer Anhänger durch München; er wurde von Polizeikräften mit Waffengewalt gestoppt. Einige der Putschisten kamen ums Leben, Hitler selbst konnte zunächst fliehen, wurde später aber verhaftet, vor Gericht gestellt und verurteilt.

Hitler-Ludendorff-Putsch

Die deutsche Wirtschaft erfuhr nach der Währungsreform von 1923 einen kräftigen Aufschwung. Produktion und Lebensstandard erreichten wieder Vorkriegsniveau. Die Reallöhne der Arbeitnehmer stiegen zwischen 1925 und 1929 kontinuierlich an. Die Industrie besaß nach den USA den höchsten technischen Stand der Welt. Der Aufschwung endete 1926, als der Nachholbedarf an Konsumgütern nach den schweren Kriegs- und Nachkriegsjahren allmählich gedeckt war. Sinkende Auftragseingänge veranlassten die Industrie, Neuinvestitionen zurückzustellen.

Von der Hochkonjunktur zur Rezession

Auch die Arbeitslosigkeit nahm zu, denn die nach US-amerikanischem Vorbild einsetzende Rationalisierung der Produktion machte viele Arbeitsplätze überflüssig. Der amerikanische Ingenieur Frederick W. Taylor hatte schon 1903 das genaue Studium der zur Ausführung einer Arbeit verwendeten Zeit als „wissenschaftliche Zeitstudie" zur Voraussetzung einer modernen Betriebsführung erklärt. In Deutschland wurden diese Untersuchungen von dem 1924 gegründeten „Reichsausschuss für Arbeitszeitermittlung" (REFA) in die betriebliche Praxis umgesetzt.

Wirtschaft im Wandel

Um den wachsenden Konkurrenzdruck infolge der Rationalisierung auszuschalten, strebten viele Firmen nach einer Einschränkung des wirtschaftlichen Wettbewerbs. Mitte der 20er-Jahre gab es in Deutschland 25 000 Kartelle, also Zusammenschlüsse gleicher Wirtschaftszweige zur Marktbeherrschung, und zusätzlich viele Vereinigungen unterschiedlicher Produktionsstufen, z.B. von Kohle- mit Stahlproduzenten und ihnen nachgelagerten Verarbeitungsbetrieben. Dazu gehörten Konzerne wie Krupp, Gebr. Stumm, Hoesch, Henschel, Thyssen und Mannesmann.

Die Rationalisierung der Produktion führte zur Ausweitung des Verwaltungsapparates. Während aber männliche Angestellte in der Regel anspruchsvolle Tätigkeiten ausübten, die eine kaufmännische Lehrzeit voraussetzten, waren die meisten weiblichen Angestellten nur als Kontoristinnen oder Stenotypistinnen tätig. Frauen galten als schnell anlernbare und billige Beschäftigungsreserve, die in Zeiten der Hochkonjunktur angeworben und in Rezessionsphasen wieder entlassen werden konnten.

Neues Frauenbild

Vor dem Ersten Weltkrieg kamen weibliche Angestellte vor allem aus dem Bürgertum, nun aber immer häufiger auch aus Arbeiterfamilien. Gegenüber deren sonstigen beruflichen Alternativen (Dienstmädchen, Näherin, Fabrikarbeiterin) genoss die Tätigkeit der Verkäuferin oder Kontoristin ein weitaus höheres gesellschaftliches Ansehen. Die „neue Frau", selbstbewusst und stolz auf ihren eigenen Gelderwerb, wurde als Leitbild in der Werbung, auf den Titelseiten der Illustrierten, in Kinofilmen und Romanen herausgestellt. Doch der Wunsch nach Emanzipation stieß auf breite Ablehnung.

2 „Sonnenfinsternis". Ölgemälde von George Grosz, 1926. (Format 218 × 188 cm) George Grosz gehörte zu den bedeutendsten kritischen Künstlern der Weimarer Zeit. In seinen Werken verband er die neuen Stilelemente des Expressionismus, der Karikatur und der Montage.
Schon in den 20er-Jahren mehrfach gerichtlich verfolgt, musste Grosz 1933 in die USA emigrieren.
Der in der oberen Bildmitte dargestellte General ist Hindenburg (als „Sieger von Tannenberg" 1914 mit einem Lorbeerkranz gekrönt). Der Esel auf dem Tisch stellt wohl das Volk dar.

3 **Attentate auf Politiker**

- 15.1.1919: Rosa Luxemburg (KPD) und Karl Liebknecht (KPD) werden von Freikorpsoffizieren ermordet.
- 21.2.1919: Kurt Eisner (USPD), seit 1918 bayerischer Ministerpräsident, wird ermordet.
- 7.11.1919: Hugo Haase (USPD), 1918 Volksbeauftragter, stirbt an den Folgen eines Attentats vom 8.10.1919.
- 26.8.1921: Matthias Erzberger (Zentrum), 1919 bis 1920 Reichsfinanzminister, wird von Angehörigen der rechten Terrorgruppe „Organisation Consul" ermordet.
- 4.6.1922: Philipp Scheidemann (SPD), 1919 Reichsministerpräsident, wird durch ein Blausäureattentat verletzt.
- 24.6.1922: Walther Rathenau (DDP), 1921 Wiederaufbauminister, 1922 Reichsaußenminister, Unterzeichner des Vertrages von Rapallo, wird von Angehörigen der rechten Terrorgruppe „Organisation Consul" ermordet.
- 20.10.1922: Attentat auf Joseph Wirth (Zentrum), mehrmals Reichsminister, 1921/22 Reichskanzler, misslingt.

Proklamation
an das deutsche Volk!
Die Regierung der Novemberverbrecher in Berlin ist heute für
abgesetzt erklärt worden.
Eine
provisorische deutsche Nationalregierung
ist gebildet worden, diese besteht aus
Gen. Ludendorff
Ad. Hitler, Gen. v. Lossow
Obst. v. Seisser

4 **Plakat zum Hitler-Ludendorff-Putsch** am 8. November 1923

5 **Rechtsprechung in Deutschland, 1918–1920**

Politische Morde, begangen von:	Linksextremen	Rechtsextremen
Anzahl der Morde	22	354
ungeahndete Morde	4	326
geahndete Morde	17	1
verurteilte Mörder	38	24
Hinrichtungen	10	–
Freisprüche	–	23
Freiheitsstrafe je Mord (in Jahren)	15	0,33

Für einen Mord konnten mehrere Täter verurteilt werden.

Nach: E. J. Gumbel, Vier Jahre Mord, Berlin 1924, S. 81

6 **Hitlers „uneigennützige Hingabe"**

Aus dem Plädoyer des Staatsanwaltes am 21. März 1924 im Hochverratsprozess gegen Adolf Hitler u. a.:
Hitler [...] hat im großen Krieg als tapferer Soldat seine deutsche Gesinnung bewiesen und nachher aus kleinsten Anfängen heraus in mühsamer Arbeit eine große Partei, die „Nationalsozialistische Deutsche Arbeiterpartei", geschaffen, wobei die Bekämpfung des internationalen Marxismus und Judentums, die Abrechnung mit den Novemberverbrechern und die Ausbreitung des nationalen Gedankens in allen Volkskreisen [...] waren. Über seine Parteipolitik habe ich kein Urteil zu fällen, sein ehrliches Streben aber, in einem unterdrückten und entwaffneten Volke den Glauben an die deutsche Sache wieder zu erwecken, bleibt unter allen Umständen ein Verdienst.
Der Staatsanwalt beantragte acht Jahre Festungshaft. Hitler wurde zur Mindeststrafe von fünf Jahren mit Aussicht auf Bewährung verurteilt. Schon nach neun Monaten kam er frei.

Nach: K. D. Bracher, Die deutsche Diktatur, Köln 1969, S. 130 f.

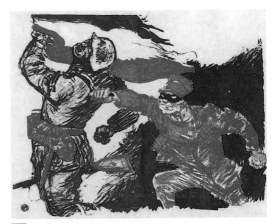

7 **Wahlplakat der DNVP zur Reichstagswahl** im Dezember 1924. (Ausschnitt) Immer wieder griffen rechte Parteien – wie hier die DNVP – auf die so genannte „Dolchstoßlegende" zurück.

8 „Das Lied vom Kompromiss"

Kurt Tucholsky (1890–1935) schrieb dieses Lied 1919:

Manche tanzen manchmal wohl ein Tänzchen
immer um den heißen Brei herum,
kleine Schweine mit dem Ringelschwänzchen,
Bullen mit erschrecklichem Gebrumm.
5 Freundlich schaun die Schwarzen und die Roten,
die sich früher feindlich oft bedrohten.
Jeder wartet, wer zuerst es wagt,
bis der eine zu dem andern sagt:
(Volles Orchester)
10 „Schließen wir nen kleinen Kompromiß!
Davon hat man keine Kümmernis.
Einerseits – und andrerseits –
so ein Ding hat manchen Reiz …
Sein Erfolg in Deutschland ist gewiß:
15 Schließen wir nen kleinen Kompromiß!"

Seit November klingt nun dies Gavottchen.
Früher tanzte man die Carmagnole.
Doch Germania, das Erzkokottchen,
wünscht, daß diesen Tanz der Teufel hol.
20 Rechts wird ganz wie früher lang gefackelt,
links kommt Papa Ebert angewackelt.
Wasch den Pelz, doch mache mich nicht naß!
Und man sagt: „Du, Ebert, weißt du was:
Schließen wir nen kleinen Kompromiß …"

25 Seit November tanzt man Menuettchen,
wo man schlagen, brennen, stürzen sollt.
Heiter liegt der Bürger in dem Bettchen,
die Regierung säuselt gar zu hold.
Sind die alten Herrn auch rot bebändert,
30 deshalb hat sich bei uns nichts geändert.
Kommts, daß Ebert hin nach Holland geht,
spricht er dort zu einer Majestät:
„Schließen wir nen kleinen Kompromiß!
Davon hat man keine Kümmernis.

Einerseits – und andrerseits –   35
So ein Ding hat manchen Reiz …"

Und durch Deutschland geht ein tiefer Riß.
Dafür gibt es keinen Kompromiß!

Kurt Tucholsky, Gedichte, hrsg. v. M. Gerold-Tucholsky, Reinbek
1998, S. 173 f.

9 Demokratie auch in der Wirtschaft?

a *1928 forderten die deutschen Gewerkschaften:*
Die Demokratisierung der Wirtschaft bedeutet die
schrittweise Beseitigung der Herrschaft, die sich auf
dem Kapitalbesitz aufbaut, und die Umwandlung der
leitenden Organe der Wirtschaft aus Organen der kapitalistischen Interessen in solche der Allgemeinheit.   5
Die Demokratisierung der Wirtschaft erfolgt mit der
immer deutlicher sichtbaren Strukturwandlung des
Kapitalismus. Deutlich führt die Entwicklung vom kapitalistischen Einzelbetrieb zum organisierten Mono-
polkapitalismus. [...]   10
Die Gewerkschaften forderten u. a.
die Erweiterung des Mitbestimmungsrechts der Arbeitnehmer, die paritätische Vertretung der Arbeiter-
schaft in allen wirtschaftspolitischen Körperschaften,
die Kontrolle der Monopole und Kartelle unter voller   15
Mitwirkung der Gewerkschaften.

Resolution des 13. Kongresses der Gewerkschaften Deutschlands in
Hamburg 1928, in: E. Pankoke, Die industrielle Arbeitswelt in der
Rationalisierungs- und Automatisierungsphase, 2. Auflage 1975, S. 84 f.

b *Die Auffassung der Unternehmer, 1929*
Die Wirtschaftsdemokratie, wie sie von sozialisti-
scher Seite angestrebt wird, lähmt die Initiative und
tötet die Verantwortungsfreudigkeit, ohne die kein
Fortschritt möglich ist [...]. Die deutsche Wirtschaft
muss frei gemacht werden. Sie muss verschont blei-   5
ben von Experimenten und politischen Einflüssen, die
von außen her in den Wirtschaftsprozess hineingetra-
gen werden.

„Aufstieg oder Niedergang", Denkschrift des Präsidiums des Reichs-
verbandes der deutschen Industrie, 1929.

Arbeitsvorschläge und Fragen	*a) Beschreiben Sie das politische „Klima" der Zeit (M2–4, DT).* *b) Welche Schlüsse ziehen Sie aus der Rechtsprechung zwischen 1918 und 1920 (M5, 6)?* *c) Erläutern Sie die Folgen des Versailler Vertrages für Deutschland (M1, DT).* *d) Inwiefern belastete der Ruhrkampf die Weimarer Republik?* *e) Kennzeichnen Sie anhand von M9a,b das Verhältnis zwischen Gewerkschaften und Unternehmern.* *f) Interpretieren Sie Tucholskys Lied. Welche Haltung zur von Ebert repräsentierten Sozialdemokratie wird erkennbar?* *g) Verfolgen Sie mithilfe einer Literaturgeschichte den weiteren Lebensweg Tucholskys.*

114

2.4 Weltwirtschaftskrise und Niedergang der Demokratie

Auch wenn die Zwanzigerjahre keineswegs für alle „goldene Zwanziger" waren, so brachten sie doch einen gewissen wirtschaftlichen Aufschwung – vor allem dank US-amerikanischer Kredite. Der innenpolitischen Konsolidierung entsprach eine außenpolitische Entspannung: Deutschland verständigte sich mit Frankreich über die zukünftigen gemeinsamen Grenzen und schloss mit der Sowjetunion einen Neutralitätsvertrag. 1926 wurde Deutschland in den Völkerbund aufgenommen. Doch die bedrohlichste Krise stand noch bevor.

Oktober 1929	„Schwarzer Freitag": Ein Kurssturz an der New Yorker Börse löst die Weltwirtschaftskrise aus.
1930	Reichskanzler Brüning versucht, durch Sparmaßnahmen die Krise zu überwinden.
Februar 1932	Die Arbeitslosigkeit in Deutschland erreicht mit 6,1 Millionen Erwerbslosen ihren Höhepunkt.
30. Januar 1933	Hitler wird zum Reichskanzler ernannt.

Von der Depression der US-Wirtschaft …

Auch in den USA schlossen sich Unternehmen zu kapitalkräftigen Konzernen zusammen, die mit der Fließbandproduktion enorme Produktionsziffern erreichten. So stieg in den Zwanzigerjahren die Zahl der Autos in den USA von 9 Millionen auf über 23 Millionen. Aber die Fassade des Wirtschaftswachstums wies bereits Risse auf. Die Industrieproduktion übertraf seit 1927 die Nachfrage. Die Folgen zeigten sich bald: Viele Bürger hatten in den Jahren des Aufschwungs Aktien erworben, um am Wachstum teilzuhaben. Als die Absatzschwierigkeiten 1929 immer größer wurden, verkauften mit einem Schlag viele Aktionäre ihre Wertpapiere, um Kursverlusten zuvorzukommen. Am 24./25. Oktober 1929, dem „Schwarzen Freitag", wurden fast 13 Millionen Aktien abgestoßen. Die Kurse fielen ins Bodenlose. Zahlreiche Banken – bis 1932 über 5000 – mussten ihre Zahlungsunfähigkeit erklären, viele Unternehmer ihre Produktion einstellen und ihre Arbeiter entlassen. Die Zeit des Wohlstandes war einer tiefen Depression gewichen.

… zur Weltwirtschaftskrise

Amerikas Wirtschaft hatte in der Zeit des Aufschwungs viel Geld in Europa, Asien und Lateinamerika investiert. Amerikanische Banken und Unternehmer forderten nun ihre kurzfristigen Kredite aus dem Ausland, so auch aus Deutschland, zurück. Als Kreditgeber und damit Gläubiger fast aller Staaten der Welt „exportierte" Amerika damit zwangsläufig die eigene Krise und löste die Weltwirtschaftskrise aus.

In Deutschland: „Konjunktur auf Pump"

Die Modernisierung der deutschen Wirtschaft hatte Geldmittel erfordert, die nach den Inflationsverlusten von inländischen Sparern nicht in voller Höhe aufgebracht werden konnten. Fast die Hälfte aller zwischen 1924 und 1929 im Deutschen Reich durchgeführten Neuinvestitionen wurden mit Krediten aus dem Ausland, vor allem aus den USA, finanziert. Dieser Weg wurde schon vor der Weltwirtschaftskrise von Wirtschaftswissenschaftlern als „Konjunktur auf Pump" getadelt. Die deutschen Banken liehen zudem häufig das im Ausland kurzfristig geborgte Geld zur Finanzierung von Investitionen langfristig aus.

115

Arbeitslosigkeit

Der Abzug der ausländischen Kredite zwang viele deutsche Unternehmen in den Konkurs. Andere mussten ihre Produktion drosseln, da die steigende Arbeitslosigkeit oder Kurzarbeit auch die Kaufkraft der Bevölkerung drastisch verminderte. Zudem ging der staatliche Wohnungsbau stark zurück. Die Gemeinden mussten nun Kredite zurückzahlen, mit denen sie Straßen, Krankenhäuser, Schulen und Wohnungen finanziert hatten. Die ihnen noch verbliebenen Einkünfte reichten kaum für die Sozialfürsorge. In manchen Industrieregionen war jeder dritte Arbeitnehmer ohne Verdienst. Hunger und Hoffnungslosigkeit bedrückten die Arbeitslosen, Angst dagegen die, die noch Arbeit hatten, aber stets erwarten mussten, diese zu verlieren.

Bankenkrise

Eine Bankenkrise beschleunigte den Abwärtstrend. Viele Banken hatten die Vergabe von Krediten im Verhältnis zu ihrem Eigenkapital zu stark ausgedehnt. Im Mai 1931 musste die größte Geschäftsbank Österreichs riesige Verluste eingestehen. Daraufhin setzte ein Ansturm der Sparer auf Guthaben ein, dem das Bankhaus nicht gewachsen war.

Auch bei deutschen Banken begannen nun in- und ausländische Geldanleger in großem Umfang Bank- und Sparkasseneinlagen zu kündigen. Am stärksten traf die Kapitalflucht die Danatbank. Am 13. Juli 1931 stellte die Bank ihre Zahlungen ein. Die Einstellung der Auszahlungen einer angesehenen Großbank löste unter den Sparern Panik aus. Sofort setzte ein Ansturm der Kunden auf alle Geldinstitute ein. Die Reichsregierung beschränkte die Abhebungen auf dringende Fälle, wie z. B. anstehende Lohnzahlungen. Von Sparguthaben durften nur noch bis zu 20 Mark täglich abgehoben werden.

Die Große Koalition scheitert

Die regierende Große Koalition aus SPD, Zentrum, BVP, DDP und DVP stand angesichts der wirtschaftlichen Krise vor einer Bewährungsprobe. Das Ansteigen der Arbeitslosenzahl bedeutete für die Staatskasse wachsende Ausgaben. Die SPD plante, die von Arbeitgebern und Arbeitnehmern zu gleichen Teilen getragenen Beiträge zur Arbeitslosenversicherung um ein halbes Prozent auf 4% heraufzusetzen. Die DVP lehnte diese Erhöhung ab und forderte stattdessen, die Sozialleistungen zu kürzen. Ein Kompromiss konnte nicht gefunden werden. Die Große Koalition, die letzte parlamentarisch getragene Regierungskoalition, war gescheitert. Die Angst der Parteien, durch Kompromisse ihre Anhänger zu verlieren, war stärker als ihre Bereitschaft, die Koalition zu erhalten.

Die Regierung Brüning: Präsidialkabinett und Notverordnungen

Reichspräsident von Hindenburg (seit 1925) berief nun Heinrich Brüning zum neuen Reichskanzler. Dieser bildete ein Minderheitskabinett, in dem die SPD nicht mehr

1 „The source": („Die Quelle"). Karikatur aus der amerikanischen Zeitung „St. Louis Dispatch" vom 18. Oktober 1930 als Reaktion auf die „Erdrutschwahl" vom 14. September 1938.

vertreten war. Brüning stützte sich nicht auf das Parlament, sondern auf das Vertrauen des Reichspräsidenten. Sein Kabinett wurde deshalb „Präsidialkabinett" genannt. Auf der Grundlage von Notverordnungen nach Artikel 48 der Verfassung versuchte er, sein Programm zur Sanierung der Wirtschaft durchzusetzen. Er wollte eine neue Inflation vermeiden und den Staatshaushalt ausgleichen (Deflationspolitik). Dazu ergriff Brüning einschneidende Maßnahmen (▶ M2). Aber es gelang ihm nicht, die wachsenden Wirtschaftsprobleme zu überwinden.

Am 18. Juli 1930 beantragte die SPD die Aufhebung einer Notverordnung, mit der die Regierung ihr Sparprogramm durchsetzen wollte. Als auf Antrag der SPD das Parlament die Notverordnung durch Mehrheitsbeschluss aufhob, löste der Reichspräsident den Reichstag nach Artikel 25 auf. Die Gesetzesvorlage wurde in verschärfter Form durch Notverordnungen in Kraft gesetzt.

Bei den Neuwahlen am 14. September 1930 erhöhte die KPD die Zahl ihrer Reichstagssitze von 54 auf 77, und die NSDAP errang statt 12 nun 107 Mandate und war der eigentliche Gewinner der Wahl. Über sechs Millionen Wähler hatten der NSDAP ihre Stimme gegeben. Brüning konnte sich auch weiterhin nicht auf eine Mehrheit im Reichstag stützen, aber sein zweites Präsidialkabinett wurde nun von den Parteien der Mitte, besonders aber von der SPD, aus Furcht vor den Nationalsozialisten und Kommunisten toleriert.

Die Radikalisierung des politischen Kampfes

Im Reichstag blockierten NSDAP und KPD systematisch die parlamentarische Arbeit; sie stellten Anträge, unpopuläre Steuern und Abgaben aufzuheben oder zu senken, andererseits aber die Staatsausgaben für Rentenerhöhungen, Wohnungsbauten u. a. zu erhöhen. Außerhalb des Parlaments wurde die politische Auseinandersetzung immer gewalttätiger. Einige Parteien hatten regelrechte Kampfverbände gebildet, die sich erbitterte Straßenschlachten lieferten. Allein im Sommer 1932 wurden dabei über 300 Personen getötet.

Die stärkste der „Parteiarmeen" war die SA („Sturmabteilung") der NSDAP. Die Zahl der Mitglieder der NSDAP stieg von 27 000 (1925) auf 1,4 Millionen (1932). Die weit verbreitete Kritik am parlamentarischen System machte sich die NSDAP geschickt zunutze. Mit ihrer Kampfansage „Nationalsozialismus ist das Gegenteil von dem, was heute ist" gelang ihr – zumal in der Zeit der Wirtschaftskrise – eine umfassende Mobilisierung von Protestwählern. Im Oktober 1931 formierten sich die DNVP, die NSDAP und andere rechtsgerichtete Kräfte auf einer Tagung in Bad Harzburg zu einem taktischen Bündnis gegen die Republik („Harzburger Front"). Republikanisch gesinnte Gruppen antworteten im Dezember 1931 mit der Bildung der „Eisernen Front".

Die Entlassung Brünings

Ende Mai 1932 entzog Hindenburg dem Reichskanzler überraschend sein Vertrauen. Brüning wurde entlassen. Zu diesem Schritt hatten den Reichspräsidenten einflussreiche Kreise der politischen Rechten gedrängt. Dazu zählten insbesondere ostelbische Großgrundbesitzer. Sie lehnten Brünings Vorhaben, nicht sanierungsfähige Agrargüter gegen Entschädigung zwangsweise an Kleinbauern aufzuteilen, als „Agrarbolschewismus" ab. Brünings rigorose Sparpolitik hatte das Heer der Arbeitslosen wachsen lassen und viele Menschen ins Elend getrieben. Aus einer Wirtschaftskrise wurde eine Krise der Weimarer Republik: Das Parlament und die Parteien verloren weiter an Einfluss; dagegen gewann der 1932 erneut zum Reichspräsidenten gewählte greise Hindenburg eine Schlüsselposition.

Papens „Kabinett der Barone"

Als Nachfolger Brünings bildete der ehemalige Zentrumsabgeordnete Franz von Papen aus fast nur adeligen Ministern („Kabinett der Barone") eine konservative Regierung ohne parlamentarischen Rückhalt. Papen hoffte, der NSDAP durch eine autoritäre und betont nationale Politik den Wind aus den Segeln nehmen zu können. Auf der Reparationskonferenz von Lausanne (Juni/Juli 1932) erreichte er die von Brüning forcierte endgültige Streichung der Reparationen. Als Gegenleistung für die Tolerierung seines Kabinetts durch Hitler hob er das – noch von Brüning verhängte – SA-Verbot auf und ließ erneut Neuwahlen für den Reichstag ausschreiben, die die Nationalsozialisten dann zur stärksten Fraktion im Reichstag machten. Im Juli 1932 setzte er die preußische Regierung ab („Preußenschlag"), um ein angeblich „rotes Bündnis" der SPD mit der KPD zu verhindern. Von der Rechten wurde dieser verfassungswidrige Staatsstreich mit Begeisterung aufgenommen.

Staatliche Arbeitsbeschaffung

Papen begann eine Politik der aktiven Arbeitsbeschaffung. Im Juli wurde der „freiwillige Arbeitsdienst" ins Leben gerufen, und im September sahen Notverordnungen Beschäftigungsprämien und Aufwendungen für öffentliche Arbeiten in den kommenden Monaten im Wert einer Dreiviertelmilliarde Reichsmark vor. Zur staatlichen Arbeitsbeschaffungspolitik gehörte auch der Aufbau eines Autobahnnetzes. Als erste Autobahn wurde im Dezember 1932 die Strecke Köln–Bonn dem Verkehr übergeben (▶ S. 151). Damit wurde der bisherige Kurs der Deflationspolitik verlassen.

Das Scheitern Papens und das Kabinett Schleicher

Da Papen im Reichstag keine Mehrheit hinter sich hatte, ließ er nach Auflösung des Reichstages durch den Reichspräsidenten für den 6. November 1932 erneut Wahlen ausschreiben, bei der die NSDAP gegenüber der Juli-Wahl 4 % verlor. Neuer Reichskanzler wurde im Dezember 1932 Kurt von Schleicher. Noch mehr als Papen wandte sich Schleicher von der Spar- und Deflationspolitik Brünings ab. Der Staat verpflichtete sich, großzügige Mittel für eine Winterhilfe für alle Notleidenden, für Arbeitsbeschaffungen und für den freiwilligen Arbeitsdienst bereitzustellen. Kürzungen von Sozialleistungen aus der Regierungszeit Brünings wurden aufgehoben. Die Maßnahmen Papens und Schleichers führten seit Mitte des Jahres 1932 zwar zu einer leichten wirtschaftlichen Erholung. Ein deutliches Nachlassen der Stimmanteile für die NSDAP bei den Reichstagswahlen im November 1932 verdeutlicht, dass das Vertrauen der Bevölkerung in die demokratischen Parteien wieder wuchs.

Hitlers Weg zur Kanzlerschaft

Unterdessen hatte sich Papen hinter dem Rücken Schleichers in Geheimverhandlungen mit Hitler abgesprochen. Hitler, für dessen Kanzlerschaft bereits im November 1932 einflussreiche Großindustrielle und Großagrarier mit einer Eingabe an den Reichspräsidenten eingetreten waren, sollte mit Papen als Vizekanzler eine Regierung aller nationalen Kräfte bilden. Papen glaubte, Hitler mithilfe der anderen konservativen Regierungsmitglieder „einrahmen" zu können. Als sich außer Papen auch Hindenburgs engste Vertraute für ein Kabinett Hitler aussprachen, ließ der Reichspräsident seine Vorbehalte gegen den „böhmischen Gefreiten" fallen. Am 30. Januar 1933 ernannte er Adolf Hitler zum Reichskanzler.

Außer Hitler gehörten dem Kabinett von 13 Ministern nur noch zwei Nationalsozialisten an: der preußische Ministerpräsident Hermann Göring als Minister ohne Geschäftsbereich und Wilhelm Frick als Innenminister. Hitler schien tatsächlich „eingerahmt".

2 Wirtschaftspolitik der Regierung Brüning

Einige Maßnahmen 1930–1932:
- 25 % Gehaltskürzung im öffentlichen Dienst
- Einkommenssteuererhöhung von 5 % für Einkommen über 8000 Reichsmark
- Ledigensteuer von 10 %
5 - Erhöhung der Arbeitslosenversicherungsbeiträge von 3,5 % auf 4,5 %; Senkung der Ausgaben bei der Arbeitslosenversicherung von 1821 Mill. RM (1930) auf 721 Mill. RM (1932)
- Erhöhung der Zinssätze, um die Kreditnachfrage zu
10 bremsen

3 Die Kampfverbände der Parteien

Stahlhelm: Bund der Frontsoldaten, gegründet im November 1918. Ursprünglich eine Vereinigung von Kriegsteilnehmern, ab 1929 als Kampforganisation der Rechtsparteien tätig, 1933/34 in die SA eingeglie-
5 dert.
SA: Sturmabteilung, 1921 vorwiegend aus ehemaligen Freikorps-Soldaten gegründet, Kampfverband der NSDAP, nach dem Hitler-Putsch 1923 aufgelöst, 1925 Neuorganisation, 1932 ca. 200 000 Mann (Führung: seit
10 1931 Stabschef Ernst Röhm).
SS: Schutzstaffel, gegründet 1925 aus der SA, ursprünglich zum persönlichen Schutz Hitlers, ab 1929 NS-Elitetruppe mit verschiedenen Untergliederungen (Allgemeine SS, SS-Verfügungstruppe, SS-Totenkopf-
15 verbände, Sicherheitsdienst u.a.), 1933 ca. 52 000 Mann (Führung: seit 1929 Heinrich Himmler).

RFB: Roter Frontkämpfer-Bund, gegründet 1924, Kampfverband der KPD (Führung: Ernst Thälmann, zugleich Vorsitzender der KPD).
Reichsbanner Schwarz-Rot-Gold: gegründet 1924, 20 Wehrverband zur Verteidigung der Weimarer Republik, in der Führungsspitze Vertreter der SPD, der Staatspartei und des Zentrums, 1932 über 3 Millionen Mitglieder.

5 Der politische Straßenterror

Im Dezember 1929 veröffentlichte Reichsinnenminister Carl Severing (SPD) einen Bericht über die Radikalisierung des politischen Alltags:
Am 25. 8. wurden in Essen vier von einer Veranstaltung des Reichsbanners Schwarz-Rot-Gold kommende Mitglieder dieses Verbandes auf ihrem Heimweg von Nationalsozialisten überfallen. Die Nationalsozialisten
5 rissen ihnen die Abzeichen des Reichsbanners ab und zerfetzten zum Teil ihre Kleidung [...]. Ein Reichsbannermitglied erhielt mit einem Schlagring einen Hieb über den Kopf. Am 1. 9. 1929 [...] veranstaltete der Stahlhelm in Hamburg einen Umzug [...]. [Es] hatten
10 sich etwa 500 Kommunisten angesammelt, die über die Stahlhelmmitglieder mit Stöcken, Totschlägern und Gummischläuchen herfielen. [...] Am gleichen Tag kam es in Oranienburg zu einer Schlägerei zwischen 25 Nationalsozialisten, die in ein von der KPD benutztes Versammlungslokal einzutreten begehrten, und
15 Anhängern der KPD. Dabei fanden Messer, Spaten und andere gefährliche Werkzeuge Verwendung, sodass verschiedene Personen verletzt wurden [...]. Am 17. 11.

4 Wahlplakate aus dem Wahlkampf 1932.

Die Reichstagswahlen vom 31. 7. 1932 vollzogen sich – nach der Aufhebung des SA-Verbots am 14. Juni – in einer äußerst angespannten und gewalttätigen Atmosphäre. Allein am Wahltag waren 9 Tote als Opfer des politischen Terrors zu beklagen.

wurden Mitglieder der SPD in Breslau [...] von etwa
20 30 Kommunisten angegriffen. Der Sozialdemokrat
Fischer wurde dabei mit einem Kalkpinsel ins Gesicht
geschlagen [...].

Nach: Die ungeliebte Republik, hrsg. v. W. Michalka u. G. Niedhart,
München 1981, S. 264 ff.

6 Kritik an Brünings Sturz

*Der ehemalige Reichsfinanzminister der Regierung
Brüning, Hermann Dietrich (DDP), richtete im Juni
1932 einen Aufruf „An die Freunde im Lande":*
Verfassungsmäßig nicht zuständige Kräfte haben die
Regierung Brüning zu Fall gebracht und die Auflösung
des Reichstages herbeigeführt. Gleichviel, ob die neue
Regierung [...] die Macht in Deutschland kraft eigenen
5 reaktionären Willens auszuüben gedenkt oder sie nach
den Wahlen an die Nationalsozialisten abtreten will –
sie ist in jedem Fall ein Werkzeug Hitlers, und sie hat
Gefahren für das deutsche Volk und Reich heraufbe-
schworen, die wir eben durch die Präsidentenwahlen
10 gebannt glaubten. Ein Sieg des Nationalsozialismus,
der seinem innersten Wesen nach unduldsam und un-
fähig ist, bedeutet Terror gegen anders Denkende, Unterdrückung der politischen Freiheit, unübersehbare
wirtschaftliche Experimente [...].

Nach: K. D. Bracher, Die Auflösung der Weimarer Republik,
Königstein/Ts. 1978, S. 470

7 Was erwartete man von Hitler als Reichs-kanzler?

a *Aus einer Petition von 16 führenden Persönlichkeiten aus Industrie und Landwirtschaft, die am
19. November 1932 beim Reichspräsidenten einging:*
Ew. Exzellenz, Hochzuverehrender Herr Reichspräsident! [...] Mit Eurer Exzellenz bejahen wir die
Notwendigkeit einer vom parlamentarischen Partei-
wesen unabhängigeren Regierung [...]. Gegen das bis-
5 herige parlamentarische Parteiregime sind nicht nur
die Deutschnationale Volkspartei [...], sondern auch
die Nationalsozialistische Deutsche Arbeiterpartei
grundsätzlich eingestellt. [...] Es ist klar, dass eine des
Öfteren wiederholte Reichstagsauflösung [...] nicht
10 nur einer politischen, sondern auch jeder wirtschaftlichen Beruhigung und Festigung entgegenwirken
muss. Es ist aber auch klar, dass jede Verfassungsänderung, die nicht von breitester Volksströmung
getragen ist, noch schlimmere wirtschaftliche, poli-
15 tische und seelische Wirkungen auslösen wird. Wir
erachten es deshalb für unsere Gewissenspflicht, Eure
Exzellenz [...] zu bitten, dass [...] die Umgestaltung
des Reichskabinetts in einer Weise erfolgen möge, die
die größtmögliche Volkskraft hinter das Kabinett
20 bringt. Wir bekennen uns frei von jeder engen partei-
politischen Einstellung. Wir erkennen in der nationalen Bewegung, die durch unser Volk geht, den ver-
heißungsvollen Beginn einer Zeit, die durch Über-

windung des Klassengegensatzes die unerlässliche
Grundlage für einen Wiederaufstieg der deutschen
Wirtschaft erst schafft [...] Die Übertragung der ver- 25
antwortlichen Leitung eines [...] Präsidialkabinetts
an den Führer der größten nationalen Gruppe wird die
Schlacken und Fehler, die jeder Massenbewegung notgedrungen anhaften, ausmerzen und Millionen Men- 30
schen, die heute abseits stehen, zu bejahender Kraft
mitreißen [...]"

Nach: Ursachen und Folgen, Bd. 8, hrsg. v. H. Michaelis u. E. Schraepler,
Berlin o. J., S. 687 f.

b *Theodor Duesterberg, zweiter Bundesführer des
„Stahlhelm", erinnerte sich:*
Am 26. Januar 1933 fand eine Besprechung Papens mit
Hugenberg [Eigentümer eines Medienkonzerns und
Vorsitzender der DNVP], Seldte [erster Bundesführer
des ‚Stahlhelm'] und mir statt. Diese eröffnete Papen
mit einer [...] Ansprache, in der er auf die zwingende 5
Notwendigkeit einer neuen Regierung unter Hitler als
Reichskanzler hinwies. Er schloss mit der Forderung,
dass wir uns alle Hitler zu unterstellen hätten [...]
Seldte [...] erklärte seine grundsätzliche Bereitschaft.
Ich widersprach und warnte vergeblich vor der Dyna- 10
mik der Hitler'schen Natur und seiner fanatischen
Massenbewegung, Hugenberg suchte meine Gedanken
mit dem Hinweis zu entkräften, dass ja nichts passieren
könne. Hindenburg bliebe Reichspräsident und Oberbefehlshaber der Wehrmacht, Papen würde Vizekanz- 15

120

ler [...] ‚Wir rahmen also Hitler ein'. Mit einem drastischen Witz sagte ich [...] Hugenbergs persönliches Schicksal voraus. Er würde eines Nachts in Unterhosen durch die Ministergärten flüchten müssen.

Nach: Die ungeliebte Republik, hrsg. v. W. Michalka u. G. Niedhart, München 1981, S. 357 f.

c | *Am 30. Januar 1933 veröffentlichte die KPD auf Flugblättern einen Aufruf zum Generalstreik. Außer in der schwäbischen Stadt Mössingen kam es aber nirgendwo zu Arbeitsniederlegungen.*
Hitler, Reichskanzler – Papen, Vizekanzler – Hugenberg, Wirtschaftsdiktator [...]! Dies neue Kabinett der offenen, faschistischen Diktatur ist die brutalste, unverhüllteste Kriegserklärung an die Werktätigen, die
5 deutsche Arbeiterklasse! [...] Das blutige, barbarische Terrorregime des Faschismus wird über Deutschland aufgerichtet. Massen, lasst nicht zu, dass die Todfeinde des deutschen Volkes [...] ihr Verbrechen durchführen! [...] Verteidigt euch gegen die schrankenlose
10 soziale Reaktion der faschistischen Diktatur.

Nach: Die ungeliebte Republik, hrsg. v. W. Michalka und G. Niedhart, München 1981, S. 360 f.

8 **Ab 1930: Wer bestimmt die Politik?**

	Anzahl der	
	Not-verordnungen	Reichstags-sitzungen
1930	5	94
1931	44	41
1932	60	13

d | *„New York Times", 31. Januar 1933:*
Es wäre sinnlos, wollte man versuchen, das tiefe Unbehagen zu verbergen, das die Nachricht aus Berlin bei allen Freunden Deutschlands hervorrufen muss. An die Spitze der deutschen Republik ist ein Mann
5 gestellt worden, der sie öffentlich verhöhnt und geschworen hat, sie zu vernichten, sobald er die persönliche Diktatur errichtet hätte [...]. Sollte er die wilden Worte seiner Wahlreden in politisches Handeln umzusetzen suchen, so hätte er eine Mehrheit
10 des Kabinetts, die er hat akzeptieren müssen, entschieden gegen sich [...]. Von allen Sicherungen ist die beste, dass Präsident Hindenburg Oberster Befehlshaber bleibt und bereit ist, Hitler gegebenenfalls so schnell abzusetzen, wie er ihn berufen hat [...]

Nach: Geschichte in Quellen, Bd. 6, München 1970, S. 275 f.

e | *Goebbels im Rundfunk am 30. Januar 1933:*
Wir sind alle maßlos glücklich! Glücklich darüber, dass nun eine vierzehnjährige Arbeit durch Sieg und Erfolg gekrönt worden ist. Wenn ich den heutigen Tag auf den einfachsten Nenner bringen soll, dann möchte ich sa-
5 gen: Es ist ein Triumph der Zähigkeit. Die Zähigkeit der nationalsozialistischen Führung hat diesen Sieg errungen. Und es ist für mich nun ergreifend zu sehen, wie in dieser Stadt, in der wir vor sechs Jahren mit einer Hand voll Menschen begonnen haben – wie in dieser Stadt
10 wirklich das ganze Volk aufsteht, wie unten die Menschen vorbeimarschieren, Arbeiter und Bürger und Bauern und Studenten und Soldaten – eine große Volksgemeinschaft [...] Das ist die Krönung unserer Arbeit.

Nach: W. J. Mommsen, 1933: Die Flucht in den Führerstaat, in: Wendepunkte deutscher Geschichte 1848–1945, hrsg. v. C. Stern und H. A. Winkler, Frankfurt 1979, S. 100 f.

9 **Versprechen und Schreckensvision:**

Links: Plakat der NSDAP (Reichstagswahl vom 31. Juli 1932), rechts: Zeichnung von A. Paul Weber von 1932 (Umschlagbild des Buches „Hitler – ein deutsches Verhängnis").

10 Arbeitslosigkeit in Deutschland, 1931 bis 1933

Ende März 1931	4 744 000	Ende September 1932	5 103 000
Ende Juni 1931	3 954 000	Ende Dezember 1932	5 773 000
Ende Dezember 1931	5 668 000	Ende Februar 1933	6 001 000
Ende Februar 1932	6 128 000		

Nach: Krieger, Handbuch, Bd. V, S. 229

11 Stimmenanteile für die Parteien bei den Reichstagswahlen, 1919 bis 1933

	19. Januar 1919	6. Juni 1920	4. Mai 1924	7. Dez. 1924	20. Mai 1928	14. Sept. 1930	31. Juli 1932	6. Nov. 1932	5. März 1933
Wahlbeteiligung in %	83,0	79,2	77,4	78,8	75,6	82,0	84,1	80,6	88,8
KPD	–	2,1	12,6	9,0	10,6	13,1	14,5	16,9	12,3
USPD	7,6	17,9	0,8	0,3	0,1	0,0	–	–	–
SPD	37,9	21,7	20,5	26,0	29,8	24,5	21,6	20,4	18,3
DDP	18,6	8,3	5,7	6,3	4,9	3,8	1,0	1,0	0,9
Zentrum	15,9	13,6	13,4	13,6	12,1	11,8	12,5	11,9	11,2
BVP	3,8	4,2	3,2	3,8	3,1	3,0	3,7	3,4	2,7
DVP	4,4	13,9	9,2	10,1	8,7	4,7	1,2	1,9	1,1
DNVP	10,3	15,1	19,5	20,5	14,2	7,0	6,2	8,9	8,0
NSDAP	–	–	6,5	3,0	2,6	18,3	37,4	33,1	43,9
Sonstige	1,6	3,3	8,6	7,5	13,9	13,8	2,0	2,6	1,6
Zahl der Abgeordneten	421	459	472	493	491	583	608	584	647

Nach: Karlheinz Dederke, Reich und Republik Deutschland 1917–1933, Stuttgart 1993, S. 284 f.

Arbeitsvorschläge und Fragen

a) *Beschreiben Sie Ursachen und Verlauf der Weltwirtschaftskrise in den USA und in Deutschland.*

b) *Veranschaulichen Sie die Daten von M10 in einem Schaubild. – Tragen Sie auf der x-Achse jeweils die Jahreszahlen, auf der y-Achse die Arbeitslosenquote ein.*

c) *Welche Erwartungen waren in Deutschland mit der Kanzlerschaft Hitlers verbunden (M7a–e)?*

d) *Versuchen Sie, Ursachen des Scheiterns der Weimarer Republik zu benennen. Erläutern und diskutieren Sie die häufig aufgestellte These, Weimar sei eine „Republik ohne Republikaner" gewesen (▶ S. 109).*

e) *Untersuchen und vergleichen Sie die Wahlplakate (M4 und S. 120). Nehmen Sie dazu ggf. auch die „Werkstatt: Politische Plakate" zu Hilfe (▶ S. 173).*

f) *Überlegen Sie, welche Erfahrungen den Zeichner von M9 zur Darstellung seiner Schreckensvision veranlasst haben könnten?*

Werkstatt Geschichte und Gesellschaft:
Statistiken als historische Quellen

	Prozentanteil der Wähler von 1928, die 1930 für die NSDAP stimmten	Von 100 NSDAP-Wählern von 1930 hatten bei der Wahl von 1928 gewählt
KPD	5	3
SPD	10	14
DDP/DVP	26	18
Zentrum/BVP	9	8
DNVP	31	22
NSDAP	38	5
Sonstige	11	8
Nichtwähler	14	22

Nach: Jürgen W. Falter, Wahlen und Wählerverhalten unter besonderer Berücksichtigung des Aufstiegs der NSDAP nach 1928. In: Die Weimarer Republik 1918–1933, hrsg. v. Bracher u. a., Bonn 1988, S. 502

Wählerbewegungen bei den Reichstagswahlen von 1928 und 1930

Leseanleitung:
a) Schätzungsweise 10 % der SPD-Wähler von 1928 haben 1930 ihre Stimme der NSDAP gegeben;
b) von den NSDAP-Wählern von 1930 hatten 1928 etwa 14 % für die SPD gestimmt.

Statistiken sind geordnete Mengen von Daten, die meist in Zahlenreihen zu Tabellen zusammengestellt werden. Auch Statistiken können im Geschichtsunterricht Quellen wichtiger Erkenntnisse sein. Dies gilt besonders für die Analyse von Wählerbewegungen am Ende der Weimarer Republik, zu einer Zeit also, da sich die Demokratie innerhalb kurzer Zeit in Richtung einer Diktatur veränderte. Für das Verständnis dieser historischen Phase spielt die gründliche Auswertung der vorliegenden Statistiken eine besondere Rolle.

In der wissenschaftlichen Literatur werden die Weimarer Parteien häufig in einen „linken Parteienblock" (SPD, USPD, KPD), in das „katholische Lager" (Zentrum, BVP) und in einen „bürgerlich-protestantischen Block" (DDP, DVP, DNVP u. a.) gegliedert. Der linke und der katholische Parteienblock wiesen zwischen 1919 und 1932 bemerkenswert konstante Stimmenanteile auf, während der bürgerlich-protestantische Block zunehmend Wähler verlor (vgl. M11) und gleichzeitig die NSDAP-Wähler gewann.

Aus welchen Wählergruppen gewann die NSDAP nun ihre Stimmen? Diese Frage lässt sich ohne statistische Grundlagen kaum beantworten. Aus diesem Grunde versucht die Forschung, das Wahlverhalten unterschiedlicher gesellschaftlicher Gruppen zu ergründen. So werden typische Wohngebiete von Arbeitern, Bauern, Mittelstand oder Besitzbürgertum untersucht, konfessionell geprägte Regionen voneinander unterschieden, regionale Auffälligkeiten verglichen. Die Ergebnisse der Forschung werden in ihrer zeitlichen Entwicklung betrachtet und können so Bewertungen ermöglichen.

Zur Diskussion:

Der amerikanische Soziologe Martin Lipset behauptete, Arbeiter seien für den Aufstieg der Nationalsozialisten nahezu ohne Bedeutung gewesen. Es habe sich bei dem Nationalsozialismus um einen Mittelstandsextremismus gehandelt. Diskutieren Sie diese These anhand von M11 und obiger Tabelle.

3 Die Diktatur des Nationalsozialismus

3.1 „Blut und Boden" – die Ideologie des National-sozialismus

Mehr als ein halbes Jahrhundert ist seit der „Machtergreifung" der National-sozialisten vergangen, doch noch heute liegen die Jahre des deutschen Faschis-mus wie ein Schatten auf der deutschen Geschichte. Elemente des nationalso-zialistischen Gedankenguts reichen zum Teil bis ins 19. Jahrhundert und noch weiter zurück.

1 „Adolf Hitler spricht"
Aus einer Serie von Postkarten, die mit Hitler-Zitaten verse-hen waren.
Links: „Wenn an der Front die Besten fie-len, dann könnte man zu Hause we-nigstens das Unge-ziefer vertilgen, die verräterischen Bur-schen [...] an den höchsten Galgen hängen."
Rechts: „Der ge-sunde Mensch mit festem Charakter ist für die Volksgemein-schaft wertvoller als ein geistreicher Schwächling."

Wien: Hitler wird Antisemit

In Wien hatten sich um 1900 zahlreiche rassistische und antisemitische Zirkel gebildet, die vor allem den Juden die Schuld am verblassenden Glanz der Haupt-stadt des Habsburger Vielvölkerstaates zuschrieben. In einer Flut von Büchern und Magazinen wurden diese Gedanken verbreitet. Solche Schriften waren die bevorzugte Lektüre Adolf Hitlers, der als Maler von der Kunstakademie abge-wiesen wurde und keiner geregelten Arbeit nachging. Hitler verließ Wien 1913 nach seinen eigenen Worten „als absoluter Antisemit, als Todfeind der gesam-ten marxistischen Weltanschauung, als alldeutsch in seiner Gesinnung".

München: Hitler „wird Politiker"

Er ging nach München und trat 1914 in das bayerische Heer ein. Nach Kriegs-ende beschloss Hitler unter dem Eindruck der für ihn bestürzenden Niederlage und der Revolution von 1918, „Politiker zu werden" – wie er 1924 in „Mein Kampf" schrieb. 1919 trat er in München in die unbedeutende „Deutsche Arbeiterpartei" ein, der er 1920 einen neuen Namen gab: „Nationalsozialistische Deutsche Arbeiterpartei" (NSDAP). Hitler wurde zum Propagandisten, zum „Trommler" seiner Partei. In seinen Reden begann sich seine Weltanschauung abzuzeichnen, so wie er sie 1924 in „Mein Kampf" niederschrieb.

Den Kernpunkt seiner Weltanschauung bildete seine so genannte „Rassenlehre". Entscheidend für den Wert eines Menschen seien „Rasse und Blut". Die höchste „Rasse" stellten für Hitler die „Arier" dar, deren Kern die germanischen Völker bildeten. Diese „Rasse" sollte in Zukunft von anderem Blut „rein" gehalten werden. Zwischen den Ariern und den „minderwertigen Rassen" sah Hitler einen steten „Kampf ums Dasein", bei denen der Schwächere nach den Gesetzen der natürlichen Auslese untergehen musste. Der „arischen Rasse" stand daher die Herrschaft zu; ihre Existenzerhaltung fordere aber eine Ausweitung des Lebensraumes, der für die Deutschen im Osten Europas liege. **Rassenlehre und Lebensraumideologie**

Den größten Gegensatz zum „Arier" bildeten für Hitler „die Juden". Sie waren für ihn die Urheber aller negativen Zeitströmungen wie Parlamentarismus, Liberalismus, Individualismus und Marxismus. Für Hitler waren Juden am amerikanischen Weltkapitalismus ebenso führend beteiligt wie am sowjetischen Weltbolschewismus. Sie hatten – wie er glaubte – den Ersten Weltkrieg angezettelt und „Versailles" geschaffen, sie waren schuld an der Weltwirtschaftskrise, aber auch am vermeintlichen kulturellen Verfall. **Antisemitismus und Antibolschewismus**

Um das „internationale Judentum auszurotten" und um „neuen Lebensraum im Osten" schaffen zu können, müsse – so versuchte Hitler den Deutschen einzureden – das deutsche Volk zu einer alle Schichten umfassenden, rassisch reinen „Volksgemeinschaft" verbunden sein, in der nur der Wille des Führers gelte. Nur so könne das Volk den Kampf siegreich beenden.
Im Führerstaat sollten die Unterführer „von oben" ernannt, nicht aber gewählt werden. Der oberste Führer sollte die ganze Verantwortung tragen, die anderen nur die Befehle konsequent befolgen. Gegenseitige Treue würde „Führer" und „Gefolgschaft" verbinden; die Artgleichheit der Rasse garantiere, dass die Allmacht des Führers nicht zu Tyrannei und Willkür würde. **Volksgemeinschaft und Führerprinzip**

Rassismus: Im 19. Jahrhundert entstandene Vorstellung, dass die Menschen aufgrund körperlicher Merkmale nach Rassen zu unterscheiden seien. Diese seien in höher stehende und primitive, damit in „wertvolle" und „minderwertige" einzuteilen; Erstere seien namentlich Völker des imperialistischen Europa, Letztere die Völker der Kolonialländer, die deshalb zu Recht den anderen zu dienen hätten. Eine pseudowissenschaftliche Begründung lieferten Vertreter des Sozialdarwinismus, die die Lehre des Naturforschers Charles Darwin von der natürlichen Auslese bei Tieren auf die Entwicklung von Gesellschaften übertrugen.
Im 20. Jahrhundert trat in Europa Rassismus besonders als Antisemitismus (▶ Zeitbild, S. 97 f.) auf; doch auch „Zigeuner" (Roma und Sinti) und alle von Deutschland unterworfenen Völker Osteuropas waren „rassisch Verfolgte".

2 Hitlers Grundüberzeugungen in „Mein Kampf"

a *Über die „Überlegenheit des Ariers":*

Menschliche Kultur und Zivilisation sind auf diesem Erdteil unzertrennlich gebunden an das Vorhandensein des Ariers. [...] Als Eroberer unterwarf er sich die niederen Menschen und regelte dann deren praktische
5 Betätigung unter seinem Befehl, nach seinem Wollen und für seine Ziele. [...] Die Blutsvermischung und das dadurch bedingte Senken des Rassenniveaus ist die alleinige Ursache des Absterbens aller Kulturen. [...] Was nicht gute Rasse ist auf dieser Welt, ist Spreu. [...]
10 Den gewaltigsten Gegensatz zum Arier bildet der Jude. [...] Er ist und bleibt der ewige Parasit [...], wo der auftritt, stirbt das Wirtsvolk nach kürzerer oder längerer Zeit ab.

Nach: Geschichte in Quellen, Bd. 6, München 1970, S. 285 f.

b *Über „Rasse und Lebensraum" heißt es:*

Die Außenpolitik des völkischen Staates hat die Existenz der durch den Staat zusammengefassten Rasse auf diesem Planeten sicherzustellen, indem sie zwischen der Zahl und dem Wachstum des Volkes einerseits und
5 der Größe und Güte des Grund und Bodens andererseits ein gesundes, lebensfähiges, natürliches Verhältnis schafft [...] Wenn ein Volk [...] seine Ernährung [...] gesichert hat, so ist [...] auch noch die Sicherstellung des

3 „**Volksgemeinschaft**" auf einem Propagandaplakat der NSDAP

vorhandenen Bodens selbst zu bedenken. Sie liegt in der allgemeinen machtpolitischen Stärke des Staates, der 1 wieder nicht wenig durch militärgeographische Gesichtspunkte bestimmt wird [...]

Adolf Hitler, Mein Kampf, München 1940, S. 728

c *Über das „Weltjudentum" heißt es:*

Das Vorgehen des Juden ist [...] Folgendes:
Er macht sich an den Arbeiter heran, heuchelt Mitleid mit dessen Schicksal oder gar Empörung über dessen Los des Elends und der Armut, um auf diesem Wege das Vertrauen zu gewinnen. [...] Er begründet die mar- 5 xistische Lehre [...]
So entsteht eine reine Handarbeiterbewegung unter jüdischer Führung, scheinbar darauf ausgehend, die Lage des Arbeiters zu verbessern, in Wahrheit aber die Versklavung und damit die Vernichtung aller nicht- 10 jüdischen Völker beabsichtigend. [...]
Die Internationalisierung unserer deutschen Wirtschaft, d.h. die Übernahme der deutschen Arbeitskraft in den Besitz der jüdischen Weltfinanz, lässt sich restlos nur durchführen in einem politisch bolsche- 15 wistischen Staat. Soll die marxistische Kampftruppe des internationalen jüdischen Börsenkapitals aber dem deutschen Nationalstaat endgültig das Rückgrat brechen, so kann dies nur geschehen unter freundschaftlicher Nachhilfe von außen. Frankreichs Ar- 20 meen müssen deshalb das deutsche Staatsgebilde so lange berennen, bis das innen mürbe gewordene Reich der bolschewistischen Kampftruppe des internationalen Weltjudentums erliegt. [...]

Adolf Hitler, Mein Kampf, 263–264. Auflage 1937. S. 350 f., 702, 751

4 Die Rassenlehre in der Schule

Aus einer Schrift des Reichserziehungsministers Rust, 1935:

Zweck und Ziel der Vererbungslehre und Rassenkunde im Unterricht muss es sein, über die Wissensgrundlagen hinaus vor allem die Folgerungen daraus für alle Fach- und Lebensgebiete zu ziehen und nationalsozialistische Gesinnung zu wecken [...] Wichtig 5 ist die Tatsache, dass allen deutschen Stämmen und allen Volksgenossen Einschläge nordischen Blutes gemeinsam sind und dass dieses uns in Wahrheit blutmäßig zusammenhält. Hier liegt die biologisch-rassenkundliche Grundlage des Erlebnisses der Volksge- 10 meinschaft. [...] Die Geschichte hat die Bedeutung der Rassen für das Werden und Vergehen der Völker und für ihre Leistungen aufzuzeigen, die Erkenntnisse auf unser Volk anzuwenden und in Gesinnung umzusetzen. Die auf den wissenschaftlichen Ergebnissen 15 der Erblehre und Biologie aufgebaute rassische Geschichtsbetrachtung widerlegt Auffassungen, wie sie etwa in der liberalen Fortschrittslehre zum Ausdruck kommen. Aus dem Rassegedanken ist weiterhin die Ablehnung der so genannten Demokratie oder anderer 20

126

Gleichheitsbestrebungen [...] abzuleiten und der Sinn für den Führungsgedanken zu stärken. Die Weltgeschichte ist als Geschichte rassisch bestimmter Volkstümer darzustellen. An die Stelle der Lehre „ex oriente lux" [„aus dem Osten kommt das Licht"] tritt die Erkenntnis, dass mindestens alle abendländischen Kulturen das Werk vorwiegend nordisch bestimmter Völker sind, die in Vorderasien, Griechenland, Rom und den europäischen Ländern – zum Teil im Kampf gegen andere Rassen – sich durchgesetzt haben oder ihnen schließlich erlegen sind, weil sie unbewusst wider die rassischen Naturgesetze gesündigt haben. [...] Dass vor allem den Leibesübungen eine überragende Bedeutung zukommt, versteht sich von selbst. Der nordrassische schöne und gesunde Körper sowie gestählter Wille sind hier das Zielbild. [...]

Nach: v. Westphalen, Geschichte des Antisemitismus in Deutschland im 19. und 20. Jahrhundert, Stuttgart 1971, S. 65 f.

5 **Das Verhältnis der NSDAP zur Demokratie**
Joseph Goebbels, Reichspropagandaleiter der NSDAP, in einem Leitartikel, 1928:
Wir gehen in den Reichstag hinein, um uns im Waffenarsenal der Demokratie mit deren eigenen Waffen zu versorgen. Wir werden Reichstagsabgeordnete, um die Weimarer Gesinnung mit ihrer eigenen Unterstützung lahm zu legen. Wenn die Demokratie so dumm ist, uns für diesen Bärendienst Freifahrkarten und Diäten zu geben, so ist es ihre eigene Sache [...] Uns ist jedes gesetzliche Mittel recht, den Zustand von heute zu revolutionieren. Wenn es uns gelingt, bei diesen Wahlen (1928) sechzig bis siebzig Agitatoren unserer Partei in die verschiedenen Parlamente hineinzustecken, so wird der Staat selbst in Zukunft unsere Kampfapparate ausstatten und besolden. [...] Wir kommen als Feinde! Wie der Wolf in die Schafherde einbricht, so kommen wir. Jetzt seid ihr nicht mehr unter euch!

Nach: Die ungeliebte Republik, hrsg. v. W. Michalka u. G. Niedhart, München 1981, S. 251

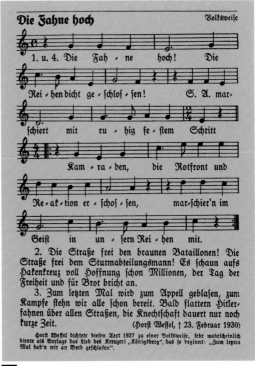

2. Die Straße frei den braunen Bataillonen! Die Straße frei dem Sturmabteilungsmann! Es schaun aufs Hakenkreuz voll Hoffnung schon Millionen, der Tag der Freiheit und für Brot bricht an.
3. Zum letzten Mal wird zum Appell geblasen, zum Kampfe stehn wir alle schon bereit. Bald flattern Hitlerfahnen über allen Straßen, die Knechtschaft dauert nur noch kurze Zeit.
(Horst Wessel, † 23. Februar 1930)
Horst Wessel dichtete diesen Text 1927 zu einer Volksweise, sehr wahrscheinlich diente als Vorlage das Lied des Kreuzers „Königsberg", das so beginnt: „Zum letzten Mal hab'n wir an Bord geschlafen".

6 **„Horst-Wessel-Lied".**
Horst Wessel, geb. 1907, wurde 1926 Mitglied der NSDAP. 1930 wurde er unter ungeklärten Umständen erschossen. Die NSDAP behauptete, er sei einem kommunistischen Angriff zum Opfer gefallen und machte ihn – neben den Toten des Hitlerputsches am 9. November 1923 – zum „Blutzeugen der Bewegung". Das 1927 auf eine Leierkastenmelodie für die Berliner SA geschriebene Lied wurde nach 1933 mit der ersten Strophe des Deutschlandliedes Teil der deutschen Nationalhymne.

a) *Zeigen Sie den Zusammenhang von Rassismus, Sozialdarwinismus und Lebensraumideologie in der Weltanschauung des Nationalsozialismus auf (M2a–c, M6).*
b) *Wie sollte die Rassenlehre in der nationalsozialistischen Schule behandelt werden (M4)?*
c) *Mit welchen Methoden kämpfte die NSDAP gegen die Weimarer Republik (M5)?*
d) *Kennzeichnen Sie das Idealbild der Nationalsozialisten von einer „deutschen Familie" (M3).*

Arbeitsvorschläge und Fragen

3.2 Die Nationalsozialisten errichten ihre Diktatur

Am 30. Januar 1933 wurde Hitler Reichskanzler. Am 2. August 1934 wurde er durch die Vereinigung der Ämter des Reichskanzlers und Reichspräsidenten „Führer und Reichskanzler" und gleichzeitig Oberbefehlshaber der Reichswehr. Zu dieser Zeit waren die meisten demokratischen Institutionen in Deutschland bereits abgeschafft. An die Stelle der Weimarer Republik trat ein totalitärer Staat. Wie war es möglich, Deutschland innerhalb weniger Wochen von einem Rechtsstaat in eine faschistische Diktatur zu verwandeln?

27./28. Febr. 1933	Nach dem Reichstagsbrand beginnt eine Verhaftungswelle.
28. Februar	Notverordnung des Reichspräsidenten setzt die Grundrechte praktisch außer Kraft.
23. März	Mit seiner Zustimmung zum Ermächtigungsgesetz entmachtet sich der Reichstag selbst.
2. August 1934	Nach Hindenburgs Tod ist Hitler Reichspräsident und Reichskanzler.

Märzwahlen 1933: Terror und Verführung

Die NSDAP erklärte den 30. Januar zum Tag der „Machtergreifung" (▶ S. 134, Abb. oben links). Doch nicht sie hatte die Macht „ergriffen", der Reichspräsident hatte lediglich Hitler die Kanzlerschaft und die Aufgabe der Regierungsbildung übertragen.

Als Reichskanzler wollte Hitler nun durch Neuwahlen der NSDAP die parlamentarische Mehrheit sichern. Am 5. März sollten Reichstagswahlen stattfinden, die dritten innerhalb von acht Monaten.

Gefühle und Terror

Meist vermied es Hitler in seinen Wahlkampfreden, konkrete politische Ziele zu nennen. Er sprach vor allem die Gefühle der Menschen an. Erlebnisse aus seiner Jugend, als Soldat an der Front, seine Sorge um Deutschland, um die deutsche Jugend, die deutsche Frau und Mutter, seine Liebe zu seinem Volk beschwor er in seinen Reden, und immer wieder verteufelte er die Juden, die Marxisten, die SPD und politisch anders Denkende. Begleitet wurden die Wahlreden immer wieder von Straßenkämpfen und Saalschlachten, die sich die SA mit politischen Gegnern lieferte.

Faschismus: Der Begriff bezeichnet zunächst die 1917 in Italien aufgekommene Bewegung unter dem „Duce" (Führer) Benito Mussolini mit autoritärem und hierarchischem Aufbau sowie antidemokratischer und antiparlamentarischer Tendenz. Darüber hinaus steht der Begriff als Sammelbegriff für ähnliche politische Bewegungen in anderen Ländern, so für den deutschen Nationalsozialismus. Faschistische Bewegungen nach 1945 werden als „neofaschistisch" bezeichnet. Als charakteristische Merkmale des Faschismus gelten u.a. extremer Nationalismus, Kampf gegen die sozialistische Arbeiterbewegung, militanter und brutaler Aktionsstil sowie sein Anspruch auf die totale „Erfassung" der Menschen.

Eine Woche vor dem Wahltermin ging in Berlin das Reichstagsgebäude in Flammen auf. Bis heute ist nicht eindeutig geklärt, wer den Brand gelegt hat. Verhaftet wurde der holländische Kommunist van der Lubbe. Obwohl dieser beteuerte, der alleinige Brandstifter zu sein, sprach Hitler von einer großen kommunistischen Verschwörung, ließ 40 000 Personen verhaften und erwirkte beim Reichspräsidenten bereits am 28. Februar die „Verordnung zum Schutz von Volk und Staat" (Reichstagsbrandverordnung): Jeder Deutsche konnte nun ohne richterliche Verfügung beliebig lange in Haft genommen werden.

Der Reichstag brennt

Da die Wahlen nicht das erhoffte Ergebnis gebracht hatten (▶ S. 122, M11), wollte Hitler nun den Reichstag dazu bringen, selbst auf seine Gesetzgebungsbefugnis zu verzichten und diese auf vier Jahre der Regierung zu übertragen. Er brauchte zur Durchsetzung dieses Ermächtigungsgesetzes eine Zweidrittelmehrheit im Reichstag – nur scheinbar ein unmögliches Vorhaben. Die nun bei den Parteien und in der Öffentlichkeit einsetzende Werbung für die Zustimmung zum Ermächtigungsgesetz fand am 21. März einen Höhepunkt. Bei der feierlichen Eröffnung des neuen Reichstages in der Garnisonskirche zu Potsdam organisierte Goebbels den „Tag von Potsdam" als ein nationales Fest. Dies blieb nicht ohne Wirkung auf die bürgerlich-konservativen Parteien. Am Tag der Abstimmung versicherte Hitler vor dem Reichstag: „Weder die Existenz des Reichstages noch des Reichsrates soll dadurch bedroht sein. Die Stellung und die Rechte des Herrn Reichspräsidenten bleiben unberührt … Der Bestand der Länder wird nicht beseitigt, die Rechte der Kirche werden nicht geschmälert." Mit 444 zu 94 Stimmen votierte der Reichstag dem „Gesetz zur Behebung der Not von Volk und Reich" zu. Das „Ermächtigungsgesetz" bestimmte:
Artikel 1: „Reichsgesetze können außer in dem in der Reichsverfassung vorgesehenen Verfahren auch durch die Reichsregierung beschlossen werden."

Hitler wird „ermächtigt"

1 Plakat der NSDAP zum Reichstagswahlkampf vom 5. März 1933

2 Der „Tag vom Potsdam". Eröffnung des neu gewählten Reichstags in der Potsdamer Garnisonskirche am 21. März 1933: Hitler in Zivil, ihm gegenüber Hindenburg und Göring; im Altarraum rechts und links die Mitglieder der Regierung. Hindenburg trägt die Uniform des kaiserlichen Generalfeldmarschalls, auf dem Altar die aufgeschlagene Bibel.

Artikel 2: „Die von der Reichsregierung beschlossenen Gesetze können von der Reichsverfassung abweichen, soweit sie nicht die Einrichtung des Reichstags und des Reichsrats als solche zum Gegenstand haben. Die Rechte des Reichspräsidenten bleiben unberührt."

Sieben Wochen nach dem Regierungsantritt hatte Hitler das, was er wollte: Gesetzgebende und ausführende Gewalt waren in seiner Hand. Als einzige Partei lehnte die SPD das Ermächtigungsgesetz ab. Den 81 KPD-Abgeordneten waren zuvor die Mandate aberkannt worden, die meisten saßen bereits in Haft. Die anderen Parteien stimmten zu, teils im Glauben an Hitlers Versprechungen, nicht zuletzt aber auch aus Angst vor dem Terror der SA- und SS-Verbände.

„Gleichschaltung" Nun hatte Hitler freie Hand, alle Einrichtungen und Lebensbereiche zu beherrschen. Es folgte die umfassende „Gleichschaltung": Reichskommissare, dann Reichsstatthalter, ersetzten die Länderregierungen; in den Gemeinden kontrollierten Nationalsozialisten die Bürgermeister oder verdrängten sie. Die politischen Parteien mussten sich auflösen oder wurden verboten. Die Gleichschaltung der Schulen und Hochschulen verlief rasch, nachdem ein „Gesetz" vom 7. April Handhabe bot, Beamte, die z. B. der SPD oder der KPD angehörten, aus ihrem Amt zu entfernen. Die Zerschlagung der Gewerkschaften am 2. Mai 1933 beraubte die Arbeiter ihrer Interessenvertretung; die Ersatzorganisation „Deutsche Arbeitsfront" (DAF) wirkte als verlängerter Arm des Regimes. Schon im Spätsommer 1933 erklärte Hitler die „nationalsozialistische Revolution" für beendet.

3 **Drohung und Terror**
SA-Einheiten marschieren vor der Abstimmung über das Ermächtigungsgesetz am 23. März 1933 in die Berliner Krolloper, die nach dem Reichstagsbrand als Tagungsstätte diente. Die SA wurde von Hitler offiziell als „Ordnungsdienst" eingesetzt.

Bereits am 13. März 1933 war unter Josef Goebbels ein Ministerium für Volksaufklärung und Propaganda eingerichtet worden, das die „Gleichschaltung" der Presse durchführte. Daneben sollten Radio, Film und andere Medien die öffentliche Meinung beeinflussen und einheitlich formen. Auf „Pressekonferenzen" erfuhren die Journalisten durch den Propagandaminister, was sie am nächsten Tag in welcher Form zu berichten hatten. Die nationalsozialistische Propaganda war allgegenwärtig.

Neben der NSDAP-Parteiorganisation hatte sich die SA unter Ernst Röhm zu einer eigenständigen politischen Kraft entwickelt. Röhm wollte die SA mit der Reichswehr zu einem „revolutionären Volksheer" verschmelzen. Dagegen wehrten sich die Führer der Reichswehr, deren fachliches Können Hitler für seine Aufrüstungspläne brauchte. Hitler entschied sich gegen Röhm: Am 30. Juni 1934 wurde Röhm mit seinen engsten Mitarbeitern verhaftet und ohne Prozess durch ein SS-Sonderkommando in München erschossen. Dasselbe Schicksal erfuhren auch alte Gegner Hitlers. Den Mord an insgesamt fast 400 Personen rechtfertigte Hitler nachträglich als Staatsnotwehr, die einem Putsch Röhms zuvorgekommen sei und einen Bürgerkrieg verhindert hätte. Von nun an trat die SS aus dem Schatten der SA und wurde unter Himmler das entscheidende Herrschaftsinstrument des Regimes. Hitler hatte sich seines gefährlichsten Rivalen entledigt, seiner Macht schienen keine Grenzen mehr gesetzt zu sein.

„Säuberung" in den eigenen Reihen

Am 2. August 1934 starb Reichspräsident Hindenburg. Unter Bruch des Ermächtigungsgesetzes machte sich Hitler als „Führer und Reichskanzler" zum alleinigen Staatsoberhaupt, womit er auch den Oberbefehl über die Reichswehr übernahm. Damit hatte er alle entscheidenden Ämter inne: Staatsoberhaupt, Parteiführer, Oberster Gerichtsherr, Oberbefehlshaber der Reichswehr, Reichskanzler.

„Führer und Reichskanzler"

4 ◄ **Das Führerbild,** wie es sich die Deutschen einprägen sollten. Dieses Bild hing in Klassenzimmern, Amtsräumen, Geschäften und auch Wohnzimmern.

Ein Volk, ein Reich, ein Führer!

5 „Das Opferessen des Reiches". Die neue NS-Volksgemeinschaft sollte in gemeinsamen Aktionen ihren Ausdruck finden. Diese reichten von Hilfeleistungen bis zum gemeinsamen Eintopfessen und der gemeinsamen Urlaubsgestaltung.

Wir essen Eintopfgericht
keiner darf hungern

6 „Das tote Parlament". Plakat von John Heartfield, 1933

Das tote Parlament

DAS BLIEB VOM JAHRE 18**48** ÜBRIG!
So sieht der Reichstag aus, der am 13. Oktober eröffnet wird.

7 Die Debatte über das Ermächtigungsgesetz

a *Aus Hitlers Reichstagsrede am 21. März 1933:*

Die Reichsregierung beabsichtigt [...] nicht, durch dieses Ermächtigungsgesetz die Länder aufzuheben. Wohl aber wird sie diejenigen Maßnahmen treffen, die von nun ab und für immer eine Gleichmäßigkeit der politi-
5 schen Intentionen im Reich und den Ländern gewährleisten [...]. Es würde dem Sinn der nationalen Erhebung widersprechen, [...] wollte die Regierung sich für ihre Maßnahmen von Fall zu Fall die Genehmigung des Reichstags erhandeln und erbitten. Die Regierung wird
10 dabei nicht von der Absicht getrieben, den Reichstag als solchen aufzuheben; im Gegenteil, sie behält sich auch in Zukunft vor, ihn von Zeit zu Zeit über ihre Maßnahmen zu unterrichten oder aus bestimmten Gründen, wenn zweckmäßig, auch seine Zustimmung
15 einzuholen. [...] Sie bietet den Parteien des Reichstags die Möglichkeit einer ruhigen deutschen Entwicklung [...], sie ist aber ebenso entschlossen und bereit, die Bekundung der Ablehnung (des Gesetzes) und damit die Ansage des Widerstands entgegenzunehmen. Mögen
20 Sie, meine Herren, nunmehr selbst die Entscheidung treffen über Frieden oder Krieg.

b *Aus der Rede des Prälaten Kaas (Zentrum):*

Im Angesicht der brennenden Not, in der Volk und Staat gegenwärtig stehen [...], im Angesicht vor allem der Sturmwolken, die in Deutschland und um Deutschland aufzusteigen beginnen, reichen wir von
5 der Deutschen Zentrumspartei in dieser Stunde allen, auch früheren Gegnern, die Hand, um die Fortführung des nationalen Aufstiegswerkes zu sichern.

c *Aus der Rede des württembergischen Abgeordneten Dr. Reinhold Maier (DDP):*

Wir fühlen uns in den großen nationalen Zielen mit der Auffassung verbunden, wie sie heute vom Reichskanzler vorgetragen wurde [...] Wir vermissen in dem vorliegenden Gesetzesentwurf, dass den verfassungs-
5 mäßigen Grundrechten und den Grundlagen der bürgerlichen Rechtsordnung keine ausdrückliche Sicherung vor Eingriffen gegeben wurde. Unantastbar müssen vor allem bleiben die Unabhängigkeit der Gerichte, des Berufsbeamtentums und seiner Rechte,
10 das selbstbestimmende Koalitionsrecht der Berufe, die staatsbürgerliche Gleichberechtigung, die Freiheit von Kunst und Wissenschaft wie ihre Lehre [...] in der Erwartung einer gesetzmäßigen Entwicklung stellen wir heute unsere ernsten Bedenken zurück und stim-
15 men dem Gesetz zu.

d *Der Reichstagsabgeordnete und SPD-Vorsitzende Otto Wels begründete in der letzten freien Rede vor dem Reichstag die Ablehnung der SPD:*

Nach den Verfolgungen, die die Sozialdemokratische Partei in der letzten Zeit erfahren hat, wird billigerweise niemand von ihr verlangen oder erwarten können, dass sie für das hier eingebrachte Ermächtigungs-
5 gesetz stimmt. Die Wahlen vom 5. März haben den Regierungsparteien die Mehrheit gebracht und damit die Möglichkeit gegeben, streng nach Wortlaut und Sinn der Verfassung zu regieren. Wo diese Möglichkeit besteht, besteht auch die Pflicht. Kritik ist heilsam und notwendig. Noch niemals, seit es einen
10 Deutschen Reichstag gibt, ist die Kontrolle der öffentlichen Angelegenheiten durch die gewählten Vertreter des Volkes in solchem Maße ausgeschaltet worden, wie es jetzt geschieht und wie es durch das neue Ermächtigungsgesetz noch geschehen soll. Eine solche
15 Allmacht der Regierung muss sich umso schwerer auswirken, als auch die Presse jeder Bewegungsfreiheit entbehrt. [...] Wir stehen zu den Grundsätzen des Rechtsstaates [...]. Kein Ermächtigungsgesetz gibt Ihnen die Macht, Ideen, die ewig und unzerstörbar sind,
20 zu vernichten.

a)–d) nach: Dokumente der Deutschen Politik und Geschichte von 1848 bis zur Gegenwart, Bd. 4, hrsg. v. J. Hohlfeldt, Berlin o. J., S. 29 ff.

8 Propaganda

Hitler schrieb in „Mein Kampf":

Die Aufnahmefähigkeit der großen Masse ist nur sehr beschränkt, das Verständnis klein, dafür jedoch die Vergesslichkeit groß. Aus diesen Tatsachen heraus hat sich jede wirkungsvolle Propaganda auf nur sehr we-
5 nige Punkte zu beschränken und diese schlagwortartig so lange zu verwerten, bis auch bestimmt der Letzte unter ihnen unter einem solchen Wort das Gewollte sich vorzustellen vermag. [...] Wer die breite Masse gewinnen will, muss den Schlüssel kennen, der
10 das Tor zu ihrem Herzen öffnet. Er heißt nicht Objektivität, also Schwäche, sondern Wille und Kampf.

Adolf Hitler, Mein Kampf, München 1940, S. 197 ff.

9 Das Propagandaministerium

Anweisungen an die Presse – Beispiele:

„Zum bevorstehenden Muttertag wird gebeten, bei Bildveröffentlichungen die kinderreiche Mutter besonders hervorzuheben."

„Dr. Goebbels wird morgen das Großkraftwerk Ober-
5 spree besichtigen. Der Minister möchte in der Presse nur Aufnahmen sehen, die ihn im Kreise der Arbeiter zeigen."

„Die Jahrestagung der Reichskulturkammer mit der NS-Gemeinschaft ‚Kraft durch Freude' soll in der
10 illustrierten Presse groß herausgestellt werden."

K. Zentner, Illustrierte Geschichte des Dritten Reiches,
München 1965, S. 296

10 Die Jugend unterm Hakenkreuz

Hitler vor Jugendlichen, 4. September 1938:

Diese Jugend, die lernt ja nichts anderes als deutsch denken, deutsch handeln. Und wenn nun dieser Knabe und dieses Mädchen mit ihren zehn Jahren in unsere Organisationen hineinkommen [...], dann kommen sie
5 vier Jahre später vom Jungvolk in die Hitlerjugend, und dort behalten wir sie wieder vier Jahre, und dann geben wir sie erst recht nicht zurück in die Hände unserer alten Klassen- und Standeserzeuger, sondern dann nehmen wir sie sofort in die Partei oder in die Arbeitsfront,
10 in die SA oder in die SS, in das NSKK (Nationalsozialistisches Kraftfahr-Korps) und so weiter. Und wenn sie dort zwei Jahre oder anderthalb Jahre sind und noch

11 Propagandaplakat , 1936

nicht ganz Nationalsozialisten geworden sein sollten, dann kommen sie in den Arbeitsdienst und werden dort wieder sechs und sieben Monate geschliffen, alle mit 15 einem Symbol, dem deutschen Spaten. Und was dann nach sechs oder sieben Monaten noch an Klassenbewusstsein oder Standesdünkel da oder da noch vorhanden sein sollte, das übernimmt dann die Wehrmacht zur weiteren Behandlung auf zwei Jahre. Und wenn sie 20 dann nach zwei oder drei oder vier Jahren zurückkehren, dann nehmen wir sie, damit sie auf keinen Fall rückfällig werden, sofort wieder in SA, SS und so weiter. Und sie werden nicht mehr frei ihr ganzes Leben und sie sind glücklich dabei. 25

Nach: Ursachen und Folgen, Bd. 11, hrsg. v. H. Michaelis/
E. Schraepler, Berlin o. J., S. 138 ff.

---

a) Stellen Sie an M7a–d fest, welche demokratischen Grundlagen der Weimarer Verfassung durch die Nationalsozialisten infrage gestellt erscheinen. Warum stimmten die meisten Reichstagsparteien dem Ermächtigungsgesetz dennoch zu?
b) Woran zeigt sich, dass prinzipiell alle Bürger von der NSDAP erfasst werden konnten (M4 und M10, 11)?
c) Suchen Gründe dafür, dass viele Deutsche dem Parlamentarismus eher skeptisch oder gar ablehnend gegenüberstanden und die Ausschaltung des Parlaments 1933 hinnahmen.

**Arbeitsvorschläge
und Fragen**

„Der 30. Januar 1933". Gemälde von Arthur Kampf

„Der Führer spricht". Gemälde von
Paul Mathias Padua, 1939.
Familie unter dem „Volksempfänger",
dem ab 1933 nach den Vorschriften
der NS-Rundfunkkammer produzierten Einheitsradio – Preis: 76 Reichsmark

Eröffnung der 4. Großen
Deutschen Kunstausstellung
im „Haus der Kunst" in München
am 27. Juli 1940

„Entartete Kunst".
Plakat für eine
Ausstellung beschlag-
nahmter Kunstwerke
in München

„Schönheit der Arbeit".
Plakat zur Eröffnung der
Ausstellung in München
am 16. Oktober 1937

134

Zeitbild: Kunst und Propaganda

Es gehört zum Wesen freier Kunst, sich ungeachtet gesellschaftlicher Normen und politischer Zwänge zum Ausdruck zu bringen. Nicht das allgemein Geltende oder politisch Opportune sind für den Künstler Antrieb seiner schöpferischen Arbeit; seine Motive kommen aus einem individuell geistig-seelischen Erleben, das wiederum nicht zuletzt aus einem Spannungsfeld zur Öffentlichkeit, zur Gesellschaft, Politik oder herrschenden Ideologie entsteht. Zu allen Zeiten hat die Kunst Themen aufgegriffen und Ausdrucksformen gefunden, die die jeweils existierenden politisch-gesellschaftlichen Verhältnisse infrage stellten; und immer wieder gerieten dadurch Künstler in den Konflikt mit den Herrschenden. Pluralistische Demokratien können der vielfältigen künstlerischen Kritik, den Widerspiegelungen und Zerrspiegeln der Wirklichkeit mit Toleranz und Offenheit begegnen. Ein Charakteristikum von Diktaturen ist es, die Freiheit der Kunst zerstören zu wollen. Alle totalitären Systeme waren und sind bestrebt, das schöpferische Potenzial der Kunst in ihren Dienst zu stellen. Der Künstler, der auf seiner künstlerischen Freiheit beharrt, wird abgelehnt, verboten oder verfolgt; der Künstler, der sich von der staatlich verordneten Ideologie vereinnahmen lässt, wird zum Propagandisten der Macht.

Propaganda war zu allen Zeiten ein wichtiges Mittel der Politik zur Beeinflussung der Öffentlichkeit. Bis ins 19. Jahrhundert hinein hielten daher die Monarchen in Europa an ihrem staatlichen Informationsmonopol fest, indem sie durch Pressezensur, Ausweisung von Dichtern und anderen Künstlern oppositionelle Meinungen ausschalteten. Als auch der Rundfunk ab etwa 1923 und später das Fernsehen als neue Massenmedien (▶ Zeitbild Medien, S. 26 f.) einen rasanten Aufschwung nahmen, versuchten die Regierungen, sich diese Instrumente durch staatliche Zulassungen und Verordnungen zu sichern. Der Demokratisierungsprozess führte aber in vielen Staaten zu einem Abbau der staatlichen Monopolstellung und zur Entwicklung eines Pluralismus der Meinungen. Bis in unsere Zeit gehört es aber zu den signifikanten Merkmalen totalitärer und diktatorischer Staaten, die Massenmedien zentral zu steuern.

Im Nationalsozialismus errichtete Goebbels mit dem „Reichsministerium für Volksaufklärung und Propaganda" bereits am 13. März 1933 ein alle vorhandenen Medien umfassendes Meinungs-, Informations- und Kulturmonopol. Damit wurde auch die Kunst in den Dienst der NS-Propaganda gestellt – oder als „entartet" verboten. Dabei fiel es den Nationalsozialisten nicht einmal schwer, den Massengeschmack zu treffen. Die Masse der Menschen sehnte sich in Zeiten der Krise und des Umbruchs nach klaren und leicht nachvollziehbaren Aussagen – und diese lieferte die NS-Kunst, meist Kitsch und Trivialitäten. So wurde die Darstellung bäuerlichen Lebens in scheinbar natürlicher Ordnung und großfamiliärer Geborgenheit zu einem äußerst beliebten Mittel, propagandistisch die „Blut-und-Boden-Ideologie" des Nationalsozialismus umzusetzen. Mit leicht erkennbaren „rollentypischen" Verhaltensmustern (Mutter, Held, Kampfgemeinschaft etc.) konnten sich die allermeisten identifizieren. „Kunst" wurde so zu einem wesentlichen Propagandamittel des Nationalsozialismus und ist dies in totalitären Staaten bis heute.

---

a) Erarbeiten Sie, inwieweit sich die Weltanschauung des Nationalsozialismus in den abgebildeten Kunstwerken wiederfinden lässt.

b) Legen Sie dar, mit welchen Mitteln das Gemälde „Der 30. Januar 1933" seine propagandistische Botschaft vermittelt. Nehmen Sie dazu auch den DT S. 118 zu Hilfe.

c) Hitler bezeichnete in „Mein Kampf" die Werke moderner Kunst als „bolschewistische Auswüchse irrsinniger und verkommener Menschen". Diskutieren Sie, welche künstlerischen Freiheiten der Nationalsozialismus den Künstlern gewährte.

Arbeitsvorschläge und Fragen

3.3 Unterdrückung und Verfolgung –
Oppositionelle, Minderheiten und Juden im Dritten Reich

Wer der deutschen „Volksgemeinschaft" nicht angehören wollte oder durfte –
als politisch Oppositioneller, als Jude, als Sinti oder Roma, als Homosexueller
oder als Angehöriger einer anderen Minderheit – , war unsäglichen Verfolgungen ausgesetzt. Bis zum heutigen Tag wird darüber diskutiert, wie die Deutschen mit dem schlimmsten Kapitel ihrer Geschichte, dem Völkermord an den
europäischen Juden, umgehen sollen.

Sept. 1935	Die „Nürnberger Gesetze" legalisieren den Aus-schluss der Juden aus Staat und Gesellschaft.
9./10. Nov. 1938	„Reichspogromnacht": organisierte Ausschreitungen gegen jüdische Deutsche
1939–1941	Das „Euthanasie"-Programm Hitlers führt zum Mord an etwa 70 000 Behinderten.
20. Januar 1942	Auf der Wannsee-Konferenz werden Maßnahmen zur Systematisierung der Judenvernichtung beschlossen.

**„Schutzhaft",
Konzentrationslager
und Terror**

Die „Reichstagsbrandverordnung" vom 28. Februar 1933 diente den Machthabern zur systematischen Verfolgung politischer Gegner; Opfer waren zunächst
Kommunisten, dann Sozialdemokraten, bald auch führende Politiker der bürgerlichen Parteien, die ohne Anklage und Prozess in „Schutzhaft" genommen wurden. Bald nach der Machtübernahme reichten die Gefängnisse für die vielen
Schutzhäftlinge nicht mehr aus. An vielen Orten wurden ab 1933 Konzentrationslager errichtet. Zu den bisher meist politischen Häftlingen kamen nun Juden,
Zeugen Jehovas, Homosexuelle, „Asoziale", „Zigeuner", also Sinti und Roma.
Auch Kriminelle wurden mit ihnen inhaftiert und von der SS oft sogar bevorzugt
in die Lagerverwaltung übernommen. Die Existenz der Lager wurde keineswegs
geheim gehalten, denn sie sollten auch zur Abschreckung dienen.
Das Spitzelwesen der Gestapo (Geheime Staatspolizei), das in alle Schichten der
Bevölkerung eindrang, hielt die Menschen in gegenseitigem Misstrauen. Mit der
SS, dem SD (Sicherheitsdienst) und der Gestapo hatte sich Heinrich Himmler
Instrumente geschaffen, mit denen der Terror bürokratisch präzise organisiert
und technisch perfekt durchgeführt werden konnte.

**Das Verhältnis
zwischen Staat
und Kirche**

Der Nationalsozialismus hatte Gegner unter Priestern und Gläubigen in beiden
christlichen Kirchen. Die katholische Kirche hatte am 20. Juli 1933 mit der
Reichsregierung ein Konkordat geschlossen. Um die darin garantierte „Freiheit
des Bekenntnisses und der öffentlichen Ausübung der katholischen Religion"
zu erreichen, war die Kirche zur Anerkennung des NS-Staates bereit. Manchen
hohen Würdenträgern der Kirche schien ein Nebeneinander von Kirche und
Staat gewährleistet, und sie hielten sich mit Kritik zurück.
Doch trotz des Konkordats kam es immer wieder zur Verfolgung kritischer Pries-
ter, zu Eingriffen in die Jugendarbeit und in die christliche Erziehung. Papst Pius XI.
veröffentlichte 1937 eine Enzyklika unter dem Titel „Mit brennender Sorge".
Vor der Weltöffentlichkeit klagte er den Nationalsozialismus an, einen „Ver-

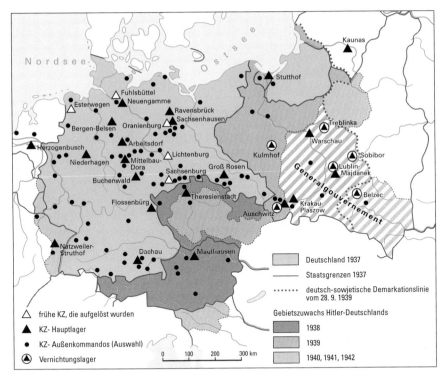

1 Konzentrationslager. Eine große Zahl von Außenstellen und Zwangsarbeitslagern, die auf dieser Karte nicht eingetragen sind, machte das Netz des Grauens noch dichter.

Map labels: Nordsee, Ostsee, Kaunas, Stutthof, Fuhlsbüttel, Neuengamme, Esterwegen, Ravensbrück, Sachsenhausen, Bergen-Belsen, Oranienburg, Treblinka, Warschau, Herzogenbusch, Arbeitsdorf, Kulmhof, Sobibor, Niederhagen, Lichtenburg, Lublin-Majdanek, Mittelbau-Dora, Sachsenburg, Groß Rosen, Buchenwald, Generalgouvernement, Belzec, Theresienstadt, Krakau-Plaszow, Flossenbürg, Auschwitz, Natzweiler-Struthof, Dachau, Mauthausen

Legende:
Deutschland 1937
Staatsgrenzen 1937
deutsch-sowjetische Demarkationslinie vom 28. 9. 1939
Gebietszuwachs Hitler-Deutschlands
1938
1939
1940, 1941, 1942

△ frühe KZ, die aufgelöst wurden
▲ KZ- Hauptlager
● KZ- Außenkommandos (Auswahl)
⊛ Vernichtungslager

0   100   200   300 km

nichtungskampf" gegen die Kirche und den katholischen Glauben zu führen. Die evangelische Kirche war gespalten: Die „Deutschen Christen" bekannten sich zum Nationalsozialismus. Dagegen gründete Pfarrer Martin Niemöller in Berlin den „Pfarrernotbund", der sich gegen eine Gleichschaltung der Kirche wandte. Daraus entstand 1934 die „Bekennende Kirche", in der sich Pfarrer und Gläubige zusammenfanden, die die nationalsozialistische Weltanschauung als unchristlich verurteilten. Viele von ihnen wurden deswegen in der Folgezeit von den Nationalsozialisten verfolgt.

Verfolgt wurden auch missliebige Wissenschaftler und Künstler. Die im September 1933 neu eingerichtete Reichskulturkammer erteilte für die Bereiche Film, Schrifttum, Presse, Rundfunk, Theater, Musik und Bildende Kunst Arbeitsgenehmigungen. Wer seine Werke nicht auf nationalsozialistische An-

Kampf gegen „entartete Kunst"

Schutzhaft: Verwahrung von Personen, die die Staatssicherheit gefährden. In totalitären Staaten wird sie zur Bekämpfung politischer Gegner angewandt. In der Bundesrepublik Deutschland ist sie verboten, da eine Freiheitsentziehung gemäß Art. 104 GG über den Tag der Festnahme hinaus nur aufgrund eines richterlichen Haftbefehls zulässig ist.
Die von der NS-Führung am 28. Februar erlassene „Verordnung zum Schutz von Volk und Staat" („Reichstagsbrandverordnung") begründete den permanenten Ausnahmezustand, der bis 1945 nicht aufgehoben wurde. Hitler und die NSDAP konnten über die Polizeiorgane ohne richterliche Kontrollen Personen auf unbeschränkte Zeit verhaften oder in ein Konzentrationslager einsperren lassen. Die Leitung und Verwaltung der KZs war Aufgabe von SA und SS, ab Juli 1934 nur noch von der SS, die dabei nicht von der staatlichen Verwaltung und Justiz kontrolliert wurde.

2 SA-Leute als **Boykottposten** vor einem jüdischen Kaufhaus in Berlin am 1. April 1933. Immer wieder fanden sich auch an öffentlichen Plätzen Plakate mit Hetzparolen wie „Rebekka, packe die Koffer" oder „Moses, wandere aus".

schauungen ausrichtete, erhielt Berufsverbot, seine Werke wurden ins Ausland verkauft oder zerstört. Viele der bedeutendsten Wissenschaftler und Künstler flohen aus Deutschland oder wurden von der Regierung „ausgebürgert": Naturwissenschaftler, Schriftsteller, Philosophen, Maler, Musiker. Ihre Musik durfte nicht mehr gespielt werden, ihre Bücher wurden öffentlich verbrannt, ihre Bilder und Skulpturen als „entartete Kunst" aus den Museen entfernt.

Zerstörung der bürgerlichen Existenz der Juden

Planmäßig zerstörte das NS-Regime die bürgerliche Existenz aller Juden in Deutschland. Als Jude galt jeder, der jüdische Eltern oder Großeltern hatte, unabhängig davon, ob er der israelitischen Religion angehörte. Aufgrund eigens dafür erlassener Gesetze wurden jüdische Beamte entlassen; Ärzten, Apothekern und Anwälten wurde die Berufszulassung entzogen. Jüdische Studenten wurden vom Hochschulstudium ausgeschlossen; bereits jüdische Schulkinder wurden in der Schule verhöhnt, angefeindet, isoliert und schließlich in besonderen „Judenschulen" konzentriert. Mit Juden zu verkehren oder Geschäftsverbindungen zu unterhalten, war verboten.

Die „Nürnberger Rasse-Gesetze"

1935 machten die Nationalsozialisten auf ihrem Parteitag in Nürnberg mit dem „Gesetz zum Schutz des deutschen Blutes und der deutschen Ehre" sowie dem „Reichsbürgergesetz" den Rassenwahn zum Reichsrecht: Juden galten nun als „rassisch unerwünscht", „Mischehen" wurden als „Rassenschande" untersagt. Vorbedingung für Eheschließung oder Anstellung im öffentlichen Dienst war künftig der „Ahnenpass" mit dem Nachweis „arischer" Abstammung über mindestens drei Generationen.

„Reichs-pogromnacht"

Im Oktober 1938 wurden Tausende von Juden polnischer Herkunft nach Polen ausgewiesen. In Paris erschoss ein junger Jude, dessen Eltern unter den Ausgewiesenen waren, einen deutschen Botschaftssekretär. Die NSDAP nahm diesen Mord zum Vorwand, im ganzen Reich Wohnungen und Geschäfte von Juden sowie Synagogen zu überfallen. In der Nacht zum 10. November demolierten und plünderten SA-Kommandos reichsweit jüdisches Eigentum, trieben die Betroffenen unter Misshandlungen durch die Straßen. Die meisten jüdischen

Gotteshäuser wurden ein Raub der Flammen, die Kultgegenstände geschändet. Die NS-Führung stellte diese Aktion als „spontanen" Ausbruch allgemeinen „Volkszorns" dar.

Immer neue
Schikanen

Nach der Pogromnacht setzten die deutschen Behörden immer neue Schikanen gegen jüdische Mitbürger durch. So wurde ihnen z. B. verboten, öffentliche Verkehrsmittel zu benutzen, Bücher und Zeitungen zu kaufen, Autos und Motorräder zu besitzen, Gewerbe und Handwerk zu betreiben, Haustiere zu halten, Bäder, Theater, Museen, Kinos, bestimmte Parkanlagen zu besuchen oder den „deutschen Wald" zu betreten. Ab dem 1. Januar 1939 mussten alle Juden zusätzlich den Namen „Israel", alle Jüdinnen den Namen „Sara" tragen. Außerdem mussten sie sich in ihren Pass den Buchstaben „J" stempeln lassen. Seit dem 19. September 1941 mussten Juden als deutlich sichtbares Zeichen einen gelben Stern tragen.

Holocaust –
der Völkermord
an den Juden …

Auf einer Konferenz am 20. Januar 1942 in Berlin-Wannsee hatten wichtige Funktionäre und SS-Leute auf Weisung Görings die „Endlösung der Judenfrage" organisatorisch, sachlich und materiell vorzubereiten. Bereits seit dem Herbst 1941 waren die großen Vernichtungslager von Auschwitz, Treblinka, Belzec, Sobibor, Chelmno (Kulmhof) und Majdanek eingerichtet worden. Dorthin brachte man die Juden, zusammengepfercht in Güter- oder Viehwaggons. Schon die Fahrt überlebten viele nicht. SS-Ärzte führten nach der Ankunft eine „Selektion" durch, bei der sie entschieden, wer sofort ermordet wurde oder wessen Arbeitskraft im Lager ausgenutzt werden sollte. Die Tötung und die Beseitigung der Leichen geschah in eigens errichteten Gaskammern und Krematorien mit technischer Perfektion. Bis zum Kriegsende fielen mehr als 5 Millionen Juden der NS-Verfolgung zum Opfer.

… und anderen
Minderheiten

Rettung gab es nur in Ausnahmefällen, etwa wenn im westlichen Europa Einheimische – auch Deutsche – Juden versteckten oder ihnen zur Flucht verhalfen. Jüdische Aufstände wurden stets rasch von der SS niedergeschlagen. So auch der verzweifelte Aufstand im Warschauer Getto (April 1943), bei dem die SS das jüdische Wohnviertel völlig zerstörte und über 56 000 Juden tötete. Diskriminiert und verfolgt wurden auch andere Minderheiten: Sinti und Roma („Zigeuner"), „Asoziale", Homosexuelle und Anhänger religiöser Sekten wie die Zeugen Jehovas, die aus Gewissensgründen den Wehrdienst verweigerten. Von den fast 20 000 Zeugen Jehovas wurden etwa 10 000 verhaftet, 4000 bis 5000 ermordet.

Pogrom: Mit diesem Begriff aus dem Russischen (= Verwüstung, Zerstörung) werden gewalttätige Massenausschreitungen und Plünderungen gegen Minderheiten, am häufigsten gegen Juden, bezeichnet. Pogrome tauchen in der Geschichte wiederholt auf als kollektive Entladungen aufgestauter Aggressionen, die sich gegen leicht greifbare „Sündenböcke" richten. Oft werden sie auch von politischen Machthabern planmäßig gefördert.

Holocaust (griech.: „ganz verbrannt"): Der Ausdruck bezeichnet ursprünglich die biblischen Brandopfer; Ende der 1970er-Jahre wurde der Begriff zur internationalen Bezeichnung für die Vernichtung der europäischen Juden durch die Nationalsozialisten. Für diesen Völkermord (Genozid) wird häufig auch das hebräische Wort „Shoa" verwendet, das „Unheil, Katastrophe" bedeutet.

**Euthanasie –
die Ermordung
Kranker**

An Insassen von Konzentrations- und Vernichtungslagern wurden von NS-Ärzten grausame „medizinische" Experimente vorgenommen, die viele Todesopfer forderten. Ebenso wie die „Endlösung" war auch die „Euthanasie" in der NS-Rassenlehre angelegt. Durch Hitler ausdrücklich ermächtigt, hatten seit Oktober 1939 NS-Funktionäre, darunter auch Ärzte, die Vernichtung „lebensunwerten Lebens", d.h. die planmäßige Ermordung geistig und oft körperlich Behinderter organisiert („Euthanasie-Programm"). Um die Tötungen geheim durchführen zu können, wurden Heil- und Pflegeanstalten „für Zwecke des Reiches in Anspruch" genommen. Vor allem der Protest des Münsteraner Bischofs von Galen bewog die Nationalsozialisten, ihre Euthanasieaktionen offiziell einzustellen; aber auch später wurden noch Kranke ermordet.

**Von allem nichts
gewusst?**

Während Hitlers „Euthanasie-Programm" einer größeren Öffentlichkeit bekannt wurde, hat die Mehrheit über den „Holocaust" nichts Genaueres gewusst. Furchtbares geahnt haben trotz strenger Geheimhaltung aber viele. Fronturlauber erzählten immer wieder von schrecklichen Vorgängen im Osten, deren Zeugen sie geworden waren, und fast jeder konnte beobachten, wie Juden aus seiner Nachbarschaft verschleppt wurden. Mutige Einzelne halfen jüdischen Mitbürgern; ein allgemeines Aufbegehren gegen das Menschen verachtende NS-Regime blieb jedoch aus. Im Gegenteil: „Man" ließ „es" geschehen und behauptete nach dem Krieg vielfach, man habe „von allem nichts gewusst". Die Tausende, die an der Durchführung der Vernichtungsmaßnahmen – sei es am Schreibtisch, bei den Transporten oder in den Todeslagern – unmittelbar beteiligt waren, beriefen sich später auf „Befehl und Gehorsam".

Fremdarbeiter

Zur Hypothek der NS-Geschichte gehört auch die Behandlung der etwa sechs Millionen Fremdarbeiter, die zumeist aus den besetzten Gebieten oder einverleibten Staaten zwangsverschleppt worden waren. Die SS ging dabei vor allem im Osten brutal vor. Eingesetzt waren sie zunächst in landwirtschaftlichen Betrieben, später vor allem in der Rüstungsindustrie unter häufig unmenschlichen Arbeitsbedingungen. Die „Westarbeiter" aus Frankreich und den Niederlanden genossen bei Arbeit und Freizeit erheblich mehr Freiheiten als die Arbeitskräfte aus Polen und der Sowjetunion. Erst 1999 gelang es, eine Einigung über die Entschädigung zwischen den Vertretern der deutschen Wirtschaft und den Anwälten der betroffenen Zwangsarbeiter herbeizuführen. Allerdings haben sich längst nicht alle ehemals nutznießenden Unternehmen beteiligt.
Auch im Ausland geschah nach Kriegsende vielen Opfern weiteres Unrecht. Mancherorts wurden sie oft als „Kollaborateure" beargwöhnt. Erst in den 80er-Jahren setzte sich die Einsicht durch, dass es sich bei den Fremdarbeitern um Opfer nationalsozialistischer Politik handelte.

Euthanasie (griech.: „gutes Sterben"): Sterbehilfe, die passiv – etwa durch schmerzlindernde Mittel – oder aktiv, d.h. durch die medikamentöse Tötung eines körperlich schwer leidenden, unheilbar Kranken erfolgen kann. Die aktive Sterbehilfe ist, selbst wenn sie vom Leidenden verlangt wird, nach geltendem Recht ein strafbares Tötungsdelikt. Nationalsozialistische Ärzte verwendeten den Begriff „Euthanasie" irreführend und verschleiernd für die 1939 durch Hitler befohlene Tötung geistig Behinderter, die weder den Tod wünschten noch unheilbar krank waren.

3 Konzentrationslager

a | *Die „Münchner Neuesten Nachrichten" berichten am 21. März 1933 über Konzentrationslager für politische Gefangene in der Nähe von Dachau:*

Ein Konzentrationslager für politische Gefangene

In der Nähe von Dachau

In einer Pressebesprechung teilte der kommissarische Polizeipräsident von München **Himmler** mit:

Am Mittwoch wird in der Nähe von Dachau das erste Konzentrationslager eröffnet. Es hat ein Fassungsvermögen von 5000 Menschen. Hier werden die gesamten kommunistischen und — soweit notwendig — Reichsbanner- und marxistischen Funktionäre, die die Sicherheit des Staates gefährden, zusammengezogen, da es auf die Dauer nicht möglich ist, wenn der Staatsapparat nicht so sehr belastet werden soll, die einzelnen kommunistischen Funktionäre in den Gerichtsgefängnissen zu lassen, während es andererseits auch nicht angängig ist, diese Funktionäre wieder in die Freiheit zu lassen. Bei einzelnen Versuchen, die wir gemacht haben, war der Erfolg der, daß sie weiter hetzen und zu organisieren versuchen. Wir haben diese Maßnahme ohne jede Rücksicht auf kleinliche Bedenken getroffen in der Überzeugung, damit zur Beruhigung der nationalen Bevölkerung und in ihrem Sinn zu handeln.

Weiter versicherte Polizeipräsident Himmler, daß die Schutzhaft in den einzelnen Fällen nicht länger aufrechterhalten werde, als notwendig sei. Es sei aber selbstverständlich, daß das Material, das in ungeahnter Menge beschlagnahmt wurde, zur Sichtung längere Zeit benötigt. Die Polizei werde dabei nur aufgehalten, wenn dauernd angefragt werde, wann dieser oder jener Schutzhäftling freigelassen werde. Wie unrichtig die vielfach verbreitete Gerüchte über die Behandlung von Schutzhäftlingen seien, gehe daraus hervor, daß einigen Schutzhäftlingen, die es wünschten, wie z. B. Dr. Gerlich und Frhr. v. Aretin, priesterlicher Zuspruch anstandslos genehmigt worden sei.

b | *Ein ehemaliger Häftling berichtete:*
Herr Z. besaß ein kleines Geschäft mit drei Angestellten in Deutschland. Er wurde im Juni 1938, während einer Razzia in den Straßen Berlins, ohne wirklichen oder auch nur vorgetäuschten Grund verhaftet. [...] Ankunft
5 morgens 6 Uhr 30 in Weimar. Empfang durch die SS mit Beschimpfungen und Schlägen: „Judenhunde, Schufte, nun haben wir euch!" [...] Buchenwald. Furchtbare Zustände im Lager: an manchen Stellen Schmutz und Schlamm bis zu den Knien [...] Dreihundertfünfzig der
10 Neuangekommenen werden im Keller der Baracken untergebracht. Die Strohsäcke lagen in vier Reihen, und je drei Männer mussten sich ein solches Ruhelager teilen [...]; verboten auf dem Rücken zu liegen, widri-

genfalls Schläge mit dem Knüppel. Die Männer, die dies überwachen, sind ältere Gefangene. [Berufsverbrecher 15 wurden als Aufseher unter die politischen Gefangenen gemischt.] Lagerordnung: „Die Wache hat den Befehl, ohne Warnung zu schießen, wenn irgendjemand sich nach ihrer Richtung bewegt! Jede Kugel kostet 12 Pfennig, und das ist gerade die Summe, die ein Jude wert ist, 20 nicht mehr und nicht weniger!" [...] Antreten in Reih und Glied um 4 Uhr 30. Kaffeeverteilung um 4 Uhr 45 auf dem Platz, wo der Galgen und die Prügelblöcke stehen. [...] Diejenigen, die sich krankgemeldet haben, treten heraus, werden abgesondert und vom Kommandanten 25 inspiziert. Er behandelt die „Gesunden" sofort mit der Reitpeitsche in Gegenwart der andern; „Juden haben nicht krank zu werden". [...] Am Schluss wurden keine Juden mehr als krank betrachtet. Es gab nur „Gesunde oder Tote". [...] Die Arbeit besteht aus Steine bre- 30 chen [...] Viele setzen ihren Leiden dadurch ein Ende, dass sie einen Fluchtversuch vortäuschen, um erschossen zu werden.

Nach: Dokumente über die Behandlung deutscher Staatsangehöriger, London 1940, S. 11 ff.

c | *Aus der „Lagerordnung" eines KZ:*
§ 8: Mit 14 Tagen strengem Arrest und mit 25 Stockhieben zu Beginn und am Ende jeder Strafe werden bestraft: [...] Wer [...] abfällige Bemerkungen über nationalsozialistische Führer, über Staat und Regierung, Behörden und Einrichtungen zum Ausdruck bringt, 5 marxistische oder liberalistische Führer oder Novemberparteien verherrlicht, Vorgänge im Konzentrationslager mitteilt.
§ 19: Arrest wird in einer Zelle, bei hartem Lager, bei Wasser und Brot vollstreckt. Jeden 4. Tag erhält der 10 Häftling warmes Essen. Strafarbeit umfasst harte körperliche oder besonders schmutzige Arbeit, die unter besonderer Aufsicht durchgeführt wird.
Als Nebenstrafen kommen in Betracht:
Strafexerzieren, Prügelstrafe, Postsperre, Kostenzug, 15 hartes Lager, Pfahlbinden, Verweis und Verwarnungen. Sämtliche Strafen werden aktlich vermerkt. Arrest und Strafarbeit verlängern die Schutzhaft um mindestens 8 Wochen, eine verhängte Nebenstrafe verlängert die Schutzhaft um mindestens 4 Wochen. 20

Nach: Konzentrationslager Dachau 1933–1945, Katalog des Museums, o. J., S. 69

4 Nach der „Reichspogromnacht"

Aus dem Reichsgesetzblatt:
Den Juden deutscher Staatsangehörigkeit in ihrer Gesamtheit wird die Zahlung einer Kontribution von 1 Milliarde RM an das Deutsche Reich auferlegt. [...] Juden ist vom 1. Januar 1939 ab der Betrieb von Einzelhandelsverkaufsstellen [...] sowie der selbständige Be- 5 trieb eines Handwerks untersagt. [...] Alle Schäden, welche durch die Empörung des Volkes über die Hetze

des internationalen Judentums gegen das nationalsozialistische Deutschland am 8., 9. und 10. Novem-
10 ber 1938 an jüdischen Gewerbebetrieben und Wohnungen entstanden sind, sind vom jüdischen Inhaber
[...] sofort zu beseitigen. [...] Nachdem der nationalsozialistische Staat es den Juden bereits seit über
5 Jahren ermöglicht hat, [...] ein eigenes Kulturleben
15 zu schaffen und zu pflegen, ist es nicht mehr angängig,
sie an Darbietungen der deutschen Kultur teilnehmen
zu lassen.

Reichsgesetzblatt 1938 I, S. 1279 ff.

5 Vorbereitung der „Endlösung"

Aus dem Protokoll der Wannsee-Konferenz,
20. Januar 1942:

Unter entsprechender Leitung sollen im Zuge der Endlösung die Juden im Osten zum Arbeitseinsatz kommen. In großen Arbeitskolonnen, unter Trennung der
Geschlechter, werden die arbeitsfähigen Juden
5 Straßen bauend in diese Gebiete geführt, wobei zweifellos ein Großteil durch natürliche Verminderung
ausfallen wird. Der allfällig endlich verbleibende Rest-
bestand wird, da es sich bei diesem zweifellos um den
widerstandsfähigsten Teil handelt, entsprechend be-
10 handelt werden müssen, da dieser, eine natürliche
Auslese darstellend, bei Freilassung als Keimzelle
eines neuen jüdischen Aufbaues anzusprechen ist.
(Siehe Erfahrung der Geschichte.)
Im Zuge der praktischen Durchführung der Endlösung
15 wird Europa von Westen nach Osten durchgekämmt.

Nach: W. Hofer, Der Nationalsozialismus, Dokumente 1933–1945,
Frankfurt 1957, S. 304 f.

Abbruch des Tennis-Turniers in Koblenz
Das Stadtamt für Leibesübungen teilt mit:
1. Das Tennis-Sport-Turnier breche ich mit dem
heutigen Tage ab.
2. Die bisher durchgeführten Spiele sind als
Freundschaftsspiele zu betrachten. —
3. Die Spielleitung des Turniers hat unsere Zeit
noch nicht verstanden oder bereits wieder vergessen. — Als Turn- und Sportkommissar der
Stadt Koblenz präsentiert mir die Spielleitung
jüdische Schiedsrichter. — Ein unerhörter Zustand bei dem städtischen Tennisturnier.
4. Die Interessengemeinschaft der Koblenzer Ten-
nisvereine löse ich mit sofortiger Wirkung auf,
bis die Vereine eine wirkliche Gleichschaltung
durchgeführt haben. Ich dulde keine Halbheiten
und keine Kompromisse. Das gilt auch für alle
anderen Vereine und Verbände, die dem Stadtamt angeschlossen sind.
5. Der Verbindungsmann der Koblenzer Tennis-
vereine hat seine Tätigkeit sofort einzustellen.
Die gestern ausgefallenen Wettkämpfe der schul-
entlassenen Jugend werden am kommenden Donnerstag ab 6 Uhr nachmittags durchgeführt.
Der Turn- und Sportkommissar
gez.: Gerstung

6 Ende eines Tennisturniers.
Aus dem „Koblenzer Nationalblatt", 26. Juni 1933.

7 „Reichskristallnacht". Am 10. November 1938
erließ Goebbels einen Aufruf an die Bevölkerung;
dem Anschlag dieses Aufrufes ließen die örtlichen
Behörden, wie hier, eigene Parolen folgen.

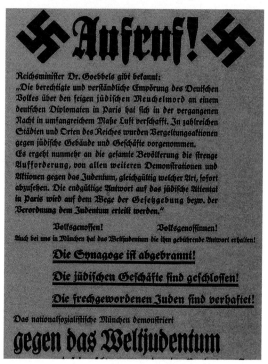

8 „Ruhmesblatt unserer Geschichte"?

Aus einer Rede, die Heinrich Himmler, der Reichs-
führer-SS, am 4. Oktober 1943 in Posen vor SS-Füh-
rern hielt:

Ich will hier vor Ihnen in aller Offenheit auch ein ganz
schweres Kapitel erwähnen. Unter uns soll es einmal
ganz offen ausgesprochen sein, und trotzdem werden
wir in der Öffentlichkeit nie darüber reden. Genauso
5 wenig, wie wir am 30. Juni 1934 gezögert haben, die
befohlene Pflicht zu tun und Kameraden, die sich ver-
fehlt hatten, an die Wand zu stellen und zu erschießen, genauso wenig haben wir darüber jemals gesprochen und werden je darüber sprechen. Es war eine
10 Gott sei Dank in uns wohnende Selbstverständlichkeit des Taktes, dass wir uns untereinander nie darüber unterhalten haben, nie darüber sprachen. Es hat jeden geschaudert, und doch war sich jeder klar darüber,
dass er es das nächste Mal wieder tun würde, wenn es
15 befohlen wird und wenn es notwendig ist.
Ich meine jetzt die Judenevakuierung, die Ausrottung
des jüdischen Volkes. Es gehört zu den Dingen, die
man leicht ausspricht – „Das jüdische Volk wird ausgerottet", sagt ein jeder Parteigenosse, „ganz klar,
20 steht in unserem Programm, Ausschaltung der Juden,
Ausrottung, machen wir". Und dann kommen sie alle

an, die braven 80 Millionen Deutschen, und jeder hat seinen anständigen Juden. Es ist ja klar, die anderen sind Schweine, aber dieser eine ist ein prima Jude. Von allen, die so reden, hat keiner zugesehen, keiner hat es durchgestanden. Von euch werden die meisten wissen, was es heißt, wenn 100 Leichen beisammen liegen, wenn 500 oder wenn 1000 daliegen. Dies durchgehalten zu haben und dabei – abgesehen von Ausnahmen menschlicher Schwächen – anständig geblieben zu sein, das hat uns hart gemacht. Dies ist ein niemals geschriebenes Ruhmesblatt unserer Geschichte.

IMG, Bd. XXIX, S. 145

9 Todesfabrik Auschwitz

Aus den Aufzeichnungen von Rudolf Höß, dem 1947 hingerichteten ehemaligen Lagerkommandanten von Auschwitz, im November 1946:

Die zur Vernichtung bestimmten Juden wurden möglichst ruhig – Männer und Frauen getrennt – zu den Krematorien geführt. Im Auskleideraum wurde ihnen [...] gesagt, dass sie hier nun zum Baden und zur Entlausung kämen, dass sie ihre Kleider ordentlich zusammenlegen sollten und vor allem den Platz zu merken hätten, damit sie nach der Entlausung ihre Sachen schnell wieder finden könnten [...] Nach der Entkleidung gingen die Juden in die Gaskammer, die, mit Brausen und Wasserleitungsrohren versehen, völlig den Eindruck eines Baderaumes machte. Zuerst kamen die Frauen mit den Kindern hinein, hernach die Männer [...] Die Tür wurde nun schnell zugeschraubt und das Gas sofort durch die [...] Decke der Gaskammer in einen Luftschacht bis zum Boden geworfen. Dies bewirkte die sofortige Entwicklung des Gases. Durch das Beobachtungsloch in der Tür konnte man sehen, dass die dem Einwurfschacht am nächsten Stehenden sofort tot umfielen. Man kann sagen, dass ungefähr ein Drittel sofort tot war. Die andern fingen an zu taumeln, zu schreien und nach Luft zu ringen. Das Schreien ging aber bald in ein Röcheln über und in wenigen Minuten lagen alle. Nach

spätestens 20 Minuten regte sich keiner mehr [...] Eine halbe Stunde nach dem Einwurf des Gases wurde die Tür geöffnet und die Entlüftungsanlage eingeschaltet [...] Den Leichen wurden nun [...] die Goldzähne entfernt und den Frauen die Haare abgeschnitten. Hiernach [wurden sie] durch den Aufzug nach oben gebracht vor die inzwischen angeheizten Öfen. Je nach Körperbeschaffenheit wurden bis zu drei Leichen in eine Ofenkammer gebracht. Auch die Dauer der Verbrennung war durch die Körperbeschaffenheit bedingt. Es dauerte im Durchschnitt 20 Minuten [...] Die Asche fiel [...] durch die Roste und wurde laufend entfernt und zerstampft. Das Aschemehl wurde mittels Lastwagen nach der Weichsel gefahren und dort schaufelweise in die Strömung geworfen, wo es sofort abtrieb und sich auflöste.

Nach: Geschichte in Quellen, Bd. 6, München 1970, S. 521 f.

10 Statistik des Holocaust

Todesfälle durch		
– allgemeine Entbehrungen in Gettos und bei Transporten		800 000
– Erschießungen im Freien		1 300 000
– Ermordung in Lagern Hauptvernichtungslager		
Auschwitz	über	1 000 000
Treblinka	über	750 000
Belzec	bis zu	600 000
Sobibor	bis zu	200 000
Kulmhof		150 000
Lublin (Majdanek)		50 000
		2 750 000
Andere Lager		250 000
Gesamt		5 100 000

R. Hilberg, Die Vernichtung der europäischen Juden. Die Gesamtgeschichte des Holocaust, Berlin 1982, S. 811

---

a) Worauf zielten die Methoden ab, nach denen die Insassen von Konzentrationslagern behandelt wurden (M3a–c)?

b) Suchen Sie Erklärungen dafür, dass die NSDAP ihren Terror gegen die Juden durchsetzen konnte (M1, M2, M4, M5, M7).

c) Welche Schlüsse können Sie aus der geographischen Lage der Hauptvernichtungslager ziehen (M1)?

d) Bundespräsident von Weizsäcker sagte in seiner Rede zum 8. Mai 1985: „Die Jungen sind nicht verantwortlich für das, was damals geschah. Aber sie sind verantwortlich für das, was in der Geschichte daraus wird." Wie verstehen Sie diese Sätze, und welche Konsequenzen können Sie für Ihr Verhalten daraus ableiten?

e) Untersuchen Sie in Ihrem Fachunterricht Deutsch, Musik, Kunst, Naturwissenschaften etc., welche Auswirkungen die Herrschaftsübernahme der Nationalsozialisten auf die jeweilige Fachwissenschaft hatte.

Arbeitsvorschläge und Fragen

Werkstatt Geschichte und Gesellschaft: Besuch von Gedenkstätten

Jüdischer Friedhof im ehemaligen jüdischen Wohngebiet „Haag" in Haigerloch.
Typisch ist die Ausrichtung der Gräber nach Osten. Die Grabinschriften, meist in deutscher und hebräischer Sprache, würdigen die Verstorbenen und erzählen Lebensgeschichten und Geschichte. Das Grab wird als persönlicher Besitz der Verstorbenen betrachtet, die hier die Ankunft des Messias erwarten. Neben den Friedhöfen gehören vor allem auch Synagogen zu den verbliebenen Stätten jüdischen Lebens.

Wenn Sie sich über jüdisches Leben informieren wollen, helfen Ihnen neben vielen regionalen Veröffentlichungen, die Sie in Stadt- und Kreisarchiven einsehen können, folgende Bände weiter:
Monika Grübel: Judentum, Köln 1996; Harald Hammer-Schenk: Synagogen in Deutschland. Geschichte einer Baugattung im 19. und 20. Jahrhundert, Hamburg 1981; Israel M. Lau: Wie Juden leben. Glaube, Alltag, Feste, Gütersloh 1990.

„Was man nicht kennt, verunsichert, erscheint fremd, bedrohlich. Es muss ausgegrenzt und im schlimmsten Fall dämonisiert werden. Ich wünsche mir, dass die nichtjüdischen Deutschen wieder mehr über jüdische Kultur, jüdische Religion, jüdisches Leben erfahren, dass mehr nichtjüdische Deutsche in unsere Gemeindezentren und Synagogen kommen – einfach um jüdisches Leben kennen zu lernen."
(Ignaz Bubis, Juden in Deutschland, 1996, S. 38; Bubis war von 1992–1999 Vorsitzender des „Zentralrats der Juden in Deutschland".)
Vor Beginn der nationalsozialistischen Judenverfolgung lebte in Deutschland rund eine halbe Million Juden; davon konnte bis 1939 etwa die Hälfte rechtzeitig ins Ausland fliehen, die meisten anderen starben in den Vernichtungslagern. Damit endete zunächst das mehr als tausend Jahre alte jüdische Leben in Deutschland.
Heute leben in 80 Gemeinden wieder etwa 80 000 Juden in Deutschland, die teils aus dem Exil zurückgekehrt oder auch später aus GUS-Staaten (▶ S. 182) eingewandert waren. Ihre neu errichteten Gemeindezentren stehen Besuchern meist offen. 140 jüdische Friedhöfe allein in Baden-Württemberg dokumentieren Geschichte und Religion der früheren jüdischen Gemeinden.

Zur Diskussion:
– Informieren Sie sich, wo in Ihrer Heimatgemeinde früher Juden lebten und welche jüdischen Einrichtungen oder Gedenkstätten vorhanden sind.
– Finden Sie heraus, ob es in Ihrer Umgebung heute wieder eine jüdische Gemeinde gibt. Fragen Sie nach, ob die Möglichkeit besteht, durch deren Einrichtungen geführt zu werden.

3.4 Widerstand gegen den Nationalsozialismus

Die Herrschaft des Nationalsozialismus wurde nicht von innen heraus überwunden, sondern von ausländischen Mächten niedergerungen. Dennoch wurde auch Widerstand gegen Hitler und den Nationalsozialismus geleistet. Viele Menschen haben sich innerlich verweigert, andere sich offen widersetzt, widersprochen, Sabotage verübt, Attentate begangen, ihr Leben riskiert oder geopfert. Doch Erfolg blieb dem deutschen Widerstand versagt – war er deswegen sinnlos?

1937–1944	Nationalkonservative Opposition um Goerdeler und Beck. Zu ihrem Umfeld gehört auch der „Kreisauer Kreis", eine christlich eingestellte Widerstandsgruppe.
November 1939	Attentat Georg Elsers auf Hitler in München.
1942/43	Widerstandsaktionen der „Weißen Rose"
20. Juli 1944	Attentat des Grafen Schenk von Stauffenberg.

In Deutschland war die nationalsozialistische Herrschaft von Beginn an bei einem Teil der Bevölkerung auf Ablehnung gestoßen. Manche wandten sich erst vom Nationalsozialismus ab, als sie von seinen Verbrechen erfuhren. Zum gezielten Widerstand entschlossen sich aber nur wenige. Ihre Motive waren sehr unterschiedlich; je nachdem, ob es sich um Gewerkschafter, Sozialdemokraten, Kommunisten, Liberale, Konservative oder Christen handelte, reichten sie von politisch-ideologischer Gegnerschaft bis zu philosophisch-ethischen Grundsatzerwägungen über die Verteidigung der Menschenrechte. Daher handelten die verschiedenen Widerstandsgruppen weithin unabhängig voneinander, und über die Zukunft Deutschlands nach dem Sturz des Hitler-Regimes herrschten sehr unterschiedliche Vorstellungen. Einig waren sich die Widerstandsgruppen lediglich im Kampf gegen eine verbrecherische Diktatur. Auch die Formen des Widerstands waren vielfältig. Neben dem Umgehen staatlicher Anordnungen, Flugblattaktionen, Hilfsmaßnahmen für Verfolgte und Sabotageakten gab es seit 1938 auch mehrere Attentatsversuche auf Hitler, die aber sämtlich scheiterten.

Deutsche verweigern sich dem Nationalsozialismus

Widerstandsrecht: Vor allem Naturrechtler des 17./18. Jahrhunderts entwickelten den Rechtsgrundsatz, dass es dem Menschen erlaubt oder gar geboten sei, sich gegen rechtswidrig ausgeübte Staatsgewalt notfalls auch gewaltsam zu wehren. Schlüssige Regeln dafür, in welcher Situation bestimmte Formen des Widerstandes (z. B. Tötung von Politikern) zulässig seien, gibt es nicht. Maßgeblich ist hier einzig die Gewissensentscheidung, die sich jedoch an höchsten sittlichen Normen zu orientieren hat. Das Grundgesetz für die Bundesrepublik Deutschland erlaubt in Art. 20 Abs. 4 Widerstand gegen den Umsturz der verfassungsmäßigen Ordnung.

Verhängnisvoll für den Widerstand war die Spaltung der Arbeiterbewegung. Schon Ende der Weimarer Zeit wurden die Sozialdemokraten von den Kommunisten als „Sozialfaschisten" verunglimpft; so blieben gemeinsame Aktionen die Ausnahme. Von Beginn der NS-Herrschaft an stand die KPD aus weltanschaulichen Gründen in Konfrontation zu den Nationalsozialisten, und sie wurden von diesen unerbittlich verfolgt. Da die Kommunisten größtenteils nicht in die Emigration gingen, dennoch aber überaus gefährliche Aktionen unternahmen (Flugblätter, Sabotage), war die Zahl ihrer Opfer sehr hoch. Die meisten Sozialdemokraten verzichteten auf diese Art des Widerstandes und versuchten eher, den Zusammenhalt unter den Mitgliedern zu wahren, um nach dem Ende der Diktatur den demokratischen Neubeginn einleiten zu können.

Der Widerstand aus Kreisen der christlichen Kirchen entzündete sich an der Einschränkung der kirchlichen Autonomie und an Menschenrechtsverletzungen wie z. B. dem Euthanasieprogramm. Vielfach waren es aber nicht die Kirchenoberen, die gegen den Nationalsozialismus auftraten, sondern Gemeindepfarrer, die z. B. Verfolgte beschützten.

Jugendliche, die sich gegen den Rassismus oder die Kriegspolitik wandten, beschritten unterschiedliche Wege, zum Beispiel: Studentische Gruppen wie die „Weiße Rose" verfassten und verteilten Flugblätter gegen die Tyrannei, der Münchner Mechanikerlehrling Walter Klingenbeck bastelte einen Rundfunksender zur Verbreitung von Nachrichten.

Ein „anderes Deutschland" wollten auch Gesprächskreise wie der „Kreisauer Kreis" (nach dem Treffpunkt Gut Kreisau benannt), der sich aus Geistlichen, Gelehrten, Konservativen und Sozialisten zusammensetzte.

Die Mitglieder unterhielten auch Verbindungen zu Graf Schenk von Stauffenberg, waren aber an der Organisation des Attentats vom 20. Juli 1944 nicht beteiligt. Die meisten Mitglieder dieser Widerstandsgruppen wurden entdeckt und vom Volksgerichtshof zum Tode verurteilt.

In militärischen Kreisen gab es schon früh Widerstand. Vor allem nach der Niederlage von Stalingrad konkretisierten sich die Pläne hoher Offiziere zu einem Attentat auf Hitler. Graf Schenk von Stauffenberg stellte zahlreiche Verbindungen zu hohen Militärs her, aber auch zu bürgerlichen Politikern wie dem Leipziger Oberbürgermeister Carl von Goerdeler. Doch das sorgfältig geplante Attentat am 20. Juli 1944 scheiterte. In den folgenden Wochen wurden etwa 7000 Personen verhaftet; etwa 4000 Personen wurden hingerichtet.

Widerstand leisteten Menschen aus allen Bevölkerungsschichten. Einer von ihnen war der schwäbische Schreiner Georg Elser, der Hitler anlässlich einer Rede im Münchner Bürgerbräukeller schon 1939 durch ein Bombenattentat töten wollte. Das Attentat scheiterte wie später noch viele andere an Zufälligkeiten. Zu den Frauen und Männern des Widerstandes gehörten auch jene, die Juden und andere Verfolgte unter persönlichem Einsatz ihres Lebens in ihren Wohnungen versteckten und sie so vor Konzentrationslager und Tod bewahrten.

Doch bei der Mehrheit der Deutschen hatte die Opposition gegen Hitler keinen Rückhalt, und die NS-Führung verstand es immer wieder, aus Widerstandsaktionen propagandistisches Kapital zu schlagen. Beamte und Soldaten taten sich schwer, den auf Hitler geleisteten Eid als nichtig anzusehen. Seit dem 2. August 1934 lautete die Eidesformel: „Ich schwöre bei Gott diesen heiligen Eid, dass ich dem Führer des Deutschen Reiches und Volkes, Adolf Hitler, dem obersten Befehlshaber der Wehrmacht, unbedingten Gehorsam leisten und als tapferer Soldat jederzeit bereit sein will, für diesen Eid mein Leben einzusetzen." Damit hatte Hitler bewusst Soldaten und Offiziere auf seine Person vereidigt, wohl wissend, wie stark er sie damit entsprechend der preußisch-deutschen militärischen Tradition an sich band. Auch vom christlichen Standpunkt aus war ein Staatsstreich – mit der letzten Konsequenz der Tötung Hitlers – für viele Gläubige unvorstellbar.

Nach Kriegsbeginn sahen sich die Widerstandskämpfer dem Vorwurf ausgesetzt, sie übten „Verrat an den deutschen Frontsoldaten". Seit der von England und den USA 1943 erhobenen Forderung nach „bedingungsloser Kapitulation" fühlten sich zumal diejenigen Widerstandskreise vom Ausland im Stich gelassen, deren Ziel es war, nach dem Sturz Hitlers rasch einen Frieden herbeizuführen, in dem auch Deutschland über seine Zukunft mitentscheiden würde. **Widerstand im Zwiespalt**

In den von Deutschland besetzten Gebieten führten die Unterdrückungsmaßnahmen der deutschen Besatzer meist zu erbittertem Widerstand der Bevölkerung und zur Bildung von Partisanenverbänden (v. a. in der Sowjetunion, in Jugoslawien, Griechenland, Frankreich und Italien). Aus dem Untergrund heraus verübten sie hinter der Front Sabotageakte und Überfälle auf deutsche Einrichtungen und Truppenteile. Zur Bekämpfung der Partisanen mussten beträchtliche militärische Kräfte von den Fronten abgezogen werden. **Widerstand im besetzten Europa**

Auf Widerstandsaktionen antwortete die SS mit immer brutaleren Vergeltungsmaßnahmen. Ganze Dörfer wurden dem Erdboden gleichgemacht, die Männer erschossen, die Frauen und Kinder verschleppt: das tschechische Lidice (10.6.1942), das griechische Kalavryta (13.12.1943) und das französische Oradour-sur-Glane (10.6.1944). Nach einem Aufstand der polnischen Widerstandsbewegung in Warschau wurden am 5. August 1944 etwa 15 000 unbeteiligte Zivilisten erschossen, Warschau völlig zerstört und seine Bewohner deportiert. Abschreckungswirkung hatten diese Aktionen jedoch nicht; vielmehr steigerten sich Hass und Widerstandswillen der Unterdrückten immer mehr. **Die SS übt grausame Vergeltung**

1 **Deutsche in der Sowjetunion.**
Das Foto (links) zeigt eine von den deutschen Besatzern erhängte russische Partisanin (Aufschrift des umgehängten Schildes: „Heldin der Sowjetunion").
Die sowjetische Karikatur aus dem Jahre 1942 heißt: „Die Verwandlung der Fritzen" (Schimpfwort für die Deutschen).

2 „… zunächst einmal Prügel"

Himmler an Heydrich über Maßnahmen gegen die so genannte „Swing-Jugend", die wegen ihrer Vorliebe für englisch-lässige Haltung und Kleidung sowie Jazzmusik und Swingtanz auffiel, Januar 1942:

```
Der Reichsführer-H                Führer-Hauptquartier
Tgb.Nr.AR/383/6                        16. Jan.1942
B/V.

        Lieber  H e y d r i c h !

                Anliegend übersende ich Ihnen einen
Bericht, den mir der Reichsjugendführer Axmann über
die "Swing-Jugend" in Hamburg zugesandt hat.

                Ich weiß, daß die Geheime Staatspolizei
schon einmal eingegriffen hat. Meines Erachtens muß
jetzt aber das ganze Übel radikal ausgerottet werden.
Ich bin dagegen, daß wir hier nur halbe Maßnahmen
treffen.

                Alle Rädelsführer, und zwar die Rädels-
führer männlicher und weiblicher Art, unter den
Lehrern diejenigen, die feindlich eingestellt sind
und die Swing-Jugend unterstützen, sind in ein
Konzentrationslager einzuweisen. Dort muß die Jugend
zunächst einmal Prügel bekommen und dann in schärf-
ster Form exerziert und zur Arbeit angehalten werden.
Irgendein Arbeitslager oder Jugendlager halte ich
bei diesen Burschen und diesen nichtsnutzigen Mäd-
chen für verfehlt. Die Mädchen sind zur Arbeit im
Leben und im Sommer zur Landarbeit anzuhalten.

                Der Aufenthalt im Konzentrationslager
für diese Jugend muß ein längerer, 2 - 3 Jahre sein.
Es muß klar sein, daß sie nie wieder studieren
dürfen. Bei den Eltern ist nachzuforschen, wie weit
sie das unterstützt haben. Haben sie es unterstützt
sind sie ebenfalls in ein KL. zu verbringen und das
Vermögen ist einzuziehen.

                Nur, wenn wir brutal durchgreifen, werden
wir ein gefährliches Umsichgreifen dieser anglophylen
Tendenz in einer Zeit, in der Deutschland um seine
Existenz kämpft, vermeiden können.

                Ich bitte um weitere Berichte. Diese Ak-
tion bitte ich im Einvernehmen mit dem Gauleiter und
dem Höheren H- und Polizeiführer durchzuführen.

                        H e i l   H i t l e r !
                             I h r
```

3 „Ein neues geistiges Europa"

Aus dem letzten Flugblatt der „Weißen Rose" vom 18. Februar 1943:

Im Namen der deutschen Jugend fordern wir vom Staat Adolf Hitlers die persönliche Freiheit, das kostbarste Gut des Deutschen, zurück, um das er uns in der erbärmlichsten Weise betrogen […]. Es gibt für uns nur eine Parole: Kampf gegen die Partei! Heraus aus ⁵ den Parteigliederungen, in denen man uns weiter politisch mundtot machen will! Heraus aus den Hörsälen der SS-Unter- und Oberführer und Parteikriecher! Es geht um die wahre Wissenschaft und echte Geistesfreiheit! Kein Machtmittel kann uns schrecken, auch ¹⁰ nicht die Schließung unserer Hochschulen. […] Es gilt den Kampf jedes Einzelnen von uns um unsere Zukunft, unsere Freiheit und Ehre in einem seiner sittlichen Verantwortung bewussten Staatswesen. Freiheit und Ehre! Zehn lange Jahre haben Hitler und seine Ge- ¹⁵ nossen diese beiden herrlichen deutschen Worte bis zum Ekel ausgequetscht, abgedroschen, verdreht, wie es nur Dilettanten vermögen, die die höchsten Werte einer Nation vor die Säue werfen. Was ihnen Freiheit und Ehre gilt, haben sie in zehn Jahren der Zerstörung ²⁰ aller materiellen und geistigen Freiheit, aller sittlichen Substanzen im deutschen Volk genugsam gezeigt. […] Der deutsche Name bleibt für immer geschändet, wenn nicht die deutsche Jugend endlich aufsteht, rächt und sühnt zugleich, ihre Peiniger zer- ²⁵ schmettert und ein neues geistiges Europa aufrichtet.

Nach: W. Hofer, Der Nationalsozialismus, Dokumente 1933–1945, Frankfurt am Main 1957, S. 329 f.

4 „Wiederherstellung der Legalität"

Aus der Verteidigungsrede von Professor Dr. Karl Huber, der mit den Geschwistern Scholl Flugblätter verfasst hatte, vor dem Volksgerichtshof, 19. April 1943:

[…] Es gab für mich nur das Mittel des offenen und öffentlichen Einspruchs, des Widerspruchs, nicht des Widerstandes. Als deutscher Staatsbürger, als deutscher Hochschullehrer und als politischer Mensch erachte ich es als Recht nicht nur, sondern als sittliche ⁵ Pflicht, an der politischen Gestaltung der deutschen Geschichte mitzuarbeiten, offenkundige Schäden aufzudecken und zu bekämpfen. […] Was ich bezwecke, war die Weckung der studentischen Kreise nicht durch eine Organisation, sondern durch das schlichte ¹⁰ Wort, nicht zu irgendeinem Akt der Gewalt, sondern zur sittlichen Einsicht in bestehende schwere Schäden des politischen Lebens. Rückkehr zu klaren sittlichen Grundsätzen, zum Rechtsstaat, zu gegenseitigem Vertrauen von Mensch zu Mensch; das ist nicht illegal, ¹⁵ sondern umgekehrt die Wiederherstellung der Legalität.

Nach: Christian Petry. Studenten aufs Schafott. Die Weiße Rose und ihr Scheitern, München 1968, S. 192–194

5   Ziele der Verschwörer vom 20. Juli 1944

*Nach erfolgreichem Attentat wollten sich die Wider-
standskämpfer mit einem Aufruf an das deutsche
Volk wenden, der folgende Sätze enthielt:*
Hitler hat seinen vor zehn Jahren dem Volke geleisteten Eid durch Verletzungen göttlichen und menschlichen Rechts unzählige Male gebrochen. Daher ist
kein Soldat, kein Beamter, überhaupt kein Bürger ihm
5   mehr durch Eid verpflichtet. [...] Unser Ziel ist die
wahre, auf Achtung, Hilfsbereitschaft und soziale Gerechtigkeit gegründete Gemeinschaft des Volkes. Wir
wollen. [...] Recht und Freiheit anstelle von Gewalt
und Terror. [...] Wir wollen unsere Ehre und damit
10   unser Ansehen in der Gemeinschaft der Völker wieder
herstellen. Wir wollen [...] dazu beitragen, die Wun-
den zu heilen, die dieser Krieg allen Völkern geschlagen hat, und das Vertrauen zwischen ihnen wieder neu
beleben. [...] Wir erstreben einen gerechten Frieden,
15   der an die Stelle der Selbstzerfleischung und Vernichtung der Völker friedliche Zusammenarbeit setzt. Ein
solcher Friede kann sich nur auf Achtung vor der Freiheit und der Gleichberechtigung aller Völker gründen
[...].
Nach: Geschichte in Quellen, Bd. 6, München 1970, S. 537 f.

6   Den Tod vor Augen

a | *Eine 19-jährige jugoslawische Partisanin, zum
Tode verurteilt, an ihren Bruder:*
Sie schickten mich ins Konzentrationslager, doch das
genügte ihnen nicht, sie wollten mich töten. Sie dach-
ten immer, wenn sie mich und viele andere töten,
könnten sie unsere Bewegungen und die Auflehnung
5   unterdrücken. Auf diese Weise werden sie nichts
anderes erreichen, als die Treue der Zurückbleibenden
zu stärken. Wir wissen, dass der Tag kommen wird, an
dem unsere Feinde auf der Anklagebank sitzen [...]
Mit unseren Knochen und mit unseren Kadavern
10   bauen wir eine neue Welt auf, in der die Menschen als
Gleichgestellte leben und alle Rechte haben werden.
Letzte Briefe zum Tode Verurteilter aus dem europäischen Widerstand,
hrsg. von P. Malvezzi, Zürich 1955, S. 195

7   „Sie konnten nicht widerstehen".
Karikatur von George Grosz, 1935 (▶ S. 112)

b | *Ein zum Tode verurteilter deutscher Wider-
standskämpfer schreibt an seine Frau:*
Kann je ein Mensch das Maß an Schmerzen, Kummer,
Not, Elend und Verzweiflung ermessen, das all die Armen zu erdulden haben, weil sie an eine friedliche Gemeinschaft der Völker glauben, die mit ihrer Hände
Arbeit ein menschenwürdiges Dasein schaffen können, jenseits der Barbarei des Krieges mit den unge-   5
heuren technischen und organisatorischen Mitteln
der Neuzeit großen Wohlstand erreichend, der Friede
bedeutet. Ich war nicht genügend stumpfsinnig und
hatte ein zu fühlendes Herz, um nicht auch mitbe-
strebt zu sein, das zu erringen, deshalb bin ich hier.   10
Nach: H. Hoffacker, Materialien zum historisch-politischen Unterricht, Stuttgart 1957, S. 209 f.

---

*a) Worin liegen Gemeinsamkeiten der Aussagen europäischer Partisanen und
deutscher Widerstandskämpfer (M3–6)?*
*b) Diskutieren Sie die Begriffe Verweigerung, Widerspruch/Protest, Opposi-
tion, Widerstand. Welchen der im Darstellungstext und in den Materialien erkennbaren Haltungen oder Handlungen würden Sie die Begriffe zuordnen?*
*c) Erörtern Sie die Frage, ob und inwiefern der Widerstand vergeblich oder
sinnvoll war.*
*d) Erörtern Sie die Berechtigung von Widerstand in unserem Staat. Ziehen Sie
das Grundgesetz, Art. 20, Absatz 4 hinzu. Diskutieren Sie, ob z. B. die Zerstörung von Bahngleisen bei Castor-Transporten als Akt des Widerstandes gerechtfertigt werden darf.*

**Arbeitsvorschläge
und Fragen**

3.5 Wirtschaft und Gesellschaft im Nationalsozialismus

Hitlers wichtigstes Wahlversprechen war die Beseitigung der Arbeitslosigkeit – und tatsächlich fiel die Arbeitslosenquote von 30,8 % im Jahr 1932 schon im September 1933 auf 20 %. 1936 war nahezu Vollbeschäftigung erreicht. Wie ist es Hitler gelungen, als „Retter" aus der wirtschaftlichen Not in Erscheinung zu treten? Welche Auswirkungen hatte seine Politik auf die Struktur der Gesellschaft? In welchem Zusammenhang stand seine Wirtschaftspolitik mit seinem Ziel, „Lebensraum" zu gewinnen?

1933	Verstärkung der Arbeitsbeschaffungsmaßnahmen: Gründung der Deutschen Arbeitsfront (DAF). Jungverheiratete bekommen zinslose Ehestandsdarlehen.
1935	Einführung der allgemeinen Wehrpflicht und des Reichsarbeitsdienstes.
1936	Ein Vierjahresplan für die Wirtschaft soll das Deutsche Reich autark und kriegsfähig machen.

Überwindung der Wirtschaftskrise

Zum Zeitpunkt der nationalsozialistischen Machtübernahme hatte die deutsche Volkswirtschaft den tiefsten Punkt der Wirtschaftskrise bereits überwunden. Vor allem die endgültige Regelung der Reparationsfrage in Lausanne (▶ S. 118) hatte den Unternehmern neue Hoffnung gegeben. Der Index der Aktienkurse, der von 100 im Jahr 1926 auf 49,6 im April 1932 gesunken war, stieg bis Dezember 1932 wieder auf 61,8 an. Die Arbeitslosigkeit sank aber erst mit zeitlicher Verzögerung nach der Machtergreifung, sodass Hitler die Früchte ernten konnte, die die Reichskanzler Papen und Schleicher gesät hatten.

Maßnahmen zur Arbeitsbeschaffung und Konjunkturbelebung 1932 und 1933

Schon Reichskanzler Brüning hatte gegen Ende seiner Amtszeit seine Deflationspolitik abgeschwächt und Arbeitsbeschaffungsmaßnahmen für 135 Mio. Reichsmark angekündigt, v. a. zugunsten von Straßenbaumaßnahmen. Brünings Nachfolger Papen stellte weitere 300 Mio. RM für Arbeitsbeschaffungsmaßnahmen zur Verfügung. Weiterhin bekamen Arbeitgeber nun für jeden neu eingestellten Arbeiter eine Lohnprämie. Zur Konjunkturbelebung führte Papen Steuergutscheine ein: Gewerbetreibende, die pünktlich ihre Steuern bezahlten, bekamen 40 % der Beträge als Gutscheine zurück, die sie dann bei Steuerzahlungen zwischen 1934 und 1939 verwenden konnten. Steuergutscheine konnten auch verkauft oder beliehen werden.

Zwei Tage vor dem Übergang zur Diktatur trat dann das Arbeitsbeschaffungsprogramm Reichskanzler Schleichers in Kraft: Bei staatlichen Bauvorhaben im Umfang von 500 Mio. RM sollte dabei so weit wie möglich auf den Einsatz von Maschinen zugunsten von Handarbeit verzichtet werden.

Wirtschaft im Dienst der Aufrüstung

Der Regierung Hitlers stand bei Regierungsantritt also ein Bündel einsatzbereiter und erprobter Instrumente der Konjunkturbelebung zur Verfügung. 1933 und 1934 gab sie insgesamt rund 5 Mrd. RM für Maßnahmen der Arbeitsbeschaffung und Konjunkturförderung aus, die häufig im Dienst einer noch heimlichen Aufrüstung standen. Im April 1933 hob die Regierung die Kraftfahrzeugsteuer auf. Dies erhöhte die Nachfrage nach privaten Pkw und schuf gleichzeitig einen Bestand an Fahrzeugen, der für militärische Zwecke requirierbar war. Vor allem militärische Ziele hatte auch der im Juni mit großem propagandistischem Aufwand begonnene Bau der „Reichsautobahn" – tatsächlich lagen die Pläne dafür bereits vor 1933 vor (▶ S. 118). Der Beschäftigungseffekt wurde auch hier dadurch vergrößert, dass alle Tätigkeiten, wenn möglich, von Hand ausgeführt wurden. An den Baustellen waren bald mehr als 100 000 Arbeiter beschäftigt. Weitere Konjunktur belebende Maßnahmen wurden dann Ende 1933 durch Steuersenkungen erreicht.

Die Rolle der Frauen

Frauen sollten aus dem Arbeitsleben möglichst herausgelöst werden – und vor allem aus der Statistik der Arbeitslosen verschwinden. Seit Juni 1933 wurden jungen Paaren zinslose Ehestandsdarlehen in Höhe von bis zu 1000 RM gewährt, sofern die Ehefrau nach der Eheschließung ihren Beruf aufgab. Kinderreiche Familien wurden steuerlich entlastet. Verheiratete Beamtinnen wurden entlassen, und seit 1936 durften Frauen weder Richterin noch Anwältin werden. An den Hochschulen wurde die Zahl der Studienanfängerinnen auf 10 % aller neu eingeschriebenen Studenten beschränkt. Die Anstellung von weiblichen Arbeitskräften in Haushalten wurde steuerlich begünstigt. 1935 wurde für schulentlassene Mädchen, die keine Lehrstelle gefunden hatten, das Pflichtdienstjahr vor allem in landwirtschaftlichen Haushalten oder bei kinderreichen Familien eingeführt als „beste Vorschule zur eigenen Ehe".
Nach Auffassung der Nationalsozialisten sollten Frauen ihre Erfüllung nicht im Beruf, sondern in der Rolle als Mutter finden. Die zurückzuzahlende Darlehenssumme des Ehestandsdarlehens wurde pro Kind um ein Viertel vermindert, was im allgemeinen Sprachgebrauch als „abkindern" bezeichnet wurde. Kinderreichen Müttern wurde das „Ehrenkreuz der deutschen Mutter" verliehen. Abtreibungen wurden mit hohen Strafen belegt, seit 1943 mit der Todesstrafe, und ab 1941 war die Herstellung von Verhütungsmitteln verboten.

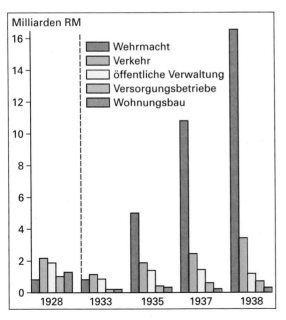

1 links: **Öffentliche Investitionen des Deutschen Reiches 1928–1938**

2 rechts:
Anwachsen der Staatsverschuldung des Deutschen Reiches 1932–1945 (in Mrd. RM)

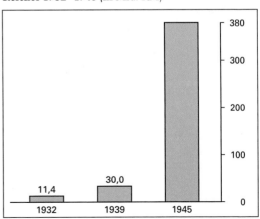

Bis Ende 1933 hatte sich die Arbeitslosigkeit um ein Drittel verringert. Zur weiteren Senkung trugen vor allem zwei Maßnahmen bei: die unter Bruch des Versailler Vertrags im März 1935 eingeführte allgemeine Wehrpflicht und die Umwandlung des 1931 geschaffenen, ursprünglich freiwilligen Arbeitsdienstes im Juni 1935 in den obligatorischen Reichsarbeitsdienst (RAD). Dies entlastete den Arbeitsmarkt und diente als körperliche Ertüchtigung zugleich der vormilitärischen Ausbildung. Außerdem führte der RAD junge Männer aller Schichten der Bevölkerung zusammen – nicht mehr Klasse oder Stand sollten von Bedeutung sein, sondern die „Volksgemeinschaft". Auch für Mädchen gab es einen freiwilligen Arbeitsdienst; dort wurden „Arbeitsmaiden" meist als landwirtschaftliche Hilfskräfte eingesetzt. So war seit 1936 Vollbeschäftigung erreicht, die sich in den letzten beiden Vorkriegsjahren sogar zu einer Überbeschäftigung entwickelte.

**Staatliche
Wirtschaftslenkung**

Die Nationalsozialisten überführten die Marktwirtschaft in eine gelenkte Wirtschaft. Löhne, Gewinne, Einzelhandels- und Landwirtschaftspreise wurden staatlich beeinflusst, importierte und inländische Rohstoffe zwangsbewirtschaftet. Um Investitionen in die Rüstungsindustrie zu lenken, wurden weit reichende Investitionskontrollen durchgeführt. Unternehmer, die sich staatlichen Anordnungen widersetzten, wurden durch geringere Zuteilungen importierter Rohstoffe oder der seit 1936 knapp werdenden Arbeitskräfte bestraft. Eine dem NS-System ergebene Beamtenschaft und ein dichtes Geflecht wirtschaftlicher Vereinigungen bewerkstelligten die Wirtschaftslenkung, wobei sich überschneidende Kompetenzen oft zu Behinderungen führten. Das Privateigentum blieb zwar erhalten, persönliche Initiative und Unternehmergeist sollten aber überwacht und gezügelt werden.

**Kriegsfähigkeit
durch Autarkie
bei der Nahrungs-
mittelversorgung ...**

Im Herbst 1936 verkündete Hitler einen Vierjahresplan, der das Reich autark machen sollte. Die im „Reichsnährstand" zentral organisierten Bauern erhielten genaue Anweisungen über Anbau, Preise, Lagerung, Transport und Verkauf. In der Landwirtschaft konnte die Eigenversorgung mit Lebensmitteln von 75 % im Jahr 1932 auf 83 % 1939 gesteigert werden. Um in größeren Einheiten produzieren zu können, war schon 1933 das Reichserbhofgesetz erlassen worden. Es folgte der NS-Ideologie eines „gesunden Bauerntums" als der „Blutquelle der Nation". Erbhöfe waren Betriebseinheiten zwischen 7,5 und 125 Hektar, die unveräußerlich und unteilbar waren. Die testamentarische Übergabe des ganzen Hofes war nur an einen männlichen „bauernfähigen" Erben zulässig.

**... und durch
Rationalisierung**

Eine umfangreiche Rationalisierung der Produktion hatte bereits während der Weimarer Republik eingesetzt. Sie bedeutete auch Verringerung der Typenvielfalt, um die Vorteile betrieblicher Großproduktion ausnutzen zu können. Die spätere Vereinheitlichung von Ersatzteilen zur Erleichterung von Reparaturen diente insbesondere der Aufrüstung. Viele Industriebetriebe wurden aus grenz-

---

Autarkie (griech.: Selbstgenügsamkeit): Wirtschaftliche Versorgung eines Staates aus eigenen Kräften (Rohstoffe, Landwirtschaft, Industrie) ohne Inanspruchnahme ausländischer Märkte. Autarkiestreben geht nicht selten einher mit dem Ausbau einer möglichst unabhängigen politisch-militärischen Machtposition. Der nationalsozialistische Vierjahresplan von 1936 ist hierfür ein Beispiel.

nahen Standorten Sachsens, Oberschlesiens und des Ruhrgebiets in Standorte in der Mitte Deutschlands verlagert, wo sie vor Land- und Luftangriffen sicherer zu sein schienen. So wurde das Volkswagenwerk, das preiswerte Fahrzeuge für jedermann anbieten sollte, 1938 außerhalb der Ballungszentren in Wolfsburg gebaut, die benötigten Arbeitskräfte wurden vor Ort angesiedelt.

Ersatzstoffe

Eine wichtige Maßnahme zur Verringerung der deutschen Rohstoffeinfuhren war die Gründung der „Reichswerke Hermann Göring", eines Staatskonzerns zur Ausbeutung deutscher Erzvorkommen, die bis dahin als unrentabel galten. Bei der Herstellung synthetischer Ersatzstoffe, die trotz weit über dem Weltmarkt liegender Kosten energisch vorangetrieben wurde, übernahm vor allem die I. G. Farben die Initiative. Synthetisches Gummi (Buna) war etwa siebenmal so teuer wie Kautschuk. Trotz Treibstoffgewinnung aus Kohle, trotz gewaltig gesteigerten Abbaus eigener (minderwertiger) Eisenerze blieb das Deutsche Reich bei den meisten wichtigen Rohstoffen (Erdöl, hochwertige Eisenerze, Nichteisenmetalle u. a.) auf Importe angewiesen. Nach Schätzungen reichten die bis zum Kriegsausbruch angesammelten Rohstoffvorräte aus dem Ausland für eine Kriegsdauer von höchstens einem Jahr.

Deutsche Arbeitsfront

Nach dem Verbot der Gewerkschaften im Mai 1933 sollten die Arbeiter dem NS-Regime durch soziale Verbesserungen wieder näher gebracht werden. Die Regelung von Tariffragen fiel nun in die Zuständigkeit so genannter „Treuhänder der Arbeit", die von der Regierung ernannt wurden. Die Deutsche Arbeitsfront (DAF), die an die Stelle der Gewerkschaften trat, wollte vor allem die sozialen Unterschiede zwischen Arbeitern und Angestellten und die Interessengegensätze zwischen Arbeitern und Betriebsleitern einebnen. Dies entsprach der NS-Ideologie, die für sich in Anspruch nahm, die alten Klassengegensätze in der „Volksgemeinschaft" zu überwinden. Die bewusste propagandistische Aufwertung der körperlichen Arbeit sollte das Selbstbewusstsein des Arbeiters stärken und seinen Leistungs- und Arbeitswillen anspornen.

Die Hauptaufgabe der DAF war die betriebliche Sozialpolitik: Unter dem Schlagwort „Schönheit der Arbeit" (▶ Zeitbild, S. 134) sorgte sie etwa für die Verbesserung der Arbeitsplätze oder baute Werkswohnungen. Die DAF-Organisation „Kraft durch Freude" (KdF) vermittelte Urlaubsreisen in Deutschland, aber auch ins Ausland.

Die Arbeitnehmer, die von Angeboten dieser Art profitierten, hatten aber insgesamt einen hohen Preis zu zahlen, nämlich den Verlust ihrer geschichtlich errungenen Arbeitnehmerrechte:

- Das „Gesetz zur Ordnung der nationalen Arbeit" vom 20. Januar 1934 verbot das Koalitions- und Streikrecht und ordnete die Betriebsverfassung im Sinne der „Volksgemeinschaft" zwischen den Arbeitgebern („Führer des Betriebs") und den Arbeitnehmern („Gefolgschaft") neu.
- Der Betriebsrat wurde durch den so genannten „Vertrauensrat" ersetzt. Dieser war nicht mehr die Interessenvertretung der Arbeitnehmer, sondern nur beratendes Organ der Betriebsleitung.
- Bereits 1934 war die Zuwanderung in städtische Ballungszentren genehmigungspflichtig, und 1935 wurde für jeden Arbeiter und Angestellten das im zweiten Drittel des 19. Jahrhunderts aufgehobene Arbeitsbuch wieder gesetzlich eingeführt. Es verzeichnete alle bisherigen Berufstätigkeiten der Beschäftigten und musste an jedem neuen Arbeitsplatz vorgelegt werden. Damit war die Voraussetzung für eine umfassende Kontrolle und Lenkung des Arbeitseinsatzes geschaffen.

Die Militärausgabe beliefen sich bis zum Kriegsausbruch auf etwa 60 Mrd. Reichsmark. Da diese Mittel im Staatshaushalt nicht zur Verfügung standen, wurde die Rüstung mithilfe von Krediten finanziert – Hitler hoffte, die Schulden aus der zukünftigen Kriegsbeute bezahlen zu können. Die Kreditfinanzierung lief über die Ausgabe so genannter Mefo-Wechsel. Die Mefo (Metallurgische Forschungsanstalt) war eine im Mai 1933 von vier Rüstungskonzernen gegründete Scheingesellschaft. Sie bezahlte im Auftrag der Reichsregierung die Hersteller von Rüstungsgütern mit Dreimonatswechseln, die diese bei der Reichsbank diskontieren (einlösen) konnten. Die Mefo-Wechsel, für die die Reichsbank Banknoten zur Verfügung stellen musste, vermehrten die umlaufende Geldmenge. Sie stieg zwischen 1933 und 1939 von 3,5 auf 8,3 Mrd. RM. Dadurch wuchs die Gefahr einer Inflation. Statt die Wechsel nach drei Monaten einzulösen, verlängerte die Mefo deren Laufzeit auf fünf Jahre.

Als die Reichsbank immer mehr Wechsel diskontieren musste und Hitler die Wechselschulden auch nach fünfjähriger Laufzeit nicht zurückzahlen ließ, trat Reichsbankpräsident Hjalmar Schacht 1939 aus Protest gegen die inflationistische Geldpolitik zurück. Um aufgrund der gewaltigen Geldvermehrung eine offene Inflation zu verhindern, hatte die Regierung schon im November 1936 einen Lohn- und Preisstopp eingeführt, dessen Übertretung mit harten Strafen geahndet wurde. Erst 1945 wurde deshalb aus der „zurückgestauten" verdeckten eine offene Inflation.

4 Die nationalsozialistische Wirtschaftslehre

Aus dem Parteiprogramm der NSDAP von 1920:

3. Wir fordern Land und Boden (Kolonien) zur Ernährung unseres Volkes und Ansiedlung unseres Bevölkerungsüberschusses [...]

11. Abschaffung des arbeits- und mühelosen Einkommens, Brechung der Zinsknechtschaft [...]

14. [...] Gewinnbeteiligung an Großbetrieben [...]

15. [...] großzügigen Ausbau der Altersversorgung

16. [...] Schaffung eines gesunden Mittelstandes und seine Erhaltung, sofortige Kommunalisierung der Groß-Warenhäuser und ihre Vermietung zu billigen Preisen an kleine Gewerbetreibende [...]

17. Wir fordern eine unseren nationalen Bedürfnissen angepasste Bodenreform [...]

18. [...] Gemeine Volksverbrecher, Wucherer, Schieber usw. sind mit dem Tode zu bestrafen, ohne Rücksichtnahme auf Konfession und Rasse [...]

24. [...] Die Partei [...] bekämpft den jüdisch-materialistischen Geist in und außer uns und ist überzeugt, dass eine dauernde Genesung unseres Volkes nur erfolgen kann von innen heraus auf der Grundlage: Gemeinnutz vor Eigennutz.

Nach: Wolfgang Treue, Deutsche Parteiprogramme, 1861–1954, Göttingen 1954, S. 143 ff.

Kraft durch Freude

Auch Du kannst jetzt reisen!

5 „Kraft durch Freude". Plakat der „Nationalsozialistischen Volkswohlfahrt" von 1934

6 Wozu „Kraft durch Freude"?

Rede des „Führers" der DAF, Robert Ley, 1940:

Wir schickten unsere Arbeiter [...] nicht auf eigenen Schiffen auf Urlaub und bauten ihnen gewaltige Seebäder, weil uns das Spaß machte oder zumindest dem Einzelnen, der von diesen Einrichtungen Gebrauch machen kann. Wir taten das nur, um die Arbeitskraft des Einzelnen zu erhalten und ihn gestärkt und neu ausgerichtet an seinen Arbeitsplatz zurückführen zu lassen. KdF überholt gewissermaßen jede Arbeitskraft von Zeit zu Zeit, genauso wie man den Motor eines Kraftwagens nach einer gewissen Kilometerzahl überholen muss.

Nach: Hans Gerd Schumann, Nationalsozialismus und Gewerkschaftsbewegung, Hannover 1958, S. 142

7 Hitler über die Aufgaben des Vierjahresplanes:

Aus einer Denkschrift vom August 1936:

Ähnlich der militärischen und politischen Aufrüstung bzw. Mobilmachung unseres Volkes hat auch eine wirtschaftliche zu erfolgen, und zwar im selben Tempo, mit der gleichen Entschlossenheit und wenn nötig auch mit der gleichen Rücksichtslosigkeit. [...] In diesem Sinne ist die deutsche Brennstofferzeugung nunmehr in schnellstem Tempo vorwärts zu treiben und binnen 18 Monaten zum restlosen Abschluss zu bringen. Diese Aufgabe ist mit derselben Entschlossenheit wie die Führung eines Krieges anzufassen und durchzuführen; denn von ihrer Lösung hängt die kommende Kriegsführung ab. [...] Es ist ebenso augenscheinlich die Massenfabrikation von synthetischem Gummi zu organisieren und sicherzustellen. Die Behauptung, dass die Verfahren vielleicht noch nicht gänzlich geklärt wären, und ähnliche Ausflüchte haben von jetzt ab zu schweigen. [...] Die Frage des Kostenpreises dieser Rohstoffe ist ebenfalls gänzlich belanglos. [...] Es ist weiter notwendig, die deutsche Eisenproduktion auf das Außerordentlichste zu steigern. Der Einwand, dass wir nicht in der Lage seien, aus dem deutschen Eisenerz mit 26 % Gehalt ein ähnlich billiges Roheisen zu erzeugen, wie aus den 45%igen Schwedenerzen usw. ist belanglos [...] Der Wirtschaftsminister hat nur die nationalwirtschaftliche Aufgabe zu stellen, und die Privatwirtschaft hat sie zu erfüllen. Wenn aber die Privatwirtschaft glaubt, dazu nicht fähig zu sein, dann wird der nationalsozialistische Staat aus sich heraus diese Aufgabe zu lösen wissen. [...] Ich stelle damit folgende Aufgabe: I. Die deutsche Armee muss in vier Jahren einsatzfähig sein. II. Die deutsche Wirtschaft muss in vier Jahren kriegsfähig sein.

Nach: Vierteljahrshefte für Zeitgeschichte, Heft 3, 1955, S. 208 ff.

8 „Millionen stehen hinter mir".
Fotomontage, John Heartfield, 1932 für die KPD

9 „Die Welt der Frau ist der Mann":
Aus einer Rede Hitlers vor der NS-Frauenschaft, 1934:
Wenn man sagt, die Welt des Mannes ist der Staat, die Welt des Mannes ist sein Ringen, die Einsatzbereitschaft für die Gemeinschaft, so könnte man vielleicht sagen, dass die Welt der Frau eine kleinere sei. Denn
5 ihre Welt ist ihr Mann, ihre Familie, ihre Kinder und ihr Haus. [...] Nein, die große Welt kann nicht bestehen, wenn die kleine nicht fest ist. Die Vorsehung hat der Frau die Sorgen um diese ihre ureigenste Welt zugewiesen [...].
Nach: M. Domarus: Hitlers Reden und Proklamationen 1932–1945, München 1965, Bd. 1, S. 450

10 Wirtschaftliche Entwicklung
a Die Entwicklung der Reallöhne verschiedener Bevölkerungsschichten auf der Grundlage des Standes von 1929:

	Arbeiter	Angestellte	Beamte
1929	100	100	100
1933	91	111	104
1934	92	111	102
1935	96	115	100
1936	99	119	99
1937	103	122	98
1938	108	128	98
1939	113	134	97

Nach: E. Hennig: Thesen zur deutschen Sozial- und Wirtschaftsgeschichte 1933 bis 1938. Frankfurt 1973, S. 94

b Entwicklung der Gewinne der Kapitalgesellschaften (in Mio. RM):

1933	1934	1935	1936	1937	1938
175	680	1200	1900	2480	3420

Nach: D. Swatek, Unternehmenskonzentration als Ergebnis und Mittel nationalsozialistischer Wirtschaftspolitik, Berlin 1972, S. 68

11 Entwicklung der Arbeitslosigkeit von 1933 bis 1939 *(Jahresdurchschnitt)*:

Jahr	Gesamt	in Prozent der abhängig Beschäftigten
1933	4 804 428	25,9 %
1934	2 718 309	13,5 %
1935	2 151 039	10,3 %
1936	1 592 655	7,4 %
1937	912 312	4,1 %
1938	429 461	1,9 %
1939	118 915	0,5 %

Statistisches Jahrbuch für das Deutsche Reich 1939/40, Berlin 1940, S. 389

Arbeitsvorschläge und Fragen

a) Mit welchen Maßnahmen versuchten die Nationalsozialisten die Arbeitslosigkeit zu bekämpfen? Wie wurden diese Maßnahmen finanziert (M1, 3, 11, DT)? Welchen Preis mussten die Arbeiter dafür bezahlen?
b) Erörtern Sie das Frauenbild der Nationalsozialisten vor dem Hintergrund ihrer Arbeitsmarkt-, Gesellschafts- und Bevölkerungspolitik (VT, M9).
c) Welche Weltanschauung offenbart das Parteiprogramm der NSDAP (M4)?
d) Die NS-Wirtschaftslenkung beeinflusste auch Löhne und Gewinne. Wer wurde begünstigt, wer war schlechter gestellt (M10a, b)?
e) Wie versuchte die NSDAP die Bevölkerung zu gewinnen (M5, 6)?

Joachim Fest, Mitherausgeber der „Frankfurter Allgemeinen Zeitung":

Das in der Tat ungeheuerliche Bild des bürokratischen Vollstreckers, der ungerührt, fern von den Leiden der Opfer, mit Akten und Sichtvermerken dem Vernichtungsgeschäft nachgeht,hat zu einem erheblichen Teil
5 den Schock mitverursacht, der in uns allen nachwirkt [...] Aber kann man glauben, dass das Ausrottungswerk Stalins auf wesentlich andere, weniger administrative Weise vollbracht wurde? [...] Die These von der Singularität der NS-Verbrechen wird zuletzt auch
10 durch die Überlegung infrage gestellt, dass Hitler selber immer wieder die Praktiken der revolutionären Gegner von links als Lehre und Vorbild bezeichnet hat [...] Man muss nicht der Auffassung sein, dass Hitlers Vernichtungswelle ganz überwiegend von der Ver-
15 nichtungsdrohung der russischen Revolution inspiriert war [...] Aber dass er ganz und gar unbeeinflusst davon blieb, lässt sich schwerlich denken [...] Es kann nicht unzulässig sein, diese Überlegung vorzutragen und einen Zusammenhang herzustellen zwischen den
20 Gräuelmeldungen von Osten und Hitlers Bereitschaft zum Exzess.

Frankfurter Allgemeine Zeitung, 29. August 1986

Der Historiker Eberhardt Jäckel:

Ich behaupte dagegen, dass der nationalsozialistische Mord an den Juden deswegen einzigartig war, weil noch nie zuvor ein Staat mit der Autorität eines verantwortlichen Führers beschlossen und angekündigt hatte, eine bestimmte Menschengruppe einschließ- 5
lich der Alten, der Frauen, der Kinder und der Säuglinge möglichst restlos zu töten, und diesen Beschluss mit allen nur möglichen Machtmitteln in die Tat umsetzte [...] Was eigentlich würde sich denn ändern, wenn der nationalsozialistische Mord nicht einzigar- 10
tig gewesen wäre? [...] Viel wichtiger und aufregender ist die zweite Behauptung, die Nolte für wahrscheinlich hält und Fest aufgreift, nämlich die von einem ursächlichen Zusammenhang zwischen den bolschewistischen und den nationalsozialistischen Morden 15
[...] Der Arier hatte keine Angst vor slawischen oder jüdischen Untermenschen [...] Dagegen verstand (Hitler) es vorzüglich, die antibolschewistischen Ängste der Bourgeoisie für seine Zwecke zu mobilisieren [...] und stellte seine Lebensraumeroberung ja auch fälsch- 20
lich als Präventivkrieg hin.

Die Zeit, 12. September 1986

Klassenmord und Rassenmord: Auslöser des so genannten Historikerstreits von 1986/87 war ein Artikel des Historikers Ernst Nolte in der „Frankfurter Allgemeinen Zeitung". Nolte kritisierte, dass die Forschung zum Nationalsozialismus nicht wahrhaben wolle, „in welchem Ausmaß all dasjenige, was die Nationalsozialisten später taten, mit alleiniger Ausnahme des technischen Vorgangs der Vergasung" in ähnlicher Grausamkeit auf Veranlassung Stalins zuvor in der Sowjetunion geschehen war; der „Rassenmord" der Nationalsozialisten könne sogar als Angstreaktion auf den „Klassenmord" der Bolschewisten verstanden werden. Der Sozialphilosoph Jürgen Habermas warf Nolte daraufhin vor, die Nazi-Verbrechen ihrer Singularität zu berauben, d. h. sie vergleichbar zu machen mit anderen Verbrechen, und „als Antwort auf bolschewistische Vernichtungsdrohungen mindestens verständlich" zu machen. Die Nolte-Habermas-Kontroverse bildete den Auftakt zu einer erregten wissenschaftlichen Diskussion, in die viele Historiker, aber auch Journalisten und Politiker eingriffen.

Zur Diskussion:
– Welche Konsequenzen könnten die von Nolte ausgesprochenen Gedanken für das Geschichtsbild der Deutschen haben? Wie beurteilen Fest und Jäckel die von Nolte behauptete Kausalität der Verbrechen Stalins und Hitlers?
– Diskutieren Sie die Äußerung des ehemaligen Bundespräsidenten Richard von Weizsäcker (1988): „Alles geschieht im Geflecht der historischen Bezüge ... Auschwitz bleibt singulär. Es geschah in deutschem Namen durch Deutsche."

3.6 Friedenspropaganda und Kriegsvorbereitung – die nationalsozialistische Außenpolitik

Der frühere Premierminister und Leiter der britischen Delegation der Versailler Friedenskonferenz, Lloyd George, schrieb am 17. September 1936: „Ich bin eben von einem Besuch in Deutschland zurückgekehrt. Ich habe jetzt den berühmten deutschen Führer gesehen und auch etliches von dem großen Wechsel, den er herbeigeführt hat. ... Zum ersten Mal nach dem Krieg herrscht ein allgemeines Gefühl der Sicherheit. Die Menschen sind fröhlicher. ... Die Aufrichtung einer deutschen Hegemonie in Europa, Ziel und Traum des alten Militarismus vor dem Kriege, liegt nicht einmal am Horizont des Nationalsozialismus. Deutschlands Bereitschaft zu einer Invasion in Russland ist nicht größer als die zu einer militärischen Expedition auf den Mond." –
Wie gelang es Hitler, der seine Ziele schon 1924 in seinem Buch „Mein Kampf" niedergelegt hatte, Deutsche und Ausländer über seine wahren Absichten der „Lebensraumerweiterung" hinwegzutäuschen und unter den Augen der Weltöffentlichkeit den Krieg vorzubereiten?

1933	Deutschland tritt aus dem Völkerbund aus (Oktober).
1935	Wiedereinführung der allgemeinen Wehrpflicht (April).
1936	Deutsche Truppen marschieren in das entmilitarisierte Rheinland ein (März). Unterstützung Francos im Spanischen Bürgerkrieg (Juli).
1938	„Anschluss" Österreichs (März). Einmarsch in das Sudetenland (September).
1939	Hitler erklärt die „Rest-Tschechei" zum „Reichsprotektorat Böhmen und Mähren" (März). Deutschland und die Sowjetunion schließen einen Nichtangriffspakt (August). Mit dem deutschen Überfall auf Polen am 1. September beginnt der Zweite Weltkrieg.

Überwindung der außenpolitischen Isolation

Schon am 20. Juli 1933 gelang es NS-Deutschland, ein Konkordat mit dem Heiligen Stuhl in Rom – das heißt mit einer hohen moralischen Autorität – abzuschließen (▶ S. 136). Ebenso spektakulär war bald darauf der Austritt Deutschlands aus dem Völkerbund. Der Anlass war, dass dem Deutschen Reich auf der zweiten Genfer Abrüstungskonferenz die militärische Gleichberechtigung versagt blieb. Durch den Austritt konnte sich Hitler der Kontrolle durch den Völkerbund entziehen und ungehemmt die Aufrüstung vorantreiben.

Während die Großmächte den Frieden durch umfassende und gemeinsame Abkommen sichern wollten, strebte Hitler nach zweiseitigen Abmachungen. Überraschend für den Westen kam es im Januar 1934 zu einem deutsch-polnischen Nichtangriffspakt. Polen fühlte sich von Anfang an durch NS-Deutschland bedroht und suchte daher auf diesem Wege Sicherheit vor Deutschland.

1 **Hitlers Außenpolitik in der Karikatur:**
Links: Amerikanische Karikatur nach einer „Friedens-
rede" Hitlers vom 17. Mai 1933;
rechts: „Stepping Stones to Glory". David Low, 1936.
Die Inschriften lauten: „REARMAMENT, RHINELAND-
FORTIFICATION, DANZIG"; links oben: „BOSS OF
UNIVERSE"; unten: „SPINELESS LEADERS OF
DEMOCRACY"

Am 13. Januar 1935 fiel an der Saar eine wichtige Entscheidung: Die Bevölkerung hatte 15 Jahre nach Abschluss des Versailler Vertrages die Wahl zwischen
drei Möglichkeiten: Rückkehr zu Deutschland, Zugehörigkeit zu Frankreich
oder weiterhin internationale Verwaltung durch den Völkerbund. 90,3% der
stimmberechtigten Saarländer stimmten für die Rückkehr zu Deutschland.
Dieses Ergebnis nutzten die Nationalsozialisten propagandistisch als Zustimmung für ihr „neues" Deutschland und als Erfolg ihrer Außenpolitik.

Saarland:
„Nix wie hemm"

Als Frankreich die bisher einjährige militärische Dienstzeit auf zwei Jahre erhöhte, nahm die deutsche Regierung dies am 16. März 1935 zum Vorwand für
die Wiedereinführung der allgemeinen Wehrpflicht. Damit verstieß die Regierung Hitler erstmals offen gegen die Bestimmungen des Versailler Vertrages.
Die ausländischen Regierungen und der Völkerbund beließen es bei scharfen
Protesten. England schloss mit Deutschland bereits im Juni 1935 ein Abkommen, das der deutschen Flotte gegenüber der britischen eine Stärke im Verhältnis von 35:100 zugestand. Damit hatte England die Bestimmungen des Versailler Vertrages offen missachtet. Und Hitler beteuerte in öffentlichen Reden
immer wieder die Friedensliebe des nationalsozialistischen Deutschlands.

Wiedereinführung
der allgemeinen
Wehrpflicht

Die Ohnmacht des Völkerbundes sowie die Uneinigkeit und Unentschlossen-
heit der Westmächte ermutigten Hitler, seine Politik fortzuführen: Anfang
März 1936 gab er – gegen den Rat der Generäle und Diplomaten – der Wehrmacht den Befehl, ins entmilitarisierte Rheinland einzumarschieren. Das war
ein Bruch des Locarno-Paktes, in dem Deutschland seine im Versailler Vertrag
festgelegten Westgrenzen sowie die Entmilitarisierung des Rheinlandes anerkannt hatte. Zwar protestierte der Völkerbund, doch England lehnte Sanktionen gegen Deutschland ab, um den Frieden nicht zu gefährden. Durch geschickt
inszenierte Volksabstimmungen ließ Hitler seine Politik der „vollendeten Tatsachen" gutheißen: 92% stimmten dem Austritt aus dem Völkerbund zu,
98,8% bestätigten den Einmarsch ins Rheinland.

Einmarsch im
Rheinland

Hitlers Bundesgenossen	Hitler ging offensichtlich bewusst das Risiko kriegerischer Auseinandersetzungen ein. Dabei suchte er die Zusammenarbeit mit dem faschistischen Italien. Die „Achsenmächte" Deutschland und Italien, die den bestehenden Status quo verändern wollten, kamen sich näher.

Hitler ging offensichtlich bewusst das Risiko kriegerischer Auseinandersetzungen ein. Dabei suchte er die Zusammenarbeit mit dem faschistischen Italien. Die „Achsenmächte" Deutschland und Italien, die den bestehenden Status quo verändern wollten, kamen sich näher.

In Spanien bot sich den beiden Diktaturen Gelegenheit zur „Zusammenarbeit": 1936 putschten dort Armeegenerale unter Franco gegen die regierende „Volksfront", einen Zusammenschluss der wichtigsten demokratischen Parteien und der Kommunistischen Partei. Freiwillige aus der ganzen Welt kamen im Spanischen Bürgerkrieg der republikanischen Regierung zu Hilfe, die Sowjetunion den Kommunisten mit Waffenlieferungen. Doch deutsche („Legion Condor") und italienische Verbände trugen wesentlich zum Sieg Francos bei.

Ebenfalls 1936 schloss Deutschland mit der expansiven Großmacht Japan den Antikominternpakt – einen gegen die Kommunistische Internationale gerichteter Vertrag, der vor allem propagandistisch wirken sollte. Italien trat 1937 dem Pakt bei.

„Anschluss" Österreichs

Der erste Versuch der Nationalsozialisten, in Österreich die Macht zu übernehmen, war 1934 noch am Widerstand Mussolinis gescheitert, der am Brenner Truppen aufmarschieren ließ. Seit Gründung der „Achse Berlin–Rom" verstärkte Hitler seinen Druck auf Österreich und zwang schließlich den dortigen Bundeskanzler Schuschnigg, den Nationalsozialisten Seyß-Inquart zum Innenminister zu ernennen. Dieser bat am 11. März 1938 in einem – mit Hitler verabredeten – Hilferuf die deutsche Regierung um militärischen Beistand zur Sicherung von „Ruhe und Ordnung". Wenige Stunden später marschierten deutsche Truppen in Österreich ein. Eine Volksabstimmung im April bestätigte mit über 99 % Ja-Stimmen die Vereinigung Deutschlands und Österreichs im „Großdeutschen Reich". Das Ausland beließ es erneut bei Protesten.

Krieg oder Frieden?

Hitler hatte die in Deutschland verhasste Friedensordnung von Versailles bereits weit gehend außer Kraft gesetzt. Ermutigt durch seine scheinbar mühelos errungenen Erfolge, stürzte er Deutschland schon bald darauf in eine neue Krise: Von der Tschechoslowakei forderte er ultimativ die Abtretung des Sudetenlandes, wo ca. 3,5 Millionen Sudetendeutsche neben ca. 6 Millionen Tschechen und ca. 3 Millionen Slowaken eine beträchtliche deutschsprachige Minderheit bildeten. Gleichzeitig wies er die Wehrmacht an, sich auf eine Zerschlagung des Nachbarlandes vorzubereiten. Während Hitler ganz offenkundig eine militärische Konfrontation herbeiführen wollte, setzte der britische Pre-

Appeasement-Politik (von engl.: to appease = beruhigen, beschwichtigen): Außenpolitische Haltung der britischen Regierung unter Premierminister Chamberlain, die von der letztlich irrigen Annahme ausging, man könne durch territoriale Zugeständnisse an Hitler mit diesem zu verlässlichen internationalen Vereinbarungen kommen und so den Frieden in Europa aufrechterhalten, zumindest aber Zeit für die eigene Aufrüstung gewinnen.

Lebensraum: Hitler machte dieses imperialistische Schlagwort zu einem Kernbegriff seiner Weltanschauung: Jede „höherwertige Rasse" habe Anspruch auf genügend großen „Lebensraum" und dürfe diesen auch mit Gewalt durchsetzen („Bluteinsatz"). Seine „Blut-und Boden"-Ideologie unterstellte ein vorwiegend agrarisches Wirtschaftssystem. Aus diesem Grunde müsse der Lebensraum der Deutschen nach Osten ausgedehnt werden.

Zug um Zug zerriß **Adolf Hitler** das **Diktat v. Versailles!**

1933 Deutschland verläßt den Völkerbund von Versailles!

1934 Der Wiederaufbau der Wehrmacht, der Kriegsmarine und der Luftwaffe wird eingeleitet!

1935 Saargebiet heimgeholt! Wehrhoheit des Reiches wiedergewonnen!

1936 Rheinland vollständig befreit!

1937 Kriegsschuldlüge feierlich ausgelöscht!

1938 Deutsch-Oesterreich dem Reiche angeschlossen! Großdeutschland verwirklicht!

Darum bekennt sich ganz Deutschland am 10. April zu seinem Befreier

Adolf Hitler Alle sagen? **Ja!**

2 **Einmarsch deutscher Truppen in Prag.** (Foto, März 1939)

◄ **3** Ein „Wahl"plakat (1938). „Bilanz" national-sozialistischer Außenpolitik in den Jahren 1933 bis 1938.

miermmister Chamberlain weiter auf Verhandlungen. Durch Zugeständnisse an Berlin hoffte er, das Deutsche Reich in eine stabile europäische Ordnung einbinden und damit den Frieden sichern zu können.

Das britische Kalkül schien aufzugehen: Am 29. September 1938 trat die Münchner Konferenz zusammen, an der Großbritannien, Frankreich, Deutschland und Italien teilnahmen. Die Sowjetunion war nicht eingeladen worden. Auf „Vermittlung" Italiens einigten sich die Mächte darauf, die sudentendeutschen Gebiete dem Deutschen Reich anzugliedern. Am 1. Oktober begann der Einmarsch deutscher Truppen ins Sudetenland.

Doch Hitler begnügte sich nicht mit dem Sudetenland: Am 15. März 1939 marschierten deutsche Truppen nach Tschechien ein. Das Land wurde zum „Reichsprotektorat Böhmen und Mähren" erklärt. Die Slowakei erklärte sich für souverän, unterstellte sich aber gleichzeitig dem Schutz des Deutschen Reiches.

Dieser offene Bruch des Münchner Abkommens ließ die Westmächte erkennen, dass ihre Appeasement-Politik gescheitert war. Frankreich und England gaben Garantieerklärungen für Polen, Griechenland, Rumänien und eine Beistandserklärung für die Türkei ab, die in ihrer Existenz bedroht schienen. Trotzdem forderte Hitler die Rückgabe von Danzig an das Deutsche Reich und den Bau einer exterritorialen Straße und Eisenbahn durch den „Korridor" nach Ostpreußen. – Intern jedoch hatte er die Oberbefehlshaber der Wehrmacht am 23. Mai 1939 so informiert: „Danzig ist nicht das Objekt, um das es geht. Es handelt sich für uns um die Erweiterung des Lebensraums im Osten."

„Danzig ist nicht das Objekt, um das es geht ..."

Um sich den Rücken frei zu halten war Hitler sogar bereit, sich mit seinem Todfeind, der bolschewistischen Sowjetunion, zu arrangieren. Zuvor waren Verhandlungen zwischen den Westmächten und Stalin an den territorialen Forderungen gescheitert. Selbst Polen misstraute der Sowjetunion und wollte ihren Truppen nicht einmal das militärische Durchmarschrecht gewähren.

Der Hitler-Stalin-Pakt – Pakt der „Feinde"

Am 23. August trat ein, womit niemand gerechnet hatte: Die Sowjetunion und Deutschland schlossen einen Nichtangriffspakt auf die Dauer von zehn Jahren. In einem geheimen Zusatzprotokoll grenzten sie ihre Interessengebiete ab und bestimmten Polen und die baltischen Staaten zur gemeinsamen Beute.

Kaum eine Woche später, am 1. September 1939 um 4.45 Uhr, marschierten deutsche Truppen in Polen ein, die Rote Armee überschritt die russisch-polnische Grenze am 17. September. England und Frankreich folgten nach dem Einmarsch der deutschen Truppen ihren Bündnisverpflichtungen und erklärten Deutschland den Krieg.

Der Zweite Weltkrieg

Infolge der langen Kriegsvorbereitungen hatte Hitler am Anfang Erfolge gegen überraschte und nicht hinreichend gerüstete Gegner. Polen wurde bereits im September 1939 überwältigt; 1940 wurden Dänemark, Norwegen, Belgien und Holland besetzt sowie Frankreich niedergeworfen. England blieb unangreifbar, vor allem aufgrund der Unterlegenheit der deutschen Luftwaffe und dem Unvermögen der U-Boote, den Krieg zu entscheiden. 1941 griff Hitler in Nordafrika ein und vereinnahmte Jugoslawien und Griechenland. Im Juni 1941 begann der deutsche Angriff auf die Sowjetunion. Der Kriegseintritt Japans im Dezember 1941 bedeutete für Deutschland keine Hilfe, während der gleichzeitige Kriegseintritt der USA aufseiten der deutschen Kriegsgegner von entscheidender Bedeutung wurde.

Hitler verfolgte starrsinnig seine Eroberungspläne auch nach dem Untergang der 6. deutschen Armee in Stalingrad im Winter 1942/43, trotz der zunehmenden Bombenangriffe auf deutsche Städte seit 1943 und auch nachdem durch die erfolgreiche Invasion der Amerikaner und Engländer im Juni 1944 in der Normandie der Krieg militärisch längst entschieden war.

Am 30. April 1945 beging Hitler Selbstmord, am 9. Mai kapitulierte die deutsche Wehrmacht. Die vier Siegermächte übernahmen die oberste Regierungsgewalt in Deutschland. Der Krieg hatte ca. 5,25 Millionen Deutsche das Leben gekostet. Insgesamt forderte der Krieg mehr als 55 Millionen Menschenleben.

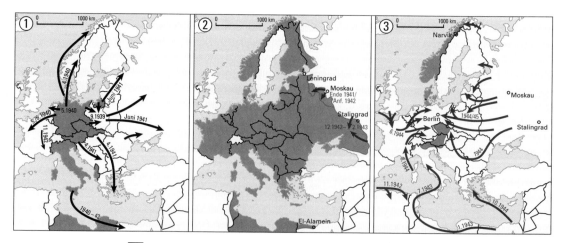

4 **Der Krieg in Europa 1939–1945:** (1) Phase der deutschen „Blitzkriege"; (2) größte Ausdehnung der deutschen und italienischen Mächte während des Weltkrieges im Jahre 1942; (3) die Zeit der alliierten Invasion und Offensiven, die am 8. Mai 1945 zur Kapitulation des Deutschen Reiches führten.

5 Außenpolitische Grundsätze Hitlers

Hitler schreibt in „Mein Kampf" (1925):
Damit ziehen wir Nationalsozialisten bewusst einen Strich unter die außenpolitische Richtung unserer Vorkriegszeit. Wir setzen dort an, wo man vor sechs Jahrhunderten endete. Wir stoppen den ewigen Germanenzug nach dem Süden und Westen Europas und weisen den Blick nach dem Land im Osten. Wir [...] gehen über zur Bodenpolitik der Zukunft. Wenn wir aber heute in Europa von neuem Grund und Boden reden, können wir in erster Linie nur an Russland und die ihm untertanen Randstaaten denken. [...] Das Riesenreich im Osten ist reif zum Zusammenbruch. Und das Ende der Judenherrschaft in Russland wird auch das Ende Russlands als Staat sein. Wir sind vom Schicksal ausersehen, Zeugen einer Katastrophe zu werden, die die gewaltigste Bestätigung für die Richtigkeit der völkischen Rassentheorie sein wird [...]

Adolf Hitler, Mein Kampf, München 1940, S. 728 und 742 f.

6 Kriegs- oder Friedenspolitik?

a *Vier Tage nach seiner Ernennung zum Reichskanzler, am 3. Februar 1933, legte Hitler in einer geheimen Ansprache zum ersten Male vor Reichswehrgeneralen seine außenpolitischen Ziele dar. Ein Teilnehmer notierte:*
Nach außen. Kampf gegen Versailles. Gleichberechtigung in Genf; aber zwecklos, wenn Volk nicht auf Wehrwillen eingestellt. Sorge für Bundesgenossen. Wirtschaft! Der Bauer muss gerettet werden! Siedlungspolitik! Künft. Steigerung d. Ausfuhr zwecklos. Aufnahmefähigkeit d. Welt ist begrenzt u. Produktion ist überall übersteigert. Im Siedeln liegt die einzige Mögl., Arbeitslosenheer z. T. wieder einzuspannen. Aber braucht Zeit u. radikale Änderung nicht zu erwarten, da Lebensraum für d[eutsches] Volk zu klein. [...] Aufbau der Wehrmacht wichtigste Voraussetzung für Erreichung des Ziels: Wiedererringung der pol. Macht. Allg. Wehrpflicht muss wieder kommen [...] Wie soll pol. Macht, wenn sie gewonnen ist, gebraucht werden? Jetzt noch nicht zu sagen. Vielleicht Erkämpfung neuer Export-Mögl., vielleicht – und wohl besser – Eroberung neuen Lebensraums im Osten u. dessen rücksichtslose Germanisierung [...] Wehrmacht wichtigste u. sozialistischste Einrichtung d. Staates. Sie soll unpol. u. überparteilich bleiben. Der Kampf im Inneren nicht ihre Sache, sondern der Nazi-Organisationen. Anders wie Italien keine Verquickung von Heer und SA beabsichtigt. Gefährlichste Zeit ist die des Aufbaus der Wehrmacht. Da wird sich zeigen, ob Fr [ankreich] Staatsmänner hat; wenn ja, wird es uns Zeit nicht lassen, sondern über uns herfallen (vermutlich mit Ost-Trabanten).

Nach: Vierteljahrshefte für Zeitgeschichte, 1954, S. 435

b *Am 21. Mai 1935 hielt Hitler eine Reichstagsrede, der die folgenden Sätze entstammen:*
Das nationalsozialistische Deutschland will den Frieden [...] aus der einfachen primitiven Erkenntnis, dass kein Krieg geeignet sein würde, das Wesen unserer allgemeinen europäischen Not zu beheben, wohl aber diese zu vermehren. Das heutige Deutschland lebt in einer gewaltigen Arbeit der Wiedergutmachung seiner inneren Schäden. Keines unserer Projekte sachlicher Natur wird vor zehn bis zwanzig Jahren vollendet sein. Keine der gestellten Aufgaben ideeller Art kann vor fünfzig oder vielleicht auch hundert Jahren ihre Erfüllung finden [...] Deutschland braucht den Frieden und es will den Frieden! [...]

Nach: Walther Hofer, Der Nationalsozialismus, Dokumente 1933–1945, Frankfurt a. M. 1957, S. 179

7 Stimmen aus dem Ausland

a *Der emigrierte deutsche Schriftsteller Thomas Mann schrieb in einem Brief, Neujahr 1937:*
Wohin haben die Nationalsozialisten, in noch nicht vier Jahren, Deutschland gebracht? Ruiniert, seelisch und physisch ausgesogen von einer Kriegsaufrüstung, mit der es die ganze Welt bedroht [...] Sinn und Zweck des nationalsozialistischen Staatssystems ist einzig der [...]: das deutsche Volk unter unerbittlicher Ausschaltung, Niederhaltung, Austilgung jeder störenden Gegenregung für den ‚kommenden Krieg' in Form zu bringen, ein grenzenlos willfähriges [...], in blinde und fanatische Unwissenheit gebanntes Kriegsinstrument aus ihm zu machen. Einen anderen Sinn und Zweck [...] kann dieses System nicht haben; alle Opfer an Freiheit, Recht, Menschenglück, eingerechnet die heimlichen und offenen Verbrechen, die es ohne Bedenken auf sich genommen hat, rechtfertigen sich allein in der Idee der unbedingten Ertüchtigung zum Kriege.

Thomas Mann, Altes und Neues, Frankfurt 1953, S. 608 f.

b *In der so genannten „Quarantäne-Rede" setzte sich der amerikanische Präsident Roosevelt am 5. Oktober 1937 mit der weltpolitischen Situation (u. a. mit dem Spanischen Bürgerkrieg) auseinander:*
Ohne Kriegserklärung, ohne irgendwelche Warnung, ohne irgendwelche Berechtigung wird die Zivilbevölkerung, einschließlich der Frauen und Kinder, rücksichtslos durch Luftbombardements hingemordet [...] Die friedliebenden Nationen müssen sich gemeinsam bemühen, Front zu machen gegen diese Vertragsbrüche und diese Verachtung für menschliche Gefühle [...] Krieg – ob mit oder ohne Kriegserklärung – ist ansteckend [...] Der Friedenswille der friedliebenden Völker muss sich so deutlich geltend machen, dass diejenigen Nationen, die in Versuchung geraten, ihre Verträge zu brechen und die Rechte anderer zu verletzen, von ihren Vorhaben abstehen.

Nach: Ursachen und Folgen, Bd. XI, Berlin o. J., S. 420 ff.

Karte:
DÄNEMARK
Nordsee
Memelgebiet 23.3.1939 LITAUEN
NIEDERLANDE
BELGIEN
LUX.
Hamburg
Berlin
Danzig
Weichsel
Warschau
P O L E N
Köln
Grenze der entmilitarisierten Zone
Besetzung 1936
Reichenberg
Sudetenland
Prag
Protektorat
Böhmen u. Mähren
15.3.1939
1.10. 1938
SLOWAKEI
Schutzvertrag
23.3.1939
FRANKREICH
Nürnberg
München
Donau
Innsbruck
SCHWEIZ
Linz
13.3.1938
ÖSTERREICH
Graz
Wien
Preßburg
U N G A R N
Budapest
Gebietszuwachs Deutschlands bis zum Kriegsbeginn

Deutschland 1935/37
Staatsgrenze 1937
Grenze der Tschechoslowakei bis 1.10.1938
1938
1939

9 Die Erweiterung des deutschen Machtbereiches 1935 bis Kriegsbeginn 1939

c *In der Nacht vom 14. zum 15. März 1939 hatte Hitler mit dem nach Berlin zitierten tschechoslowakischen Staatspräsidenten Hacha eine Unterredung. Gemäß dem dabei geführten Protokoll sagte Hitler:*
Wenn im Herbst vorigen Jahres die Tschechoslowakei nicht nachgegeben hätte, so wäre das tschechische Volk ausgerottet worden [...]
Käme es morgen zum Kampf, so würde [...] die tsche-
chische Armee [...] in zwei Tagen nicht mehr existie- ⁵
ren [...] Die Welt würde keine Miene verziehen [...]
Dieses sei der Grund, warum er Hacha hierher gebeten
habe. Diese Einladung sei der letzte gute Dienst, den
er dem tschechischen Volke erweisen könne [...] Die
Stunden vergingen. Um 6 Uhr würden die Truppen ¹⁰
einmarschieren [...]
Hacha sagt, dass für ihn die Situation völlig klar und
dass hier jeder Widerstand sinnlos sei [...]
a)–c) nach: Geschichte in Quellen, Bd. 6, München 1970, S. 79, 399, 417 f.

8 Die Zerschlagung der Tschechoslowakei
a *Aus einer Weisung Hitlers an die Wehrmacht, 30. Mai 1938:*
Es ist mein unabänderlicher Entschluss, die Tschechoslowakei in absehbarer Zeit durch eine militärische Aktion zu zerschlagen. Den politisch und militärisch geeigneten Zeitpunkt abzuwarten oder her-
⁵ beizuführen ist Sache der politischen Führung [...]
Politische Ereignisse in Europa, die eine überraschend
günstige, vielleicht nie wiederkehrende Gelegenheit
schaffen, können mich zu frühzeitigem Handeln ver-
anlassen [...] Der Propagandakrieg muss einerseits die
¹⁰ Tschechoslowakei durch Drohungen einschüchtern,
andererseits [...] die Neutralen in unserem Sinne beeinflussen.

b *Aus der Rede Hitlers, Berlin, 26. September 1938:*
Ich bin Herrn Chamberlain dankbar für alle seine
Bemühungen. Ich habe ihm versichert, dass das deutsche Volk nichts anderes will als Frieden [...] Ich habe
ihm weiter versichert und wiederhole es hier, dass es
⁵ – wenn dieses Problem gelöst ist – für Deutschland in
Europa kein territoriales Problem mehr gibt! Und ich
habe ihm weiter versichert, dass in dem Augenblick,
in dem die Tschechoslowakei ihre Probleme löst, [...]
ich dann am tschechischen Staat nicht mehr interes-
¹⁰ siert bin. Und das wird garantiert! Wir wollen gar
keine Tschechen! Allein ebenso will ich nun vor dem
deutschen Volk erklären, dass in Bezug auf das sudetendeutsche Problem meine Geduld jetzt zu Ende ist!
Ich habe Herrn Benesch ein Angebot gemacht [...] Er
¹⁵ hat jetzt die Entscheidung in seiner Hand! Frieden
oder Krieg! Er wird entweder dieses Angebot akzeptieren und den Deutschen jetzt endlich die Freiheit geben, oder wir werden diese Freiheit uns selbst holen!

10 Zweck der Friedensreden
*Aus einer Ansprache Hitlers vor deutschen Journalis-
ten am 10. November 1938:*
Die Umstände haben mich gezwungen, Jahrzehnte
lang nur vom Frieden zu reden. Nur unter der fortge-
setzten Betonung des deutschen Friedenswillens und
der Friedensabsichten war es mir möglich, dem deutschen Volk Stück für Stück die Freiheit zu geben, die ⁵
immer wieder für den nächsten Schritt als Voraussetzung notwendig war.
Nach: Hildegard von Kotze, Helmut Krausnick: „Es spricht der Führer", Gütersloh 1966, S. 269 f.

11 Hitler und Stalin teilen sich Polen
*Punkt 2 des geheimen Zusatzprotokolls zum deutsch-
russischen Nichtangriffspakt vom 23. August 1939
lautete:*
Für den Fall einer territorial-politischen Umgestaltung der zum polnischen Staate gehörenden Gebiete
werden die Interessensphären Deutschlands und der
UdSSR ungefähr durch die Linie der Flüsse Narew,
Weichsel und San abgegrenzt. Die Frage, ob die beider- ⁵
seitigen Interessen die Erhaltung eines unabhängigen
polnischen Staates erwünscht erscheinen lassen und
wie dieser Staat abzugrenzen wäre, kann endgültig
erst im Laufe der weiteren politischen Entwicklung
geklärt werden." ¹⁰
Nach: Geschichte in Quellen, Bd. 6, München 1970, S. 438

12 Begründung des Paktes durch Stalin und Hitler

a | *Stalin in einer Geheimsitzung, 19. August 1939:*
Krieg oder Frieden: Diese Frage ist nun in ihre kritische Phase eingetreten. Ihre Lösung hängt völlig von der Stellung ab, die von der Sowjetunion eingenommen wird. Wir sind absolut überzeugt, dass Deutschland, wenn wir einen Bündnisvertrag mit Frankreich und Großbritannien abschließen, sich gezwungen sehen wird, von Polen zurückzuweichen und einen Modus Vivendi [erträgliches Zusammenleben] mit den Westmächten zu suchen. Auf diese Weise könnte der Krieg vermieden werden, und die schließliche Entwicklung würde bei diesem Zustand der Dinge einen für uns gefährlichen Charakter annehmen. Auf der anderen Seite wird Deutschland, wenn wir das euch bekannte Angebot Deutschlands eines Nichtangriffspaktes annehmen, sicher Polen angreifen, und die Intervention Frankreichs und Englands in diesem Krieg wird unvermeidlich werden. Unter solchen Umständen werden wir viele Chancen haben, außerhalb des Konfliktes zu bleiben, und wir können mit Vorteil abwarten, bis die Reihe an uns ist.

Nach: Geschichte des Zweiten Weltkrieges in Dokumenten, Teil III, hrsg. von M. Freund, Freiburg 1956, S. 159 f.

b | *Hitler spricht am 22. August 1939 zu den Oberbefehlshabern der Wehrmacht:*
Ich war überzeugt, dass Stalin nie auf das englische Angebot eingehen würde. Russland hat kein Interesse an der Erhaltung Polens [...] Nun ist Polen in der Lage, in der ich es haben wollte. Wir brauchen keine Angst vor Blockade zu haben. Der Osten liefert uns Getreide, Vieh, Kohle, Blei, Zink. Es ist ein großes Ziel, das von vielen Einsatz erfordert. Ich habe nur Angst, dass mir noch im letzten Moment irgendein Schweinehund einen Vermittlungsplan vorlegt.

Nach: Jacobsen, H.-A./Jochmann, W., Ausgewählte Dokumente zur Geschichte des Nationalsozialismus, Bd. II, Bielefeld 1939–1945, S. 115 ff.

13 Hitler und Stalin nach der Niederlage Polens.
Nach dem Überfall der deutschen Wehrmacht auf Polen marschierte am 17. September 1939 die Rote Armee von Osten her nach Polen ein. Danach erschien in der englischen Zeitung „Evening Standard" diese Karikatur von David Low.
Die Grußworte der beiden Diktatoren lauten in freier Übersetzung:
– „Sie sind doch der Abschaum der Menschheit, wenn ich mich nicht irre?"
– „Und habe ich nicht die Ehre mit dem blutigen (verfluchten) Mörder der Arbeiter?"

---

a) Kennzeichnen Sie Hitlers Lebensraumideologie (DT, M5, M6a).
b) Man hat das Konkordat des Jahres 1933 Hitlers „außenpolitische Visitenkarte" genannt (DT). Erörtern Sie diese Kennzeichnung.
c) Vergleichen Sie die Aussagen Hitlers in M6a und b. In welchen wichtigen Punkten unterscheiden sie sich? Wie erklären Sie, dass Hitler bei verschiedenen Gelegenheiten unterschiedliche Ziele formulierte (▶ auch M1 links)?
d) Auf welche Vorgänge spielen Roosevelt und Mann in ihren Reden an? Warum wurde die Rede Roosevelts „Quarantänerede" genannt (M7b)?
e) Beschreiben Sie die Methoden, mit denen Hitler die Lösung der Sudetenfrage und die Zerschlagung der Tschechoslowakei betrieb (M8a–c).
f) Wie wird wohl das Wahlplakat M3 auf deutsche Zeitgenossen des Jahres 1938 gewirkt haben? Wie beurteilen Sie es aus heutiger Sicht?
g) Bewerten Sie das Verhalten der Westmächte 1938 und in den Jahren davor.
h) Vergleichen Sie die Begründungen des Hitler-Stalin-Paktes (M11–13). Stellen Sie die unterschiedlichen Positionen einander gegenüber.

Arbeitsvorschläge und Fragen

165

Werkstatt Geschichte und Gesellschaft: Lernen aus der Geschichte?

a | *Aus dem Programm der „Republikaner", 1987:*
[Die] Regierung fixiert die deutsche Vergangenheit weiterhin auf zwölf Jahre nationalsozialistischer Herrschaft. Sie tut nichts, um mit Entkriminalisierung deutscher Kultur, Geschichte und ihrer Menschen zu
5 beginnen. Die Kriegspropaganda der Siegermächte ist in unsere Geschichtsbücher eingegangen, und ihre Übertreibungen und Fälschungen müssen von der Jugend weit gehend geglaubt werden, da eine objektive Geschichtsbeschreibung immer noch nicht in vollem
10 Umfang ermöglicht wird. Ausgehend von der Überzeugung, dass das zunehmend jede geschichtliche, kulturelle und moralische Orientierung verlierende Denken und Handeln nun dringend einer Umkehr bedarf, [...] werden die Deutschen aller Volksschichten zur natio-
15 nalen Selbstbestimmung und geistig-moralischen Erneuerung aufgerufen.

Präambel des Parteiprogramms der „Republikaner",1987

b | *Die Bundesrepublik erlebte Anfang der 90er-Jahre eine Welle rechtsextremer Gewalt – meist jugendlicher Täter. Bei einer Demonstration gegen Ausländerhass in Berlin am 8. November 1992 hielt der damalige Bundespräsident Richard von Weizsäcker eine Ansprache:*
Was im Laufe dieses Jahres geschehen ist, das hat es bei uns noch nie gegeben in der Nachkriegszeit. Es geht bösartiger zu: schwere Ausschreitungen gegen Ausländerheime; Hetze gegen Fremde; Anschläge auf kleine
5 Kinder; geschändete jüdische Friedhöfe; Verwüstungen in den Gedenkstätten der KZs Sachsenhausen, Ravensbrück und Überlingen; brutaler Rechtsextre-

mismus, wachsende Gewalt gegen die Schwachen, egal ob gegen Fremde oder Deutsche; Brandstifter und Totschläger sind unterwegs. Und was tun wir deutschen
10 Bürger dagegen? Die Sache herunterspielen? Wegsehen? Uns an tägliche Barbareien gewöhnen? Alles allein den Politikern überlassen, dem Staat mit seinem Gewaltmonopol? Das dürfen wir niemals tun! Es ist doch unser eigener demokratischer Staat! Er ist so stark
15 oder so schwach, wie wir selbst – jeder und jede von uns – aktiv für diese Demokratie eintreten.
[...] Wir sollten nie vergessen, woran die erste Republik in Deutschland gescheitert ist: Nicht weil es zu früh zu viele Nazis gab, sondern zu lange zu wenige
20 Demokraten. Dazu darf es nie wieder kommen. Es ist hohe Zeit, sich zur Wehr zu setzen. Wir alle sind zum Handeln aufgerufen.

Bulletin der Bundesregierung, 12. November 1992

c | *Am 29. Mai 1993 starben in Solingen fünf Ausländer bei einem Brandanschlag von Rechtsradikalen. Der damalige Ministerpräsident von Nordrhein-Westfalen Johannes Rau sagte nach dem Attentat:*
Es ist doch keine neue Erfahrung, dass Benachteiligungen, soziale Ungerechtigkeiten, Angst vor sozialem Abstieg und Sorge um Arbeitsplatz und Wohnung die Suche nach Sündenböcken begünstigen und dass
5 sie ein Nährboden für Aggressivität und Gewalt sind [...] Wir brauchen also eine Politik der sozialen Gerechtigkeit, eine Politik, die nicht zulässt, dass eine wachsende Minderheit auf der Strecke bleibt oder das Gefühl hat, auf der Strecke zu bleiben.

Das Parlament Nr. 26–27/1993, S. 2 f.

Neonazis vor dem Brandenburger Tor, Januar 2000

Holocaust-Mahnmal, am Brandenburger Tor in Berlin. Überarbeitetes Modell des amerikanischen Architekten Peter Eisenman bei einer Präsentation, 1999.
Das Mahnmal ist als begehbares Labyrinth konzipiert, das aus 2700 Betonpfeilern besteht. Dazu gehört ein „Haus des Erinnerns".

Bis in die 60er-Jahre, oftmals noch länger, kam der Geschichtsunterricht häufig kaum weiter als bis zum Ersten Weltkrieg. Viele Lehrer scheuten davor zurück, den Weg der Geschichte bis zur Hitler-Diktatur zu verfolgen. Auch viele andere wollten sich mit diesem Kapitel der Geschichte nicht auseinander setzen. Manche hielten sogar Hitler zugute, er habe für „Recht und Ordnung" gesorgt und die Autobahn gebaut; von der Judenverfolgung habe man nichts gewusst, und es solle endlich ein „Schlussstrich" unter die NS-Vergangenheit gezogen werden. Einer Umfrage von 1998 zufolge plädierten 63 % der Deutschen dafür, die Aufarbeitung der Judenverfolgung zu beenden. Doch kann man, darf man einen solchen Schlussstrich ziehen?

Die Erfahrungen der Weimarer Republik, die in die Diktatur mündete, wurden nach dem Krieg zum Antrieb, es besser zu machen. Die „Väter und Mütter des Grundgetzes" schufen eine Verfassung, die Schwächen der Weimarer Verfassung vermeiden sollte. Aber nicht allein die Verfassung trägt eine Demokratie, sondern auch die in einer Gesellschaft verbreiteten Einstellungen und Verhaltensweisen. Auch nach 40 Jahren Parlamentarismus in Westdeutschland und nach den Erfahrungen von über 60 Jahren Diktatur in Ostdeutschland gibt es Menschen, die autoritäre Strukturen herbeisehnen, den Nationalsozialismus verklären und das Grauenvolle verdrängen oder gar leugnen. Die Bereitschaft zur Gewalt gegen Ausländer, ein nach wie vor nicht erloschener – meist unterschwelliger – Antisemitismus und das Wirken extremistischer Parteien sind Herausforderungen für unsere Demokratie geblieben.

Zur Diskussion:
- Sprechen Sie mit älteren Verwandten oder Bekannten über ihre Erfahrungen in der NS-Zeit. Nennen Sie Gründe, weshalb manche, die die NS-Zeit erlebt haben, nicht über ihre Erlebnisse in dieser Zeit sprechen wollen.
- Wie sollten wir heute mit dem Erbe des Dritten Reiches umgehen? Welche Rolle sollte die Erinnerung an das Vergangene spielen?
- Warum werden die Verbrechen des Nationalsozialismus auch heute oft geleugnet, abgeschwächt oder gerechtfertigt?
- Was kann jeder Einzelne von uns, was können Staat und Gesellschaft tun, um dem Radikalismus entgegenzuwirken?

links: **US-amerikanische Karikatur,** 1953; rechts: **Plakat der SED** (DDR) nach sowjetischer Vorlage, 1951

Der gemeinsame Kampf gegen das aggressive Hitler-Deutschland hatte die USA, die westeuropäischen Staaten und die UdSSR im Zweiten Weltkrieg zu Bündnispartnern gemacht. Nachdem sie Deutschland besiegt hatten, traten sehr bald die ideologischen Gegensätze und machtpolitischen Interessen verstärkt zutage: Die USA auf der einen und die Sowjetunion auf der anderen Seite wurden zu den Führungsmächten weltumspannender Blocksysteme, die sich vier Jahrzehnte lang feindlich gegenüberstanden. Der daraus entstandene „Kalte Krieg" brachte zuweilen – wie etwa in der Kuba-Krise – die Welt an den Rand eines dritten Weltkriegs.

Das Nachkriegsdeutschland war von dieser Frontstellung in besonderer Weise betroffen, denn der so genannte „Eiserne Vorhang" ging mitten durch Deutschland hindurch. Unter der Herrschaft der Besatzungsmächte fielen wirtschafts- und gesellschaftspolitische Entscheidungen, die die Entwicklung der Bundesrepublik Deutschland bis heute prägen.
Die politischen und sozialen Ordnungsvorstellungen der Siegermächte in ihren Besatzungszonen erwiesen sich schon bald nach dem Krieg als unvereinbar. Deutschland wurde zum Kampffeld des ideologischen und machtpolitischen Konfliktes zwischen Ost und West, zwischen den Hauptkontrahenten USA und Sowjetunion. Dieser Gegensatz führte schließlich zur Spaltung Deutschlands in zwei Staaten, die ihren schrecklichen Ausdruck in der 1961 errichteten Berliner Mauer fand.

Doch die Erschütterungen des Zweiten Weltkriegs und der Schock, den der Abwurf zweier amerikanischer Atombomben auf die japanischen Städte Hiroshima und Nagasaki im August 1945 ausgelöst hatte, ließen die Sehnsucht der Menschheit nach einer friedlichen Ordnung und nach der Überwindung von

Der Ost-West-Konflikt und seine Überwindung

Gegensätzen und Feindbildern stärker werden. Die Aussöhnung zwischen Deutschland und Frankreich leistete einen wichtigen Beitrag zur neuen Völkerverständigung und zum Frieden in Europa. Die Zeit kolonialer Herrschaft Europas über die Staaten der „Dritten Welt" ging zu Ende. Ansätze eines neuen globalen Denkens trugen dazu bei, in vielen Teilen der Welt nationale Egoismen zurückzudrängen und Feindbilder zu überwinden. Der „Eiserne Vorhang" wurde seit den 80er-Jahren durchlässiger. Mit den Reformen des Kreml-Chefs Michail Gorbatschow Mitte der 80er-Jahre begann ein grundlegender politischer Wandel in Osteuropa. Die UdSSR schwenkte mit ihrer Bereitschaft zu umfassenden Abrüstungsverhandlungen auf einen Kurs der Entspannung und Kooperation mit dem Westen ein.

Zwar versuchte die DDR-Regierung sich anfangs gegenüber allen Reformbestrebungen abzuschotten, doch eine Fluchtwelle von DDR-Bürgern nach dem Westen und Massendemonstrationen zwangen die SED-Führung am 9. November 1989, die innerdeutsche Grenze zu öffnen. Der von vielen nicht für möglich gehaltene Fall der Mauer und die rasch vollzogene deutsche Einheit wurden zum sichtbaren Zeichen für das Ende des Kalten Krieges.

Der zwischen den ehemaligen Siegermächten und den beiden Teilen Deutschlands 1990 abgeschlossene Zwei-plus-Vier-Vertrag bekräftigte das Ende der alliierten Besatzung und bestätigte die innere und äußere Souveränität des vereinten Deutschlands. Die Westmächte stimmten der Wiedervereinigung zu – allerdings in der Erwartung, dass auch das größer gewordene Deutschland aktiv die europäische Integration vorantreibe.

Annäherung? Bundeskanzler Helmut Schmidt (r.) und der Vorsitzende des Staatsrates der DDR, Erich Honecker, auf der Konferenz für Sicherheit und Zusammenarbeit in Europa, Helsinki, 30. Juli 1975

1 Ost-West-Konflikt und Kalter Krieg

Über vierzig Jahre lang hielt der Ost-West-Konflikt die internationale Politik in Atem. Er teilte die Welt in einen West- und einen Ostblock, zwischen denen sich die „Blockfreien" nur mühsam behaupten konnten. Rivalität, Abschottung der Grenzen, Rüstungswettlauf, Misstrauen und Angst vergifteten das Klima und erzeugten eine „Lagermentalität", in der man „die anderen" nur als Feinde wahrnahm und schnell bereit war, die Kritiker in den eigenen Reihen als Verräter zu verdächtigen. Der Einfluss der Führungsmächte USA und Sowjetunion, aber auch die wechselseitige Furcht vor der anderen Seite verhinderten – mit wenigen Ausnahmen – Zwistigkeiten im eigenen Lager. Dass diese Einigkeit aber vor allem dem Druck von außen entsprang, zeigte sich in Osteuropa nach der Auflösung der Blöcke.

1947	Truman-Doktrin: Die USA bieten ihre Hilfe gegen die kommunistische Bedrohung an. Gründung des Kominform: Die Sowjetunion formiert ein Bündnis der kommunistischen Parteien.
1949	Gründung der NATO
1950–53	Korea-Krieg
1955	Gründung des Warschauer Paktes
1958–61	Berlin-Krise: Sowjetunion und DDR erzwingen die Teilung Berlins.
1962	Kuba-Krise
1964–73	Vietnam-Krieg: Er endet mit dem Rückzug der USA.
1968	Truppen des Warschauer Paktes beenden den Prager Reformkommunismus.
1975	KSZE-Schlussakte in Helsinki: Ost und West vereinbaren eine Politik der Verständigung.
1985	Der neue KPdSU-Generalsekretär Gorbatschow beginnt eine innenpolitische Reform- und außenpolitische Entspannungspolitik.
1990	NATO und Warschauer Pakt erklären das Ende des Kalten Krieges.

Kalter Krieg: Konfrontation zwischen den von den USA und der Sowjetunion angeführten Machtblöcken in West und Ost. Die Gegner setzten im direkten Gegeneinander keine militärische Gewalt ein, sie blieben aus Furcht vor der thermonuklearen Vernichtungskraft der Waffensysteme unterhalb der Schwelle des „heißen" Krieges. Die Mittel des „Kalten" Krieges reichten von wirtschaftlichem und politischem Druck, von Propaganda und Geheimdiensttätigkeiten bis zur Organisation von Staatsstreichen.

1.1 Ursachen des Ost-West-Konfliktes und Blockbildung

Dass die mehr durch die Not als durch gemeinsame politische Überzeugungen zusammengehaltene Anti-Hitler-Koalition bald nach dem Sieg von 1945 auseinander fiel, kam für den heutigen Betrachter kaum überraschend. Zu unterschiedlich waren die politischen, gesellschaftlichen, wirtschaftlichen Systeme und Wertvorstellungen.

Die westlichen Länder wiesen eine demokratisch-pluralistische Bürgergesellschaft und eine liberale Marktwirtschaft auf, die sich einem weltweiten freien Austausch der Ideen und Güter öffneten. Die Sowjetunion suchte mit allen Mitteln ihren autoritär gelenkten „Aufbau des Sozialismus/Kommunismus" gegen die „kapitalistisch-imperialistischen" Einflüsse abzuschirmen. Die Vereinigten Staaten waren gestärkt aus dem Krieg hervorgegangen: Ihre Wirtschaftskraft übertraf mehrfach die aller anderen Länder, ihre Atomwaffen schienen sie militärisch unverwundbar zu machen. Die Sowjetunion hatte im Krieg über 20 Millionen Menschen sowie den Großteil ihrer Infrastruktur und Industrie verloren und war am Ende ihrer Kraft. Der misstrauische Stalin rechnete mit einer amerikanischen Aggression und suchte sein Land durch einen Gürtel von Satellitenstaaten und einen „Eisernen Vorhang" zwischen der Ostsee und der Adria zu schützen.

Ende der Kriegsallianz: Aufbrechen der Gegensätze

1947 entwickelte der amerikanische Präsident Truman in einer Kongressbotschaft (schon bald als „Truman-Doktrin" bezeichnet) das dramatische Szenario eines schicksalhaften Kampfes zwischen den freiheitlichen Demokratien und den totalitären Diktaturen und bot allen vom Kommunismus bedrohten Völkern amerikanische Hilfe an. Damit fand das zuvor entwickelte Konzept der „Eindämmung" (Containment) seine erste Anwendung. Der noch im selben Jahr eingeleitete Marshall-Plan (▶ S. 196), der den europäischen Ländern Milliarden von Dollar für den wirtschaftlichen Wiederaufbau bescherte, war ein erster Ausdruck der neuen Strategie. Die Sowjetunion antwortete im Herbst 1947 mit der Gründung des Kommunistischen Informationsbüros (Kominform), der Nachfolgeorganisation der 1943 aufgelösten Komintern.

Containment und Kominform

1 **Militärische Zusammenschlüsse um 1960**

- ▤ USA
- ▤ NATO (Nordatlantikpakt, 1949)
- ▤▯ SEATO (Südostasienpakt, 1954)
- ▤ OAS (Organisation der amerikanischen Staaten, 1948)
- ▤▯ CENTO (Zentrale Paktorganisation, 1955/59)
- ▤ ANZUS-Pakt (Pazifikpakt,1951)
- ▤ Sowjetunion und der Warschauer Pakt (1955)
- ▤ sonstige kommunistische Staaten

Stand der Grenzen:1960

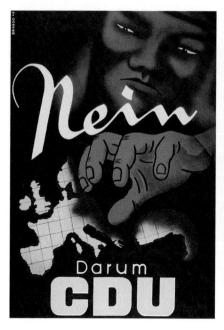

2 Feindbilder in der Plakatkunst.
Links: Plakat zur ersten Bundestagswahl 1949;
rechts: Plakat des Amts für Information der DDR, August 1952. Der Westberliner Radiosender RIAS strahlte sein Programm für die Bürgerinnen und Bürger der DDR aus.
.

Vertragspolitik der Großmächte – NATO und Warschauer Pakt

Die Gründung der NATO 1949 entsprach amerikanischen wie westeuropäischen Interessen. Die unbestrittene Führungsmacht USA brauchte Partner, die ihr militärische Stützpunkte zur Verfügung stellten und mit ihren nationalen Truppen die gemeinsame Streitmacht stärkten; die Westeuropäer suchten den Schutz der amerikanischen Atomwaffen. Der Vertrag verpflichtete die Partner zu politischer und militärischer Zusammenarbeit und zu gegenseitiger Hilfe im Falle eines Angriffs von außen. Obwohl alle Partner – 1949 zehn europäische Länder sowie die USA und Kanada, heute insgesamt 19 Staaten (▶ S. 257) – nominell gleichberechtigt waren, stellten die USA den Oberkommandierenden und bestimmten die Strategiekonzepte. Ähnlich verfuhren sie in anderen Regionen der Welt, sei es mithilfe multilateraler (d. h. mehrseitiger) Pakte (wie in der SEATO, South East Asia Treaty Organization, 1954) oder bilateraler (zweiseitiger) Verträge: Überall sicherten sie sich Stützpunkte und Stationierungsrechte für ihre Streitkräfte und lieferten ihren Bundesgenossen Rüstungsgüter. Eine ähnliche Politik betrieb die Sowjetunion. Zwar entschloss sie sich erst 1955, mit dem Warschauer Pakt ein Gegenstück zur NATO zu schaffen, aber bilaterale Verteidigungsabkommen bestanden schon vorher, und Einheiten der Roten Armee oder der Roten Flotte waren in allen wichtigen Satellitenstaaten zu finden.

Containment (von engl. = Eindämmung): Der Begriff bezeichnet die vor allem vom amerikanischen Diplomaten George F. Kennan entwickelte außenpolitische Strategie der USA, die expansionistischen Bestrebungen des Weltkommunismus einzudämmen. Als Mittel dazu dienten vor allem Militär- und Wirtschaftshilfe sowie regionale Bündnissysteme.

Werkstatt Geschichte und Gesellschaft: Politische Plakate

1921 beschrieb ein Werbetext die Funktion politischer Plakate:

Das künstlerische politische Plakat soll und kann aber jeden auf der Straße gedankenlos Vorüberbummelnden oder gedankenschwer Vorüberhastenden mit telepathischem Griff fesseln, sein Gehirn durch ein kurz orientierendes Schlagwort in die gewollte politische Richtung drängen, sein Herz durch die Schönheit und Anmut des Bildes gewinnen, sein Interesse durch den Witz satirischer Verstellung erhaschen, den Abscheu vor der „anderen" Richtung durch illustrative Darstellung der Konsequenzen gegnerischer Gedankengänge und der Schwächen ihrer bisherigen Taten und Persönlichkeiten erregen, oder durch dekorative und symbolische Glorifizierung besonderer politischer Ideen die Sympathie für die eigene Sache gewinnen und bestärken.

Nach E. Collin, Vom politischen Plakat, in: Das Plakat, 1921, S. 116

Plakate wurden als Mittel der politischen Auseinandersetzung, der Propaganda oder Agitation zuerst zur Zeit der Russischen Revolution (1917) eingesetzt. In Deutschland erlebten sie vor allem in der Weimarer Republik eine Blütezeit (▶ S. 101). Da auch zu Beginn des Kalten Krieges Radio und Fernsehen im Leben der meisten Menschen noch eine geringe Rolle spielten, hatte das politische Plakat als Medium der Meinungsbildung und Beeinflussung noch eine vergleichsweise hohe Bedeutung. Die Staaten östlich und westlich des „Eisernen Vorhangs" nutzen die Plakatkunst, um den Feind auf der jeweils anderen Seite zu diskreditieren und sich selbst ins beste Licht zu rücken.

Fast immer besteht die „Sprache" der Plakate aus einer Kombination von Text und Bild. Dabei werden auch unausgesprochene Botschaften zum Ausdruck gebracht, die häufig gar nicht bewusst wahrgenommen werden und an unbewusste Ängste oder Hoffnungen, Einstellungen oder Vorurteile appellieren. Plakatmacher wollen die Wähler in erster Linie nicht informieren und aufklären – auch wenn sie dieses behaupten –, sondern vor allem beeinflussen.
Bei der Interpretation politischer Plakate als historische Quellen können zum Beispiel folgende Fragen helfen:
– Welchen Eindruck hinterlässt das Plakat auf den Betrachter?
– Was ist über die Herkunft, die Entstehungszeit, den Künstler oder den Auftraggeber bekannt?
– Welche künstlerischen Mittel setzt der Künstler ein?
– Welche Vorurteile oder Feindbilder werden angesprochen oder erzeugt?
– Wie ließe sich die „Botschaft" oder der Appell des Plakates in Worte fassen?

Zur Diskussion:
– Stellen Sie dar, in welcher Weise politische Plakate uns heute als Quellen Aufschluss über die Geschichte geben können.
– Der obige Werbetext nennt unterschiedliche Kategorien der politischen Beeinflussbarkeit durch Plakate. Ordnen Sie M2 sowie die Plakate in anderen Kapiteln (▶ S. 100, 101, 119, 120) diesen Kategorien zu. Untersuchen Sie auch, in welcher Weise totalitäre Parteien die Plakatkunst für ihre Zwecke nutzten.

Von der „massiven Vergeltung" zum „Gleichgewicht des Schreckens"

Während der Warschauer Pakt sich vornehmlich auf seine der NATO zahlenmäßig überlegenen „konventionellen" (nicht atomar bewaffneten) Streitkräfte verließ und für den Kriegsfall eher offensive Absichten verfolgte, wechselten die Konzepte auf westlicher Seite. Solange die USA ihrer Überlegenheit bei den Nuklearwaffen und den Fernbombern gewiss waren, galt die Doktrin der „massiven Vergeltung": Jeder mögliche Angreifer sollte mit der Drohung eines atomaren Gegenschlages abgeschreckt werden. In den späten 50er-Jahren änderten sich die Voraussetzungen: Die UdSSR schien in der Raketentechnik gleichgezogen zu haben und in der Lage zu sein, die USA selbst mit Kernwaffen anzugreifen. Regional begrenzte Kriege hatten zudem gezeigt, dass die atomare Höchststufe zumeist nicht anwendbar war. Darum entstand das Konzept der „flexiblen Reaktion" (flexible response): Aus der Skala der Möglichkeiten vom begrenzten Einsatz konventioneller Verbände bis zum großen Atomkrieg sollte je nach den Umständen das geeignete Vorgehen gewählt werden. Mit dem unaufhörlichen Anwachsen der tödlichen Waffenarsenale auf beiden Seiten richteten sich viele Hoffnungen auf das „Gleichgewicht des Schreckens".

Erzwungene Stabilität im Ostblock

Die Sowjetführung hatte nie einen Zweifel daran aufkommen lassen, dass sie die Vorherrschaft im Ostblock beanspruchte. Wo sie ihre Hegemonie gefährdet sah, scheute sie vor militärischer Gewaltanwendung nicht zurück: 1953 in der DDR, 1956 in Ungarn, 1968 in der Tschechoslowakei: Nach der Niederwerfung des „Prager Frühlings" – des Versuchs, einen Kommunismus „mit menschlichem Antlitz" zu verwirklichen – machte der sowjetische Parteichef Leonid Breschnew seinen Bündnispartnern die Grenzen ihrer Souveränität unmissverständlich klar: Wer versuche, die sozialistische Staats- und Gesellschaftsform aufzugeben, habe mit einer bewaffneten Intervention der übrigen Paktstaaten zu rechnen („Breschnew-Doktrin").

Die Abtrünnigen: Jugoslawien und China

Nur zwei sozialistischen Ländern gelang es, sich dem sowjetischen Machtanspruch zu entziehen. Der jugoslawische Partei- und Staatschef Tito, dessen Partisanenarmee das Land aus eigener Kraft von der deutschen Fremdherrschaft befreit hatte, geriet 1948 mit Stalin in Streit, weil er auf einem eigenen, vom Sowjetmodell abweichenden Weg zum Kommunismus – mit stärkerem Anteil der Arbeiter an der Leitung ihrer Betriebe – bestand und die Gründung eines von Moskau unabhängigen Balkanpaktes betrieb. Doch alle Versuche Stalins, Titos Sturz mithilfe seiner Widersacher im Innern oder durch Druck von außen herbeizuführen, schlugen fehl; vor einem militärischen Eingreifen scheute Stalin zurück.

Auch die Volksrepublik China, die unter der selbstbewussten Führung Maos eine eigenständige, chinesische Form des Kommunismus entwickelte („Maoismus"), kündigte Moskau den Gehorsam auf. Zum Ausbruch des Konflikts kam es in der Ära Chruschtschow (1953–64). Die Pekinger Führung lehnte seine Reformpolitik im Innern ab, weil sie den wirtschaftlichen Wohlstand über den Klassenkampf stelle („Gulaschkommunismus"), und sie verurteilte seine Außenpolitik der „friedlichen Koexistenz", weil sie die Weltrevolution verrate. Aus dem ideologischen Meinungsstreit erwuchs die Aufkündigung der sowjetischen Wirtschaftshilfe, und am Ende beschossen sich chinesische und sowjetische Grenzsoldaten. Für die KPdSU bedeutete der Bruch mit Peking auf die Dauer den Verlust ihres Führungsanspruches innerhalb der kommunistischen Welt. Auf einer Gipfelkonferenz aller kommunistischen Parteien 1976 musste sie die Unabhängigkeit jeder nationalen KP zugestehen.

174

3 Die amerikanische „Containment"-Politik

a *Aus dem „Langen Telegramm" des US-Sowjet-
experten George F. Kennan, der großen Einfluss auf
die außenpolitische Strategie der US-Regierung
nahm (1946):*
Alles in allem haben wir es mit einer politischen Kraft
zu tun, die sich fanatisch zu dem Glauben bekennt,
dass es wünschenswert und notwendig ist, die innere
Harmonie unserer Gesellschaft, unsere traditionellen
5 Lebensgewohnheiten und das internationale Ansehen
unseres Staates zu zerstören, um der Sowjetmacht
Sicherheit zu verschaffen. […] Aber ich möchte meiner
Überzeugung Ausdruck geben, dass es in unserer
Macht steht, das Problem zu lösen, und zwar ohne uns
10 in einen großen militärischen Konflikt zu flüchten. […]
Im Gegensatz zu Hitlerdeutschland ist die Sowjetmacht weder schematisiert noch auf Abenteuer aus.
Sie arbeitet nicht nach festgelegten Plänen. Sie geht
keine unnötigen Risiken ein. Der Logik der Vernunft
15 unzugänglich, ist sie der Logik der Macht in hohem
Maße zugänglich. Daher kann sie sich ohne weiteres
zurückziehen – und tut das im Allgemeinen –, wenn sie
irgendwo auf starken Widerstand stößt. […] Ob sie Erfolg haben, hängt also wirklich von dem Maß an Zu-
20 sammenarbeit, Festigkeit und Kraft ab, das die westliche Welt aufbringen kann. […] Der Weltkommunismus
ist wie ein bösartiger Parasit, der sich nur von erkrank-
tem Gewebe nährt.

b *Aus der Kongressbotschaft Trumans vom
12. März 1947 (Truman-Doktrin):*
Den Völkern einer Reihe von Staaten der Welt wurde
vor kurzem gegen ihren Willen ein totalitäres Regime
aufgezwungen. Die Regierung der Vereinigten Staaten
hat wiederholt gegen den in Verletzung des Jalta-Ab-
5 kommens ausgeübten Zwang und die Einschüchte-
rung in Polen, Rumänien und Bulgarien Protest erhoben. Ich muss außerdem feststellen, dass in einer
Reihe anderer Länder eine ähnliche Entwicklung vor
sich gegangen ist. Im gegenwärtigen Augenblick der
10 Weltgeschichte muss fast jede Nation zwischen zwei
verschiedenen Lebensarten wählen. Zu oft ist die
Wahl keine freie. Die eine Art zu leben gründet sich
auf den Willen der Mehrheit und zeichnet sich durch
freie Institutionen, repräsentative Regierungen, freie
15 Wahlen, Garantien der persönlichen Freiheit, Freiheit
der Rede und der Religion und Freiheit von politischer
Unterdrückung aus. Die zweite Lebensart hat als
Grundlage den Willen einer Minderheit, der mit Gewalt der Mehrheit gegenüber geltend gemacht wird.
20 Sie stützt sich auf Terror und Unterdrückung, kontrollierte Presse und Rundfunk, von vornherein bestimmte Wahlen und auf die Unterdrückung der persönlichen Freiheit. Ich bin der Ansicht, dass wir den
freien Völkern beistehen müssen, ihr eigenes Ge-
25 schick auf ihre Weise zu bestimmen. Ich glaube, dass

4 „Entwurf für ein Siegerdenkmal". Karikatur aus
der Schweiz, 11. April 1945. Dargestellt sind die
„Großen Drei" (v.l.n.r.): Stalin, Roosevelt, Churchill

unser Beistand in erster Linie in Form von wirtschaftlicher und finanzieller Hilfe gewährt werden sollte,
eine Hilfe, die wesentlich ist für die wirtschaftliche
Stabilität und ordnungsgemäße politische Entwicklung. Der Samen der totalitären Regime wird von Not 30
und Elend genährt. Sie breiten sich aus und wachsen
auf dem üblen Boden von Armut und Hader. Sie erreichen ihre volle Größe, wenn die Hoffnung der Völker
auf ein besseres Leben erloschen ist. Die freien Völker
der Welt sehen auf uns, dass wir sie bei der Erhaltung 35
ihrer Freiheiten unterstützen. Wenn wir jetzt in unserer führenden Stellung schwankend werden, dann
werden wir den Frieden der Welt gefährden, und wir
werden mit Sicherheit das Wohlergehen unserer eigenen Nation in Gefahr bringen. 40

a)–b) nach: E.-O. Czempiel/C.-Chr. Schweitzer, Weltpolitik der USA
nach 1945, Bonn 1989, S. 51 ff.

5 Das sowjetische Bild der US-Außenpolitik
*Aus einer Deklaration des Kominform (1947). Das
„Kommunistische Informationsbüro" (Kominform)
wurde eingerichtet, um die Aktivitäten der kommunistischen Parteien zu koordinieren:*
Der Kampf zwischen den beiden entgegengesetzten
Lagern – dem imperialistischen und dem antiimpera-
listischen – vollzieht sich unter den Bedingungen
einer weiteren Verschärfung der allgemeinen Krise des
Kapitalismus, des Niedergangs der Kräfte des Kapita- 5
lismus und der Festigung der Kräfte des Sozialismus
und der Demokratie. Aus diesem Grunde entfalten das
imperialistische Lager und seine leitenden Personen
in den Vereinigten Staaten eine besonders aggressive
Aktivität. Diese wird gleichzeitig nach allen Richtun- 10
gen entwickelt: in der Richtung militärischer und
strategischer Maßnahmen, der wirtschaftlichen Expansion und des ideologischen Kampfes. Der Truman-

Marshall-Plan ist nur ein Teil, das europäische Kapitel eines allgemeinen Planes für eine die Welt umfassende expansionistische Politik, die von den Vereinigten Staaten in allen Teilen der Erde verfolgt wird. Der Plan für die wirtschaftliche und politische Versklavung Europas durch den amerikanischen Imperialismus wird durch die Pläne einer wirtschaftlichen und politischen Versklavung Chinas, Indonesiens und der südafrikanischen Länder ergänzt. Die Aggressoren von gestern – die kapitalistischen Magnaten in Deutschland und Japan – werden durch die Vereinigten Staaten von Amerika für ihre neue Rolle vorbereitet. Sie besteht darin, als Werkzeug der imperialistischen Politik der USA in Europa und Asien zu dienen.

Das Ostpakt-System, hrsg. v. B. Meissner, Frankfurt 1955, S. 98

6 „Gleichgewicht des Schreckens"

a *US-Verteidigungsminister McNamara über die Notwendigkeit „flexibler Reaktion" (1968):*

Wir haben argumentiert, dass nur das Vorhandensein solcher ausgewogenen Streitkräfte einen Aggressor über jeden Zweifel hinaus davon überzeugen würde, dass die Allianz ihm, ganz gleich, welche Anstrengungen er unternimmt oder zu unternehmen droht, immer mit den entsprechenden Mitteln entgegentreten kann. [...] Die Vereinigten Staaten sind immer der festen Überzeugung gewesen, dass die Drohung mit einer unglaubwürdigen Maßnahme keine wirksame Abschreckung darstellt. Die politischen Führer des Westens sind sich alle der Gefahren wohl bewusst, die mit dem Einsatz taktischer Atomsprengkörper verbunden sind – und das Gleiche gilt auch für die Führer der Mitgliedstaaten des Warschauer Pakts. Die Sowjetführer würden wahrscheinlich nicht glauben, dass die NATO-Mächte unverzüglich damit einverstanden wären, diese großen Gefahren in Kauf zu nehmen, um einer plötzlichen und begrenzten, mit konventionellen Mitteln geführten Aggression entgegenzutreten.

Und wenn die Sowjets die Drohung mit einer sofortigen atomaren Reaktion auf eine begrenzte Aggression für unglaubwürdig hielten, so könnten sie durchaus versucht sein, in irgendeiner Krisensituation mit einer begrenzten Aggression vorzufühlen [...] und so Stück für Stück das zu erlangen, was sie mit einem überraschenden, massiven, totalen Angriff auf das NATO-Bündnis auf einen Schlag nicht erreichen können.

Czempiel/Schweitzer, a.a.O., S. 285

b *Der Sowjetmarschall Sokolowski über die Militär-Strategie der UdSSR (1969):*

Ein wichtiger Grundsatz der sowjetischen Militärdoktrin besteht darin, dass der Weltkrieg, falls er von den Imperialisten entfesselt wird, zwangsläufig zu einem Raketen- und Kernwaffenkrieg wird, d.h. zu einer Auseinandersetzung, in der Kernwaffen das Hauptkampfmittel und Raketen das wichtigste Mittel zu ihrer Beförderung ins Ziel sind. Der Masseneinsatz von Atom- und Wasserstoffwaffen mit der unbegrenzten Möglichkeit, sie in wenigen Minuten mithilfe von Raketen in jedes Ziel zu bringen, ermöglicht es, innerhalb kürzester Zeit durchschlagende militärische Erfolge auf jede Entfernung und auf einem gewaltigen Gebiet zu erzielen. [...] Es ist eine logische Gesetzmäßigkeit des Krieges, dass dieser, sollte er von den aggressiven Kreisen der USA ausgelöst werden, sofort auf das Territorium der Vereinigten Staaten von Amerika übergreifen wird. [...] Durch einen Krieg würden viele hundert Millionen Menschen umkommen, und die meisten Überlebenden würden in der einen oder anderen Weise der radioaktiven Verseuchung ausgesetzt sein. Darum plädieren wir für die Unannehmbarkeit eines nuklearen Weltkrieges, für die Notwendigkeit, ihn zu verhindern, für die Durchführung der allgemeinen Abrüstung und für die Zerstörung der Kernwaffenbestände. [...] Seinem politischen und gesellschaftlichen Charakter nach wird der neue Welt-

7 **Militärparade in Moskau,** 1990, zum Jahrestag der bolschewistischen Oktoberrevolution 1917

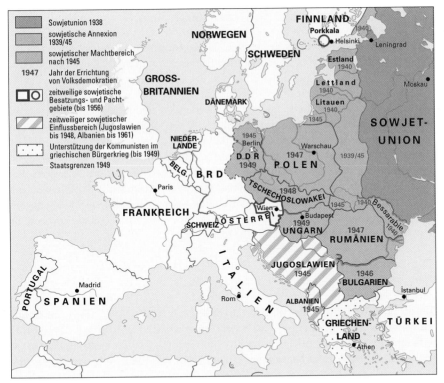

Legend:
- Sowjetunion 1938
- sowjetische Annexion 1939/45
- sowjetischer Machtbereich nach 1945
- 1947 Jahr der Errichtung von Volksdemokratien
- zeitweilige sowjetische Besatzungs- und Pachtgebiete (bis 1956)
- zeitweiliger sowjetischer Einflussbereich (Jugoslawien bis 1948, Albanien bis 1961)
- Unterstützung der Kommunisten im griechischen Bürgerkrieg (bis 1949)
- Staatsgrenzen 1949

8 Die Ausdehnung des sowjetischen Machtbereichs seit dem Zweiten Weltkrieg

Map labels: FINNLAND, Porkkala, Helsinki, Leningrad, NORWEGEN, SCHWEDEN, Estland 1940, Lettland 1940, Moskau, Litauen 1940, GROSS-BRITANNIEN, DÄNEMARK, 1945, SOWJET-UNION, NIEDER-LANDE, 1945 Berlin, Warschau, 1939/45, D D R 1947 1949, POLEN, BELG., B R D, Paris, 1948, TSCHECHOSLOWAKEI, 1945, 1940, Bessarabien 1940, FRANKREICH, SCHWEIZ, ÖSTERR., Wien 1949, Budapest, UNGARN, 1947 RUMÄNIEN, PORTUGAL, Madrid, ITALIEN, JUGOSLAWIEN 1945, 1946 BULGARIEN, İstanbul, SPANIEN, Rom, ALBANIEN 1945, GRIECHEN-LAND, TÜRKEI, Athen

---

krieg die entscheidende militärische Auseinandersetzung der beiden gegensätzlichen sozialen Weltsysteme sein. Dieser Krieg wird gesetzmäßig mit
30 dem Sieg des fortschrittlichen kommunistischen Gesellschafts- und Wirtschaftssystems über das reaktionäre kapitalistische System enden, das historisch dem Untergang geweiht ist.

W. D. Sokolowski, Militär-Strategie, übersetzt von W. Meermann, J. W. Lomov, H. Hackenberg, M. Pörschmann, Köln 1969, S. 277 ff., 294

c Rüstungsausgaben der Supermächte in Mrd. Dollar, Preise von 1980

	1965	1969	1985
USA	135	183	205
UdSSR	81	112	146

D. Benecke, Frieden – Freiheit – Sicherheit, hrsg. von der Niedersächsischen Landeszentrale für politische Bildung, Hannover 1988, S. 42

Arbeitsvorschläge und Fragen

a) Fassen Sie zusammen, wie die US-Regierung und Westeuropa die sowjetische Politik nach 1945 beurteilten. Überlegen Sie in Kenntnis der weiteren Entwicklung, ob und inwieweit ihre Einschätzungen zutrafen (M3a, b).

b) Erörtern Sie die sowjetischen Anschuldigungen gegen die US-amerikanische Außenpolitik (M5).

c) Erwägen Sie die Konsequenzen, die man aus den militärischen Kräfteverhältnissen zwischen den Allianzen ziehen konnte. Vergleichen Sie die Strategiekonzepte in Ost und West und beurteilen Sie die Tauglichkeit der Bemühungen, die Kriegsgefahr zu bannen (M6a–c und M8).

d) Deuten Sie die Karikatur (M4). Beachten Sie dabei die Schlange.

e) Die weltanschaulichen Gegensätze zwischen den USA und der Sowjetunion, so wird häufig behauptet, mussten nach 1945 zwangsläufig zu einer Konfrontation führen. – Diskutieren Sie diese These!

f) Erörtern Sie mögliche Gründe dafür, warum sich aus dem „Kalten Krieg" kein „heißer Krieg" zwischen den Großmächten entwickelte.

1.2 Von der Konfrontation zur Kooperation

Rüstungswettlauf und Kriegsvermeidung

Der Kalte Krieg verschlang auf beiden Seiten ungeheure Ressourcen. Der Ostblock bekam diese Belastungen schmerzlicher zu spüren als der wohlhabende Westen. Doch gemessen an der enormen Rüstung beider Seiten blieben ernste Zusammenstöße vergleichsweise selten. Es lag im Wesen des „Kalten Krieges", dass die Akteure den „heißen Krieg" zu vermeiden trachteten. Chruschtschow, Parteichef und starker Mann im Kreml (1953–64), war einer der Ersten, der mit der Devise der „friedlichen Koexistenz" die Absicht verfolgte, den „großen" Krieg als Mittel der Politik auszuschalten. Chruschtschow wollte die Auseinandersetzung der Systeme auf den wirtschaftlichen Wettstreit verlagern und den Kampf mit den Waffen auf die regional begrenzten antikolonialen Befreiungskriege beschränkt sehen. Obwohl beide Seiten einen offenen Krieg gegeneinander vermeiden wollten, suchten sie doch jeweils ihre eigenen Vorteile. So kam es immer wieder zu „Stellvertreterkriegen".

Korea-Krieg 1950–53

Der erste Krieg dieser Art war der Korea-Krieg. Korea, von 1910–1945 eine Kolonie Japans, wurde nach der Niederlage Japans im Zweiten Weltkrieg gemäß einer Absprache der Siegermächte USA und UdSSR in zwei Besatzungszonen nördlich und südlich des 38. Breitengrades aufgeteilt. 1949 zogen die Besatzungstruppen ab. Bereits ein Jahr später überschritten militärisch überlegene, von der Sowjetunion politisch unterstützte Truppen Nordkoreas die Demarkationslinie. Dem Angriff begegneten die USA mit massivem Truppeneinsatz. Sie erfüllten damit ihr Schutzversprechen für den südkoreanischen Diktator und folgten gleichzeitig ihrer Strategie der ‚Eindämmung'. Dank eines vorübergehenden Boykotts des UN-Sicherheitsrates durch die Sowjetunion gelang es ihnen, einen UN-Beschluss durchzubringen, der Nordkorea zum Aggressor erklärte und die USA mit einigen Verbündeten beauftragte, die Aggression zurückzuschlagen. Diese hätten die Nordkoreaner militärisch wahrscheinlich vollständig besiegt, hätten nicht die Chinesen mit einer „Freiwilligen"-Armee von mehreren hunderttausend Mann dem Krieg eine Wende gegeben. Weil die Truman-Regierung den Einsatz von Atombomben scheute, kam der Krieg an der alten Nord-Süd-Grenze zum Stehen; ein formeller Waffenstillstand wurde erst 1953 geschlossen. Regierung und Öffentlichkeit in den USA werteten den Korea-Krieg als Beweis für die Richtigkeit des Containment-Konzeptes.

Zweite Berlin-Krise 1958–61

Direkt an der Nahtstelle der Großmächte kam es 1958 zur zweiten Berlin-Krise (zur ersten im Jahre 1948 ▶ S. 199) Die Sowjetunion hatte durch ihr erfolgreiches ‚Sputnik'-Experiment 1957 an Selbstbewusstsein gewonnen: Die Erdumkreisungen des ersten Weltraumsatelliten demonstrierten die Leistungsfähigkeit sowjetischer Raketen. Nun forderte Chruschtschow die Westmächte ultimativ auf, ihre Truppen aus West-Berlin abzuziehen und die westliche Stadthälfte in eine „selbständige politische Einheit" umzuwandeln. Er hatte damit teilweise Erfolg. Indem der Westen den Bau der Mauer im August 1961 (▶ S. 211) passiv hinnahm, fand er sich mit der vollständigen Teilung der Stadt ab und verzichtete faktisch auf seine Mitspracherechte für ganz Berlin.

Kuba-Krise

An den Rand eines dritten Weltkrieges führte die Kuba-Krise im Oktober 1962. In Kuba hatte eine nationale Befreiungsarmee unter ihrem Führer Fidel Castro den von den USA unterstützten Diktator Batista entmachtet und eine sozialistische Gesellschafts- und Wirtschaftsreform durchgeführt. Die Sowjetunion

1 **Raketenbasen auf Kuba (rechts) und sowjetischer Frachter mit Düsenjägern an Bord** in der Karibik.
Am 16. August 1962 erhielt Kennedy erste Luftaufnahmen sowjetischer Raketenbasen auf Kuba. Weitere Aufnahmen (Bild unten) bestätigten den Verdacht.

hielt sofort ihre schützende Hand über Kubas neue Regierung, die von den USA wirtschaftlich boykottiert wurde. Chruschtschow rang dem verbündeten Castro die Zustimmung zum Bau sowjetischer Raketenabschussrampen auf der nur 150 Kilometer vom amerikanischen Festland entfernten Karibikinsel ab. Er hoffte damit ein Gegengewicht zu den US-Raketenbasen in der Türkei in die Hand zu bekommen. Nach der Entdeckung dieses geheim betriebenen Vorhabens durch amerikanische Aufklärungsflugzeuge suchte die Kennedy-Regierung die Demontage der Rampen mittels einer Seeblockade und der Androhung einer gewaltsamen Intervention zu erzwingen. Nach Tagen qualvoller Spannung und eines Tauziehens hinter den Kulissen verfügte die sowjetische Seite den Abbau der Raketen. Sie war dazu aber erst bereit, nachdem Washington informell den Abzug seiner Raketen aus der Türkei zugesagt hatte. So wahrten beide Rivalen ihr Gesicht, und der Status quo war wiederhergestellt.

Nur zwei Jahre nach der Kuba-Krise sahen sich die USA in Vietnam ein weiteres Mal herausgefordert. Vietnam hatte 1954 im Rahmen der internationalen Genfer Konferenz (an der auch China teilnahm) seine Unabhängigkeit von der bisherigen Kolonialmacht Frankreich erhalten, war aber entlang des 17. Breitengrades fürs Erste in zwei Staaten aufgeteilt worden: in das kommunistisch regierte Nordvietnam unter Ho Chi Minh und in Südvietnam, das sich bald zu einer Diktatur unter der Regierung Diems entwickelte. Das Genfer Abkommen sah die Durchführung gesamtvietnamesischer Wahlen innerhalb von zwei Jahren und die Wiedervereinigung der beiden Landesteile vor. Die USA, die sich als Schutzmacht Südvietnams betrachteten, unterschrieben das Abkommen nicht und unterstützten Diem, als dieser sich weigerte, die in Genf vorgeschriebenen Wahlen durchzuführen und mit Hanoi wegen der Wiedervereinigung zu verhandeln. Weil der Saigoner Staatschef überdies jede oppositionelle Regung im Land mit drakonischen Mitteln unterdrückte und die dringend notwendige Bodenreform hinauszögerte, formierte sich 1960 dagegen die kommunistische

Vietnam-Krieg

Untergrundbewegung Vietcong. Als die USA massiv intervenierten und Bodentruppen nach Vietnam schickten, griff auch Nordvietnam mit ganzer Kraft in den Krieg ein. So verquickten sich ein kommunistischer Revolutions- und ein nationaler Befreiungs- und Einigungskampf miteinander.

Dilemma und Alptraum für die USA

Der Krieg zog am stärksten die südvietnamesische Zivilbevölkerung, die doch beschützt werden sollte, in Mitleidenschaft. Hunderttausende kamen um.
Die amerikanische Vietnam-Politik orientierte sich an der von Präsident Eisenhower schon 1953 vertretenen „Domino-Theorie": Es komme in Asien darauf an, den Verlust auch nur eines pro-westlichen Staates zugunsten der Kommunisten zu verhindern, weil sonst eine Kettenreaktion zu befürchten sei. Doch im Bündnis mit einer reformunwilligen Militärdiktatur und angesichts der Verheerungen des Krieges war es den Amerikanern unmöglich, in Südvietnam eine Staats- und Gesellschaftsordnung aufzubauen, die die dort lebenden Menschen überzeugte. Als trotz des Einsatzes von fast 600 000 US-Soldaten der Gegner nicht zum Einlenken zu zwingen war und immer mehr Amerikaner den Krieg ablehnten, blieb der Regierung nur der Rückzug. Er war mit der Preisgabe des südvietnamesischen Verbündeten verknüpft, der 1975 kapitulierte.
Die Lektion für die USA war bitter: 58 000 amerikanische Soldaten waren gefallen, die amerikanische Wirtschaft angeschlagen, der Nimbus der Unbesiegbarkeit dahin. Das Vietnam-Debakel war jahrelang ein Trauma, das die außenpolitischen Aktivitäten lähmte.

2 Konfliktfeld Indochina 1945 bis 1975
Seit 1960 unterstützte Nordvietnam über den so genannten Ho-Chi-Minh-Pfad die Vietcong. Da dieser Pfad durch Kambodscha führte, wurde auch dieses Land in die Angriffe der Amerikaner einbezogen.

Grenze Französisch-Indochinas vor dem 2. Weltkrieg

★ Niederlage bei Dien-Bien-Phu 7. 5. 1954 – Ende der französischen Kolonialherrschaft

Teilung Vietnams 1954
– Nordvietnam (kommunistisch)
– Südvietnam (antikommunistisch)
– Laos und Kambodscha (neutral)

Flüchtlinge 1954/55

kommunistische Angriffe seit 1960

Eingreifen der USA 1964

von kommunistischen Partisanen um 1970 kontrollierte Gebiete

Versorgungsweg der Partisanen (Ho-Chi-Minh-Pfad)

kommunistische Endoffensive 1974/75 nach dem Rückzug der amerikanischen Truppen

Grenze des wieder vereinigten Vietnam 1975

☆ Sieg der Kommunisten in Laos und Kambodscha (1975)

0   250   500 km

Ähnliche Erfahrungen machte die Sowjetunion in den Achtzigerjahren in Afghanistan. Um die in Bedrängnis geratene kommunistische Regierung in Kabul vor einem Umsturz zu retten, marschierten sowjetische Truppen zum Jahresende 1979 in das unwegsame Land ein. Sie sollten, im Geiste der Breschnew-Doktrin, sicherstellen, dass ein einmal kommunistisch gewordenes Land nicht wieder an den ‚Klassenfeind' zurückfiel. Wie die Amerikaner im vietnamesischen Dschungel verstrickte sich die Rote Armee in endlose Gebirgskämpfe mit muslimischen Widerstandsgruppen, denen militärisch nicht beizukommen war. Der Parteichef Gorbatschow zog daraus die Konsequenz und befahl 1988 den Rückzug der Roten Armee.

Sowjetische Intervention in Afghanistan

Der sowjetische Einmarsch in Afghanistan hatte alle Bemühungen um Entspannung zwischen den Blöcken zunichte gemacht, die allmählich eingesetzt hatten: Das zu Beginn der 70er-Jahre eingetretene atomare Patt zeigte die Aussichtslosigkeit eines weiteren Rüstungswettlaufs. Hinzu kamen die enormen finanziellen Belastungen, die insbesondere von der UdSSR nicht mehr zu verkraften waren. So fanden sich Washington und Moskau zu zwei SALT-Abkommen (Strategic Arms Limitation Talks) 1972 und 1979 bereit. Die Verträge legten jedoch nur Obergrenzen für die Raketensysteme fest, tasteten aber nicht die bereits vorhandenen riesigen Vernichtungspotenziale an. Auch die Verhandlungen, die die NATO und der Warschauer Pakt über eine Verminderung der „konventionellen" Streitkräfte führten, kamen jahrelang nicht von der Stelle.

Rüstungskontrolle und Entspannung

Dennoch verbesserte sich das politische Klima merklich. Seinen Niederschlag fand das neue Denken in einer Reihe von Verträgen, vor allem aber in den Ostverträgen der Bundesrepublik (▶ S. 217 f.). Die „Konferenz für Sicherheit und Zusammenarbeit in Europa" (KSZE), an der alle europäischen Staaten – außer Albanien – sowie die USA und Kanada teilnahmen, verpflichtete in ihrem Schlussdokument von Helsinki 1975 alle Unterzeichnerstaaten zur Beachtung der politischen Grundrechte ihrer Bürgerinnen und Bürger und bekundete ihren Willen, die Grenzen in Europa durchlässiger zu machen.

Kooperation

Doch der Prozess der Entspannung verlief nicht ohne Rückschläge: Nach dem Einmarsch der sowjetischen Truppen in Afghanistan 1979 beteiligte sich die Mehrzahl der westlichen Staaten an Wirtschaftssanktionen gegen den Friedensstörer. Die NATO verabschiedete den „Doppelbeschluss": Würde die Sowjetunion in Verhandlungen nicht zu bewegen sein, ihre jüngst installierten Mittelstreckenraketen in Europa wieder abzubauen, sollte die Zahl der NATO-Raketenbasen entsprechend erhöht werden. US-Präsident Reagan nannte die UdSSR ein „Reich des Bösen" und setzte eine beispiellose Aufrüstung in Gang.

Neue „Eiszeit"

Der Wandel zum Besseren bahnte sich 1985 an, als Michail Gorbatschow neuer Generalsekretär der KPdSU wurde. Dem Umbruch im Innern (Glasnost, Perestroika) entsprach eine Neuordnung der Außenpolitik. Gorbatschow verblüffte mit weit reichenden Abrüstungsvorschlägen. Was undenkbar erschienen war, wurde jetzt binnen weniger Jahre Wirklichkeit: der Abbau aller in Europa stationierten Kurz- und Mittelstreckenraketen, eine erhebliche Reduzierung der Interkontinentalraketen, die weit gehende Verminderung und Kontrolle der Atomsprengköpfe, der Verzicht auf chemische Kampfmittel, eine fühlbare Verringerung der konventionellen Streitkräfte. Die Konsequenz dieser Selbstentwaffnung war die Auflösung des Warschauer Paktes 1991.

„Neues Denken"

3 „Neues Denken" – der Anfang vom Ende?
Karikatur links: „Der Sack-Flöhe-Hütebube", Jupp Wolter, 1990; Karikatur rechts: „Die Sowjetunion nach fünf Jahren Perestroika", J. Kosobukin, 1990

Zerfall des Ostblocks und der Sowjetunion

Vorausgegangen war der Verzicht Moskaus auf jeglichen Führungsanspruch in Osteuropa; die Breschnew-Doktrin wurde ausdrücklich widerrufen. Die bislang abhängigen Staaten erhielten volle innen- und außenpolitische Handlungsfreiheit. Das führte binnen weniger Jahre zum Sturz aller kommunistischen Regierungen. Das Recht auf Selbstbestimmung erhielt auch die DDR. Gorbatschow stimmte der Wiedervereinigung Deutschlands zu und akzeptierte sogar dessen Mitgliedschaft in der NATO; die Bundesregierung zeigte sich mit erheblichen Geldzahlungen erkenntlich.

Schließlich war auch der Zerfall des Vielvölkerstaates Sowjetunion nicht mehr aufzuhalten. Nach und nach erklärten 15 nationale Staaten ihre Unabhängigkeit. Von ihnen vereinbarten elf als „Gemeinschaft Unabhängiger Staaten" (GUS) eine lockere politische und wirtschaftliche Zusammenarbeit. Die übrigen vier – Estland, Georgien, Lettland, Litauen – wählten die völlige Selbständigkeit. Die Moskauer Regierung fand sich mit dem Ausscheiden dieser Länder aus dem sowjetischen Staatsverband ab, weil sie keine Chance sah, die Loyalität der 1940 gegen ihren Willen von der Sowjetunion annektierten baltischen Völker zurückzugewinnen.

Dass die Revolution im Ostblock – mit Ausnahme Rumäniens – unblutig verlief, hatte vor allem zwei Gründe: Zum einen fehlte es den alten Regimen an Kraft und Selbstbewusstsein, sich der Freiheitsbewegung erfolgreich zu widersetzen; Ineffizienz und Misswirtschaft, Funktionärshochmut und Spitzelwesen hatten sie um allen Kredit gebracht. Zum andern übte der Westen Zurückhaltung und Hilfsbereitschaft; er erlag nicht der Versuchung, die Schwäche des Rivalen auszunutzen, sondern unterstützte die Reformen. Eine nicht unwesentliche Rolle spielte auch die Sorge der westlichen Regierungen, die riesigen Nuklearwaffenbestände auf dem Territorium der zerfallenden UdSSR könnten in falsche Hände geraten.

Perestroika (russ. = „Umbau"): Dieser Begriff kennzeichnet das Reformprogramm der sowjetischen Politik seit 1985. Leitgedanke ist, dass alle Bereiche des öffentlichen Lebens im Sinne einer Demokratisierung tief greifend umgestaltet werden müssen.

Glasnost (russ. = „etwas der öffentlichen Information oder Diskussion Zugängliches"): Voraussetzung der erfolgreichen demokratischen Umgestaltung ist der freie Zugang zu Informationen und die unbehinderte Diskussion von Problemen.

4 Die Kuba-Krise 1962: Duell am Abgrund

a *Aus der TV-Ansprache Kennedys, 22.10. 1962:*

Seit vielen Jahren haben sowohl die Vereinigten Staaten als auch die Sowjetunion ihre strategischen Kernwaffen mit großer Vorsicht stationiert und niemals den prekären Status quo gefährdet, der die Sicherheit
5 dafür bot, dass diese Waffen nicht ohne lebenswichtige Herausforderung angewendet würden. Unsere eigenen strategischen Waffen sind nie unter dem Deckmantel der Geheimhaltung und der Irreführung auf das Hoheitsgebiet irgendeines anderen Landes verlegt
10 worden, und unsere Geschichte zeigt – im Gegensatz zu der der Sowjets seit dem Zweiten Weltkrieg –, dass wir nicht danach streben, irgendein anderes Land zu beherrschen oder zu erobern oder unser System einem anderen Volk aufzuzwingen. [...] Diese geheime,
15 schnelle und außerordentliche Massierung kommunistischer Raketen [...], diese plötzliche und heimliche Entscheidung, zum ersten Male außerhalb der Sowjetunion strategische Waffen zu stationieren, ist eine absichtlich provokatorische und ungerechtfer-
20 tigte Veränderung des Status quo, die von unserem Land nicht hingenommen werden kann [...]. Die Dreißigerjahre haben uns deutlich gelehrt: Aggressive Haltung führt, wenn sie unbeschränkt und unwidersprochen wachsen kann, letztlich zum Krieg. Unsere
25 Nation lehnt den Krieg ab. Wir halten aber unser Wort. [...] Wir werden nicht verfrüht oder unnötigerweise einen weltweiten Kernwaffenkrieg riskieren [...]. Aber wir werden vor diesem Risiko auch nicht zurückschrecken, wenn wir ihm gegenüberstehen.

Nach: Europa-Archiv, Jg. 1962, S. 571

b *Chruschtschow an Kennedy, 28. Oktober 1962:*

Ich gebe meiner Befriedigung und Erkenntlichkeit Ausdruck für das rechte Maß und Ihre Einsicht in die Verantwortung, die Sie gegenwärtig für die Aufrechterhaltung des Friedens in der ganzen Welt tragen. Ich
5 habe großes Verständnis für Ihre Befürchtung und für die Befürchtung des Volkes der Vereinigten Staaten von Amerika angesichts der Tatsache, dass die Waffen, die Sie als Angriffswaffen bezeichnen, wirklich gefährliche Waffen sind. [...] Wenn es uns mithilfe ande-
10 rer Menschen guten Willens gelingt, diese gespannte Situation zu überwinden, so müssen wir auch dafür sorgen, dass keine anderen gefährlichen Konflikte ausbrechen, die zu einer thermonuklearen Weltkatastrophe führen können. [...] Wir müssen jetzt sehr vor-
15 sichtig sein und dürfen keine Schritte unternehmen, die der Verteidigung der in den Konflikt verwickelten Staaten nicht nützen, sondern nur Verstimmung schaffen und gar die Herausforderung zu einem verhängnisvollen Schritt darstellen könnten. Daher müs-
20 sen wir Nüchternheit und Vernunft zeigen und uns derartiger Schritte enthalten.

Nach: Europa-Archiv, Jg. 1962, S. 586

5 „Einverstanden, Herr Präsident, wir wollen verhandeln ..."
(Daily Mail, London 1962)

6 Amerikas Krieg in Vietnam: Verteidigung der westlichen Freiheit?

a *Der US-Verteidigungsminister McNamara vor einem Senatsausschuss (1965):*

Heute gilt es in Vietnam zu zeigen, dass die freie Welt der bewaffneten kommunistischen Aggression Einhalt zu gebieten und den Verlust ganz Südostasiens zu verhindern vermag [...]. Während die kommunistische Aggression vor 15 Jahren in Korea die Form eines offenen 5 Angriffs annahm, tritt sie heute in Vietnam in Gestalt eines umfassenden Guerilla-Einsatzes in Erscheinung. Das wahre Wesen dieser Aggression, in der Anfangsphase der Auseinandersetzung in Südvietnam noch gut getarnt, hat sich inzwischen fast gänzlich offenbart. Es 10 tritt immer deutlicher zutage, dass das Vorgehen der Vietcong von Hanoi aus, mit Unterstützung und auf Anregung Rotchinas, gesteuert wird. [...] Es ist klar, dass ein kommunistischer Erfolg in Südvietnam [...] die chinesischen Kommunisten der von ihnen angestrebten 15 Kontrolle über den gesamten Weltkommunismus ein gewaltiges Stück näher bringen würde. Ein derartiger Erfolg würde ferner das Prestige der Rotchinesen bei den blockfreien Staaten erheblich vermehren und die Position ihrer Anhänger überall stärken. In diesem 20 Falle müssten wir uns darauf gefasst machen, es mit der gleichen Form der Aggression auch in anderen Teilen der Welt zu tun zu bekommen, und zwar überall dort, wo eine Regierung schwach und das Sozialgefüge nicht fest ist. 25

J. Horlemann, Modelle der kolonialen Konterrevolution, Frankfurt 1968, S. 169 ff.

b | *Das Vier-Punkte-Programm der nord-vietnamesischen Regierung (1964):*

1. Die Teilnehmerstaaten der Genfer Indochinakonferenz von 1954 müssen [...] die Souveränität, Unabhängigkeit und Einheit Vietnams respektieren und sich jeder Einmischung in die inneren Angelegenheiten enthalten. Südvietnam wie die Demokratische Republik Vietnam dürfen an keinen Militärbündnissen mit anderen Staaten teilnehmen und keine fremden Militärbasen und kein ausländisches Militärpersonal auf ihrem Territorium dulden.

2. Die amerikanische Regierung muss ihre Truppen und Waffen aus Südvietnam abziehen [...].

3. Die friedliche Wiedervereinigung Vietnams ist die innere Angelegenheit des vietnamesischen Volkes und wird entsprechend dem Programm der „Nationalen Befreiungsfront" geregelt werden.

4. Vor der Wiedervereinigung müssen sich die Regierungen der beiden Zonen verpflichten, keine Propaganda zur Spaltung des Volkes und für den Krieg zu betreiben, keine militärische Gewalt gegeneinander anzuwenden und Verhandlungen über den wirtschaftlichen und kulturellen Austausch und die Bewegungsfreiheit der Bevölkerung zwischen den Zonen aufzunehmen.

E. Kux/J. C. Kun, Die Satelliten Pekings, Stuttgart 1964, S. 179

7 Schritte zur Entspannung zwischen Ost und West

a | *Der sowjetische Parteichef Chruschtschow auf dem 20. Parteitag der KPdSU (1956):*

Bis auf den heutigen Tag möchten die Feinde des Friedens der Welt weismachen, die Sowjetunion habe die Absicht, den Kapitalismus in den anderen Ländern durch den ‚Export der Revolution' zu stürzen. [...] Wenn wir davon sprechen, dass im Wettbewerb der zwei Systeme das sozialistische System siegen wird, so bedeutet das keineswegs, dass der Sieg durch die bewaffnete Einmischung der sozialistischen Länder in die inneren Angelegenheiten der kapitalistischen Länder erreicht wird. Unsere Zuversicht auf den Sieg des Kommunismus gründet sich darauf, dass die sozialistische Produktionsweise gegenüber der kapitalistischen entscheidende Vorzüge besitzt. [...] Das Prinzip der friedlichen Koexistenz findet immer stärkere internationale Anerkennung. [...] Und das ist ganz gesetzmäßig, denn einen anderen Ausweg gibt es unter den gegenwärtigen Verhältnissen nicht. Es gibt tatsächlich nur zwei Wege: entweder die friedliche Koexistenz oder den furchtbarsten Vernichtungskrieg der Geschichte.

Rechenschaftsbericht des ZK der KPdSU an den 20. Parteitag. Berlin 1956, S. 38 ff.

b | *Aus der „Friedensrede" des US-Präsidenten John F. Kennedy, Washington (1963):*

Wir Amerikaner empfinden den Kommunismus als Verneinung der persönlichen Freiheit und Würde im tiefsten abstoßend. Dennoch können wir das russische Volk wegen vieler seiner Leistungen – sei es in der Wissenschaft und Raumfahrt, in der wirtschaftlichen und industriellen Entwicklung, in der Kultur und in seiner mutigen Haltung – rühmen. [...] Sollte heute – wie auch immer – ein totaler Krieg ausbrechen, dann würden unsere beiden Länder die Hauptziele darstellen. [...] Und selbst im Kalten Kriege – der für so viele Länder, unter ihnen die engsten Verbündeten der Vereinigten Staaten, Lasten und Gefahren bringt – tragen unsere beiden Länder die schwersten Lasten. Denn wir werfen beide für gigantische Waffen riesige Beträge aus – Beträge, die besser für den Kampf gegen Unwissenheit, Armut und Krankheit aufgewandt werden sollten. Wir sind beide in einem unheilvollen und gefährlichen Kreislauf gefangen, in dem Argwohn auf der einen Seite Argwohn auf der anderen auslöst und in dem neue Waffen zu wieder neuen Abwehrwaffen führen. Kurz gesagt: Beide, die Vereinigten Staaten und ihre Verbündeten sowie die Sowjetunion und ihre Verbündeten, haben ein gemeinsames tiefes Interesse an einem gerechten und wirklichen Frieden und einer Einstellung des Wettrüstens.

Nach: Europa-Archiv, Jg. 1963, S. 192 f.

c | *Aus der KSZE-Schlussakte von Helsinki (1975):*

IV. Die Teilnehmerstaaten werden die territoriale Integrität eines jeden Teilnehmerstaates achten. Dementsprechend werden sie sich jeder mit den Zielen und Grundsätzen der Charta der Vereinten Nationen unvereinbaren Handlung gegen die territoriale Integrität, politische Unabhängigkeit oder Einheit eines jeden Teilnehmerstaates enthalten, insbesondere jeder derartigen Handlung, die eine Androhung oder Anwendung von Gewalt darstellt. [...]

V. Die Teilnehmerstaaten werden Streitfälle zwischen ihnen mit friedlichen Mitteln auf solche Weise regeln, dass der internationale Frieden und die internationale Sicherheit sowie die Gerechtigkeit nicht gefährdet werden. Sie werden bestrebt sein, nach Treu und Glauben und im Geiste der Zusammenarbeit eine rasche und gerechte Lösung auf der Grundlage des Völkerrechts zu erreichen. Zu diesem Zweck werden sie Mittel wie Verhandlung, Untersuchung, Vermittlung, Vergleich, Schiedsspruch, gerichtliche Regelung oder andere friedliche Mittel eigener Wahl verwenden, einschließlich jedes Streitregelungsverfahrens, auf das sich die beteiligten Parteien vor Entstehen des Streitfalles geeinigt haben.

Nach: Europa-Archiv, Jg. 1975, S. 439 f.

8 **Das Ende des Ost-West-Konflikts**

a *Gorbatschows „Neues Denken", 1987:*

Sicherheit kann nicht mehr durch militärische Mittel hergestellt werden – weder durch nukleare Waffen und Abschreckung noch durch die unablässige Perfektio-nierung von ‚Schwert' und ‚Schild'. Versuche, eine mi-
5 litärische Überlegenheit herstellen zu wollen, sind absolut unsinnig. Gegenwärtig werden solche Versuche im Weltraum unternommen. Dass dieser erstaunliche Anachronismus sich behaupten kann, ist eine Folge der aufgeblasenen Rolle der Militaristen in der Politik.
10 Vom Standpunkt der Sicherheit aus ist das Wettrüsten zu einer Absurdität geworden, da es in logischer Kon-sequenz zur Destabilisierung der internationalen Be-ziehungen und schließlich zum nuklearen Konflikt führt. Da das Wettrüsten riesige Ressourcen von ande-
15 ren, vordringlichen Projekten abzieht, wird dadurch der Grad der Sicherheit herabgesetzt und beeinträch-tigt. Das Wettrüsten als solches ist ein Feind des Frie-dens. Der einzige Weg zur Sicherheit ist der der politi-schen Entscheidungen und der Abrüstung. Wirkliche
20 und für alle gleiche Sicherheit kann in unserem Zeit-alter nur durch die kontinuierliche Herabsetzung des Niveaus des strategischen Gleichgewichts garantiert werden, aus dem nukleare und andere Massenver-nichtungswaffen völlig verbannt werden sollten."

Michail Gorbatschow, Perestroika, München 1989, S. 180

9 **Der Kalte Krieg am Boden.**
Auf einem Gipfeltreffen in Helsinki im September 1990 übergibt Michail Gorbatschow George Bush eine Karikatur.

b *Aus der Pariser Erklärung der 22 Staaten der NATO und des Warschauer Paktes (1990):*

Die Staats- und Regierungschefs [...], hocherfreut über den historischen Wandel in Europa; befriedigt über die in ganz Europa zunehmende Verwirklichung der ge-meinsamen Verpflichtung zu pluralistischer Demo-
5 kratie, Rechtsstaatlichkeit und Menschenrechten, die für den Fortbestand der Sicherheit auf dem Kontinent wesentlich sind; in Bekräftigung der Feststellung, dass das Zeitalter der Teilung und Konfrontation, das mehr als vier Jahrzehnte gedauert hat, zu Ende ist, dass sich
10 die Beziehungen zwischen ihren Ländern verbessert haben und dass dies zur Sicherheit aller beiträgt; [...] überzeugt, dass diese Entwicklung Teil eines fort-währenden Prozesses der Zusammenarbeit sein muss, um die Strukturen für einen zusammenwachsenden Kontinent zu schaffen, geben folgende Erklärung ab: 15 Die Unterzeichnerstaaten erklären feierlich, dass sie in dem anbrechenden neuen Zeitalter europäischer Beziehungen nicht mehr Gegner sind, sondern neue Partnerschaften aufbauen und einander die Hand zur Freundschaft reichen wollen. 20

Nach: Europa-Archiv, Jg. 1990, S. 654

---

a) *Diskutieren Sie die Lehren, die aus der Kuba-Krise zu ziehen waren (M1, M4a, b, M5).*

b) *Nennen Sie die Motive der USA, sich in Vietnam zu engagieren. Erörtern Sie die These, Vietnam habe sich zum „Trauma" der Vereinigten Staaten ent-wickelt (DT, M2, M6a, b).*

c) *Erörtern Sie die Fortschritte und Rückschläge der Entspannungspolitik und überlegen Sie, wo ihre Probleme lagen (M7a–c, M8a, b, M9).*

d) *Sammeln Sie über längere Zeit Informationen zu Veränderungen in den Staaten des Ostblocks (Politik, Wirtschaft, Gesellschaft). Präsentieren Sie die Ergebnisse als Wandzeitung.*

e) *Suchen Sie mögliche Gründe dafür, dass Michail Gorbatschow im Westen weitaus populärer ist als in Russland (M3).*

Arbeitsvorschläge und Fragen

185

2 Weichenstellungen für zwei deutsche Staaten

Im Mai 1945 kapitulierte das besiegte Deutschland bedingungslos. Angst vor der Willkür der einmarschierenden Besatzer, Ratlosigkeit und Ohnmacht bedrückten viele Deutsche. Für die Verfolgten und Gegner des NS-Regimes stellte der Sieg der Alliierten indes einen Akt der Befreiung dar. Mit Unterstützung der Besatzungsmächte schien jetzt die Zeit für einen vollständigen gesellschaftlichen und politischen Neubeginn gekommen. Dieser wurde entscheidend von der militärischen Präsenz vor allem der USA und der UdSSR bestimmt. Der Machtgegensatz zwischen den beiden Weltmächten bestimmte die politischen und wirtschaftlichen Weichenstellungen in den Besatzungszonen.

1943–45	Auf den Kriegskonferenzen, insbesondere in Jalta (Februar 1945) beschließen die Alliierten über die Behandlung Deutschlands nach Kriegsende.
1945 (Juli/August)	Auf der Potsdamer Konferenz wird die Teilung Deutschlands in vier Besatzungszonen bestätigt.
1946	SPD und KPD vereinigen sich in der SBZ unter politischem Druck zur SED (21./22. April).
1946/47	In den westlichen Besatzungszonen werden Landesverfassungen beraten und durch Wahlen bestätigt.

Alliierte Pläne für die Neuordnung Deutschlands

Über Deutschlands Zukunft verhandelten die alliierten Mächte bereits während des Krieges. Auf der Außenministerkonferenz in Moskau (1943) legte die US-Delegation ein detailliertes Konzept vor. Geplant war die militärische Besetzung ganz Deutschlands und die Errichtung einer alliierten Kontrollkommission als Regierung. Deutschland sollte entmilitarisiert, entnazifiziert und demokratisiert werden sowie Reparationen für die angerichteten Kriegsschäden leisten. Zudem sollte Deutschland in Besatzungszonen aufgeteilt werden.

Die Konferenz von Potsdam 17. Juli – 2. August 1945

Auf ihrer ersten großen Nachkriegskonferenz suchten die Alliierten, ihre Vorstellungen über die Zukunft Deutschlands zu konkretisieren. In der Potsdamer Vereinbarung einigte man sich schließlich auf die bereits bekannten Kriegsziele: völlige Entmilitarisierung Deutschlands, Auflösung der NSDAP und ihrer Untergliederungen sowie Bestrafung der Kriegsverbrecher. Des Weiteren sollten das Erziehungs- und Gerichtswesen demokratisch umgestaltet, die lokale Selbstverwaltung und das politische System nach demokratischen Grundsätzen wieder aufgebaut werden. Demokratische Parteien und Gewerkschaften sollten so bald wie möglich wieder zugelassen und Wahlen auf der Gemeinde- und Kreisebene durchgeführt werden. Bis auf weiteres war keine deutsche Zentralregierung, wohl jedoch der Aufbau zentraler deutscher Verwaltungsstellen geplant. Die deutsche Wirtschaft sollte dezentralisiert und das Hauptgewicht auf die Entwicklung der Landwirtschaft sowie auf die Produktion für den Bedarf im Inland gelegt werden. Jede Besatzungsmacht sollte ihren Anspruch auf Reparationen durch Demontagen und Entnahmen aus der laufenden Produktion innerhalb der eigenen Zone geltend machen. 10 % der Re-

1 **Ein Rotarmist hisst am 2. Mai 1945 die sowjetische Flagge** auf dem Reichstagsgebäude in Berlin. Die Rote Armee war weit nach Mitteleuropa vorgedrungen. Sie hatte Bulgarien, Ungarn, die Tschechoslowakei, Polen und die baltischen Staaten von der deutschen Besetzung befreit. Das Foto wurde zwei Tage nach der Erstürmung des Reichstags nachgestellt.

parationen aus den westlichen Besatzungszonen sollten darüber hinaus der UdSSR zufließen, weitere 15 % waren im Austausch gegen Nahrungsmittel und Sachgüter an die sowjetische Besatzungsmacht zu übergeben.

Der nördliche Teil Ostpreußens mit Königsberg wurde der Sowjetunion, das südliche Ostpreußen und das übrige Ostdeutschland bis zur Oder-Neiße-Linie Polen zur Verwaltung übergeben. Die endgültige Regelung sollte einer Friedenskonferenz überlassen bleiben. Auch auf die zwangsweise Umsiedlung der deutschen Bevölkerungsteile aus den sowjetisch und polnisch besetzten deutschen Gebieten und die Überführung deutscher Minderheiten aus Ungarn und der Tschechoslowakei einigte man sich in Potsdam.

Obwohl die Alliierten in Potsdam eine Vereinbarung über die zukünftige Behandlung Deutschlands hatten treffen können, verfügte die Anti-Hitler-Koalition nach Kriegsende nicht mehr über die Übereinstimmung, die sie während des Krieges zu kennzeichnen schien.

Unterschiedliche Konzeptionen der Besatzungsmächte

– Den USA ging es in erster Linie um eine militärische Entmachtung Deutschlands, eine Erziehung der deutschen Bevölkerung zur Demokratie nach amerikanischem Vorbild und um eine möglichst schnelle wirtschaftliche Stabilisierung der amerikanischen Besatzungszone, die sie nach föderativen Gesichtspunkten organisierte.
– England strebte danach, ein militärisches Wiedererstarken Deutschlands zu verhindern.
– Frankreich verfolgte im Rahmen seines Sicherheitsbedürfnisses hauptsächlich das Ziel einer andauernden politischen und wirtschaftlichen Schwächung des Nachbarlandes, die man sich unter anderem von der extrem föderalistischen Neuordnung Deutschlands, der internationalen Kontrolle des Ruhrgebiets und der Annexion des Saargebiets erhoffte.
– Die Besatzungspolitik der Sowjetunion war durch massives Interesse an Reparationsleistungen für die umfangreichen erlittenen Kriegsschäden und an einer grundlegenden Umgestaltung des ganzen Deutschlands nach sozialistischen Staats- und Eigentumsvorstellungen gekennzeichnet.

So führten die Schwierigkeiten der Besatzungsmächte, sich in Potsdam und später im Alliierten Kontrollrat auf gemeinsame Ziele zu einigen, zu einer weit gehend autonomen Verwaltung der einzelnen Besatzungszonen nach den Vorstellungen der jeweiligen Besatzungsmacht. Damit waren die Weichen für eine Teilung Deutschlands gestellt.

Deutschland – ein Trümmerhaufen

Am Ende des Krieges war in Deutschland nahezu das gesamte öffentliche und wirtschaftliche Leben zusammengebrochen. Fast fünf Millionen deutsche Soldaten waren in den Kämpfen umgekommen; etwa eine halbe Million Zivilpersonen hatten die Bombenangriffe und Kriegshandlungen im Inneren des Landes nicht überlebt. Zu den großen Problemen zählte die Wohnraumfrage: Nahezu alle Großstädte lagen in Trümmern; jede sechste Wohnung war zerstört. In den ländlichen unzerstörten Wohngebieten drängten sich Einheimische, Evakuierte und Flüchtlinge auf engstem Raum. Ein noch größeres Problem stellte die Ernährung dar. Der Verlust der „Kornkammern" im Osten machte sich deutlich bemerkbar. Auch der Mangel an Dünger, Saatgut und landwirtschaftlichem Gerät begrenzte in den nächsten Jahren die einheimische landwirtschaftliche Produktion. Nahrungsmittel mit einem Nährwert zwischen 1000 und 1500 Kilokalorien pro Tag standen den Menschen auf Lebensmittelmarken zu. Doch insbesondere im Hungerwinter 1947 waren nicht genügend Nahrungsvorräte vorhanden, um dieses Soll zu erfüllen. In den ersten Wintern der Besatzungszeit verschärften die Kälte und der Mangel an Heizmaterialien die schwierigen Lebensbedingungen. Rund 20 Millionen Menschen mussten in

2 **Deutschland nach dem Potsdamer Abkommen 1945.**
In Potsdam hatten die „Großen Drei" sich auch darüber verständigt, dass die noch in Polen, der Tschechoslowakei und in Ungarn lebenden Deutschen „in ordnungsgemäßer und humaner Weise überführt werden" sollten.

ihren Wohnungen und Behelfsbehausungen längere Zeit ohne Wasser, Strom oder Gas auskommen. Für das mittlerweile fast wertlose Geld der Kriegs- und Vorkriegszeit waren kaum Güter auf dem freien Markt zu erhalten. Tauschhandel, Schwarzmarkt, Kompensationsgeschäfte und Selbstversorgungsökonomie traten an die Stelle des zusammengebrochenen Handels- und Währungssystems. Viele Menschen waren hauptsächlich damit beschäftigt, die notwendigsten Güter zum Überleben zu sichern und zu organisieren.

Zu den Zielen der Besatzungsmächte zählte die Erziehung der Deutschen zur Demokratie. Doch die Frage, was darunter eigentlich zu verstehen war, beantwortete jede Besatzungsmacht anders. Die Wiederbelebung des politischen Lebens erfolgte in den Kommunen oft unmittelbar nach der Besetzung. Häufig entstanden die ersten politischen Aktivitäten nicht durch die Eigeninitiative der Einheimischen, sondern durch Befehle der Besatzungsmächte. In allen Zonen wurden die Entscheidungsträger in Politik und Verwaltung, die in Verbindung zum Nationalsozialismus standen, ihrer Ämter enthoben. Neue Bürgermeister, Landräte und Verwaltungsspitzen wurden von den Besatzern ein- und nach Bedarf auch wieder abgesetzt. Sie waren in ihren Entscheidungen und Maßnahmen den Besatzungskräften verantwortlich. Meist wählten die Besatzungskräfte ihre Ansprechpartner aus politischen Kreisen, die bereits während der Weimarer Republik als Sozialdemokraten, Kommunisten, Liberale, christlich orientierte Demokraten oder Konservative politisch aktiv gewesen waren.

Der politische Machtwechsel in den Gemeinden 1945

Die Alliierten waren sich einig, möglichst schnell in den Zonen wieder Parteien zuzulassen. Schon im Juni 1945 hatte die sowjetische Militär-Administration antifaschistische Parteigründungen in ihrer Zone erlaubt. Bis zum Ende des Jahres konnten auch in den anderen drei Besatzungszonen Parteigründungen auf Kreisebene erfolgen. Am schnellsten gelang es den Arbeiterparteien, sich erneut überregional zu organisieren: SPD und KPD knüpften an die Weimarer Organisationsformen und Traditionen unmittelbar an. Schwerer fiel es den liberalen und christlichen politischen Kräften, FDP und CDU, sich aus Sammelbewegungen zu neuen Parteien zu formieren. Politiker der unmittelbaren Nachkriegszeit wie der Kölner Oberbürgermeister Konrad Adenauer, der christliche Gewerkschaftler und vormalige Zentrumsmann, Jakob Kaiser, oder der ehemalige Reichstagsabgeordnete der SPD und KZ-Häftling, Kurt Schumacher, entwickelten sich rasch zu Leitfiguren ihrer Parteien, und ihr Einfluss reichte über die Zonengrenzen hinweg.

Der Aufbau der politischen Parteien

Kennzeichnend für die frühen Parteiprogramme der zugelassenen Parteien war die enge Verbindung sozialer und demokratischer Vorstellungen und eine mehr oder weniger weit reichende Ausrichtung auf die Umgestaltung der Eigentumsverhältnisse. Das parteipolitisch einschneidendste Ereignis der Besatzungszeit dürfte die erzwungene Vereinigung von SPD und KPD zur SED (1946) in der sowjetischen Besatzungszone darstellen. Hatten Teile der SPD zu Beginn der Besatzungszeit durchaus einen Zusammenschluss mit der KPD befürwortet, so führten die kritiklose Haltung der Kommunisten gegenüber den Besatzern und die Bevorzugung der KPD durch die sowjetische Militärregierung zu einem allmählichen Abrücken von den Vereinigungsplänen. Unter massivem Druck der Militärregierung der „Sowjetisch besetzten Zone" (SBZ) stimmte die SPD-Führung schließlich der Gründung der SED zu. Die Zwangsvereinigung stieß in den Westzonen auf entschiedene Kritik und förderte die sich ohnehin bereits abzeichnende politische Aufteilung in West- und Ostparteien.

Erste Wahlen in den Besatzungszonen	In der Ausrichtung von Kommunalwahlen, verfassunggebenden Landesversammlungen und Landtagswahlen übernahm die amerikanische Militärregierung eine Vorreiterrolle. Bereits zu Jahresgebinn 1946 fanden in der amerikanischen Zone Wahlen auf Gemeindeebene statt. Im Herbst 1946 zogen die anderen Besatzungszonen nach. Bis zu diesem Zeitpunkt waren in allen Ländern der US-Zone, im britisch besetzten Hamburg, aber auch in der sowjetischen Besatzungszone Landesverfassungen beraten, abgestimmt und erste Landtagswahlen durchgeführt worden. Im Frühjahr 1947 erfolgten Landtagswahlen auch in der britischen und der französischen Zone. Die Wahlergebnisse brachten im amerikanischen und französischen Besatzungsgebiet der CDU/CSU den ersten Platz ein, im englischen führte die SPD, im sowjetischen die SED.
Demokratisierung	So unterschiedlich die Vorstellungen der einzelnen Besatzungsmächte über die Demokratisierung Deutschlands waren, so herrschte doch grundsätzliche Einigkeit über die notwendige Umgestaltung des öffentlichen, kulturellen und sozialen Lebens. Insbesondere in der amerikanischen Zone wurde Demokratisierung mit Dezentralisierung der Entscheidungsbefugnisse gleichgesetzt. Man legte großes Gewicht darauf, Monopole auf dem Medien- und Pressemarkt aufzulösen, die Pressefreiheit herzustellen, das traditionelle Bildungssystem durchlässiger zu gestalten und den politischen Einfluss von Kapital und Grundbesitz zu verringern.
Bodenreform	In der SBZ wurden rund 7000 Großbetriebe über 100 ha, insgesamt etwa 35% der landwirtschaftlichen Nutzfläche, zugunsten von rund 500 000 besitzlosen Landarbeitern, Flüchtlingen und Kleinbauern entschädigungslos enteignet. Auch nach dem Beitritt der DDR zur Bundesrepublik (1990) wurden diese Besitzungen nicht mehr an die ursprünglichen Eigentümer zurückerstattet (▶ S. 56). In der 1949 gegründeten DDR verloren die neuen Kleinbauern im Zuge der Kollektivierungsmaßnahmen schnell wieder ihren Boden. Bis Ende der 50er-Jahre waren die meisten Bauern unter großem politischem Druck „freiwillig" den landwirtschaftlichen Produktionsgenossenschaften (LPG) beigetreten.
Alliierte Entnazifizierungspolitik und Kriegsverbrecherprozesse	Gemeinsam richteten die Alliierten die Kriegsverbrecherprozesse gegen die Hauptrepräsentanten des Systems aus, wie es auf der Potsdamer Konferenz beschlossen worden war. Auf der Grundlage des „Abkommens über die Verfolgung und Bestrafung der Hauptkriegsverbrecher" vom 8. August 1945 klagte ein international besetzter Gerichtshof die Hauptverantwortlichen wegen „Verschwörung gegen den Frieden, Verbrechen gegen den Frieden, Verletzung der Kriegsrechte und Verbrechen gegen die Menschlichkeit" an. Die Nürnberger Prozesse brachten erstmals nach dem Krieg das ganze Ausmaß der nationalsozialistischen Verbrechen an die Öffentlichkeit und endeten mit Todesurteilen für die nationalsozialistische Führungsgruppe. Den Prozessen folgten zahlreiche Verfahren vor den Gerichten der jeweiligen Besatzungsmächte in den einzelnen Zonen.
Entnazifizierung in den Besatzungszonen	In den Besatzungszonen nahmen die Entnazifizierungsmaßnahmen einen sehr unterschiedlichen Verlauf. Die französischen Besatzungsbehörden nahmen die Entnazifizierung auf dem reinen Verwaltungswege vor, hauptsächlich unter dem Gesichtspunkt politischer Zweckmäßigkeit. Die britische Militärregierung gab der Effektivität der aufbauenden deutschen Verwaltung Vorrang vor

der politischen „Säuberung" und beschäftigte zahlreiche Beamte des „Dritten Reiches" weiter. In der sowjetischen Zone dienten die Säuberungen vor allem der „Ausschaltung des Klassengegners". Die sowjetische Militäradministration entfernte mehr als 500 000 ehemalige Nationalsozialisten aus öffentlichen Ämtern, vor allem der Verwaltung, der Justiz und dem Schuldienst. Später wurden aber viele ehemalige NSDAP-Mitglieder, wenn sie sich zum Sozialismus bekannten, in die neu entstandene SED eingereiht. Weil man die Entstehung des Faschismus vor allem auf das kapitalistische Wirtschaftssystem zurückführte, unterblieb auch in der späteren DDR häufig eine tiefer gehende Auseinandersetzung mit dem nationalsozialistischen Gedankengut.

Die meisten Entnazifizierungsverfahren fanden in der US-Zone statt und wurden dort auch am strengsten durchgeführt. Hier wie in den anderen Zonen musste jeder Erwachsene einen umfangreichen Fragebogen beantworten. Die US-Regierung hatte mit Deutschen besetzte Spruchkammern und Berufungskammern eingerichtet, die die Entnazifizierungsverfahren gerichtsmäßig abwickelten und die Betroffenen jeweils in eine der fünf Kategorien einstuften: Hauptschuldige, Belastete, Minderbelastete, Mitläufer, Entlastete. Den in die drei ersten Kategorien Eingestuften drohten Strafen von der Einweisung in ein Arbeitslager über Berufsverbot, Amtsverlust oder Pensionsverlust bis zur Aberkennung des aktiven oder passiven Wahlrechts. Für Mitläufer waren Geldbußen vorgesehen.

Die oft willkürlich erscheinenden Entscheidungen der Spruchkammern riefen Unmut in der deutschen Bevölkerung hervor. Hinzu kam, dass die große Anzahl der Verfahren (in den Westzonen mehr als 6 Millionen) dazu führte, dass zunächst die leichteren Fälle entschieden wurden. Als dann die US-Regierung im beginnenden Kalten Krieg das Interesse an einer Weiterführung verlor, wurde die Entnazifizierung 1948 eingestellt, ohne dass die Verfahren gegen einen Teil der schwerer Belasteten abgeschlossen waren.

3 Entnazifizierung
Abbildung links: „Persilschein", Karikatur rechts: „Patentlösung", 1947

4 Aus dem Potsdamer Abkommen

Die Ergebnisse ihrer Verhandlungen nach Kriegsende im Juli und August 1945 fassten die Delegationen aus England, Amerika und der UdSSR in einer amtlichen Verlautbarung, dem so genannten Potsdamer Abkommen vom 2. August 1945, zusammen:

[...] Völlige Abrüstung und Entmilitarisierung Deutschlands und die Ausschaltung der gesamten deutschen Industrie, welche für eine Kriegsproduktion benutzt werden kann oder deren Überwachung. [...]

5 Das deutsche Volk muss überzeugt werden, dass es eine totale militärische Niederlage erlitten hat und dass es sich nicht der Verantwortung entziehen kann für das, was es selbst dadurch auf sich geladen hat, dass seine eigene mitleidlose Kriegsführung und der

10 fanatische Widerstand der Nazis die deutsche Wirtschaft zerstört und Chaos und Elend unvermeidlich gemacht haben.[...]

Die endgültige Umgestaltung des deutschen politischen Lebens auf demokratischer Grundlage und eine

15 eventuelle friedliche Mitarbeit Deutschlands am internationalen Leben sind vorzubereiten. [...]

Unter Berücksichtigung der Notwendigkeit zur Erhaltung der militärischen Sicherheit wird die Freiheit der Rede, der Presse und der Religion gewährt. Die reli-

20 giösen Einrichtungen sollen respektiert werden. Die

Schaffung freier Gewerkschaften, gleichfalls unter Berücksichtigung der Notwendigkeit der Erhaltung der militärischen Sicherheit, wird gestattet werden. [...]

25 In praktisch kürzester Frist ist das deutsche Wirtschaftsleben zu dezentralisieren mit dem Ziel der Vernichtung der bestehenden übermäßigen Konzentration der Wirtschaftskraft, dargestellt insbesondere durch Kartelle, Syndikate, Trusts und andere Mono-

30 polvereinigungen.

Bei der Organisation des deutschen Wirtschaftslebens ist das Hauptgewicht auf die Entwicklung der Landwirtschaft und der Friedensindustrie für den inneren Bedarf (Verbrauch) zu legen.

Wolfgang Benz, Potsdam 1945, Besatzungsherrschaft und Neuaufbau im Vier-Zonen-Deutschland, München 1986, S. 207 ff.

6 Politischer Stimmungsbericht vom 13. Juni 1947

Die US-Militärregierung beauftragte die deutschen Gemeindeverwaltungen, wöchentlich Berichte über die soziale und politische Lage an die Besatzungsmacht abzuliefern. Der folgende Auszug stammt aus Mannheim:

Soweit die Qualitätsverbesserung des Brotes, ermöglicht durch Eintreffen amerikanischer Getreidelieferungen, die Stimmung in der Bevölkerung etwas zu heben schien, hat sich dies rasch wieder gewandelt,

5 da das Tempo der Verschlechterung in der Ernährung sich zu überstürzen scheint, womit die Arbeitskraft, ja man kann sagen die Lebenskraft, geradezu von Tag zu Tag absinkt. Bei der förmlichen Jagd nach dem täglichen Brot oder, richtiger ausgedrückt, nach etwas Ess-

10 barem ist es erklärlich, dass man vielfach schon mehrere Tage vor der Veröffentlichung des Lebensmittelaufrufs Bescheid darüber weiß, was in der folgenden Woche oder auch Kartenperiode zu erwarten ist. So hat die für die 4. Woche der laufenden Periode in Aus-

15 sicht stehende Zuteilung wahrhaft niederschmetternd gewirkt, und man weist, wo nicht etwa mit Ingrimm so doch mit bitterer Resignation auf die Äußerung eines englischen Journalisten hin, die aus einer in der britischen Zone erschienenen Schrift bekannt gewor-

20 den ist: ,Die deutsche Bevölkerung geht langsam, ruhig und hygienisch dem Tode entgegen.' Das treffe jedenfalls, so sagt man, auf die Mannheimer Bevölkerung zu, die ja zwangsläufig in der überwiegenden Mehrheit so gut wie ausschließlich von Zuteilungen

25 leben solle, deren Kalorienwert längst nicht mehr genug zum Leben, bald aber auch nicht mehr zu viel zum Sterben sei. Warum man denn dann ,langsam, ruhig und hygienisch' zugrunde gehen müsse, kann man in der Bevölkerung fragen hören [...]. Nachdem der Kalo-

30 rienwert der Zuteilungen im Tagesdurchschnitt der 101. Kartenperiode nur noch 812 betrug, ist er in der jetzigen Periode weiter gefallen.

Stadtarchiv Mannheim

GERMANY IS AT THE CROSSROADS

RESENTMENT OF AMERICANS
PERSECUTION OF MINORITIES
DISRESPECT FOR US ARMY
CONTEMPT FOR DEMOCRACY
BLACK MARKET ACTIVITIES
AN OUTCAST NATION

FAIRNESS
RESPECT FOR RIGHTS OF OTHERS
HONESTY
DEMOCRACY
PEACEFULNESS
A RESPECTED NATION

IS YOUR EXAMPLE GUIDING THEM ALONG THE RIGHT ROAD?

5 Deutschland am Scheideweg.
Plakat der amerikanischen Militärregierung

7 **Kalorienwaage.** Im Winter 1946/47 war die Ernährungslage besonders kritisch.

8 Die Ausgestaltung der deutschen Pressefreiheit

Am 12. Oktober 1946 erließ der Alliierte Kontrollrat eine Direktive, mit der er die Rechte der deutschen Presse, aber auch die Grenzen der Pressefreiheit formulierte.

Direktive Nr. 40 des Alliierten Kontrollrats:
Richtlinien für die deutschen Politiker und die deutsche Presse (vom 12. Oktober 1946)
Der Kontrollrat erlässt folgende Direktive:
1. Mit Rücksicht auf die Notwendigkeit, die militäri-
5 sche Sicherheit zu wahren, soll es den deutschen demokratischen Parteien ebenso wie der deutschen Presse gestattet sein, deutsche politische Probleme frei zu besprechen.
Kommentare über die Politik der Besatzungsmächte
10 in Deutschland sind erlaubt. Ebenso ist die Veröffentlichung in der deutschen Presse von objektiven Nachrichten über die Weltereignisse einschließlich informatorischer Artikel aus der Auslandspresse gestattet.
2. Mitglieder der deutschen politischen Parteien und
15 die deutsche Presse müssen sich aller Erklärungen, der Veröffentlichung oder Wiedergabe von Artikeln enthalten, die:
a) dazu beitragen, nationalistische, pangermanistische, militaristische, faschistische oder antidemokra-
20 tische Ideen zu verbreiten;
b) Gerüchte verbreiten, die zum Ziele haben, die Einheit der Alliierten zu untergraben oder welche Misstrauen oder Feindschaft des deutschen Volkes gegen eine der Besatzungsmächte hervorrufen;
25 c) Kritiken enthalten, welche gegen Entscheidungen der Konferenzen der Alliierten Mächte bezüglich Deutschlands oder gegen Entscheidungen des Kontrollrats gerichtet sind;
d) die Deutschen zur Auflehnung gegen demokratische Maßnahmen, die die Zonenbefehlshaber in ihren 30 Zonen treffen, aufreizen.
3. Wer dieser Direktive zuwiderhandelt, setzt sich strafrechtlicher Verfolgung aus.

H. D. Fischer, Reeducations- und Pressepolitik unter britischem Besatzungsstatus, in: Ch. Kleßmann: Die doppelte Staatsgründung, Göttingen 1991, S. 393 ff.

9 Die Neugestaltung des Schulwesens

a *Aus dem Schulgesetz der Provinz Sachsen in der sowjetisch besetzten Zone, 1946:*

Die deutsche Schule war – trotz ihrer beachtlichen Bildungshöhe vor 1933 – nie eine Stätte wirklich demokratischer Erziehung der Jugend zu verantwor-
tungs- und selbstbewussten freien Bürgern. Sie war 5 eine Standesschule. Für die Söhne und Töchter des einfachen Volkes waren die Tore der höheren Schule und der Hochschule in der Regel verschlossen, weil nicht die Fähigkeit der Kinder, sondern die Vermögenslage der Eltern über deren Bildungsgang bestimmte. Bereits früher missbraucht als Mittel der 10 Vergötterung selbstbeschränkter reaktionärer Fürsten und Könige, zur Verherrlichung des Militarismus und Eroberungskrieges, zur Erziehung blinder Untertanen in einem reaktionären Staat, wurde sie unter dem Na-
zismus zu einer Stätte des Rassenhasses und der Völ- 15 kerverhetzung, der Vorbereitung unserer Jugend zum Werkzeug in einem volksfremden, antinationalen Eroberungskrieg und der Missachtung der Menschen und der Menschlichkeit. [...]
Die schulische Erziehung der Jugend ist ausschließ- 20 lich Angelegenheit des Staates. Der Religionsunterricht ist Angelegenheit der Religionsgemeinschaften [...].
Die Form des öffentlichen Erziehungswesens ist ein für Jungen und Mädchen gleiches, organisch geglieder- 25 tes demokratisches Schulsystem – die demokratische Einheitsschule.

Christoph Kleßmann, Die doppelte Staatsgründung, Göttingen 1991, S. 392 ff.

b *Aus den Kölner Leitsätzen der Christlichen Demokraten, 1945:*

Das natürliche Recht der Eltern auf die Erziehung ihrer Kinder ist die Grundlage der Schule. Diese gewährleistet die Bekenntnisschule für alle vom Staat anerkannten Religionsgemeinschaften wie auch die christliche Gemeinschaftsschule mit konfessionellem Reli- 5 gionsunterricht als ordentlichem Lehrfach. Das kulturelle Schaffen muss frei von staatlichem Zwang sein. Seine Grundlage ist die deutsche christliche und abendländische Überlieferung.

c *Aus den Richtlinien der FDP der britischen Zone, 1946:*

Ein demokratischer Volksstaat ist nur lebensfähig bei einem hohen Stand geistiger und moralischer Bildung des Volkes. Die Wiedergewinnung des hohen Bildungsstandes, der das Erbe unserer stolzen, durch den
5 Nationalsozialismus zerstörten Vergangenheit war, ist die Aufgabe der Schule auf allen ihren Stufen, von der Volksschule bis zur Berufsschule und Universität. Wie die Freiheit der Forschung und die Freiheit der Lehre die Vorbedingung aller wissenschaftlichen Leis-
10 tungen ist, so kann auch die Volksbildung nur auf dem Boden der Freiheit und Wahrhaftigkeit gedeihen. Nur so wird eine freie Jugend den Weg finden zur alten Höhe der deutschen Kultur und darüber hinaus. Wir fordern daher die Gemeinschaftsschule, in der die von
15 ihrer Kirche anerkannten Lehrkräfte konfessionellen Religionsunterricht erteilen. Die Schule soll in der Jugend die Achtung für die religiösen Bekenntnisse der Kirchen und aller gläubigen Menschen pflegen. Schule und Kirche müssen zusammenarbeiten mit dem El-
20 ternhaus [...].

d *Aus den Forderungen und Zielen der SPD, 1946:*
Das allgemeine Schulwesen ist öffentlich. Die Schulen sollen die Jugend frei von totalitären und intoleranten Anschauungen erziehen im Geist der Humanität, der Demokratie, der sozialen Verantwortung
5 und der Völkerverständigung. Allen Deutschen stehen die Bildungsmöglichkeiten allein entsprechend ihrer Befähigung offen. Sie sind unabhängig von Bekenntnis, Staat und Besitz.

Neubeginn und Restauration, hrsg. v. H.-J. Ruhl, München 1982, S. 196, 223, 217, 231, 184 ff.

„Wenn das Bäumchen wachsen soll, werde ich diese Wurzeln, die ihm die ganze Kraft entziehen, doch wohl abhacken müssen!"

10 **Entnazifizierung in der sowjetischen Zone**
Manfred Stolpe, 1982–1990 Konsistorialpräsident der evangelischen Kirchen Berlin-Brandenburg, seit 1990 Ministerpräsident des Landes Brandenburg, in seinem Buch „Schwieriger Aufbruch" (1992) über den Umgang der DDR mit der nationalsozialistischen Vergangenheit:
Die Ulbricht'sche SED wollte im Bewusstsein der Bevölkerung die DDR als einen neuen Staat etablieren, der historisch auf der Arbeiterbewegung gründen sollte. Erst später suchte man sich ergänzend einige
5 ältere, als positiv empfundene Züge der deutschen Geschichte zusammen, um sie ins eigene Traditionsbild einzufügen, während negative Faktoren schlicht und ergreifend als Erbe des deutschen Imperialismus der Bundesrepublik zudiktiert wurden. [...]
So hat das deutsche kommunistische System zum 10 Beispiel die Nationalsozialisten den imperialistischen Klassenfeinden zugerechnet, die bekämpft, besiegt, vertrieben worden sind. Viele Ostdeutsche haben schließlich keine Verbindung mehr zu diesem Teil der deutschen Geschichte gesehen. So konnten zum 15 Beispiel manche Fürstenberger im Frühsommer 1991 Proteste gegen das für ihre Versorgung wichtige Projekt, einen Supermarkt neben der Gedenkstätte des Konzentrationslagers Ravensbrück zu bauen, nicht verstehen. Sie fühlten keine historische Mitverant- 20 wortung für die zwischen 1933 und 1945 begangenen deutschen Verbrechen. Für sie waren die Täter Nazis, alles Leute, die entweder eingesperrt worden oder in den Westen gegangen waren. Das KZ in ihrer unmittelbaren Nachbarschaft war eine Sache, mit der sie 25 selber nichts zu tun hatten.
Die Erinnerungen an diese Zeit, die Großmütter und Großväter weitergegeben hatten und die dies Geschichtsbild hätten korrigieren können, waren häufig sehr einseitig gewesen. Sie erzählten vielfach nur von 30 Hitlers Autobahnbau sowie von Zucht und Ordnung, die damals angeblich herrschten. Und auch die gefallenen Familienmitglieder wurden in solchen Berichten natürlich eher zu Opfern des Krieges als zu Tätern. Das kommunistische Geschichtsbild stellte zudem 35 als die eigentlichen Naziopfer die Antifaschisten der Arbeiterklasse heraus, in deren Nachfolge und Tradition die DDR mit allen ihren Bürgern stand.

Manfred Stolpe, Schwieriger Aufbruch, Berlin 1992, S. 25

11 **Das Bäumchen „Deutsche Demokratie".**
Karikatur, erschienen in der „Berliner Zeitung" am 1. Mai 1947 unter dem Titel „Mai-Gedanken 1947".

12 **Auf der Anklagebank.** Im „Nürnberger Prozess" 1945/46 wurden 12 Todesurteile gegen die einstigen Führungsspitzen des NS-Staates ausgesprochen. Göring (untere Reihe links) entzog sich der Vollstreckung des Urteils durch Selbstmord. Hitler selbst, Propagandaminister Goebbels und SS-Reichsführer Himmler hatten sich bereits vorher durch Selbstmord ihrer Verhaftung entzogen.

Im Tribunal der Nürnberger Prozesse wurden zum ersten Mal in der Geschichte die ehemaligen Inhaber staatlicher Macht wegen ihrer Verbrechen gegen den Frieden und die Menschlichkeit verurteilt.

a) Erarbeiten Sie anhand des Textauszuges M4 die Vorstellungen der Alliierten über die zukünftige Regierung und Verwaltung Deutschlands.

b) Beschreiben Sie anhand von M6 und M7, vor welchen Problemen die Deutschen nach Kriegsende im Alltag standen.

c) Bestimmen Sie anhand von M8 den politischen Spielraum, den die Alliierten der deutschen Presse zubilligten. Überlegen Sie, warum die Alliierten die Presse in dieser Form behandelten.

d) Ordnen Sie Bild M5 in den Rahmen der alliierten Pläne zur demokratischen Umerziehung der deutschen Bevölkerung ein. Welche Rolle wird den Besatzungssoldaten zugewiesen?

e) Setzen Sie sich auf der Grundlage von M9a–d mit dem zugrunde liegenden Bildungskonzept und den Vorstellungen über den Zusammenhang von Schul- und Gesellschaftssystem von SED, CDU, SPD und FDP auseinander.

f) Erarbeiten Sie mithilfe von M10 die Gründe, die nach Meinung Stolpes eine wirkliche Sensibilisierung gegenüber den Verbrechen der Nationalsozialisten in der DDR verhindert haben. Vergleichen Sie die diesbezügliche DDR-Entwicklung mit der bundesdeutschen.

Arbeitsvorschläge und Fragen

195

3 Die doppelte Staatsgründung

In den Jahren nach 1945 wurden die machtpolitischen und weltanschaulichen Gegensätze zwischen den einstigen Verbündeten der Anti-Hitler-Koalition immer größer. Für eine gemeinsame Deutschlandpolitik der vier Siegermächte war damit die Grundlage entfallen. 1947 ergriffen die USA deshalb die Initiative: Mit Unterstützung Großbritanniens und Frankreichs bezogen sie die deutschen Westzonen schrittweise in das westliche Staatensystem mit ein. Der amerikanische Marshall-Plan beschleunigte die Teilung Deutschlands und Europas und wurde zur Initialzündung für den westeuropäischen Wirtschaftsaufschwung. 1949 wurden schließlich zwei deutsche Staaten gegründet.

1947	Mit dem Marshall-Plan reagieren die USA auf die wirtschaftlichen und sozialen Probleme in Europa.
1948	Auf die westdeutsche Währungsreform (Juni) antwortet die Sowjetunion mit der Berlinblockade und einer eigenen Währungsreform für die SBZ.
1949	Mit der Verkündung des Grundgesetzes der Bundesrepublik (Mai), den Wahlen zum ersten Bundestag (August) und der Gründung der DDR (Oktober) findet die Bildung zweier deutscher Staaten ihren Abschluss.

Marshall-Plan

In der wirtschaftlichen Not der europäischen Staaten und besonders Deutschlands sah die US-amerikanische Besatzungsmacht ein wesentliches Hindernis, der befürchteten Ausbreitung des Kommunismus wirksam entgegentreten zu können. So bot der US-Außenminister George C. Marshall im Juni 1947 allen europäischen Ländern ein Hilfsprogramm an. Es umfasste Sachlieferungen, vor allem Geschenke von Lebensmitteln und Rohstoffen, sowie Kredite. In den europäischen Ländern wurden die Gegenwerte für die empfangenen Hilfen in inländischen Zahlungsmitteln bei der jeweiligen Zentralbank gesammelt. In den westlichen Besatzungszonen Deutschlands wurden die Kredite vor allem für Investitionen in der Grundstoffindustrie, in der Landwirtschaft, im Verkehrswesen, in der Forschung, in der Exportförderung und im Wohnungsbau verwendet. Bis 1957 erhielt Westdeutschland Hilfslieferungen im Wert von 1,7 Milliarden Dollar, die den raschen wirtschaftlichen Aufbau und das spätere „Wirtschaftswunder" ermöglichten. Nach anfänglichem Interesse am Marshall-Plan zogen sich die UdSSR und mit ihr die Länder ihrer politischen Interessensphäre aus den Verhandlungen zurück, da der Bezug von Wirtschaftshilfe nur im Rahmen eines gesamteuropäischen Wirtschaftskonzepts geplant war. Dies bedrohte nach Meinung der sowjetischen Regierung die wirtschaftliche Selbständigkeit der UdSSR und deren Herrschaft über die Ostblockländer. Spätestens mit diesem Rückzug der Ostblockstaaten aus den Marshall-Plan-Verhandlungen war von einer einheitlichen wirtschaftlichen Behandlung der vier deutschen Besatzungszonen nicht mehr auszugehen.

1 **Der Marshall-Plan.**
Links: Plakat aus dem Jahre 1947.
Rechts: Die Karikatur erschien im November 1947 in der
sowjetischen Zeitschrift „Krokodil" und spiegelt Moskaus
Interpretation der amerikanischen Marshall-Plan-Initiative.

Die Gründung der Bizone

Französische und sowjetische Widerstände im Alliierten Kontrollrat, in dem das Einstimmigkeitsprinzip galt, hatten die ursprünglich zwischen den Besatzungsmächten vereinbarte einheitliche wirtschaftliche Behandlung Deutschlands von vornherein verhindert. Bereits im Dezember 1946 reagierten US-Amerikaner und Engländer auf die Blockade im Kontrollrat und die schwierige Versorgungslage der Bevölkerung mit einem Programm zum wirtschaftlichen Wiederaufbau innerhalb der britischen und amerikanischen Zonen. Um die wirtschaftlichen Ressourcen besser nutzen zu können beschlossen sie, eine gemeinsame wirtschaftliche Verwaltung des englischen und amerikanischen Besatzungsgebiets im Rahmen der so genannten Bizone aufzubauen.

Mit dem beginnenden Kalten Krieg und den Marshall-Plan-Verhandlungen 1947 gewann das ursprüngliche Provisorium der Bizone zunehmend an Bedeutung. Mehr und mehr entwickelte sich der wirtschaftliche und politische Ausbau der Westzone zum vorrangigen Ziel. Seit Mai 1947 bildete in der Bizone ein von den Landesparlamenten der englischen und amerikanischen Zonen gewähltes Parlament, der Wirtschaftsrat in Frankfurt, die Legislative. Diesem Gremium wurden im Laufe der Besatzungszeit immer mehr wirtschafts- und sozialpolitische Kompetenzen übertragen.

Wesentliche Weichenstellungen zur Ausgestaltung des zukünftigen Westdeutschlands als soziale Marktwirtschaft gehen auf die Arbeit dieses Frankfurter Wirtschaftsrates zurück. Trotz des Drängens der deutschen Repräsentanten in der französischen Zone vollzog Frankreich erst im April 1949 den Beitritt seiner Zone zum Vereinigten Wirtschaftsgebiet, das damit zur „Trizone" wurde.

2 **Neues Geld.**
Drei Tage nach der Währungsreform im Westen reagierte die sowjetische Besatzungszone mit einer eigenen Währungsreform: Man klebte auf die alten Reichs- und Rentenmarkscheine Marken, die auf den entsprechenden Betrag in Deutsche Mark lauteten („Kuponmark").

Währungsreform in West ...

Das endgültige Ende der deutschen Wirtschaftseinheit markierte die Einführung einer neuen Währung in den Westzonen am 20/21. Juni 1948. Der Wertverfall der Reichsmark, die Rückkehr zu Tauschwirtschaft und Schwarzmarkt hatten eine Geldsanierung für den wirtschaftlichen Wiederaufbau dringend notwendig gemacht. Seit Beginn der Besatzungszeit war die geplante Währungsreform Thema alliierter und deutscher Verhandlungen gewesen; ihre endgültige Ausgestaltung ging jedoch nahezu ausschließlich auf amerikanische Vorstellungen zurück. Das Gesetz zur Neuordnung des deutschen Geldwesens führte in den drei Westzonen die DM-Währung ein. Jedem Einwohner der drei Zonen war der Umtausch von 40 Reichsmark, kurze Zeit später von weiteren 20 Reichsmark in die neue Währung erlaubt. Unternehmen erhielten für jeden beschäftigten Arbeitnehmer 60 DM. Renten, Löhne, Mieten etc. wurden im Verhältnis 1:1 umgestellt, die meisten Verbindlichkeiten im Verhältnis 10:1. Besonders hart traf der Währungsschnitt die Besitzer von Sparguthaben, die im Verhältnis 100:6,5 abgewertet wurden. Damit war eine deutliche Begünstigung

Schwarzmarkt: Auf diesem illegalen Markt gilt nicht die gesetzliche Geldwährung, sondern eine so genannte Naturalwährung wie Zigaretten. (Auf „grauen" Märkten werden Waren direkt getauscht, z.B. Kartoffeln gegen Kohlen.) Schwarze Märkte entstehen meist dann, wenn der Staat – um die Bürger vor höheren Kaufpreisbelastungen zu schützen – Höchstpreise verordnet. In dieser Situation übersteigt die Nachfrage das Angebot. Daher wird die Nachfrage durch Rationierung der Güter eingeschränkt.
Am Ende des Zweiten Weltkriegs hatten sich aufgrund der inflationären Geldpolitik der Nationalsozialisten bei einem Teil der Bevölkerung große Geldvermögen angesammelt.

Das von den Alliierten gedruckte Besatzungsgeld beschleunigte die Inflation. Anstatt die Preise freizugeben, hielten die Alliierten den von den Nationalsozialisten angeordneten Lohn- und Preisstopp aufrecht. Die knappen Konsumgüter wurden weiter bewirtschaftet, d.h. mithilfe von Bezugsscheinen und Lebensmittelkarten gleichmäßig zu vorgegebenen Preisen an die Verbraucher verteilt. In der Folge entstand ein schwarzer Markt, auf dem nicht bewirtschaftete Waren (z.B. landwirtschaftliche Überschüsse) zu Preisen abgegeben wurden, die sich an marktwirtschaftlichen Prinzipien orientierten. Schwarzmarktpreise lagen teilweise beim Hundertfachen der amtlichen Preise.

der Sachwertbesitzer gegenüber Sparern vorgenommen worden. Wirtschaftlich war die Währungsreform ein voller Erfolg, da sie die Produktion stimulierte; sozialpolitisch negative Auswirkungen wurden in Kauf genommen; politisch bestärkte sie die sich abzeichnende deutsche Teilung.

Am 23. Juni wurde auch in der SBZ eine Währungsreform durchgeführt. Dabei wurden 70 Reichsmark und Sparkonten bis 100 Reichsmark 1:1 umgetauscht. Sparkonten von 100 bis 1000 Reichsmark wurden 5:1 und von 1000 bis 5000 Reichsmark 10:1 umgewandelt. Bankkonten von über 5000 Reichsmark waren meist vom Umtausch ausgeschlossen.

... und Ost

In Berlin sollte nach dem Willen der Sowjetischen Militäradministration (SMAD) allein die neue DM-Ost gelten, was aber die Westmächte ablehnten. Die Antwort der UdSSR war die Blockade der Zufahrtswege nach Berlin. Innerhalb der elfmonatigen Blockade wurden über eine „Luftbrücke" in etwa 195 000 Flügen 1,5 Millionen Tonnen Lebensmittel, Kohle und Baumaterialien von „Rosinenbombern" (▶ Werkstatt, S. 200) nach Berlin eingeflogen. Anlass der Berlinblockade war der Währungsstreit, doch die eigentliche Ursache war wohl der Versuch der Sowjetunion, die sich abzeichnende Weststaatgründung zu verhindern.

Berlinblockade und Spaltung der Stadt

Die Auswirkungen der Berlinblockade waren vielfältig: Die Amerikaner gewannen damit das Vertrauen der Deutschen, während die Sowjetunion durch die Blockade internationales Ansehen verspielte und dazu beitrug, dass ein ausgeprägter Antikommunismus das politische Klima in Westdeutschland bestimmte. Währungsreform und Berlinblockade beschleunigten die politische Spaltung der Stadt. Der seit 1946 existierende, für die gesamte Stadt verantwortliche Magistrat und die Stadtverordnetenversammlung wurden im November 1948 von der SED für abgesetzt erklärt. In den Westsektoren wurde Ernst Reuter (SPD) zum Regierenden Bürgermeister gewählt, in Ostberlin regierte Friedrich Ebert (SED), ein Sohn des früheren Reichskanzlers.

3 „Rosinenbomber".
Ehemalige Bomber und Transportflugzeuge flogen täglich in mehreren hundert Flügen Lebensmittel und Heizmaterial nach West-Berlin.
Bei zahlreichen Abstürzen starben 78 Amerikaner, Briten und Deutsche.

Werkstatt Geschichte und Gesellschaft:
Denkmäler – Geschichte für die Ewigkeit?

Das „Luftbrückendenkmal" vor dem Flughafen Berlin-Tempelhof (rechts) erinnert an die Blockade Berlins (▶ S.199). Das Denkmal, 1951 geschaffen, ist 20 Meter hoch. Die drei aufstrebenden, nach Westen geneigten Betonbögen symbolisieren die drei Luftkorridore, die Berlin mit den Westzonen Deutschlands verbanden. Das „Gegenstück" (links) zum Berliner Denkmal steht auf dem Frankfurter Militärflughafen.

Wohl zu allen Zeiten haben Menschen versucht, Personen oder Ereignisse ihrer Gegenwart, die sie für besonders wichtig halten, zu „verewigen" und die Erinnerung an sie auch den nachfolgenden Generationen zu überliefern. So finden sich heute auf den meisten größeren Plätzen vieler Städte oder an anderen öffentlichen Orten die steinernen oder bronzenen Zeugen der Vergangenheit. Wenn man sie genau betrachtet und „befragt", können sie manches über die Geschichte „erzählen" – genauer gesagt: über das, was ihre Schöpfer oder deren Auftraggeber beabsichtigten, als sie errichtet wurden.

Schon ihr Standort und ihre Größe geben ersten Aufschluss: Sollen sie als publikumswirksame Monumente schon von Ferne gesehen werden oder liegen sie eher versteckt? Eine genauere Betrachtung führt weiter: Auf welches Ereignis oder welche Person beziehen sie sich? Wie sind sie gestaltet – mit ausdrucksstarker Symbolik oder schlicht, protzig oder bescheiden? Sind Inschriften zu finden? Vermittelt das Denkmal eine „Botschaft"? Wie würde sie lauten, wenn man sie in Sprache verwandeln würde, wenn das Denkmal sprechen könnte? Welche Rolle spielt das Denkmal im öffentlichen Leben der Stadt? Finden dort noch Gedenk- oder Festveranstaltungen statt?

Zur Diskussion:

– Erstellen Sie eine Fotodokumentation der Denkmäler Ihrer Heimatgemeinde. Schreiben Sie dazu Texte über die jeweils dargestellten Personen oder Ereignisse, über die Entstehungszeit, über die Bedeutung der Person oder des Ereignisses für Ihre Gemeinde, über die Gestaltungsmittel der Denkmäler.

– Warum gefallen Ihnen bestimmte Denkmäler (nicht)? Begründen Sie.

– Stellen Sie sich vor: Sie dürfen ein Denkmal errichten lassen: Wem oder welchem Ereignis würden Sie es widmen? Diskutieren Sie in der Klasse.

Die Bildung eines westdeutschen Teilstaates ging weit mehr auf die Initiative der Westmächte zurück als auf die Wünsche der meisten westdeutschen Politiker, denen die Gefahr einer dadurch bewirkten Teilung Deutschland bewusst war. Auf der Londoner Konferenz vom Februar/März 1948 tagten die Alliierten zum ersten Mal ohne die UdSSR und berieten ihre zukünftige Deutschlandpolitik. Im Juli 1948 übergaben die westlichen Militärgouverneure den deutschen Ministerpräsidenten der westlichen Zonen ihre Verhandlungsergebnisse in Form der „Frankfurter Dokumente". Darin wurden die Ministerpräsidenten aufgefordert, eine verfassunggebende Versammlung einzuberufen, darüber hinaus gestatteten sie eine Neugliederung der Länder in den einzelnen Zonen und enthielten die Grundzüge des späteren Besatzungsstatuts.

Als Beratungsorgan wurde schließlich der Parlamentarische Rat eingerichtet. Diese von den Landtagen in den drei Westzonen gewählte Versammlung aus 65 Mitgliedern trat zusammen, um ein Grundgesetz für die drei Westzonen auszuarbeiten. Nach langen Debatten nahmen die Abgeordneten das Grundgesetz an. Mit Inkrafttreten des Grundgesetzes am 23. Mai 1949 war die Bundesrepublik Deutschland als parlamentarische Demokratie gegründet, deren Souveränität aber durch die Rechte der Besatzungsmächte noch erheblich eingeschränkt war.

Grundgesetz und Gründung der Bundesrepublik

Zeitgleich zu den Vorgängen in den Westzonen organisierte die SED in Ostberlin die „Volkskongressbewegung", deren Mitglieder aus Parteien und Massenorganisationen gewählt worden waren. Die Absicht, damit eine Institution für Gesamtdeutschland zu schaffen, fand allerdings im Westen keine Akzeptanz. Der 1948 zusammengetretene zweite Volkskongress berief einen Volksrat, der auf der Grundlage eines SED-Entwurfs eine Verfassung ausarbeiten sollte. Der dritte Volkskongress bestätigte am 30. Mai 1949 die Verfassung. Die Delegierten, die nach einer von der SED erstellten Einheitsliste gewählt worden waren, auf der die Bürger mit „Ja" oder „Nein" stimmen konnten, setzten aus ihren Reihen einen Volksrat ein, der sich am 7. Oktober zur provisorischen Volkskammer umbenannte und mit Otto Grotewohl als Ministerpräsidenten eine Regierung bildete. Mit diesem Tag, dem Gründungstag der DDR, war die deutsche Teilung besiegelt.

Volkskongressbewegung und Gründung der DDR

4 **„Der Volkskongress tanzt".** Zeitgenössische Karikatur aus westlicher Sicht.

5 **Wegweiser. Wahlplakat der CDU, um 1953.**
Die Gestaltung des Plakates knüpft an alte Ausdrucksformen der Plakatkunst an
(▶ S. 192).

6 US-Memorandum zur Währungsreform

Im März 1948 nahm das US-Außenministerium zur Frage der Währungsreform und wirtschaftlichen Einheit Stellung:

Der Fortschritt der Verhandlungen in Berlin (über die gemeinsame Währungsreform) macht eine sofortige Bestandsaufnahme nötig um festzustellen, ob eine vierzonale Währungsreform noch in unserem Inter-
5 esse ist angesichts der Veränderungen der europäischen Lage seit unserer Entscheidung, eine solche Reform vorzuschlagen. Man muss sehen, dass die Durchführung einer Währungsreform auf bizonaler oder Dreimächte- anstatt auf Viermächtebasis einen defini-
10 tiven Schritt hin zur Anerkennung der Ost-West-Spaltung Deutschlands darstellt, aber gleichzeitig auch einen wichtigen Zug in Richtung auf die dringend nötige wirtschaftliche Stabilisierung Westdeutschlands. [...] Es wird empfohlen, General Clay zu in-
15 struieren, dass die Politik dieser Regierung nicht länger darin besteht, eine Viermächteübereinkunft zur Währungs- und Finanzreform in Deutschland zu erreichen, und dass deshalb sein Ziel zu sein habe, sich aus den Viermächteverhandlungen zurückzuziehen, und
20 zwar nicht später als am Ende der 60-Tage-Frist, die sich der Kontrollrat für die Diskussionen der vierzonalen Währungsreform gesetzt hat.

Christoph Buchheim, Die Währungsreform 1948 in Westdeutschland; in: Vierteljahrshefte für Zeitgeschichte 1988/2, S. 210

7 Weststaat oder Provisorium?

Der Soziologe Alfred Weber über die Pläne zur Gründung eines Weststaates, Mai 1948:

Es mehren sich die deutschen Stimmen, die der Errichtung eines deutschen Weststaates zustimmen. [...] Es sei gestattet, einiges dazu zu bemerken. Gewiss ist die Entscheidung für die Errichtung eines deutschen
5 Weststaates und gegen die Fortführung eines Provisoriums im Westen an irgendeiner sehr entscheidenden Stelle wenigstens für den Augenblick gefallen oder in

Erwägung. Aber dürfen diejenigen Deutschen, die ernsthaft die Wiederherstellung der gesamtdeutschen Einheit wollen, dieser Entscheidung zustimmen? 10 Diese Entscheidung ist sachlich nicht notwendig für die wirtschaftliche Vereinigung der Westzonen und deren Einfügung in den Marshall-Plan. Sie birgt aber die ungeheuersten Gefahren für unsere gesamtdeutsche politische Zukunft in sich. 15
Ihrem Vollzug würde sofort die Errichtung eines deutschen Oststaates durch die Russen auf dem Fuße folgen. Es ist nicht leicht zu sehen, wie Berlin, das von den Westmächten ausdrücklich als Hauptstadt Deutschlands mitbesetzt, gehalten und geschützt 20 wird, samt seiner tapferen seit Jahren für Freiheit und Demokratie kämpfenden Bevölkerung von 3,2 Millionen dann unter dem bisherigen Titel noch zu halten wäre, und wie vermieden werden könnte, seine Bevölkerung dem östlichen Terror zu opfern. 25
Ebenso ist es nicht leicht zu sehen, wie die Verhandlungen über die Erhaltung der Einheit der deutschen Währung bei ihrer notwendigen Reform, zu deren Weiterführung die Russen nach ihren Äußerungen bereit sind, fortgesetzt, und wie die darin liegenden 30 Reste der Lebenseinheit zwischen Westen und Osten noch erhalten bleiben könnten. Überhaupt wäre die Brücke abgebrochen, die Berlin zwischen Osten und Westen trotz aller Spannungen noch bildet, und auf der in günstigerer Lage Verhandlungen mit den Russen 35 wieder aufgenommen werden könnten.
Man stünde vor der auf geschichtlich absehbare Zeit definitiven Teilung Deutschlands. Kein frommer Wunsch kann die grausame Tatsache des vorläufigen Endes der gesamtdeutschen Geschichte, die damit 40 gegeben wäre, und die weitere Tatsache aus der Welt schaffen, dass wir dann statt ein drittes, die beiden Rivalen auseinander haltendes Element zwischen Osten und Westen zu werden, nur noch das strategisch sehr entscheidende Kampffeld zwischen beiden wären. 45

Die Welt, 8. Mai 1948

---

a) Ordnen Sie M6 in die Geschehnisse der Jahre 1947/48 ein und bewerten Sie die Rolle der Währungsreform für die Entwicklung der deutschen Nachkriegsgeschichte.

b) Welche Argumente sprachen nach Alfred Weber (M7) gegen die Gründung eines westdeutschen Staates? Erklären Sie, warum sich Konrad Adenauer (DT) trotzdem anders entschied. Beurteilen Sie die Handlungsweise Adenauers aus heutiger Sicht.

c) Stellen Sie mithilfe eines Kurvendiagramms dar, wie sich bei staatlich festgesetzten Höchstpreisen Angebot und Nachfrage entwickeln. Erläutern Sie davon ausgehend die Bildung von Schwarzmärkten.

d) Analysieren Sie das Plakat M5: Welches politische Programm lässt sich aus der Botschaft des Bildes ableiten?

Arbeitsvorschläge und Fragen

4 Die Blockintegration der beiden deutschen Staaten

In den ersten Jahren nach Gründung der beiden deutschen Staaten stellten sich in Ost und West grundsätzliche Fragen nach der Ausrichtung der künftigen Politik: Sollte sich Westdeutschland politisch und möglicherweise militärisch in das westliche Verteidigungsbündnis integrieren und dann aus einer Position neu gewonnener Stärke heraus die Wiedervereinigung betreiben – so die Meinung der CDU unter Adenauer –; oder war die Wiedervereinigung nur dann zu erreichen, wenn sich Westdeutschland aus den Blockbildungsprozessen heraushielt und neutral blieb, wie die SPD unter Schumacher forderte? Während die Bundesrepublik sich nach Westen orientierte, wurde die DDR Teil des sowjetischen Bündnissystems.

1949	Konrad Adenauer: Erster Kanzler der Bundesrepublik
1953	Das sowjetische Militär schlägt in der DDR einen Aufstand von Arbeitern nieder (17. Juni).
1955	Mit den Pariser Verträgen erhält die Bundesrepublik die Souveränität: Eintritt in die NATO. Im sowjetischen Einflussgebiet wird der Warschauer Pakt gegründet: Die DDR wird souverän.
1961	Auf die anhaltende Abwanderung von DDR-Bürgern reagiert die DDR-Regierung mit der Ummauerung von West-Berlin (13. August).

4.1 Die Bundesrepublik Deutschland: Westintegration und soziale Marktwirtschaft

Adenauers Vorstellungen

Der erste deutsche Bundestag wählte den CDU-Vorsitzenden der britischen Zone, Konrad Adenauer, zum Bundeskanzler. Adenauer bildete eine Koalitionsregierung (u. a. CDU/CSU und FDP). Führer der größten Oppositionspartei im Bundestag wurde der SPD-Fraktionsvorsitzende Kurt Schumacher.
Die wirtschafts- und außenpolitischen Kompetenzen der ersten Bundesregierung waren durch das von den Westalliierten erlassene Besatzungsstatut noch deutlich eingeschränkt. Die Alliierte Hohe Kommission, bestehend aus den drei Hochkommissaren der USA, Großbritanniens und Frankreichs, bildete ein oberstes Kontrollorgan. Insbesondere die Kontrolle der Außenpolitik der Bundesrepublik hatten sich die Alliierten vorbehalten. Adenauer räumte der Rückgewinnung der deutschen Souveränität große Priorität ein. Dieses Ziel schien ihm nur erreichbar, wenn Westdeutschland in das westliche Bündnissystem eingegliedert werde. Das größte Hindernis auf diesem Weg, die französischen Vorbehalte gegen das Nachbarland, suchte Adenauer mit einer konsequenten Politik zugunsten eines vereinten Europas zu entkräften. Von der angestrebten Westintegration der Bundesrepublik erhoffte er sich eine Stärkung der Verhandlungsbasis mit der Sowjetunion, wenn es um die zukünftige Wiedervereinigung der beiden Teile Deutschlands ginge.

1 **„Hinter den Sieben Bergen".** Wolfgang Mattheuer, 1973, (Öl auf Leinwand).
Der Leipziger Maler (geb. 1927), „zitiert" mit der Frauengestalt in der Bildmitte die
Hauptfigur aus Eugène Delacroixs berühmtem Revolutionsgemälde „Der 18. Juli 1830"
(1830). In Delacroixs Gemälde hält die Frauengestalt auf der Barrikade – als Verkörpe-
rung von Freiheit und Menschenrechten – die französische Trikolore in der rechten
Hand.
Mattheuers Gemalde wirft viele Fragen auf: Der Maler gibt der Frauengestalt bunte
Luftballons in die Hand – wofür stehen diese aber? Beschränkt sich die Sehnsucht nach
Freiheit auf die Sehnsucht nach Konsum? Der Weg zur Freiheit führt durch eine zersie-
delte, von Umweltzerstörung gekennzeichnete Landschaft – ist das der richtige Weg?
Die Straße scheint von Ost nach West zu führen! Ist dies eine Anspielung auf DDR und
Bundesrepublik? Steht hinter diesem Bild vielleicht eine bestimmte politische „Bot-
schaft" des Malers? – Aber welche?

Westintegration und Wiederbewaffnung ...

Um das Misstrauen Frankreichs gegen die Einbeziehung der Bundesrepublik in ein europäisches Bündnissystem zu zerstreuen, war Adenauer zu weit reichenden Vorleistungen bereit. Mit dem Petersberger Abkommen vom November 1949, das das Besatzungsstatut abmilderte und die Demontagen verringerte, stimmte die Bundesrepublik grundsätzlich zu, dass das Ruhrgebiet einer europäischen Kontrolle unterworfen wurde. Zudem bot Adenauer an, das Saarland – es war seit 1946 Teil des französischen Zollgebietes – europäischen Institutionen zu unterstellen. Unter dem Eindruck des deutschen „Wirtschaftswunders" entschied sich 1955 die Bevölkerung des Saarlandes in einer Volksabstimmung gegen das „Saarstatut", d.h. für den Beitritt zur Bundesrepublik. Das beherrschende innenpolitische Thema zu Beginn der 50er-Jahre war – nach dem Ausbruch des Korea-Krieges 1950 (▶ S. 178) – die Wiederaufrüstung. Im Sommer 1950 bot Adenauer dem amerikanischen Hochkommissar McCloy die militärische Beteiligung Deutschlands an der Verteidigung Westeuropas an. Nach langen Verhandlungen einigten sich die Regierungen auf einen Plan des französischen Ministerpräsidenten Pleven, der im Rahmen einer Europäischen Verteidigungsgemeinschaft (EVG) eine europäische Armee unter Beteiligung der Bundesrepublik vorsah. Der parallel dazu ausgehandelte „Deutschland-Vertrag" brachte Adenauer seinem Ziel der Souveränität Deutschlands einen großen Schritt näher.

... oder Neutralität

Ein Angebot Stalins (Stalinnote) im gleichen Jahr, Deutschland als neutrales Land wieder zu vereinigen, blieb auf seine Tragfähigkeit hin ungeprüft und konnte den Entwicklungsgang nicht mehr beeinflussen. Bis heute ist es in der Forschung umstritten, ob es sich bei dem Angebot Stalins um eine echte Chance handelte.

Die mit dem Pleven-Plan angestrebte enge europäische Zusammenarbeit scheiterte 1954 schließlich am Einspruch der französischen Nationalversammlung. Deutschlands gleichberechtigte Einbindung in Westeuropa wurde dennoch vorangetrieben. Mit der in den Pariser Verträgen 1954/55 vollzogenen Gründung der Westeuropäischen Union (WEU) und dem Beitritt der Bundesrepublik zur NATO 1955 fand die Integration der Bundesrepublik in das westliche Blocksystem ihren Abschluss (▶ S. 264).

Innenpolitische Diskussion um die Wiederbewaffnung

Die Politik Adenauers in der Frage der Wiederbewaffnung stieß auf den Widerstand großer Teile der bundesdeutschen Bevölkerung. Insbesondere die SPD kritisierte den eingeschlagenen Kurs heftig. Während Adenauer davon ausging, dass eine Wiedervereinigung nur von einem politisch und wirtschaftlich star-

---

Souveränität: Inbegriff der staatlichen Handlungsfreiheit nach außen und innen. Über die äußere Souveränität entscheidet die völkerrechtliche Anerkennung durch andere Staaten, in der Regel die Aufnahme diplomatischer Beziehungen. Die Hoheitsgewalt im Innern bemisst sich heute durchweg nach den Bestimmungen einer Verfassung. Zu unterscheiden ist zwischen der formellen und der tatsächlichen Souveränität. Ein formell souveräner Staat kann in seinem Handlungsspielraum stark eingeschränkt sein, etwa durch seine politische Abhängigkeit von einer Hegemonialmacht oder infolge hoher Verschuldung gegenüber den Gläubigern. Staaten können auch freiwillig Teile ihrer Souveränität abgeben, und zwar im Rahmen von internationalen Verträgen und Bündnissen; das heute wohl bekannteste Beispiel dafür ist die Europäische Union.

ken Weststaat mit Unterstützung der Bündnisstaaten zu erreichen sei, maß Schumacher jeden Schritt auf dem Weg zur Westintegration an seinen gesamtdeutschen Rückwirkungen. Er stellte die Wiedervereinigung allen anderen Zielen voran; diese schien ihm nur dann möglich, wenn beide Teilstaaten auf eine Eingliederung in die politischen Blöcke in Ost und West verzichteten.

Vom Provisorium zum Alleinvertretungsanspruch

Trotz der entschiedenen Politik der Westintegration betonte die Bundesregierung in den frühen 50er-Jahren den Provisoriumscharakter Westdeutschlands und hielt an der im Grundgesetz verankerten Forderung nach Wiedervereinigung fest. Die Westalliierten gestanden der Bundesregierung 1950 zu, als einzige demokratisch gewählte Regierung für Gesamtdeutschland zu sprechen. Die Ostblockstaaten hatten dagegen die „Zweistaatentheorie" entwickelt: Auf dem Gebiet des ehemaligen Deutschen Reichs seien zwei souveräne deutsche Staaten entstanden. 1955 erklärte die Bundesrepublik jegliche völkerrechtliche Anerkennung der DDR zu einem unfreundlichen Akt gegenüber der Bundesrepublik (Hallstein-Doktrin). Sie werde (mit Ausnahme der Sowjetunion) aufgrund ihres Alleinvertretungsanspruchs mit keinem Staat diplomatische Beziehungen unterhalten, der diplomatische Beziehungen zur DDR eingehe.

Soziale Marktwirtschaft und Sozialpolitik

In der Konkurrenz der Systeme zeichnete sich schon bald ein Vorsprung der Bundesrepublik ab. Dabei war das von Ludwig Erhard, dem Leiter der Wirtschaftsverwaltung in der Bizone 1948 propagierte Wirtschaftssystem der sozialen Marktwirtschaft zunächst durchaus umstritten. Die Idee der zentral gelenkten Wirtschaft hatte zunächst viele Anhänger; nur so könne der Bedarf der Menschen an lebenswichtigen Gütern gerecht gedeckt werden. Währungsreform und Marshall-Plan bewirkten aber einen wirtschaftlichen Aufschwung, der sich in den 50er-Jahren auf der Grundlage der sozialen Marktwirtschaft zusehends beschleunigte. Die durch Demontagen erzwungene Modernisierung der Fabrikanlagen und ein großes Arbeitskräftepotenzial ließen die Produktion seit 1946, besonders aber nach der Währungsreform emporschnellen. Der Nachholbedarf auf allen Gebieten, großer Aufbauwille der Bevölkerung und günstige Exportbedingungen führten zum „Wirtschaftswunder". Finanzpolitische Begünstigung von Kapitalbildung und Anreize zur wirtschaftlichen Eigeninitiative förderten private wirtschaftliche Unternehmungen auf allen Ebenen. Ab 1952 war die bundesdeutsche Handelsbilanz positiv. Wurden 1949 bereits Güter im Wert von 6 Milliarden exportiert, so waren es 1955 schon Waren im Wert von 36 Milliarden. Binnen weniger Jahre sank die Arbeitslosenquote von 8,2 % (1950) auf 2,7 % (1955). Der Wohnungsbau allerdings blieb noch viele Jahre hinter dem Bedarf zurück.

Soziale Marktwirtschaft: Dieses wirtschaftspolitische Konzept befürwortet grundsätzlich die freie Entfaltung aller Marktkräfte im Sinne des Wirtschaftsliberalismus, wie er von Adam Smith im 18. Jh. begründet wurde, will aber mit Regulierungs- und Kontrollfunktionen des Staates ein Höchstmaß an sozialer Gerechtigkeit schaffen. Der Staat übernimmt die Aufgabe, sozial unerwünschte Entwicklungen einer freien Marktwirtschaft zu korrigieren, den freien Wettbewerb durch Verhinderung der Bildung von Kartellen oder Monopolen zu schützen und die Einkommens- und Vermögensverteilung zugunsten der wirtschaftlich Schwachen zu steuern.

Die wirtschaftlichen Aufbauleistungen wurden begleitet von einem Netz flankierender Maßnahmen zur Unterstützung der sozial Schwachen, Kriegsgeschädigten und Flüchtlinge. Von besonderer Bedeutung war der 1952 geregelte Lastenausgleich, mit dessen Hilfe die kriegsbedingten Sachschäden und Verluste von Vertriebenen und Flüchtlingen aus den Ostgebieten und der sowjetischen Besatzungszone ausgeglichen werden sollten. Vermögensbesitzer, die den Krieg unbeschadet überstanden hatten, wurden mit einer 50-prozentigen, in Raten zahlbaren Abgabe belastet. Trotzdem konnte mit diesen Mitteln nur die größte Not gelindert werden.

Zu den zentralen sozialpolitischen Maßnahmen der 50er-Jahre zählt auch die Neuregelung des zusammengebrochenen Rentensystems. Sie fand ihren Abschluss 1957 mit der Einführung der dynamischen Altersrente, der regelmäßig vorzunehmenden Anpassung der Renten an die wirtschaftliche Entwicklung.

2 **Wirklichkeit im Film.**
Plakate: „Der Förster vom Silberwald", 1954; „Die Brücke", 1959.
Kommerzielle Filme versuchen, möglichst viele Menschen ins Kino zu ziehen. Darum spiegeln sie immer auch Geschmack und Sehnsüchte der Zeit, in der sie entstanden. Heimatfilme waren der „Kassenschlager" der 50er-Jahre; politische Inhalte tauchten im Kino nur selten auf.
Eine Ausnahme bildete der Film „Die Brücke" von Bernhard Wicki. Der Film beschäftigt sich mit der militärisch sinnlosen Verteidigung einer Brücke durch Jugendliche.
Die Süddeutsche Zeitung schrieb am 15. Oktober 1959: „Dieser Film ist ein spontanes Meisterwerk ... Weil er uns noch einmal den Schock vermittelt, den wir vor vierzehn Jahren empfangen und vergessen haben."

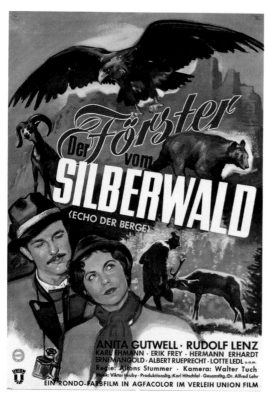

4.2 Die DDR: „Planmäßiger Aufbau des Sozialismus" und Ostintegration

Die Gründung der DDR war maßgeblich von der Sowjetunion betrieben worden. Folglich richtete sich die Politik der DDR weit gehend am Modell der sozialistischen Führungsmacht aus. Die „Volksdemokratie" der DDR behielt zwar das seit 1945 formal bestehende Mehrparteiensystem bei (▶ S. 74 f.), aber die SED beharrte auf ihrem Führungsanspruch und unterdrückte jegliche gesellschaftliche Opposition.

Die innenpolitische Absicherung der SED-Herrschaft

In der Wirtschaftsordnung unterschied die DDR seit den 50er-Jahren drei Eigentumsformen: Staats-, Genossenschafts- und Privateigentum. Schon in den ersten Jahren der sowjetischen Besatzung waren Großgrundbesitz und zentrale Industrien enteignet worden. 1951 forderte die SED, in erster Linie die staatlichen „volkseigenen" Betriebe (VEB) weiterzuentwickeln und landwirtschaftliche Betriebe in Produktionsgenossenschaften (LPG) umzuwandeln.
1952 leitete die SED-Führung das Programm des „planmäßigen Aufbaus des Sozialismus" ein. Ziel waren die Steigerung der Industrieproduktion und die Erhöhung der Arbeitsproduktivität. Zwar gelang es der DDR-Führung, das kriegszerstörte Wirtschaftssystem wieder aufzubauen, doch die Erfolge entsprachen nicht den Erwartungen. Die Leistungen der DDR-Wirtschaft blieben auf Dauer hinter dem Wirtschaftswachstum der Bundesrepublik zurück. Dies war zunächst auf schlechtere Ausgangsbedingungen zurückzuführen. Aber auch die Ausrichtung am sowjetischen Wirtschaftsmodell hemmte die wirtschaftliche Entwicklung. Die größere Belastung durch Demontagen, mangelnde Rohstoffe, das Fehlen von Wirtschaftshilfen wie den Marshallplangeldern sowie die Entscheidung, die Schwerindustrie einseitig zu fördern, sorgten zusammen mit einem schwerfälligen Planungsapparat für eine dauerhafte Krise bei der Versorgung der DDR-Bevölkerung.

Staatlich gelenkte Planwirtschaft

Im Zuge der Sowjetisierungspolitik band Stalin die abhängigen Staaten durch zweiseitige Verträge an die Sowjetunion. Dem Marshall-Plan setzte die Sowjetunion die Gründung des Rats für gegenseitige Wirtschaftshilfe (RGW) entgegen, dem auch die DDR 1950 beitrat (▶ S. 241). Den Aufbau militärischer Blöcke und Organisationen im Westen beantwortete die Sowjetunion mit einem Mili-

Die Ostintegration der DDR

LPG: Die zwischen 1952 und 1960 durch Umwandlung von Privat- in Kollektiveigentum (Kollektivierung) geschaffenen Landwirtschaftlichen Produktionsgenossenschaften sind Zusammenschlüsse vormals selbständiger Bauern, in denen Grund und Boden, Maschinen und Geräte gemeinsam genutzt und der erwirtschaftete Gewinn auf die Mitglieder gemäß ihren Arbeitsleistungen verteilt wird. Seit 1972 wurden die LPG zu großen kooperativen Einrichtungen zusammengeschlossen, die sich auf die Erzeugung jeweils weniger Produkte spezialisierten. Die Folge dieser Vergrößerung war eine weitere Minderung der Mitbestimmungsrechte der Genossenschaftsbauern.

VEB (Volkseigener Betrieb): Nach 1945 durch Enteignung des bisherigen Besitzers vom Staat übernommener oder neu gegründeter staatlicher Betrieb. Das Attribut ‚volkseigen' ist irreführend, weil das Volk selbst (etwa die Betriebsbelegschaft) keine Verfügungsrechte ausübte. Alle VEB waren vollständig in die zentrale staatliche Planung und Leitung eingebunden und stellten keine selbständigen Wirtschaftseinheiten dar.

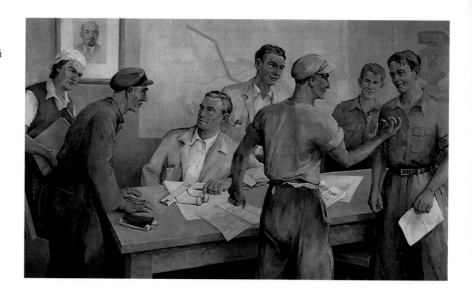

3 „Plan-
diskussion".
Gemälde von Willi
Gerike und Hans
Zank, um 1950

tärbündnis innerhalb ihrer Einflusssphäre. 1955 wurde die DDR in den Warschauer Pakt integriert. Damit waren aus zwei deutschen Teilstaaten militärische Gegner im etwaigen Kriegsfall geworden.

**Die
Aufstandsbewegung
des 17. Juni 1953** Anhaltende Mangelwirtschaft, massive Unterdrückungsmaßnahmen gegen die
innenpolitische Opposition, Zwangsmaßnahmen gegen Bauern, selbständige
Gewerbetreibende und steigende Preise führten 1952/53 zu einer Krise der
DDR. Als im März 1953 der sowjetische Diktator Stalin starb, reagierte die SED
verunsichert auf innersowjetische Kurskorrekturen und verkündete mit dem
„Neuen Kurs" im Juni Veränderungen in der Wirtschaftspolitik. Neben der
Rücknahme von Preiserhöhungen wurde die Steigerung der Konsum-
güterproduktion in Aussicht gestellt. Gegenüber den Forderungen der Arbei-
terschaft nach Minderung des im Mai erhöhten Arbeitssolls blieb die SED jedoch hart. Die Auseinandersetzungen um die neuen Normen bildeten den Anlass für den Streik der Bauarbeiter in der Berliner Stalinallee, aus dem sich am
17./18. Juni ein Aufstand entwickelte.
Vielerorts kam es zu Streiks und Demonstrationen, vor allem von Arbeitern.
Bald wurde der Ruf nach freien Wahlen laut. Mit Unterstützung des sowjetischen Stadtkommandanten Berlins, der Panzer gegen die Aufständischen einsetzte, konnte die SED wieder Herr der Lage werden. Insgesamt forderte der
Aufstand vermutlich 100 Menschenleben. In der Folge erklärte die DDR-

**Zentralverwaltungswirtschaft/
Planwirtschaft:** Nach langfristigen Plänen
gelenkte, von politischen Zielsetzungen beeinflusste Wirtschaftsordnung, wie sie in der
DDR und anderen sich auf den Sozialismus
berufenden Staaten angeordnet wurde. Der
Staat dirigierte und kontrollierte zentral alle

wirtschaftlichen Aktivitäten. Dazu gehörte
die Festlegung der Produktionsziele, die Verteilung von Rohstoffen auf die einzelnen
Branchen und Betriebe, die Zuteilung von
Arbeitkräften und die Festsetzung von Löh-
nen und Preisen.

Führung die Unruhen zu einem „faschistischen Putsch". Der Parteiapparat wurde rigoros von innerparteilichen Kritikern „gesäubert". 60–70 % der 1952 gewählten Mitglieder der SED-Bezirksleitungen und Kreissekretäre verloren bis 1954 ihre Ämter. Die Bevölkerung der DDR machte die bittere Erfahrung, dass eine gewaltsame Veränderung des politischen Systems zum Scheitern verurteilt war, solange die Sowjetunion das bestehende Regime in der DDR stützte.

Die Krise 1960/61 nahm ihren Anfang mit der Außenpolitik der Sowjetunion Ende der 50er-Jahre (▶ zweite Berlin-Krise S. 178) Selbstbewusst durch den Besitz der Atombombe (1953) und durch die eigenen Entwicklungen in der Weltraumtechnik („Sputnik") betrieb die Sowjetunion unter Chruschtschow eine Politik der Erweiterung des sowjetischen Einflussbereichs auch in der Deutschlandfrage. 1958 forderte Chruschtschow ultimativ für Berlin den Status einer „freien und entmilitarisierten Stadt" und den Abzug der Westmächte innerhalb eines halben Jahres. Auf der Außenministerkonferenz der Großmächte in Genf, an der auch Delegationen aus der Bundesrepublik und der DDR als Beobachter teilnahmen, wurde der Konflikt noch einmal entschärft.

Die Krise 1960/61 und der Mauerbau

Massive Eingriffe in die Eigentumsordnung führten zu einer weiteren innenpolitischen Destabilisierung der DDR. Die seit 1959 betriebene Politik der Kollektivierung in der Landwirtschaft zwang die Bauern, „freiwillig" ihre Selbstständigkeit aufzugeben und ihren Boden in LPGs einzubringen. Der harte Kurs der SED führte auch zu Rückschlägen in der Industrie, im Handwerk und im Handel.

Dies alles bewirkte eine stark zunehmende Fluchtbewegung in den Westen, die die DDR-Führung im August 1961 mit der Ummauerung von West-Berlin beantwortete. Am 13. August begannen Bauarbeiter mit der Errichtung der Mauer, überwacht von Volkspolizei und Nationaler Volksarmee. Alle Verkehrsverbindungen zwischen beiden Teilen Berlins wurden unterbrochen. Gleichzeitig führte die DDR an den Grenzen zu West-Berlin und zur Bundesrepublik scharfe Kontrollen ein.

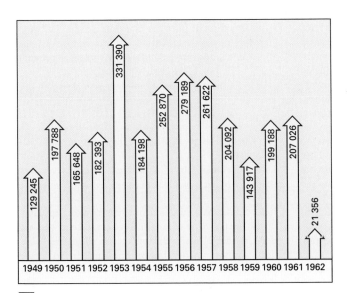

4 Links: **Fluchtbewegung (1949–1962).** Anzahl der Flüchtlinge aus der DDR pro Jahr. Rechts: **Mauerbau in Berlin am 13. August 1961**

211

5 Streit um die Wiederbewaffnung

a *Bundeskanzler Adenauer in einem Interview mit der „New York Times", 17. August 1950:*

Bis jetzt hat das deutsche Volk seine Haltung gegen die Drohung des Kommunismus durch sein Vertrauen auf die bewaffneten Streitkräfte der Vereinigten Staaten bewahrt. Die Ereignisse in Korea haben aber eine
5 merkliche Auswirkung gehabt, und es besteht ein Gefühl der Hilflosigkeit, dass die Russen eines Tages die Macht ergreifen werden.
Die Volkspolizei in der Sowjetzone bildet offensichtlich die Grundlage für eine echte Angriffsmacht. [...]
10 Außerdem haben die Russen eigene starke militärische Kräfte in der sowjetischen Zone. [...] Wir müssen die Notwendigkeit einer Schaffung einer starken deutschen Verteidigungskraft erkennen [...]. Diese Streitmacht muss stark genug sein, um jede mögliche, den
15 Vorgängen in Korea ähnelnde Aggression der Sowjetzonenvolkspolizei abzuwenden. [...]
Unsere Beteiligung an westeuropäischen Armeen sollte schnell entschieden werden, ebenso wie konkrete Maßnahmen für die allgemeine westeuropäische
20 Verteidigung getroffen werden sollten. Ebenso ist jedoch eine starke amerikanische Einwirkung auf die europäische Politik notwendig, um auf eine politische und soziale Einigung Westeuropas zu drängen [...].

Nach: Europa-Archiv 1950, S. 3515 f.

b *Aus Protest gegen Adenauers Politik trat Innenminister Gustav Heinemann (CDU) von seinem Amt zurück. Aus seinem Memorandum, 13. Oktober 1950:*

Es ist nicht unsere Sache, eine deutsche Beteiligung an militärischen Maßnahmen nachzusuchen oder anzubieten. Wenn die Westmächte unserer Mitwirkung zu bedürfen glauben, so mögen sie an uns herantreten
5 und dabei verbindlich sagen, welches die Grundgedanken einer von ihnen gewünschten deutschen Mitwirkung sein sollen. Nachdem es eines der vornehmsten Kriegsziele der Alliierten gewesen ist, uns zu entwaffnen und auch für alle Zukunft waffenlos zu halten,
10 [...] und das deutsche Volk zu einer jedem Militärwesen abholden Geisteshaltung zu erziehen, haben wir allen Anlass, auf gegenteilige Aufforderungen so zurückhaltend wie nur möglich zu reagieren. Dies wird für unsere Nachbarvölker im Westen wie im
15 Osten der eindrücklichste und immer noch notwendige Beweis für die doch unleugbare Gesinnungsänderung des deutschen Volkes sein. Wenn wir anders handeln, kann nur der alte Verdacht gegen unseren Militarismus und die aus ihm folgende Missachtung
20 unseres Volkes verhängnisvoll belebt werden.

Fritz Peter Habel/ Helmut Kistler, Entscheidungen in Deutschland 1949–1955, Bonn 1987, S. 41

6 Die Stalinnote

a *Aus der Note der sowjetischen Regierung an die Westmächte, 10. März 1952:*

Politische Leitsätze:
1. Deutschland wird als einheitlicher Staat wiederhergestellt. Damit wird der Spaltung Deutschlands ein Ende gemacht, und das geeinte Deutschland gewinnt die Möglichkeit, sich als unabhängiger, demokrati-5 scher, friedliebender Staat zu entwickeln.
2. Sämtliche Streitkräfte der Besatzungsmächte müssen spätestens ein Jahr nach Inkrafttreten des Friedensvertrages aus Deutschland abgezogen werden. [...]
4. In Deutschland muss den demokratischen Parteien 10 und Organisationen freie Betätigung gewährleistet sein. [...]
5. Auf dem Territorium Deutschlands dürfen Organisationen, die der Demokratie und der Sache der Erhaltung des Friedens feindlich sind, nicht bestehen. [...] 15
7. Deutschland verpflichtet sich, keinerlei Koalitionen oder Militärbündnisse einzugehen, die sich gegen irgendeinen Staat richten, der mit seinen Streitkräften am Krieg gegen Deutschland teilgenommen hat.

Das Territorium: 20
Das Territorium Deutschlands ist durch die Grenzen bestimmt, die durch die Beschlüsse der Potsdamer Konferenz der Großmächte festgelegt wurden. [...]

Militärische Leitsätze:
1. Es wird Deutschland gestattet sein, eigene natio-25 nale Streitkräfte (Land-, Luft- und Seestreitkräfte) zu besitzen, die für die Verteidigung des Landes notwendig sind.
2. Deutschland wird die Erzeugung von Kriegsmaterial und -ausrüstung gestattet werden, deren Menge 30 oder Typen nicht über die Grenzen dessen hinausgehen dürfen, was für die Streitkräfte erforderlich ist, für Deutschland durch den Friedensvertrag festgesetzt sind.

Die deutsche Frage 1952–1956. Notenwechsel und Konferenzdokumente der vier Mächte, hrsg. v. E. Jäckel, Frankfurt a. M./Berlin 1957, S. 23 f.

b *Aus der amerikanischen Antwortnote vom 25. März 1952:*

Der Abschluss eines derartigen Friedensvertrages macht, wie die Sowjetregierung selbst anerkennt, die Bildung einer gesamtdeutschen Regierung erforderlich, die den Willen des deutschen Volkes zum Ausdruck bringt. Eine derartige Regierung kann nur auf 5 der Grundlage freier Wahlen in der Bundesrepublik, der sowjetischen Besatzungszone und in Berlin geschaffen werden. Derartige Wahlen können nur unter Verhältnissen stattfinden, die die nationalen und individuellen Freiheiten des deutschen Volkes gewährleis-10 ten. [...]

d „Großmutter, was machst du für verlockende Angebote?" „…, damit ich dich besser fressen kann." (Karikatur, 10. Mai 1952)

Die Vorschläge der sowjetischen Regierung geben keinen Hinweis auf die internationale Stellung einer gesamtdeutschen Regierung vor dem Abschluss eines
5 deutschen Friedensvertrages. Die amerikanische Regierung ist der Ansicht, dass es der gesamtdeutschen Regierung sowohl vor wie nach Abschluss eines Friedensvertrages freistehen sollte, Bündnisse einzugehen, die mit den Grundsätzen und Zielen der Verein-
10 ten Nationen in Einklang stehen. [...]
Nach Ansicht der US-Regierung wird es nicht möglich sein, sich auf ins Einzelne gehende Diskussionen über einen Friedensvertrag einzulassen, bis die Voraussetzungen für freie Wahlen geschaffen sind und eine freie
15 gesamtdeutsche Regierung gebildet worden ist, die an derartigen Erörterungen teilnehmen könnte.

Die Bemühungen der Bundesrepublik um Wiederherstellung der Einheit Deutschlands, Teil I, hrsg. v. Bundesministerium für gesamtdeutsche Fragen, Bonn 4. Aufl. 1959, S. 86 ff.

c *Adenauer zur Stalinnote vor dem Evangelischen Arbeitskreis der CDU, Siegen, 16. März 1952:*
Seien wir uns darüber klar, dass dort (im Osten) der Feind des Christentums sitzt. [...] Es gibt drei Möglichkeiten für Deutschland: den Anschluss an den Westen, Anschluss an den Osten und Neutralisierung. Die
5 Neutralisierung aber bedeutet für uns die Erklärung zum Niemandsland. Damit werden wir zum Objekt und wären kein Subjekt mehr. Ein Zusammenschluss mit dem Osten aber kommt für uns wegen der völligen Verschiedenheit der Weltanschauungen nicht in-

frage. Ein Zusammenschluss mit dem Westen bedeutet 10
– das möchte ich nach dem Osten sagen – in keiner Weise einen Druck gegen den Osten, sondern er bedeutet nichts anderes als die Vorbereitung einer friedlichen Neuordnung des Verhältnisses zur Sowjetunion, zur Wiedervereinigung Deutschlands und zur 15
Neuordnung in Osteuropa. Und das sind auch die Ziele unserer Politik." Direkt auf die Stalin-Note eingehend, meinte er: „Im Grunde genommen bringt sie wenig Neues. Abgesehen von einem starken nationalistischen Einschlag will sie die Neutralisierung 20
Deutschlands, und sie will den Fortschritt in der Schaffung der Europäischen Verteidigungsgemeinschaft und in der Integration Europas verhindern." Gegen den sowjetischen Vorschlag nationaler gesamtdeutscher Streitkräfte wandte er ein, dass unter den 25
gegebenen technologischen Bedingungen jede Möglichkeit fehle, sie mit modernen Waffen auszurüsten und zur Verteidigung Gesamtdeutschlands zu befähigen. „Es gehören ungeheure Summen dazu, auch nur einige Divisionen auszurüsten, an die wir gar nicht 30
denken können, und deshalb ist dieser Teil der sowjetischen Note nichts weiter als Papier und sonst gar nichts! [...] Ziel der Bundesrepublik – so schloss Adenauer – müsse es sein. „Wir wollen, dass der Westen so stark wird, dass er mit der Sowjetregierung in ein ver- 35
nünftiges Gespräch kommen kann, und ich bin fest davon überzeugt, dass diese letzte sowjetrussische Note ein Beweis hierfür ist. Wenn wir so fortfahren, wenn der Westen unter Einbeziehung der Vereinigten

40 Staaten so stark ist, wie er stark sein muss, wenn er stärker ist als die Sowjetregierung, dann ist der Zeitpunkt gekommen, an dem die Sowjetregierung ihre Ohren öffnen wird. Das Ziel eines vernünftigen Gesprächs zwischen Westen und Osten aber wird sein:
45 Sicherung des Friedens in Europa, Aufhören von unsinnigen Rüstungen, Wiedervereinigung Deutschlands in Freiheit und eine Neuordnung im Osten. Dann endlich wird die Welt nach all den vergangenen Jahrzehnten das werden, was sie dringend braucht: ein
50 langer und sicherer Frieden!"

Zusammenfassende Darstellung der Rede, nach: A. Hillgruber, Adenauer und die Stalin-Note vom 10. März 1952, in: Konrad Adenauer und seine Zeit. Politik und Persönlichkeit des ersten Bundeskanzlers, hrsg. v. D. Blumenwitz u. a., Bd. 2, Stuttgart 1976, S. 113 f.

7 Berlinkonflikt vor dem Bau der Mauer

a *Chruschtschows in einer Rede vom 10. November 1958 vorgetragene Berlin-Initiative. In Noten an die Westmächte (27. November 1958) kündigte die Sowjetregierung mit ähnlichen Begründungen die bestehenden Verträge zum Status Berlins und nannte ultimativ eine Frist von sechs Monaten.*

Die Deutschlandfrage, wenn man darunter die Vereinigung der beiden gegenwärtig bestehenden deutschen Staaten versteht, kann nur vom deutschen Volk selbst auf dem Weg der Annäherung der beiden Staaten ge-
5 löst werden. Anders steht es mit dem Abschluss eines Friedensvertrages mit Deutschland. Das ist in der Tat eine Aufgabe, die in erster Linie von den vier Mächten, die an der Anti-Hitler-Koalition teilnahmen, in Zusammenarbeit mit den Vertretern Deutschlands gelöst
10 werden muss […]
Wenn man von den Verpflichtungen der vier Mächte gegenüber Deutschland spricht, so muss von den Verpflichtungen die Rede sein, die sich aus dem Potsdamer Abkommen ergeben. […]
15 Was ist denn nun […] vom Potsdamer Abkommen übrig geblieben? Übrig geblieben ist faktisch nur das eine: Der so genannte Viermächte-Status Berlins, mit anderen Worten eine Lage, wo die drei Westmächte […] die Möglichkeit haben, in Westberlin zu befehlen
20 und diesen Teil der Stadt, der Hauptstadt der DDR, in eine Art Staat im Staate zu verwandeln; unter Ausnutzung dieses Zustandes betreiben sie von Westberlin aus Wühlarbeit gegen die DDR, gegen die Sowjetunion und gegen andere Teilnehmerländer des War-
25 schauer Vertrages. Darüber hinaus genießen sie noch das Recht eines ungehinderten Verkehrs zwischen Westberlin und Westdeutschland über den Luftraum, die Schienenwege, auf den Auto- und Wasserstraßen der DDR, die sie nicht einmal anerkennen wollen. […]
30 Offensichtlich ist die Zeit gekommen, dass die Mächte, die das Potsdamer Abkommen unterzeichneten, auf die Reste des Besatzungsregimes in Berlin

verzichten und damit die Möglichkeit geben, eine normale Lage in der Hauptstadt der DDR zu schaffen. Die Sowjetunion ihrerseits wird die Funktionen in Berlin, die noch sowjetischen Organen obliegen, an die souveräne DDR übertragen. […]
Mögen die USA, Frankreich und Großbritannien selbst ihre Beziehungen zur DDR regeln, selbst mit ihr verhandeln, wenn irgendwelche Berlin betreffenden Fragen sie interessieren. […]
Wir haben allen Anlass, uns von den überlebten Verpflichtungen frei zu machen, die sich aus dem Potsdamer Abkommen ergeben und an welche sich die Westmächte klammern, und in Bezug auf Berlin eine Politik zu betreiben, die den Interessen des Warschauer Vertrages entspricht. […]

Rede auf der Freundschaftskundgebung der Völker der Sowjetunion und der Volksrepublik Polen, in: N. S. Chruschtschow, Für den Sieg im friedlichen Wettbewerb mit dem Kapitalismus, Berlin-Ost 1960, S. 554, 557 ff.

b *Chruschtschows Modell für West-Berlin, erläutert gegenüber einem Journalisten der Süddeutschen Zeitung am 13. Dezember 1958.*

Unserer Meinung nach muss Westberlin eine [entmilitarisierte] Freie Stadt sein, in deren wirtschaftliches und politisches Leben sich kein Staat, auch nicht die beiden bestehenden deutschen Staaten, einmischen dürften. Die Freie Stadt Westberlin wird ihre eigene, auf
5 demokratischen Grundsätzen beruhende Verfassung haben. […]
Darüber hinaus bringt die DDR […] ein nicht unbedeutendes Opfer, wenn sie auf das Bestehen einer Freien Stadt im Herzen der Republik eingeht und einen unge-
10 hinderten Verkehr dieser Stadt mit Ost und West garantiert. […]
Westberlin soll keine feindselige, unterminierende Tätigkeit und Propaganda auf seinem Territorium zulassen, die gegen irgendeinen anderen Staat und vor al-
15 lem gegen die DDR gerichtet sind.

N. S. Chruschtschow, a. a. O., S. 589 ff.

c *Das Beharren der Westmächte in West-Berlin begründete Präsident John F. Kennedy am 25. Juli 1961 in einer Fernsehansprache an das amerikanische Volk. Er nannte die drei „essentials" des Berlin-Status:*

Berlin ist nicht ein Teil Ostdeutschlands, sondern ein separates Gebiet unter der Kontrolle der alliierten Mächte. Somit sind unsere diesbezüglichen Rechte klar definiert und tief verwurzelt.
Aber zu diesen Rechten kommt noch unsere Ver-
5 pflichtung hinzu, mehr als zwei Millionen Menschen die Selbstbestimmung ihrer Zukunft und die freie Wahl ihrer Lebensform zu gewährleisten – und diese Möglichkeit notfalls zu verteidigen.
Deshalb kann unserer Anwesenheit in West-Berlin
10

214

und unserem Zugang zu dieser Stadt nicht durch irgendwelche Handlungen der Sowjetregierung ein Ende gesetzt werden.

5 Schon vor langer Zeit wurde West-Berlin unter die Obhut des NATO-Schildes genommen, und wir haben unser Wort gegeben, dass wir jeden Angriff auf diese Stadt als einen gegen uns alle gerichteten Angriff betrachten werden. Denn West-Berlin – in seiner exponierten Lage 170 Kilometer inmitten Ostdeutsch-

20 lands, umgeben von sowjetischen Truppen und dicht an den sowjetischen Versorgungslinien – spielt eine vielgestaltige Rolle. Es ist mehr als ein Schaufenster der Freiheit, ein Symbol, eine Insel der Freiheit inmitten der kommunistischen Flut.

25 Es ist noch weit mehr als ein Bindeglied zur freien Welt, ein Leuchtfeuer der Hoffnung hinter dem Eisernen Vorhang und ein Schlupfloch für die Flüchtlinge, West-Berlin ist all das.

Aber darüber hinaus ist es jetzt – mehr denn je zuvor –

30 zu dem großen Prüfstein für den Mut und die Willensstärke des Westens geworden, zu einem Brennpunkt, in dem unsere feierlichen, durch all die Jahre bis 1945 zurückreichenden Verpflichtungen jetzt mit den sowjetischen Ambitionen in grundsätzlicher Gegen-

35 überstellung zusammentreffen.

Frankfurter Allgemeine Zeitung, 27. Juli 1961, S. 4

8 „Deutschlands Zukunft".
Karikatur von Erich Köhler, 1948

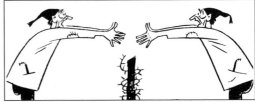

1945: „Bruder"

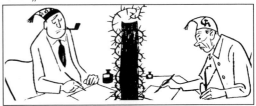

1955: „Mein lieber Vetter!"

1965: „Ach ja – wir haben irgendeinen entfernten Verwandten im Ausland …"

Arbeitsvorschläge und Fragen

a) *Stellen Sie die Gründe einander gegenüber, die aus der Sicht Konrad Adenauers und Gustav Heinemanns für bzw. gegen eine Wiederbewaffnung sprachen (M5a,b).*

b) *Erörtern Sie, welche außenpolitischen Konsequenzen die Stalin-Note aus der Sicht Stalins, Adenauers und der Regierung der Vereinigten Staaten gehabt hätte (M6a–c).*

c) *Aus welchen Gründen versuchte Chruschtschow, die Westmächte und die Bundesrepublik aus West-Berlin zu drängen (7a, b)?*

d) *Welche Teile seiner Rede hat Kennedy wohl als die drei „essentials" bezeichnet (M7c)?*

e) *Suchen Sie Erklärungen dafür, warum sich der Westen mit dem Bau der Mauer abfand. – Wenn Sie an die weitere Entwicklung der DDR denken: War der Bau der Mauer aus der Sicht der DDR-Machthaber eine erfolgreiche Maßnahme?*

5 Ostpolitik im Wandel

Der Mauerbau 1961 hatte ebenso wie die Kuba-Krise 1962 deutlich gemacht, wie schnell aus den politischen Gegensätzen der Blöcke neue Krisen und Kriegsgefahren entstehen konnten. In den USA und in der UdSSR machte sich in der Folge zunehmend die Bereitschaft bemerkbar, die Interessensphären des Gegners anzuerkennen und Wege aus dem Kalten Krieg zu suchen. Die Bonner Forderung, Fortschritte auf dem Gebiet der Entspannung von Zugeständnissen in der Deutschlandfrage abhängig zu machen, verlor im Westbündnis an Unterstützung, denn mehr und mehr verlagerte sich das europapolitische Interesse von der deutschen Teilung auf die Sicherheit Europas. Mit Beginn der 1960er-Jahre schien die Deutschlandpolitik der Bundesregierung allmählich in eine Sackgasse zu geraten.

1970	Bundeskanzler Willy Brandt beginnt Verhandlungen mit den Ostblockstaaten. Sie führen 1970 zu Verträgen mit der UdSSR und mit Polen.
1971	Das Viermächteabkommen über Berlin bestätigt die Verantwortlichkeiten und Rechte der Vier Mächte in Berlin und leitet Erleichterungen im Transitverkehr ein.
1972	Im Grundlagenvertrag erkennen die Bundesrepublik und die DDR wechselseitig ihre Grenzen an.
1973	Aufnahme beider deutscher Staaten in die UNO

Politik der Abgrenzung

Seit dem Mauerbau verstärkte die DDR ihre außenpolitischen Bemühungen, um die westdeutsche Hallstein-Doktrin (▶ S. 207) zu unterlaufen. Mit zahlreichen Ländern der Dritten Welt nahm sie Handelsbeziehungen auf. 1965 erreichte sie die Aufstellung einer eigenen Mannschaft bei den Olympischen Spielen. An der DDR vorbei schien Ende der 1960er-Jahre keine Entspannungspolitik mit den Staaten im Ostblock mehr möglich.

Schon die Bundesregierung unter Ludwig Erhard (1963–1966) versuchte in vorsichtigen Schritten, mit den östlichen Nachbarländern ins Gespräch zu kommen. Doch angesichts der Weigerung der Bundesregierung, die DDR als zweiten deutschen Staat und die Oder-Neiße-Linie als Westgrenze Polens anzuerkennen, blieb den Bemühungen Erhards der Erfolg versagt. Auch Bestrebungen der nachfolgenden großen Koalitionsregierung unter Kiesinger, mit den Regierungen der Ostblockstaaten unter Ausschluss der DDR diplomatische Beziehungen aufzunehmen, waren so gut wie erfolglos. Das Warschauer Bündnis antwortete mit der Vereinbarung, dass kein Mitgliedsstaat diplomatische Beziehungen zu Westdeutschland aufnehmen dürfe, bevor nicht die Bundesrepublik die DDR als zweiten deutschen Staat anerkannt hätte.

Erst mit der Bildung der sozial-liberalen Koalition und der Wahl Willy Brandts zum Bundeskanzler 1969 wurden neue Weichen in der Ostpolitik gestellt. Brandt suchte die Verständigung mit den Nachbarn im Osten, ohne die Westbindung der Bundesrepublik infrage zu stellen. Als vordringliche Aufgabe galt eine neue europäische Friedensordnung. Schritte auf dem Weg zum angestrebten europäischen Frieden stellten die Anerkennung der durch den Zweiten Weltkrieg geschaffenen territorialen Veränderungen sowie eine schrittweise Annäherung von Ost und West durch Intensivierung der wirtschaftlichen und kulturellen Zusammenarbeit dar. Ausdruck fand die neue politische Ausrichtung in der Regierungserklärung Brandts 1969, in der erstmals ein westdeutscher Bundeskanzler von zwei deutschen Staaten sprach.

Neue Zielsetzungen: die europäische Friedensordnung

Binnen eines halben Jahres einigten sich die Regierungen der Bundesrepublik und der UdSSR auf die Grundsätze der geplanten Verträge. Am 12. August 1970 unterzeichneten Bundeskanzler Brandt und Außenminister Scheel in Moskau ein erstes deutsch-sowjetisches Abkommen. In diesem „Moskauer Vertrag" vereinbarten die beiden beteiligten Länder einen wechselseitigen Gewaltverzicht. Die Vertragspartner erkannten die Unverletzlichkeit der Grenzen in Europa einschließlich der Westgrenze Polens an und verzichteten auch für die Zukunft auf jegliche Gebietsforderungen. Der Vertrag stellte einen Kompromiss zwischen den Zielvorgaben der Verhandlungspartner dar: Die Bundesrepublik hatte die Grenzziehungen des Zweiten Weltkriegs anerkannt, die UdSSR auf das Recht zu militärischer Intervention in Deutschland verzichtet.
Im Dezember 1970 folgte der Vertrag zwischen der Bundesrepublik und Polen, drei Jahre später ein ähnliches Vertragswerk mit der ČSSR. Begleitet wurden die bilateralen (zweiseitigen) Verträge vom Viermächteabkommen (USA, UdSSR, England, Frankreich) über Berlin, das 1971 verabschiedet wurde. Es bestätigte

Die Ostverträge

1 Kniefall.
Zur Unterzeichnung des deutsch-polnischen Vertrages vom 17. Dezember 1970 war der deutsche Bundeskanzler Willy Brandt nach Polen gereist. Sein Kniefall anlässlich der Kranzniederlegung am Denkmal für das jüdische Getto erregte internationales Aufsehen. Diese protokollarisch nicht vorgesehene Geste wurde als Schuldbekenntnis und Bitte um Vergebung gedeutet.

nach westdeutscher Interpretation die Bindungen West-Berlins an die Bundesrepublik und verpflichtete die Sowjetunion für den ungehinderten Transitverkehr zwischen Berlin und Westdeutschland zu sorgen. Vor allem aber bettete es die zweiseitigen Verträge der Bundesrepublik in den Gesamtzusammenhang der Entspannungsbemühungen zwischen den Blöcken ein.

Innenpolitische Kontroversen um die Ostpolitik

Die neue Ostpolitik spaltete die Bevölkerung in Gegner und Befürworter und führte im Parlament zu leidenschaftlichen Debatten. Der Übertritt von zehn Abgeordneten der SPD und FDP in die Oppositionsparteien führte zu einem Patt im Bundestag. Die CDU/CSU-Opposition stand den so genannten Ostverträgen äußerst kritisch gegenüber. Sie warf der Bundesregierung vor, mit dem Vertragswerk auf eine Wiedervereinigung Deutschlands zu verzichten und mit der Anerkennung der Oder-Neiße-Linie ohne Gegenleistungen einem zukünftigen Friedensvertrag vorzugreifen. Im April 1972 scheiterte der Versuch, durch ein konstruktives Misstrauensvotum (▶ S. 51) Bundeskanzler Brandt und die SPD/FDP-Koalition zu stürzen und den Führer der Opposition, Rainer Barzel, zum neuen Kanzler zu wählen, weil zwei Abgeordnete der CDU/CSU nicht für den eigenen Kanzlerkandidaten stimmten. Als wenige Wochen später die Ratifikation der Ostverträge zur Debatte stand, entschloss sich die Opposition zur Stimmenthaltung. Sie machte damit den Weg für die parlamentarische Bestätigung der Verträge frei. Der große Wahlsieg der Regierung Brandt/Scheel Ende 1972 bestätigte, dass mittlerweile die Mehrheit der bundesdeutschen Bevölkerung hinter der Ostpolitik stand. Und auch die späteren christdemokratischen Regierungen unter Bundeskanzler Kohl bekannten sich zu dieser Politik.

Innerdeutsche Folgen und Kontinuitäten

Als besonders schwierig erwies es sich, mit der DDR zu Vertragsregelungen zu kommen. Spürbare praktische Erleichterungen für die innerdeutsche Kommunikation brachte 1972 der Grundlagenvertrag. Zuvor waren die Möglichkeiten der Bundesbürger und der DDR-Bürger sich zu besuchen sehr eingeschränkt und der Transitverkehr nach Berlin häufig gestört. Mit dem Grundlagenvertrag wurden direkte Telefonate, die Berichterstattung von Journalisten, Reisen von West-Berlinern in den Osten und der „kleine Grenzverkehr" (kurzzeitige Reisen in grenznahe Gebiete) möglich. Insgesamt verdreifachte sich der Reiseverkehr innerhalb der 1970er-Jahre auf rund 10 Millionen Reisen jährlich. Die Regierungen der beiden deutschen Staaten richteten „ständige Vertretungen" in Bonn und Ost-Berlin ein, und die Bundesrepublik entwickelte sich zum zweitstärksten Handelspartner der DDR nach der Sowjetunion.

Zwar blieben die grundsätzlichen Gegensätze in der „deutschen Frage" bestehen – so weigerte sich die Bundesrepublik, die DDR-Staatsbürgerschaft anzuerkennen –, doch auf der anderen Seite standen wirtschaftliche Kontakte und das Interesse an zahlreichen innerdeutschen Vereinbarungen zu Fragen der Wirtschaft, des Verkehrs oder der Umwelt. Die innerdeutsche Entspannung entwickelte sich schließlich trotz aller zeitweiligen Störanfälligkeit zu einem politischen Wert, den beide deutsche Staaten über alle internationalen Krisen hinweg zu wahren suchten. Auch nach dem Ende der sozial-liberalen Koalition bemühte sich die neue CDU/FDP-Regierung unter Helmut Kohl, die innerdeutschen Beziehungen aufrechtzuerhalten bzw. auszubauen. Zu den Maßnahmen, die dazu beitrugen, das deutsch-deutsche Miteinander erträglicher zu gestalten, zählen auch die bundesdeutschen „Freikäufe" von DDR-Bürgern, die wegen „Republikflucht" inhaftiert waren.

2 „Menschliche Erleichterungen". Karikatur von Josef Blaumeiser, 1973. Zum Gradmesser des deutsch-deutschen Klimas entwickelte sich der deutsch-deutsche Reiseverkehr. Mit „Zwangs-mindestumtauschsätzen" regelte die DDR-Regierung die Anzahl der Einreisenden. Später erleichterte sie die Ausreisemöglichkeiten für Menschen im Rentenalter.

3 „Wandel durch Annäherung"

Aus einem Referat Egon Bahrs (15. Juli 1963). Der SPD-Politiker und Journalist war 1960–1966 Presseamtsleiter in Berlin und Berater Willy Brandts in Deutschland- und ostpolitischen Fragen; er galt später als der „Architekt der Ostverträge":

Die Voraussetzungen zur Wiedervereinigung sind nur mit der Sowjetunion zu schaffen. Sie sind nicht in Ost-Berlin zu bekommen, nicht gegen die Sowjetunion, nicht ohne sie. Wer Vorstellungen entwickelt,
5 die sich im Grunde darauf zurückführen lassen, dass die Wiedervereinigung mit Ost-Berlin zu erreichen ist, hängt Illusionen nach und sollte sich die Anwesenheit von 20 oder 22 gut ausgerüsteten sowjetischen Divisionen vergegenwärtigen. [...] Die amerikanische
10 Strategie des Friedens lässt sich auch durch die Formel definieren, dass die kommunistische Herrschaft nicht beseitigt, sondern verändert werden soll. Die Änderung des Ost-West-Verhältnisses, die die USA versuchen wollen, dient der Überwindung des Status quo,
15 indem der Status quo zunächst nicht verändert werden soll. Das klingt paradox, aber es eröffnet Aussichten, nachdem die bisherige Politik des Drucks und Gegendrucks nur zu einer Erstarrung des Status quo geführt hat. Das Vertrauen darauf, dass unsere Welt
20 die bessere ist, die im friedlichen Sinn stärkere, die sich durchsetzen wird, macht den Versuch denkbar, sich selbst und die andere Seite zu öffnen und die bisherigen Befreiungsvorstellungen zurückzustellen. [...] Wenn es richtig ist, und ich glaube, es ist richtig, dass
25 die Zone dem sowjetischen Einflussbereich nicht entrissen werden kann, dann ergibt sich daraus, dass jede Politik zum direkten Sturz des Regimes drüben aus-

sichtslos ist. Diese Folgerung ist rasend unbequem und geht gegen unser Gefühl, aber sie ist logisch. Sie bedeutet, dass Änderungen und Veränderungen nur 30 ausgehend von dem zur Zeit dort herrschenden verhassten Regime erreichbar sind.

Nach: Archiv der Gegenwart, 15. Juli 1963, S. 10700 f.

4 Die deutschlandpolitische Position der CSU

Karl Theodor Freiherr von Guttenberg (CSU) am 29. Oktober 1969 im Bundestag:

Als ich in dieser Regierungserklärung las, dass es also zwei deutsche Staaten gebe, da habe ich dies als eine dunkle Stunde angesehen, eine dunkle Stunde für dieses Haus, für unser Volk; die Stunde nämlich, in der erstmals eine frei gewählte deutsche Regierung von ei- 5 nem „zweiten deutschen Staat" spricht. Und warum? Aus einem ganz einfachen Grund: Nicht aus irgendwelchen juristischen Überlegungen oder, wie vorhin gesagt wurde, aus irgendwelchen aus einem völkerrechtlichen Seminar abgeleiteten Formeln, sondern 10 aus diesem Grund: Es gibt nur einen Souverän, der darüber befinden darf, der darüber befinden kann, ob auf deutschem Boden ein oder zwei Staaten bestehen; und dieser Souverän ist das deutsche Volk. Und also sage ich – objektiv –, dass keine deutsche Bundesregierung in 15 dieser Lage das Recht hat, über das deutsche Volk hinweg, über den Kopf der betroffenen Deutschen hinweg einen zweiten deutschen Staat anzuerkennen [...]. Lassen Sie mich für mich und meine Freunde erklären, dass wir – und wir sind nicht ganz, aber beinahe die 20 Hälfte in diesem Hause – unbeirrt weiterhin zu diesem Pseudostaat drüben dies sagen: Auch wir wissen, dass dort Macht ausgeübt wird, auch wir wissen, dass

es dort ein Territorium gibt, auf dem und über das
25 diese Macht ausgeübt wird; aber wir erklären, dass die
Menschen drüben noch nicht befragt worden sind und
in freier Abstimmung darüber entschieden haben, ob
es zwei deutsche Staaten geben soll. Wenn sie hierüber
einmal befragt sein werden, dann soll ihre Erklärung
30 gelten, auch für uns.
Ich warne in diesem Zusammenhang davor, undeut-
liche, zweideutige, zwielichtige Begriffe in dieses Gebiet der Deutschlandpolitik einzuführen [...].
Der Katalog dessen, was man in Ost-Berlin von uns
35 will, ist eindeutig. Ich brauche ihn nicht aufzuzählen.
Ich fürchte nur, dass die Forderungen drüben umso
höher werden, je mehr Konzessionsbereitschaft hier
vermutet wird.

Dokumentation zur Deutschlandfrage, zusammengestellt von
H. v. Siegler, Hrsg. des Archivs der Gegenwart, Hauptband VI,
Bonn/Wien/Zürich 1972, S. 10 f.

5 **Vertragliche Anerkennung der deutsch-
polnischen Grenzen, Dezember 1970**
*Vertrag zwischen der Bundesrepublik Deutschland
und der Volksrepublik Polen über die Grundlagen
der Normalisierung ihrer gegenseitigen Beziehungen:*
IN DER ERWÄGUNG, dass mehr als 25 Jahre seit
Ende des Zweiten Weltkrieges vergangen sind, dessen
erstes Opfer Polen wurde und der über die Völker Europas schweres Leid gebracht hat,
5 EINGEDENK DESSEN, dass in beiden Ländern inzwischen eine neue Generation herangewachsen ist, der
eine friedliche Zukunft gesichert werden soll,
IN DEM WUNSCHE, dauerhafte Grundlagen für ein
friedliches Zusammenleben und die Entwicklung
10 normaler und guter Beziehungen zwischen ihnen zu
schaffen,
IN DEM BESTREBEN, den Frieden und die Sicherheit
in Europa zu festigen,
IN DEM BEWUSSTSEIN, dass die Unverletzlichkeit
15 der Grenzen und die Achtung der territorialen Integrität und der Souveränität aller Staaten in Europa in
ihren gegenwärtigen Grenzen eine grundlegende Bedingung für den Frieden sind,
sind [die Bundesrepublik Deutschland und die Volks-
20 republik Polen] wie folgt übereingekommen:
Artikel I (1) Die Bundesrepublik und die Volksrepublik Polen stellen übereinstimmend fest, dass die bestehende Grenzlinie, [...] die westliche Staatsgrenze
der Volksrepublik Polen bildet.
25 (2) Sie bekräftigen die Unverletzlichkeit ihrer bestehenden Grenzen jetzt und in der Zukunft und verpflichten sich gegenseitig zur uneingeschränkten
Achtung ihrer territorialen Integrität.
(3) Sie erklären, dass sie gegeneinander keinerlei Ge-
30 bietsansprüche haben und solche auch in Zukunft
nicht erheben werden.

Artikel II (1) Die Bundesrepublik Deutschland und
die Volksrepublik Polen werden sich in ihren gegenseitigen Beziehungen sowie in Fragen der Gewährleistung der Sicherheit in Europa und in der Welt von 35
den Zielen und Grundsätzen, die in der Charta der
Vereinten Nationen niedergelegt sind, leiten lassen.
(2) Demgemäß werden sie entsprechend den Artikeln
1 und 2 der Charta der Vereinigten Nationen alle ihre
Streitfragen ausschließlich mit friedlichen Mitteln 40
lösen und sich in Fragen, die die europäische und internationale Sicherheit berühren, sowie in ihren gegenseitigen Beziehungen der Drohung mit Gewalt
oder der Anwendung von Gewalt enthalten.

Bundesgesetzblatt 1972, II, S. 362/63

6 **Aus dem Grundlagenvertrag zwischen der Bundesrepublik Deutschland und der Deutschen
Demokratischen Republik (21. Dezember 1972)**
Die Hohen Vertrag schließenden Seiten [...], ausgehend von den historischen Gegebenheiten und unbeschadet der unterschiedlichen Auffassungen der
Bundesrepublik Deutschland und der DDR zu
grundsätzlichen Fragen, darunter zur nationalen 5
Frage, geleitet von dem Wunsch, zum Wohle der Menschen in den beiden deutschen Staaten die Voraussetzungen für die Zusammenarbeit zwischen der Bundesrepublik Deutschland und der DDR zu schaffen,
sind wie folgt übereingekommen: 10
Art. 1. Die Bundesrepublik Deutschland und die
DDR entwickeln normale gutnachbarliche Beziehungen zueinander auf der Grundlage der Gleichberechtigung. [...]
Art. 4. Die Bundesrepublik Deutschland und die 15
DDR gehen davon aus, dass keiner der beiden Staaten
den anderen international vertreten oder in seinem
Namen handeln kann. [...]
Art. 6. Die Bundesrepublik Deutschland und die
DDR gehen von dem Grundsatz aus, dass die Hoheits- 20
gewalt jedes der beiden Staaten sich auf sein Staatsgebiet beschränkt. Sie respektieren die Unabhängigkeit
und Selbständigkeit jedes der beiden Staaten in seinen
inneren und äußeren Angelegenheiten.
Art. 7. [...] Sie werden Abkommen schließen, um 25
auf der Grundlage dieses Vertrages und zum beider-
seitigen Vorteil die Zusammenarbeit auf dem Gebiet
der Wirtschaft, der Wissenschaft und Technik, des
Verkehrs, des Rechtsverkehrs, des Post- und Fern-
meldewesens, des Gesundheitswesens, der Kultur, des 30
Sports, des Umweltschutzes und auf anderen Gebieten zu entwickeln und zu fördern.

Presse- und Informationsamt der Bundesregierung [Hrsg.]: Jahresbericht
der Bundesregierung 1972, Bonn 1973, S. 15 ff.

7 Die Ostpolitik aus Sicht der DDR

Erich Honecker, seit 1971 Erster Sekretär der SED und Vorsitzender des Nationalen Verteidigungsrats, spricht am 6. Januar 1972 vor Truppen der Nationalen Volksarmee über die Frage der nationalen Einheit:

Zwischen der sozialistischen DDR und der imperialistischen BRD gibt es keine Einheit und kann es keine Einheit geben. Das ist so sicher und so klar wie die Tatsache, dass der Regen zur Erde fällt und nicht zu
5 den Wolken hinaufließt.
Dauergerede über „Einheit der Nation" ändert nichts daran. Vielmehr handelt es sich um den Versuch, sich in die inneren Angelegenheiten der DDR einzumischen, und dieses Recht gestehen wir niemandem in
10 dieser Bundesrepublik Deutschland zu. Die Dinge liegen doch ganz klar. Unsere Republik und die Bundesrepublik Deutschland verhalten sich zu einander wie jeder von ihnen zu einem dritten Staat.
Die Bundesrepublik Deutschland ist somit Ausland,
15 und noch mehr: sie ist imperialistisches Ausland. Hier bei uns üben die Arbeiterklasse und ihre Verbündeten die politische Macht aus, in der Bundesrepublik Deutschland herrscht das monopolkapitalistische System – hier Sozialismus, dort Imperialismus. Die
20 DDR gehört fest zur sozialistischen Staatengemeinschaft. Die Bundesrepublik Deutschland gehört zur imperialistischen NATO […].
Ich sage ganz klar: Wir haben, was Brandt und die Sozialdemokratie der Bundesrepublik Deutschland
25 betrifft, keinerlei falsche Vorstellungen, und niemand sollte sie haben. Man darf Illusionen gar nicht erst aufkommen lassen.
Angesichts der Rolle, wie sie die Sozialdemokratie der Bundesrepublik Deutschland als staatserhaltende Par-
30 tei des Monopolkapitals spielt, kann uns über ihre Funktion niemand etwas vormachen. Wir berücksichtigen aber auch besonders vom Standpunkt der Außenpolitik die positive Seite der Regierung Brandt.

Wir werden auch künftig gegenüber der Bundesrepublik Deutschland prinzipiell eine Politik betreiben, so 35
wie sie vom XIII. Parteitag unserer Partei beschlossen und auf der 4. Tagung des Zentralkomitees erneut bekräftigt wurde.
Diese Politik zielt darauf ab, die DDR fest in der sozialistischen Staatengemeinschaft zu verankern, vor 40
allem das brüderliche Bündnis mit der Sowjetunion zu vertiefen und – gestützt darauf – einen aktiven Kurs der friedlichen Koexistenz zu verfolgen. Er dient dazu, möglichst günstige äußere Bedingungen für die weitere Entwicklung in der sozialistischen Gesellschaft 45
auf dem von unserem VIII. Parteitag gewiesenen Wege zu schaffen.
Das ist sowohl für die Arbeiterklasse und das ganze Volk in unserer Republik als auch für die Werktätigen der BRD von Vorteil. 50

Dokumentation der Deutschlandfrage, a.a.O., Hauptband VII, S. 361f.

8 Führt die Ostpolitik zur Ausdehnung des sowjetischen Einflusses?

Der Vorsitzende der CSU und spätere bayerische Ministerpräsident Franz Josef Strauß (CSU) im Mai 1973:

Die Doppelstrategie besteht darin, dass die Sowjets mit diesen Verträgen und nicht zuletzt mit dem Grundvertrag ihren durch Krieg und Nachkriegszeit eroberten Besitzstand endgültig absichern wollen. Das wird als Preis für gestern bezeichnet. Das ist auch 5
ohne jeden Zweifel eines der Konferenzziele der KSZE in Helsinki. […]
Die Doppelstrategie besteht aber auch darin, dass sie nicht nur den erworbenen Besitzstand absichern will, sondern dass sie sich mit dieser logisch angelegten, in 10
sich schlüssigen und konsequenten Gesamtstrategie für den Zeitpunkt, der ihr dafür dann passend erscheint, das Tor für die Ausdehnung ihres sowjetischen Einflusses offen halten will.

Der Bayernkurier, 19. Mai 1973, S. 10

---

a) Erarbeiten Sie anhand der Rede Egon Bahrs (M3) die außenpolitischen und innenpolitischen Aspekte der neuen Ostpolitik.
b) Ordnen Sie das deutsche Bemühen um die Bewältigung der nationalsozialistischen Vergangenheit in die neue Ostpolitik der Bundesregierung ein (M1 und M5).
c) Stellen Sie anhand von M3, M4 und M8 die Argumente zusammen, die für und die gegen die neue Ostpolitik sprachen.
d) Welche Funktion übernahm die Ostpolitik Brandts aus der Sicht der DDR (M7)?

Arbeitsvorschläge und Fragen

6 Herausforderungen der beiden Systeme

Nach den Jahren des politischen und wirtschaftlichen Aufbaus schien in den 60er-Jahren in beiden deutschen Staaten eine Konsolidierungsphase einzutreten. Doch in ein ruhigeres Fahrwasser gerieten die beiden Teile Deutschlands nur bedingt: In der Bundesrepublik konnte der sozialen Herausforderung des Staates durch erste Wirtschaftseinbrüche zwar erfolgreich begegnet werden; die gegenüber den 50er-Jahren zunehmende politische Radikalisierung führte aber einerseits zum Anwachsen rechtsradikaler politischer Gruppierungen, andererseits zu neuen Formen des Protests einer linken Bewegung, die sich als „außerparlamentarische Opposition" (APO) verstand und Staat und Gesellschaft grundlegend verändern wollte. Wie sollte ein demokratischer Staat auf diese Herausforderungen reagieren? In der DDR wurde von Anfang an jegliche Opposition unterdrückt. Dennoch entwickelten sich auch hier Oppositionskreise, die den Staatsapparat durch ihre Forderungen nach Rechtsstaatlichkeit und Demokratisierung herausforderten. Wie reagierte der sozialistische Staat der DDR auf die oppositionelle Herausforderung? Welche Möglichkeiten blieben den oppositionellen Gruppen im SED-Staat, ihre Kritik vorzubringen?

Bei ihrem Regierungsantritt 1969 legte die sozial-liberale Regierung unter Willy Brandt ein Reformprogramm unter den Leitbegriffen „Emanzipation", „Chancengleichheit" und „Mitbestimmung" vor. Es zielte auf die Liberalisierung des seit der Weimarer Republik in wesentlichen Zügen unveränderten Familienrechts, auf eine Bildungsreform zur Öffnung höherer Bildungswege für breite Kreise der Bevölkerung und eine Ausweitung der Sozialleistungen.
Im Mittelpunkt der rechtlichen Reformen stand die Änderung des Ehe- und Scheidungsrechts, die das „Schuldprinzip" durch das „Zerrüttungsprinzip" ersetzte und die Stellung der Frau im Sinne größerer Gleichberechtigung regelte. Reformen im Geiste zunehmender Toleranz und Respektierung der Eigenverantwortlichkeit liberalisierten die Strafrechtsbestimmungen zum Geschlechtsleben der Bürger und das Abtreibungsrecht. Das Bundesausbildungsförderungsgesetz (BAföG) garantierte Bedürftigen staatliche finanzielle Unterstützung bei ihrer Ausbildung. Im Mitbestimmungsgesetz von 1976 sah die Regierung die paritätische Mitbestimmung der Arbeitnehmer in Aufsichtsräten von Unternehmen mit mehr als 2000 Mitarbeitern vor. Nach vielen Widerständen – v. a. aus den Reihen des Koalitionspartners FDP, der Opposition und zahlreicher Interessensverbände – wurde, anders als ursprünglich beabsichtigt, ein Mitbestimmungsmodell verabschiedet, das in Konfliktfällen den Vertretern der Kapitaleigner in den Aufsichtsräten mehr Gewicht als den Arbeitnehmervertretern zuwies.

Die Reformpolitik war von großen öffentlichen Auseinandersetzungen zwischen Befürwortern und Gegnern begleitet und trug viel zu einer allgemeinen Politisierung der Öffentlichkeit bei. Unter das Motto „mehr Demokratie wagen" hatte Willy Brandt in seiner Regierungserklärung 1969 die innenpolitischen Reformvorstellungen der SPD/FDP-Koalition gestellt. Zu den Reformzielen zählten größere Bürgernähe der Politik und politische Mitbestimmungsrechte der Bevölkerung. Doch anders als von den Parteien geplant, suchten sich neue Protestpotenziale außerhalb der Parlamente ihren Wirkungsraum. Die neue Protestbewegung hatte mehrere Wurzeln. Schon anlässlich der Spiegel-

1 Studentendemonstration 1968, West-Berlin. Zwischen den roten Fahnen sieht man auf den Plakaten die Porträts von Ho-Tschi-Minh (links, ▶ S. 179), Rosa Luxemburg (halb verdeckt) (▶ S. 100) und Leo Trotzki (rechts).

Affäre (1962) um die zeitweise Inhaftierung Rudolf Augsteins, des Herausgebers des „Spiegel", hatte sich gezeigt, dass eine breite Öffentlichkeit zunehmend sensibel auf vermeintliche oder tatsächliche Verletzungen demokratischer Grundrechte zu reagieren begann. Die nachwachsende Generation diskutierte öffentlich die etwaige nationalsozialistische Vergangenheit der politischen Entscheidungsträger und kritisierte die Ergebnisse der Entnazifizierung der Nachkriegszeit. Breiten Widerhall fanden die Auseinandersetzungen um die Notstandsgesetze, mit denen die Große Koalition zwischen SPD und CDU/CSU 1968 die Rechte des Staates im innen- oder außenpolitisch begründeten Notstand festlegte. Ihren Höhepunkt erlebten die Proteste der 60er-Jahre in der Studentenbewegung, die sich als sozialistisch geprägte „außerparlamentarische Opposition" (APO) begriff sowie den Abbau aller autoritären Strukturen und Basisdemokratie in allen Lebensbereichen forderte.

Neue Formen des politischen Protests forderten staatliche Gegenmaßnahmen heraus. Demonstrationen, die in Straßenschlachten zwischen Demonstranten und Polizisten mündeten, vor allem aber die Attentate auf den Studenten Benno Ohnesorg sowie auf den Studentenführer Rudi Dutschke heizten das innenpolitische Klima auf. Seit 1970 bildeten sich terroristische Gruppen wie die „Rote-Armee-Fraktion" (RAF), die mit Brandstiftungen, Sprengstoffanschlägen und der Ermordung prominenter Vertreter von Staat und Wirtschaft das Gesellschaftssystem verändern wollten. Ihren Höhepunkt erlebte die öffentliche Auseinandersetzung um den Terrorismus mit der Entführung und Ermordung des Arbeitgeberpräsidenten Schleyer 1977. Die Bundesregierung reagierte mit einer Verstärkung von Polizei und Verfassungsschutz sowie einer Verschärfung der Strafgesetze. Diese staatlichen Maßnahmen sollten dem Schutz der Demokratie vor Terrorakten dienen, waren jedoch heiß umstritten. Viele sahen die Grundrechte in Gefahr und waren gegen die neuen Strafgesetze, wofür sie von deren Befürwortern zuweilen als „Sympathisanten" der Terroristen verdächtigt wurden.

Terrorismus: Bewährungsprobe der Demokratie

223

Aufbau des Sozialismus? Die Entwicklung der DDR

Kennzeichnend für das politische, wirtschaftliche und gesellschaftliche Leben in der DDR war das große Auseinanderklaffen zwischen offizieller Darstellung und den tatsächlichen Gegebenheiten im „real existierenden Sozialismus". Zwar schien sich seit dem Mauerbau 1961 eine Festigung des Systems abzuzeichnen – die Mauer verhinderte eine weitere Abwanderung und übte auf die Bevölkerung Druck aus, sich mit dem System zu arrangieren –, dennoch blieb die Akzeptanz des Systems gering. Mit großem propagandistischem Aufwand wurde versucht, die Arbeitsmoral zu verbessern und die Wirtschaftlichkeit der Betriebe zu steigern, doch die Ergebnisse blieben weit gehend unbefriedigend: Produktion und Lebensstandard wurden zwar in gewissem Maße verbessert, doch Versorgungsengpässe, mangelnde Qualität der Konsumgüter und der Abstand zur Bundesrepublik, im Vergleich der Wirtschaftsleistungen, sorgten für anhaltende Unzufriedenheit.

„Die Partei hat immer Recht ..." – Unterdrückung der Opposition

Doch Kritik am kommunistischen System wurde zur „staatsfeindlichen Hetze" erklärt. Oppositionelle Bewegungen galten als Verbündete des Klassenfeindes und wurden kriminalisiert. Zuständig für die Verfolgung und Bespitzelung von Opposition war das „Ministerium für Staatssicherheit" (MfS, im Volksmund: „Stasi"), über deren Menschen verachtende Methoden und weit über die DDR hinausreichende Aktivitäten die Öffentlichkeit nach der Sichtung der Akten zu immer wieder neuen und erschreckenden Erkenntnissen kommt. Oppositionelle wie der linke Intellektuelle Robert Havemann, die Demokratisierung und Rechtsstaatlichkeit einforderten, wurden beständig Repressalien ausgesetzt. Großes Aufsehen erregte die Ausbürgerung des Liedermachers Wolf Biermann während einer genehmigten Vortragsreise in Westdeutschland 1976. In der Folge wurden zahlreiche systemkritische Künstler und Schriftsteller inhaftiert, ausgebürgert oder unter Druck gesetzt.

Lediglich die evangelische Kirche genoss Ende der 70er-Jahre einen gewissen politischen Spielraum. Kirchliche Institutionen übernahmen zunehmend die Unterstützung junger Wehrdienstverweigerer und Menschenrechtsverteidiger, leisteten Rechtsberatung und moralischen Beistand in Lebensfragen. Zahlreiche Oppositionsgruppen mit beispielsweise ökologischem oder demokratischem Programm fanden hier einen gewissen Schutzraum.

Rückzug ins Private

Der größte Teil der Bevölkerung suchte einen privaten Weg, sich mit dem SED-Staat zu arrangieren. Obwohl die SED mit großem Aufwand den Ausbau ihrer Massenorganisationen betrieb, war die Mitgliedschaft für große Teile der Bevölkerung eher eine ungeliebte Pflicht. Während in den Parteischriften die Erziehung der Menschen zum Sozialismus großes Gewicht einnahm, unterschieden sich Lebensorientierung und Freizeitbedürfnisse der Bevölkerung kaum von den Lebensmustern westlicher Staaten.

Schlagworte wie „private Festkultur" oder „Nischengesellschaft" beleuchteten eine Entwicklung, der die DDR-Regierung entgegenwirken wollte, indem sie seit den 80er-Jahren neben „Gesetzlichkeit, Ordnung und Sicherheit" auch „Geborgenheit" der Bürger im Staat zum Programmpunkt erhob. Insbesondere in den Städten entwickelte sich allmählich eine jugendliche Subkultur, die sich immer mehr von der offiziellen Parteistellung entfernte. Hausbesetzungen infolge der großen Wohnungsnot gerade junger Menschen und die Entwicklung einer eigenständigen Rockkultur waren symptomatisch. Mitte der 80er-Jahre hatte sich eine Kunst- und Kulturszene enwickelt, die vor allem Jugendliche in der DDR prägte.

2 Auf dem Weg zur Gleichberechtigung?

Die Westberliner Studentin Helke Sander auf einer Delegiertenkonferenz des Sozialistischen Deutschen Studentenbundes (SDS) im September 1968:

Sie [die Frau] wird immer noch für das Privatleben, für die Familie erzogen, die ihrerseits von Produktionsbedingungen abhängig ist, die wir bekämpfen. Die Rol-
5 lenerziehung, das anerzogene Minderwertigkeitsgefühl, der Widerspruch zwischen ihren eigenen Erwartungen und den Ansprüchen der Gesellschaft erzeugen das ständige schlechte Gewissen, den an sie gestellten Forderungen nicht gerecht zu werden bzw.
10 zwischen Alternativen wählen zu müssen, die in jedem Fall einen Verzicht auf vitale Bedürfnisse bedeuten. Frauen suchen ihre Identität. [...] Sie können sie nur erlangen, wenn die ins Privatleben verdrängten gesellschaftlichen Konflikte artikuliert werden, damit
15 sich dadurch die Frauen solidarisieren und politisieren [...]. Es sind eben jene privilegierten Frauen, die die Erfahrung gemacht haben, dass der bürgerliche Weg zur Emanzipation der falsche war, dass sie sich mit den Mitteln des Konkurrenzkampfes nicht emanzipieren
20 können. [...] Sie sind am ehesten in der Lage, den Abfallhaufen des gesellschaftlichen Lebens ans Licht zu ziehen, was gleichbedeutend damit ist, den Klassenkampf auch in die Ehe zu tragen und in die Verhältnisse. Dabei übernimmt der Mann die objektive Rolle des Ausbeuters oder Klassenfeindes, die er subjektiv
25 natürlich nicht will, da sie ihm ja auch wiederum nur aufgezwungen wird von einer Leistungsgesellschaft, die ihm ein bestimmtes Rollenverhalten auferlegt. Die Konsequenz, die sich daraus für den Aktionsrat zur Befreiung der Frau ergab, ist folgende: Wir können
30 die gesellschaftliche Unterdrückung der Frauen nicht individuell lösen. Wir können damit nicht auf Zeiten nach der Revolution warten, da eine nur politisch-ökonomische Revolution die Verdrängung des Privatlebens nicht aufhebt, was in allen sozialistischen Län-
35 dern bewiesen ist. Wir streben Lebensbedingungen an, die das Konkurrenzverhältnis zwischen Mann und Frau aufheben.

E. Siepmann, Che, Schah, Shit. Reinbek 1986, S. 275 ff.

3 Aus der Bundestagsdebatte zur Eherechtsreform 1975

a *Mikat (CDU):*

Gewiss, der eigentliche Kern der Ehe, die personale Begegnung und Bindung, ist einer Regelung durch die staatliche Gesetzgebung weit gehend entzogen. Es sind die Eheleute, die ihre Ehe zu gestalten haben, und
5 nicht der Staat. Dieser Sachverhalt darf aber nicht dazu führen, in der Ehe staatlicherseits nur die juristische Gestaltung zweier in ihrer Individualität im Übrigen unberührt bleibenden Menschen zu sehen. [...] Der Zustand der einzelnen, konkreten Familie ist
10 für die Gesellschaft von so erheblicher Bedeutung,

dass er von der staatlichen Rechtsordnung nicht negiert und ausgeklammert werden kann. [...]
Wir bejahen durchaus die gewandelte Sicht von Ehe und Familie, den Abbau patriarchalischer Vorstellun- 15
gen, ein neues partnerschaftliches Verhältnis von Mann und Frau, eine größere Rollenvariabilität, meinen aber auch, dass wir uns sehr wohl im Hinblick auf die Zukunft unserer Gesamtgesellschaft überlegen müssen, was wir zu tun haben, um gerade wiederum die Tätigkeit der Frau als Hausfrau und Mutter in jenen ho- 20
hen Rang zu setzen, der nicht nur ihr entspricht, sondern der konstitutiv für eine stabile, leistungsfähige, aber auch für eine wirklich humane Gesellschaft ist.

b *Engelhard (FDP):*

Mit dem vorliegenden Gesetzentwurf wird das Leitbild der Hausfrauenehe verabschiedet [...]. Ich halte es für eine weise Beschränkung, dass darauf verzichtet wird, eine bestimmte Rollenverteilung innerhalb der Ehe vorzuschreiben. Dieser Verzicht ist ein Angebot 5
für einen erweiterten Freiheitsraum innerhalb der Ehe. Jedes einzelne Ehepaar soll, ohne dass ihm ein bestimmtes Rollenverständnis aufgedrückt wird, nach seinen Anschauungen, nach seinen jeweiligen Gegebenheiten, nach seinen Bedürfnissen, immer nur be- 10
grenzt durch die Rücksichtnahme auf den anderen Teil und die Familie, sein Verständnis von Ehe finden. [...] Man wird nicht übersehen können, dass die Opposition [...] hinter der verwirklichten Gleichberechtigung der partnerschaftlichen Ehe die Gefahr sieht, 15
dass das letztlich nur auf zeitweilige und flüchtige Bindungen hinausläuft. Der wahre Grund für diese Meinungsverschiedenheiten und für diese Missverständnisse liegt, wie ich meine, darin, dass bei der Opposition viele nach wie vor den Hauptschwerpunkt ih- 20
rer Sicht auf den Begriff der Institution legen und ergänzend das Modell des Vertrages heranziehen. [...] Für uns steht als Auffassung von Ehe die Ehe als eine personale Lebensgemeinschaft im Vordergrund.

a)–b) nach: Das Parlament. 51–52/1975

4 Lebensgefühl von DDR-Jugendlichen

a *Die FDJ-Sekretärin Helga Hörz berichtet über die offizielle Erziehung der Jugendlichen zum „sozialistischen Leben" in der DDR:*

Als die Jugendbrigade „Nikolai Mamai" aufrief, Brigaden zu bilden, die sich um den Titel „Brigade der sozialistischen Arbeit" bewerben, fand das auch in unserem Betrieb ein Echo. Zu dieser Zeit gab es nur eine Jugendbrigade, und aus dieser Brigade hatten wir eine 5
Jugendfreundin zur Jungarbeiterkonferenz delegiert, wo beraten wurde, wie der Wettbewerb um den Titel „Brigade der sozialistischen Arbeit" zu einer großen Bewegung gemacht werden könne.
Unsere Jugendfreundin wollte nun auch ihre Brigade 10
für den Kampf um diesen Titel gewinnen. Hierbei

b | **Karikatur von Heinz Behling,** Titelbild von „Eulenspiegel. Wochenzeitung für Satire und Humor", (DDR) 1986

stieß sie auf den Widerstand der einzelnen Brigademitglieder, denen durchaus unverständlich war, wozu das notwendig sei. „Wir sind eine Jugendbrigade, wir
15 arbeiten gut, wozu sollen wir uns noch eine Verpflichtung zusätzlich aufbürden", war die Meinung. Wir gaben dieser Jugendfreundin jede Unterstützung und haben ihr gemeinsam mit Partei und Gewerkschaft in vielen Aussprachen geholfen, den Jugendlichen klarzu-
20 machen, dass diese Form der Brigadearbeit mithelfen soll, ihnen den Schritt vom Ich zum Wir zu erleichtern.
Die Jugendbrigade war die erste in unserem Betrieb, die sich um den Titel bewarb. Deshalb wurde dieses
25 Beispiel von allen Seiten aufgegriffen. Rundfunk, Fernsehen und Presse bestürmten in diesen Tagen die Brigade. Der Hilferuf der Brigade: „Lasst uns doch erst einmal arbeiten und beweisen, ob wir unser Ziel erreichen", ging unter. Erst als die ersten Schwierigkeiten
30 in der Brigade auftraten, fand dieser Hilferuf Gehör.
Allmählich zeigte sich nämlich – obwohl die Aussprache vor Abschluss des Vertrages so gründlich war –, dass längst nicht alle Unklarheiten in den Köpfen beseitigt waren. Einige kündigten, weil sie in
35 einem anderen Betrieb mehr verdienen konnten, andere gingen, weil man die Verpflichtungen im Vertrag wirklich erfüllen wollte; denn sozialistisch zu arbei-

ten bereitete ihnen wenig Schwierigkeiten, aber sozialistisch zu lernen und zu leben umso mehr.
Mit dem Lernen kamen die ersten Probleme. Jeder 40 hatte sich verpflichtet, alle Arbeitsgänge am Band zu erlernen. Das wurde zum Teil auch erfüllt. Aber im Vertrag wurde auch eine fachliche Qualifikation gefordert. Als die Diskussion darüber ging, war es für alle einleuchtend. Aber als es in die Tat umgesetzt 45 werden sollte und als sich zeigte, dass durch die Qualifikation keine materielle Verbesserung eintrat, war das Interesse nicht mehr vorhanden. […]
Ein anderes Problem war das sozialistische Leben. Einige aus der Brigade haben eine richtige Einstellung zu 50 unserem Staat. Sie sind Arbeiter, und das ist ihr Staat. Aber es gibt auch andere in der Brigade, die sind zum Beispiel noch der Überzeugung, dass der Westen ihnen mehr biete. Ein Mädchen der Brigade begeisterte sich für „Rock 'n' Roll", sie erkärte, Elvis Presley sei das 55 Idol aller Mädchen.

H. Hörz, in: Der Staat sind wir, Berlin (Ost) 1960, S. 104 ff.

c | *Die offizielle politische Losung der DDR war „Überholen ohne einzuholen". Überholt werden sollte die westliche Wohlstandsgesellschaft. Lied des Liedermachers Gerulf Pannach, der nach der Ausbürgerung Wolf Biermanns die DDR verlassen hat:*

ÜBERHOLEN OHNE EINZUHOLEN
Mensch, wir werden fett gefüttert
Mit Kampagnen immer neu
Und ich krieg das große Kotzen
Mensch, ich fraß schon massig Heu. 5
Pappkartons voll leerer Worte
Mann, der Fraß macht mich kaputt.
Gestern noch die große Losung
Heute nur noch Phrasen-Schutt.

ÜBERHOLEN OHNE EINZUHOLEN 10
– das ist DDR-konkret
Idioten macht man zu Idolen
wenn sie loben was besteht
– wenn sie loben was besteht.

Sehr geehrter Volksvertreter 15
Bist du wirklich unser Mann?
Wenn du loslegst vom Katheder
Ist's als legst du auf uns an.
Mit der Zeigefinger-Sprache
Von der Leibwache beschützt 20
Das ist eine klare Sache,
Wessen Sache du vertrittst.

ÜBERHOLEN OHNE EINZUHOLEN
[…]

Hier im Staate anerkannte
Liedermacher, ihr habt Mut
Wenn ihr groß wie Nahverwandte
von Karl Marx und Lenin tut.
Jeder kennt eure Courage
In der Tasche Judaslohn
Glaubt, ihr tanzt schon auf der Asche
von Mutter Biermanns Sohn.

ÜBERHOLEN OHNE EINZUHOLEN

[…]

Mensch, wir werden fett gefüttert
Mit Kampagnen immer neu
Kriegt ihr nicht das große Kotzen?
Fraßt ihr nicht schon massig Heu?
Pappkartons voll leerer Worte
Mensch, der Fraß macht uns kaputt.
Gestern noch die große Losung
Heute nur noch […]

Gerulf Pannach, Berlin, 1973

5 Kirche im Sozialismus

a *Erklärung des SED-Politbüromitglieds Werner Jarowinsky, 1988:*
Wer versucht, in die kirchliche Tätigkeit Fragen einzubringen, die mit der Kirche nichts zu tun haben,
stört das gute Verhältnis zwischen Kirche und Staat,
handelt gegen die Interessen der Gläubigen und unter-
gräbt die eigene Basis.
Eine elementare Voraussetzung für die alles in allem
positive Gesamtentwicklung war und ist die Stand-
ortbestimmung der evangelischen Kirche in unserer
Republik, in unserer Gesellschaft als Kirche nicht gegen, nicht neben, sondern als Kirche im Sozialismus.
In letzter Zeit wurde diese bewährte Grundlage zunehmend ausgehöhlt.

Frankfurter Allgemeine Zeitung, 14. November 1988

b **Das Emblem** fand zu Beginn der 80er-Jahre
weite Verbreitung. Ein behördliches Verbot hatte nur
beschränkten Erfolg.

c *Schreiben von Bischof Leich an Honecker, 1988:*
Die Fragen, die unsere evangelischen Kirchen in den
letzten Monaten bewegt haben, sind Fragen, die aus
dem gesellschaftspolitischen Bereich kommen. Sie haben keinen Ursprung im Dienst unserer Kirchen. Die
Auseinandersetzung mit diesen Fragen mussten wir
stellvertretend für Staat und Gesellschaft wahrnehmen. Wir haben uns diese Rolle nicht ausgesucht. Die
eigentlichen Adressaten haben keine Bereitschaft zum
Dialog signalisiert […] Die Zahl der Menschen, die
unser Land verlassen wollen und dies beantragt haben,
hat erheblich zugenommen. Wir sind darüber betroffen. […] Besorgt sehe ich auch, wie die alltäglich er-
fahrene Wirklichkeit und die durch die Medien vermittelte Einschätzung auseinander klaffen. Das ruft
den Eindruck hervor, als würden die tatsächlichen
Aufgaben von den Verantwortlichen nicht oder nur
unzureichend erkannt.

Süddeutsche Zeitung, 12./13. März 1988

---

a) *Erarbeiten Sie anhand von M3b die Zielsetzungen der sozial-liberalen Koalition. Was waren die Antriebskräfte des angestrebten Wandels?*
b) *Legen Sie dar, von welchen Faktoren die Situation der Frauen in der Bun-
desrepublik abhängig war (M2). Nennen Sie Fortschritte und Hindernisse im
Hinblick auf die Gleichberechtigung von Frauen. Diskutieren Sie, wodurch die
Situation von Frauen in Politik und Gesellschaft verbessert werden könnte.*
c) *Legen Sie dar, in welchen Zwängen von Staat und Gesellschaft Jugendliche
in der DDR lebten und welche Entfaltungsmöglichkeiten sie hatten (M4a–c).*
d) *Kennzeichnen Sie das Verhältnis zwischen SED und Oppositionellen.*
e) *Erörtern Sie, inwiefern die Kirche in der DDR als „Ersatzöffentlichkeit"
bezeichnet werden konnte (M5a–c). Diskutieren Sie, inwiefern die Kirche
berechtigt sein sollte, Einfluss auf Politik und Gesellschaft zu nehmen.*

Arbeitsvorschläge und Fragen

7 Die friedliche Revolution und die Überwindung der deutschen Teilung

In der Mitte der achtziger Jahre begann mit der Reformbewegung unter Gorbatschow im Ostblock auch für die Bundesrepublik und die DDR eine Entwicklung, die noch wenige Jahre zuvor kaum jemand für möglich gehalten hätte. An ihrem Ende stand die Wiedervereinigung der beiden deutschen Teilstaaten. Scheinbar unüberwindbare Hindernisse galt es auszuräumen: War in der DDR ein friedlicher Übergang vom SED-Regime zur Demokratie denkbar? Würde die Regierung der UdSSR die Vereinigung der beiden deutschen Staaten und ihre Zugehörigkeit zur NATO akzeptieren?

September 1989	Massenflucht von DDR-Bürgern über Ungarn nach Österreich
9. Nov. 1989	Die DDR öffnet ihre Grenzen nach Westen.
18. März 1990	Erste freie Volkskammerwahlen in der Geschichte der DDR
1. Juli 1990	Herstellung einer deutschen Währungs-, Wirtschafts- und Sozialunion
3. Okt. 1990	Beitritt der neu gebildeten Länder der DDR zur Bundesrepublik
2. Dez. 1990	Wahlen zu einem gesamtdeutschen Parlament

Gründe für das Scheitern der DDR

In der Innen- und Wirtschaftspolitik ließ die SED-Regierung keine Liberalisierung zu. Oppositionelle wurden schikaniert und unterdrückt. Auf dem Gebiet der Wirtschaft zeigte sich, dass die DDR den Anschluss an das hoch technisierte Zeitalter verpasst hatte; Versorgungsengpässe und Schlangestehen gehörten zum Alltag. Überalterte Industrieanlagen, gesundheitsschädigende Umweltverschmutzung, renovierungsbedürftige Wohngebäude, unzureichende Straßen und Fernmeldeeinrichtungen gehörten zu drängenden Problemen der DDR. Obwohl der Lebensstandard ihrer Bewohner – auch wegen der Wirtschaftshilfe der Bundesrepublik – höher war als in den anderen Ostblockstaaten, wurden fast keine Erträge erwirtschaftet, um Neuinvestierungen durchzuführen und um die Umweltbelastung und -zerstörung zu bremsen.

Protest gegen Wahlbetrug

Unter dem Eindruck der in Polen und Ungarn erzwungenen Veränderungen verloren die Menschen allmählich ihre Angst. Die Kommunalwahlen im Mai 1989 machten deutlich, dass die Unzufriedenheit mit dem politischen und wirtschaftlichen System immer breitere Kreise erfasst hatte. Kirchliche Gruppen riefen dazu auf, den Wahlen fernzubleiben oder mit „Nein" zu stimmen. Sie organisierten außerdem in verschiedenen Städten die Beobachtung der Stimmenauszählung. Dabei offenbarte sich ein gravierender Wahlbetrug durch die SED; zahlreiche Personen erstatteten daraufhin Anzeige wegen Wahlfälschung.

Die baldige „Abstimmung mit den Füßen" machte ein folgenreicher Schritt der ungarischen Regierung möglich: Nachdem Ungarn im Mai 1989 die Grenzzäune zu Österreich abgebaut hatte, nutzten dies ab August 1989 immer mehr DDR-Bürger zur Flucht in den Westen. Die DDR-Behörden erschwerten nunmehr die Einreise nach Ungarn, worauf Tausende Zuflucht bei den bundesdeutschen Botschaften in Warschau und Prag suchten. Schließlich durften sie mit DDR-Sonderzügen in die Bundesrepublik reisen. Die DDR-Regierung, die am 6. Oktober in Gegenwart des sowjetischen Partei- und Staatschefs Gorbatschow mit großem Aufwand den 40. Jahrestag der DDR-Gründung beging, hatte der Ausreise zugestimmt, um die Feiern nicht zu belasten.

Massenflucht über ČSSR und Ungarn

Während der Jubiläumsveranstaltungen demonstrierten in Ost-Berlin und in vielen anderen DDR-Städten Zehntausende für Meinungsfreiheit und Reformen. Die Kundgebungen wurden gewaltsam aufgelöst. Die Ost-Berliner Nachrichtenagentur ADN sprach von „Randalierern", die sich „im Zusammenspiel mit westlichen Medien" zusammengerottet hätten. Am 9. Oktober gingen in Leipzig nach dem traditionellen Friedensgebet in der Nikolaikirche etwa 70 000 Menschen für demokratische Reformen auf die Straße. Immer häufiger ertönte der Ruf „Wir sind das Volk". Die Polizei griff nun nicht mehr ein. Die gewaltfreien Montagsdemonstrationen in Leipzig und anderen Städten, die von Woche zu Woche mehr Menschen anzogen, wurden zum Symbol des Wandels. Das „Neue Forum", das sich erst wenige Wochen zuvor gegründet hatte, wurde zum Sprachrohr des Aufbruchs.

Demonstrationen für Freiheit und Reformen

Unter dem Druck der anhaltenden Massenausreisen und der öffentlichen Demonstrationen trat der reformunwillige Erich Honecker „aus gesundheitlichen Gründen" zurück. Immer mehr Funktionsträger des SED-Staates bekannten sich auffällig schnell zu einer politischen Wende; mancher wurde deshalb als „Wendehals" verhöhnt.
Am 9. November 1989 teilte ein SED-Politbüromitglied in Berlin eher beiläufig mit, dass ab sofort DDR-Bürger direkt über alle Grenzstellen in die Bundesrepublik und nach West-Berlin ausreisen könnten. Ministerpräsident Modrow forderte zügige Reformen und schlug der Bundesregierung eine „Vertragsgemeinschaft" vor; eine Wiedervereinigung allerdings stehe nicht zur Diskussion.

Politische Wende und Öffnung der Grenzen

1 „Montagsdemonstration", 9. Oktober 1989 in Leipzig

Ruf nach Einheit	In der Bundesrepublik waren viele vom Ausmaß der zutage getretenen Menschenrechtsverletzungen und wirtschaftlichen Schwierigkeiten in der DDR überrascht. Im Herbst 1989 war zur Gewissheit geworden, dass die DDR mit einem Netz von haupt- und nebenamtlichen Spitzeln des Staatssicherheitsdienstes überzogen war. Auch Meldungen über materielle Privilegien hoher Funktionäre lösten bei der DDR-Bevölkerung Verbitterung aus. Während der Montagsdemonstrationen wurden nun nicht mehr nur Reformen verlangt, sondern zunehmend die Vereinigung Deutschlands. Aus der Losung „Wir sind das Volk" wurde „Wir sind ein Volk".
Erste freie Wahlen	Auf Einladung des Bundes Evangelischer Kirchen in der DDR führten seit Dezember 1989 Regierungsmitglieder mit Vertretern oppositioneller Gruppen Gespräche am „Runden Tisch". Sie einigten sich darauf, umgehend Volkskammerwahlen stattfinden zu lassen. Nach einem durch die Parteien der Bundesrepublik beeinflussten Wahlkampf fanden am 18. März 1990 die ersten freien und geheimen Wahlen nach dem Verhältniswahlrecht statt. Sie ergaben einen deutlichen Sieg der „Allianz für Deutschland" aus CDU, DSU und Demokratischem Aufbruch, die sich für rasche wirtschaftliche Reformen und die Durchsetzung der deutschen Einheit ausgesprochen hatte. Diejenigen oppositionellen Gruppierungen, die als erste auf die Straße gegangen waren, darunter das Neue Forum, schnitten als „Bündnis 90" mit 2,9 % schlecht ab. Ihrem Ziel nach einer eigenständigen DDR erteilten die Bürger eine Absage.
Beitritt oder Vereinigung?	Zum neuen Ministerpräsidenten wurde nun der CDU-Vorsitzende Lothar de Maizière gewählt, dem es gelang, eine Große Koalition aus den Allianzparteien, der SPD und den Liberalen zu bilden. Damit stützte sich die DDR-Regierung auf eine breite Basis bei den Verhandlungen mit der Bundesregierung. Beide deutschen Regierungen strebten die Vereinigung über den Beitritt der DDR gemäß dem damaligen Artikel 23 des Grundgesetzes an. Dagegen wollte die Opposition in beiden Parlamenten die Einheit durch eine neue gemeinsame, durch eine Volksabstimmung zu beschließende Verfassung begründen.
Währungs-, Wirtschafts- und Sozialunion	Zunehmende Schwierigkeiten, die wachsende Zahl von Übersiedlern in der Bundesrepublik unterzubringen, und die fehlende Wettbewerbsfähigkeit vieler veralteter Staatsbetriebe der DDR zwangen zum raschen Abschluss eines Staatsvertrages über eine „Währungs-, Wirtschafts- und Sozialunion", der am 1. Juli 1990 in Kraft trat. Von nun an war die D-Mark auch Währung in der ehemaligen DDR. Von wenigen Ausnahmen wie den Mieten abgesehen, galten westdeutsche Preise entsprechend den Gegebenheiten der sozialen Marktwirtschaft. Betriebsschließungen, das Verdrängen heimischer Produkte durch Waren aus der Bundesrepublik, der Verlust osteuropäischer Exportmärkte und die Freisetzung von Arbeitskräften waren Folgen der Reform.
Deutschland wird souverän	Vor allem Frankreich und Großbritannien standen einer Vereinigung Deutschlands zunächst zögernd gegenüber. Erst als die Bundesregierung bekräftigte, keine Gebietsansprüche an Polen zu erheben und somit die Oder-Neiße-Grenze anzuerkennen, schwand das Misstrauen. Über die Bündniszugehörigkeit eines geeinten Deutschlands und das Ende der Oberhoheit der vier Siegermächte über Berlin wurde in den „Zwei-plus-Vier"-Gesprächen verhandelt; beteiligt waren die vier Siegermächte und die beiden deutschen Staaten. Die letzten Hürden wurden bei einem Treffen zwischen Bundeskanzler Kohl und Präsident Gor-

batschow Mitte Juli 1990 im Kaukasus aus dem Weg geräumt. Schon vorher hatte die Bundesregierung der UdSSR umfangreiche wirtschaftliche Unterstützung zugesagt. Gorbatschow erklärte sich zum Abzug der sowjetischen Truppen bereit und akzeptierte ebenso wie die Außenminister der anderen Verhandlungspartner die NATO-Mitgliedschaft eines geeinten Deutschlands unter der Bedingung einer erheblichen Truppenreduzierung. Der am 12. September 1990 unterzeichnete „Zwei-plus-Vier-Vertrag" gab Deutschland seine volle Souveränität zurück.

Die Einheit wird vollzogen

Am 3. Oktober 1990 traten die Länder Brandenburg, Mecklenburg-Vorpommern, Sachsen, Sachsen-Anhalt und Thüringen der Bundesrepublik Deutschland bei. West- und Ost-Berlin vereinigten sich zum Bundesland Berlin. Der „Vertrag zwischen der Bundesrepublik Deutschland und der Deutschen Demokratischen Republik über die Herstellung der Einheit Deutschlands" bestimmte Berlin zur deutschen Hauptstadt. Mit Ausnahme weniger Übergangsregelungen galt nun Bundesrecht in ganz Deutschland. Am 2. Dezember 1990 wurde der erste gesamtdeutsche Bundestag gewählt, der die amtierende Bonner Regierung bestätigte. 1999, zehn Jahre nach dem Fall der Mauer, wurde Berlin Parlaments- und Regierungssitz.

Wirtschaftliche Schwierigkeiten

Erhebliche private und staatliche Investitionen wurden notwendig, um in den neuen Bundesländern veraltete Produktionsanlagen in Industrie und Handwerk zu erneuern, Wohnungen zu bauen und zu modernisieren, Arbeitsplätze zu sichern und die erforderliche Infrastruktur (Straßen, Schienenwege, Post, Telefon und Energieversorgung) zu schaffen. Die 8000 ehemaligen volkseigenen Betriebe der DDR wurden einer Treuhandanstalt unterstellt, die für die Sanierung und Privatisierung oder für die Stilllegung der teilweise nicht konkurrenzfähigen Betriebe zu sorgen hatte.
Die wirtschaftliche Umstrukturierung ist auch heute noch nicht vollständig gelungen. Die Arbeitslosigkeit in den neuen Bundesländern ist deshalb wesentlich höher als in Westdeutschland.

3 Karikaturen zur deutschen Einheit

a Aus: THE SPECTATOR, London, 24.2.1990.

b Aus: DER NEUE WEG, Halle, 26.2.1990.

c Aus: STUTTGARTER ZEITUNG, 25.2.1990.

„Selbstverständlich freue ich mich über unseren Nachwuchs. Warum fragst du?"

4 „Neues Forum"

Aus dem Aufruf zur Gründung, 10. September 1989:
In unserem Lande ist die Kommunikation zwischen Staat und Gesellschaft offensichtlich gestört. Belege dafür sind die weit verbreitete Verdrossenheit bis hin zum Rückzug in die private Nische oder zur massenhaften Auswanderung. Fluchtbewegungen diesen 5
Ausmaßes sind anderswo durch Not, Hunger und Gewalt verursacht. Davon kann bei uns keine Rede sein. [...]
Auf der einen Seite wünschen wir uns eine Erweiterung des Warenangebots und bessere Versorgung, an- 10
dererseits sehen wir deren soziale und ökologische Kosten und plädieren für die Abkehr von ungehemmtem Wachstum. Wir wollen Spielraum für wirtschaftliche Initiative, aber keine Entartung in eine Ellbogengesellschaft. Wir wollen das Bewährte erhalten und 15
doch Platz für Erneuerung schaffen, um sparsamer und weniger naturfeindlich zu leben. Wir wollen geordnete Verhältnisse, aber keine Bevormundung. Wir wollen freie, selbstbewusste Menschen, die doch gemeinschaftsbewusst handeln. Wir wollen vor Gewalt 20
geschützt sein und dabei nicht einen Staat von Bütteln und Spitzeln ertragen müssen. [...]
Blätter für deutsche und internationale Politik 11/1989, S.140 f.

5 Gegen eine „Bananenrepublik"

Aus einem Flugblatt Ostberliner Studenten, 1989:
Wollt ihr die Bananenrepublik? Habt ihr das Recht auf Mitbestimmung in euren Betrieben gefordert, um von Daimler-Benz, Springer und Krupp entlassen zu werden? Habt ihr das Machtmonopol der SED gebrochen, um euch von der Macht der Monopole regieren zu las- 5
sen? Macht ihr der Politbürokratie die Privilegien streitig, um sie anderen zu geben? Habt ihr der Stasi den Laufpass gegeben, um euch den Verfassungsschutz ins Land zu holen?
Wollt ihr die Warteschlangen vor den Läden gegen 10
Warteschlangen vor den Arbeits- und Sozialämtern eintauschen? Wollt ihr in Zukunft euren Wohlstand auf Kosten der Dritten Welt aufbauen? [...] Wart ihr jahrelang stolz darauf, dass in unserem Land mit den Nazis abgerechnet wurde, um jetzt den Republikanern 15
Tür und Tor zu öffnen? Beginnt ihr Umweltbewusstsein zu entwickeln, um es in Plastiktüten zu ersticken? Wollt ihr Mietwucher und Obdachlosigkeit auch hier?
Seid ihr auf die Straße gegangen, um euch jetzt 20
BRDigen zu lassen? WIR NICHT!
Demo zum Kohlbesuch
Für den Erhalt der Souveränität der DDR!
Gegen Ausverkauf und Wiedervereinigung!
Flugblatt, 19. Dezember 1989

6 Am Grenzübergang Berlin Bornholmer Straße

Ein Augenzeugenbericht, 9. November 1989:
Jeder hält Ausweis oder Pass in der Hand, um sich den Stempel abzuholen. Zehn Minuten später bricht der Damm. Die Schlagbäume heben sich. Nichts kann nun die Hauptstädter mehr halten. Rennend und
5 schiebend, als wäre es die letzte Gelegenheit, geht es Richtung Westen. Für die Papiere interessiert sich keiner der Grenzbeamten mehr, die nur noch freundlich den kürzesten Weg weisen. Auch sie scheinen tief bewegt. Was sich in diesen Minuten ereignet, ist einfach
10 unbeschreiblich. Durch ein dichtes Spalier von jubelnden und Beifall klatschenden Westberlinern geht es über die Brücke. Unter Blitzlichtgewittern und Fernsehscheinwerfern knallen Sektkorken. Die von hüben schreien und tanzen vor Freude.

Der Morgen, Ost-Berlin, 11. November 1989

7 Funktionäre im Sozialismus

Bericht über das Haus Willi Stophs, des ehemaligen Vorsitzenden des Ministerrats:
Am Sonntag [...] gab es auf Initiative des Neuen Forums eine einmalige Besichtigung. [...] Das in gediegener Holzeinfassung gehaltene große Haus steht inmitten eines Parks, der auch noch einem größeren
5 Bungalow und einem Pavillon Platz bietet. Obstplantagen, ein Gemüsegarten, Gewächshäuser, Wirtschaftsgebäude, Garagen sowie eine klarsichtüberdachte Schwimmhalle und Wildkühlräume grenzen an. [...] Auf Drängen lässt man uns ins Haus mit sei-
10 nen fünf Bädern, den Armaturen, die fast ausnahmslos aus westlicher Produktion stammen, den vielen Wohn- und Schlafzimmern, den Küchen, dem Videoraum und der Bar im Keller. Letztendlich öffnen sich uns auch die restlichen Kellertüren. Mehr als zehn
15 sehr große Kühlschränke stehen dort, gefüllt nicht nur mit Äpfeln und Fleisch, sondern auch mit teuren Süßig- und anderen Köstlichkeiten – von A bis Z aus westlicher Produktion.

„Freie Erde", 28. November 1989

8 DDR-Ministerpräsident Modrow

am 29. Januar 1990 vor der Volkskammer:
In wachsendem Maße werden Forderungen nach Erhöhung der Löhne und Gehälter, nach Verlängerung des Urlaubs, nach Erhöhung der Renten und nach weiteren sozialen Verbesserungen erhoben. [...] Die Aus-
5 reisewelle hält unvermindert an. Alle Maßnahmen und Appelle der Regierungen haben es bisher nicht vermocht, diesen Aderlass aufzuhalten, der die wirtschaftliche Leistungsfähigkeit in besonderem Maße schmälert. [...] Wenn wir eine stabile DDR gestalten und dafür sorgen, dienen wir einem übergeordneten 10 nationalen Interesse, schaffen wir [mit der Volkskammerwahl am 18. 3. 1990] Voraussetzungen für eine Vertragsgemeinschaft und eine weiter gehende Annäherung beider deutscher Staaten [...].

Neues Deutschland vom 30. Januar 1990

9 Regierungserklärung

von Ministerpräsident de Maizière, 19. April 1990:
Aus dem Ruf ‚Wir sind das Volk' erwuchs der Ruf ‚Wir sind ein Volk'. [...] Daher eine herzliche Bitte an die Bürger der Bundesrepublik: Bedenken Sie, wir haben 40 Jahre die schwere Last der deutschen Geschichte tragen müssen. Die DDR erhielt bekanntlich keine 5 Marshall-Plan-Unterstützung, sondern sie musste Reparationsleistungen erbringen. Wir erwarten von Ihnen keine Opfer. Wir erwarten Gemeinsamkeit und Solidarität. Die Teilung kann tatsächlich nur durch Teilen aufgehoben werden. [...] Wir bringen ein unser 10 Land und unsere Menschen, wir bringen geschaffene Werte und unseren Fleiß ein, unsere Ausbildung und unsere Improvisationsgabe. [...] Wir bringen ein unsere Sensibilität für soziale Gerechtigkeit, für Solidarität und Toleranz. 15

Das Parlament vom 27. April 1990

---

a) Nennen Sie Ursachen und Anlässe für die demokratische Revolution in der DDR (DT, M3a–c, M4, M5).

b) Erläutern Sie die Bedenken vieler DDR-Bürger gegen eine Vereinigung Deutschlands (M4, M5). – Warum siedelten trotzdem Zehntausende über?

c) In welchem Zwiespalt befanden sich viele Menschen der DDR nach der politischen Wende (VT, M8)?

d) Warum empfanden viele DDR-Bürger Wut und Empörung gegenüber der ehemaligen SED-Regierung (DT, M7)?

e) Vergleichen Sie die Aussagen Modrows und de Maizières zum inneren Zustand der DDR und die aufgezeigten Perspektiven (M8, 9).

f) Erläutern Sie die in den Karikaturen M3 feststellbaren Kommentare zur deutschen Vereinigung und nehmen Sie Stellung.

Arbeitsvorschläge und Fragen

8 Der europäische Einigungsprozess

8.1 Ideen und Pläne

Seit der deutschen Einheit hat Artikel 23 des Grundgesetzes den Wortlaut: „Zur Verwirklichung eines vereinten Europas wirkt die Bundesrepublik Deutschland bei der Entwicklung der europäischen Union mit, die demokratischen, rechtsstaatlichen, sozialen und föderativen Grundsätzen und dem Grundsatz der Subsidiarität verpflichtet ist". Das Jahr 1990 hatte eine besondere Bedeutung für die Überwindung der Spaltung Europas: Damals (21. November) unterzeichneten die Regierungschefs aller europäischer Staaten zusammen mit den USA und Kanada die „Charta für ein neues Europa", die die Zeit der Trennung in zwei verfeindete Blöcke für beendet erklärte. Damit war nach dem Willen der Staatsmänner der Weg frei für Demokratie, Frieden und Freiheit in ganz Europa.

Die Zukunft Europas lässt sich nicht vorhersagen, jedenfalls wird darüber in allen politischen Lagern sehr kontrovers diskutiert. Doch die Errungenschaften der europäischen Einigung scheinen so attraktiv, dass fast alle Staaten des ehemaligen Ostblocks eine Mitgliedschaft in der Europäischen Union anstreben. Worin besteht nun aber die Identität Europas (▶ Zeitbild S. 238)? Woher kommt der Gedanke, dass sich die Nationen Europas zu einer Einheit verbinden könnten?

Friedenssicherung Pläne für eine europäische Union als Friedensinstrument existierten in den Köpfen und Schriften einiger liberaler Denker schon seit dem Mittelalter. Aber erst das Ausmaß militärischer Gewalt und menschlichen Leids im Ersten Weltkrieg führte dazu, die Idee einer Staatengemeinschaft aufleben zu lassen. Gleichzeitig gerieten durch die weltwirtschaftliche Entwicklung die nationalen Volkswirtschaften in Europa unter Druck: Die Staatengrenzen verloren ihre beschränkende, aber auch schützende Wirkung; die amerikanische Konkurrenz drang in alle europäischen Länder und auf deren Märkte vor. Nach den bitteren Erfahrungen des Ersten Weltkriegs forderten seit 1923 Parlamentarier und andere Persönlichkeiten des öffentlichen Lebens aus fast allen Staaten Europas, die sich in der „Paneuropa-Bewegung" zusammengefunden hatten, die Schaffung der „Vereinigten Staaten von Europa". Die Bewegung war vor allem gegen die „Gefahr aus dem Osten", also dem bolschewistischen Russland gerichtet. Die Außenminister Aristide Briand aus Frankreich und Gustav Stresemann aus Deutschland hatten andere Beweggründe. Sie schlugen 1929 dem Völkerbund die Bildung einer Europäischen Union vor, womit sie vor allem die „Erbfeinde" Frankreich und Deutschland einander näher bringen und auch die Lage der nationalen Volkswirtschaften verbessern wollten.

Subsidiaritätsprinzip (von lat. subsidere = sich unterordnen): Aus der christlichen Soziallehre stammendes Prinzip: Was der Einzelne aus eigener Initiative leisten kann, soll ihm nicht entzogen und der Gemeinschaft übertragen werden. Diese ist vielmehr nur im Bedarfsfall zur Hilfeleistung verpflichtet. Im europäischen Bereich bedeutet dieses Prinzip, dass die EU in Bereichen, die nicht in ihre ausschließliche Zuständigkeit fallen, nur tätig wird, wenn die Mitgliedsstaaten die Ziele nicht selbst erreichen können.

Die Idee einer europäischen Einigung nahm während der Kriegsjahre Gestalt an. Aufgrund der Erfahrungen mit dem aggressiven NS-Deutschland suchte man nach Strukturen für ein friedliches Zusammenleben. Die vor allem von Exilpolitikern und Widerstandsgruppierungen ausgearbeiteten Programme gingen stets von einer gesamteuropäischen Föderation aus. Doch die Teilung in West- und Osteuropa, die sich durch den Kalten Krieg ergab, raubte zwangsläufig solchen Konzeptionen die Grundlage.

Europa-Ideen des Widerstandes

Insgesamt nahm die westeuropäische Einigung seit dem zweiten Halbjahr 1947 einen breiten Raum im öffentlichen Interesse ein. Vor allem Jugendliche schöpften aus der Idee Hoffnung auf Verständigung und Frieden. Die Gruppen der Einigungsbewegung stießen mit ihren Vorstellungen bei den Alliierten auf geringes Interesse. Nur der britische Premier Winston Churchill griff den Gedanken einer europäischen Einigung positiv auf – als Gegengewicht zu der nach Westen vordringenden Sowjetmacht. Churchill hatte schon 1945 die Stärkung des westlichen, „freien" Europas gegen das Vordringen des Kommunismus gefordert. Im Herbst 1946 forderte er, die „Vereinigten Staaten von Europa" zu schaffen, wobei der erste Schritt dazu die Partnerschaft zwischen Frankreich und Deutschland sein sollte. Seine Aussagen über die Struktur dieser Organisation blieben allerdings relativ vage.

Churchills „Vereinigte Staaten von Europa"

1949 wurde der Europarat gegründet, der die Einheit und Zusammenarbeit zwischen den Menschen und Nationen Europas fördern sollte. Zunächst gehörten ihm 10 Staaten an, 1996 waren es 40 (heute 41). Da in ihm die Mitgliedsstaaten ihre Souveränität uneingeschränkt behielten und er nur einstimmige Beschlüsse fassen konnte, brachte er die politische Einigung Europas kaum voran. Doch immerhin verabschiedete der Rat 1950 die „Europäische Konvention zum Schutz der Menschenrechte und Grundfreiheiten". Bürgerinnen und Bürger, die diese Rechte verletzt glauben, können sich seit 1959 direkt an den „Europäischen Gerichtshof für Menschenrechte" in Straßburg wenden.

Europarat

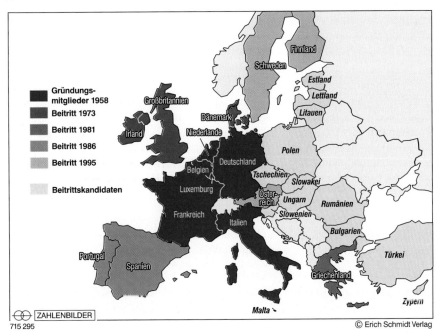

1 **Die Erweiterung der Europäischen Union**
Bei ihrer Gründung im Jahr 1957 bestand die Gemeinschaft nur aus sechs Mitgliedsstaaten. 1995 war sie auf 15 angewachsen. Inzwischen drängen auch die Reformstaaten in Mittel- und Osteuropa auf eine Mitgliedschaft.

Gründungsmitglieder 1958
Beitritt 1973
Beitritt 1981
Beitritt 1986
Beitritt 1995
Beitrittskandidaten

ZAHLENBILDER
715 295
© Erich Schmidt Verlag

235

2 Über europäische Identität

a *Rede des Staatspräsidenten der Tschechischen Republik Vaclav Havel am 8. März 1994 vor dem Europäischen Parlament in Straßburg:*

Die Europäische Union beruht auf einem großen Ensemble zivilisatorischer Werte, deren Wurzeln zweifellos auf die Antike und das Christentum zurückgehen und die sich durch zwei Jahrtausende hindurch
5 zu der Gestalt entwickelt haben, die wir heute als die Grundlage der modernen Demokratie, des Rechtsstaates und der Bürgergesellschaft begreifen. [...] Man kann also nicht sagen, der Europäischen Union mangele es an einem eigenen Geist, aus dem alle ihre
10 konkreten Prinzipien, auf denen sie beruht, hervorgegangen sind. Nur scheint es, dass dieser Geist zu wenig sichtbar wird. [...] Und so kann bei manchen Menschen der durchaus begreifliche Eindruck entstehen, die Europäische Union bestehe – etwas vulgari-
15 sierend formuliert – aus nichts anderem als aus endlosen Debatten darüber, wie viele Mohrrüben irgendwer irgendwoher irgendwohin ausführen darf [...].
Deswegen scheint mir, dass die wichtigste Anforderung, vor welche die Europäische Union sich heute
20 gestellt sieht, in einer neuen und unmissverständlich klaren Selbstreflexion dessen besteht, was man europäische Identität nennen könnte [...].

Nach: Das Parlament, 8. Januar 1999

b *Aus der von den Staaten der Europäischen Union beschlossenen „Charta der europäischen Identität" vom 28. Oktober 1995:*

Europa ist vor allem eine Wertegemeinschaft. [...] Aufbauend auf den geschichtlichen Wurzeln der Antike und des Christentums hat Europa im Laufe der Geschichte mit der Renaissance, dem Humanismus
5 und der Aufklärung die überkommenen Werte weiterentwickelt. Dies führte zu einer demokratischen Ordnung, der allgemeinen Geltung der Grund- und Menschenrechte und der Rechtsstaatlichkeit.
Die in fruchtbarer Wechselwirkung entstandenen
10 Schöpfungen der Kultur und der Kunst, die Entdeckungen der Naturgesetze und ihre Anwendung zum Wohle der Menschen, das kritische Denken im Erkennen und Urteilen haben bewirkt, dass die Menschen in freier Selbstbestimmung und ohne Not
15 friedlich miteinander leben und arbeiten können. Europa hat diese Werte in der ganzen Welt verbreitet. So wurde unser Kontinent zur Mutter der Revolutionen in der modernen Welt.
Europa hat seine eigenen Werte immer verstoßen.
20 Nach einem Zeitalter eines hemmungslosen Nationalismus, des Imperialismus und des Totalitarismus sind die Europäer daran gegangen, Freiheit, Recht und Demokratie zum Prinzip ihrer zwischenstaatlichen Beziehungen zu machen. Damit wurde der Weg
25 zu einer friedlichen und freiheitlichen Zukunft in

Europa geöffnet. Die Spaltung unseres Kontinents hat verhindert, dass alle Staaten Europas hieran teilnehmen konnten.
Die Vielfalt des europäischen Entwicklungsprozesses und die Notwendigkeit der schöpferischen Gestal- 3
tung unserer gemeinsamen Zukunft erfordern einen föderalen Aufbau unserer zwischenstaatlichen Ordnung, in der ein europäisches Gemeinschaftsgefühl und somit ein gemeinsames Bewusstsein der europäischen Identität entstehen kann. 3
Die europäische Identität erfordert den freien Austausch von Personen und Ideen und findet ihren Ausdruck im gemeinsamen Schutz unserer Werte. [...]
Die Demokratie in der Europäischen Union muss für die Bürger erlebbar werden. 4(

Nach: Das Parlament, 8. Januar 1999

3 Nationale Kleinkrämerei – das „Aus" für die europäische Wirtschaft?

Der deutsche Außenminister Gustav Stresemann vor dem Völkerbund, 1929:

Wer kann anders als mit einem Lächeln sich noch Deutschland vor dem Zollverein vorstellen [...]? Wie das heute für uns Begriffe sind, die weit hinter uns zurückliegen, die uns seltsam erscheinen, wie etwas Mittelalterliches, das durch die neuen Verhältnisse 5
längst überholt ist, so gibt es doch manche Dinge, die in unseren Tagen innerhalb des neu geschaffenen Europas einen ganz ähnlichen Eindruck machen. Durch den Versailler Vertrag ist eine große Anzahl neuer Staaten geschaffen worden. 10
Ich diskutiere hier nicht über das Politische des Versailler Vertrags, denn ich darf annehmen, dass meine Anschauungen darüber bekannt sind. Aber das Wirtschaftliche möchte ich doch betonen und sagen, dass es unmöglich ist, dass Sie zwar eine große Anzahl 15
neuer Staaten geschaffen, aber ihre Einbeziehung in das europäische Wirtschaftssystem vollkommen beiseite gelassen haben. Was ist denn die Folge dieser Unterlassungssünde gewesen? Sie sehen neue Grenzen, neue Maße, neue Gewichte, ein fortwährendes 20
Stocken des Verkehrs. Ist es nicht grotesk, dass Sie aufgrund praktischer Errungenschaften die Entfernung von Süddeutschland nach Tokio um 20 Tage verkürzt haben, sich aber in Europa selbst stundenlang mit der Lokomotive irgendwo aufhalten müssen, weil 25
eine neue Grenze kommt, eine neue Zollrevision stattfindet? Wo bleibt in Europa die europäische Münze, die europäische Briefmarke? Sind diese aus nationalem Prestige heraus geborenen Einzelheiten nicht sämtlich Dinge, die durch die Entwicklung der 30
Zeit längst überholt wurden und diesem Erdteil einen außerordentlichen Nachteil zufügen?

G. Stresemann, Vermächtnis Bd. 3, hrsg. v. H. Bernhard, Berlin 1933, S. 578 f.

4 „We must build a kind of United States of Europe"

Aus einer Rede Winston Churchills, zu jener Zeit britischer Oppositionsführer, an der Universität Zürich am 19. September 1946:

Wir müssen etwas wie die Vereinigten Staaten von Europa schaffen. Nur so können Hunderte von Millionen schwer arbeitender Menschen wieder die einfachen Freuden und Hoffnungen zurückgewinnen, die das Le-
5 ben lebenswert machen. [...]
Ich glaube, dass die größere Zusammenfassung (UNO) nur dann überleben kann, wenn sie sich auf zusammenhängende natürliche Gruppen stützt. In der westlichen Hemisphäre gibt es bereits eine solche natür-
10 liche Gruppe. Wir Briten haben unser eigenes Commonwealth of Nations. Sie schwächen nicht, im Gegenteil, sie stärken die Weltorganisation. Sie sind sogar ihre Hauptstützen. Und warum sollte es keine europäische Gruppe geben, die den irregeleiteten Völ-
15 kern dieses unruhigen und machtvollen Kontinents das Gefühl eines weitergespannten Patriotismus und einer gemeinsamen Staatszugehörigkeit einflößen könnte? [...] Es muss unser ständiges Ziel sein, die Stärke der UNO auszubauen und zu festigen. Im Rah-
20 men dieses die Welt umspannenden Plans müssen wir die europäische Familie in einer regionalen Struktur neu schaffen, die vielleicht die Vereinigten Staaten von Europa heißen wird. Der erste Schritt ist die Bildung eines Europarats. Wenn zu Anfang auch nicht
25 alle Staaten Europas willens oder in der Lage sind, der Union beizutreten, müssen wir uns dennoch ans Werk machen, diejenigen Staaten, die es wollen oder können, zusammenzufassen und zu vereinen. [...] Bei so dringenden Aufgaben müssen Frankreich und
30 Deutschland die Führung gemeinsam übernehmen. Großbritannien, das Commonwealth of Nations, das mächtige Amerika und, ich hoffe, Sowjetrussland – denn dann wäre in der Tat alles gut – müssen die Freunde und Förderer des neuen Europa sein [...].

Curt Gasteyger, Europa von der Spaltung zur Einigung, Bonn 1997, S. 43 f.

5 Europa – Modell Maastricht ... „und das hier ist die Gebrauchsanweisung". Kariakatur von Mester

6 „Europessimismus"

Pierre Pflimplin, früherer Präsident des Europäischen Parlaments in Straßburg, 1994:

Europessimismus ist Mode. [...] Die Begründungen sind vielfältig. Manche beklagen, dass das in den 50er-Jahren begonnene Einigungswerk unvollständig ist. Umgekehrt scheinen gewisse Leute zu befürchten, der Einigungsprozess könnte in naher Zukunft zur Ver-
5 wirklichung des von Robert Schuman bereits am 9. Mai 1950 festgelegten Endziels führen, d. h. zur Gründung einer „Europäischen Föderation", eines Bundesstaates. Dadurch, glauben sie, wäre ihre nationale Identität bedroht.
10 Die hauptsächliche Wurzel des Europessimismus ist jedoch die anhaltende Wirtschaftskrise.[...]
Auch zur Sicherung des Friedens sollte die Gemeinschaft beitragen. Nun steht die EU der andauernden Tragödie im ehemaligen Jugoslawien machtlos ge-
15 genüber. [...] Schon befürchtet man ein Übergreifen auf den übrigen Balkan. Auch in manchen Teilen der früheren Sowjetunion sind Brandherde entstanden. [...] Gegen all diese Gefahren gibt es nur einen Schutz: europäische Solidarität. Nicht weniger Europa, son-
20 dern mehr Europa ist heute gefordert.

Nach: Das Parlament, 8. 4. 1994

---

a) Erklären Sie den Begriff „europäische Identität" (M2a, b und Zeitbild, S. 238).

b) Was kritisiert Stresemann (M3)? Beschreiben Sie den historischen Kontext, aus dem heraus seine Kritik zu bewerten ist. Welche Zielsetzung verbindet er mit einer europäischen Gemeinschaft? Kann man Stresemann als einen „Vordenker" der EU bezeichnen?

c) Wie begründen Winston Churchill 1946 und Pierre Pflimlin 1994 die Notwendigkeit eines Vereinigten Europa (M4, 6)?

Arbeitsvorschläge und Fragen

„Wir sind Berlin".
Plakat der Auslän-
derbeauftragten des
Senats von Berlin,
1989

Ich fühle mich in erster Linie
als:

Westdeutscher Sonstige
oder Ost-
deutscher   Deutscher
Hesse,
Sachse,   10%
Bayer   6%   31%
etc.   10%
          13%
Welt-
bürger   14%   16%

Europäer   Kölner,
           Magdeburger,
           Münchener
           etc.

Schwäbisch-ale-
mannische Fast-
nacht

Boule-Spiel am
Bois de Boulogne,
Paris

Das vereinte Europa ist seit dem Vertrag von Maastricht (▶ S. 242 f.) Gegenstand der öffentlichen Diskussion: als Vision oder als Alptraum. Tatsächlich bestimmt die Europäische Union als politische Realität das Alltagsleben der Menschen in Europa schon heute in vielen Bereichen in größerem Maße als die jeweilige nationale Politik. Die Vertiefung der europäischen Einigung ist weiter vorangeschritten als viele Bürgerinnen und Bürger in Deutschland, Frankreich und den anderen Mitgliedstaaten bisher wahrgenommen haben. Souveränitätsrechte wurden aufgegeben, und eine Verbindung, wenn nicht gar Verschmelzung der nationalen Gesellschaften hat begonnen, die eine freie Berufsausübung ebenso umfasst wie eine grenzüberschreitende Solidarität. – Aber fühlen sich die Menschen in Europa auch als Europäer? Gibt es neben lokalen, regionalen und nationalen Identitäten auch eine europäische Identität?

Alle Menschen entwickeln soziale Identitäten über die engeren familiären Lebenskreise hinaus, indem sie sich als Teil von Gemeinschaften verstehen, mit denen sie sich identifizieren. In Deutschland entwickelte sich – anders als in England oder Frankreich – eine nationale Identität vergleichsweise spät. Auf dem Gebiet des heutigen Deutschland etwa haben sich die Menschen lange nicht als Deutsche, sondern lediglich als Angehörige ihres Stammes, ihres Fürsten- oder Herzogtums gefühlt. Erst im Gefolge der Französischen Revolution bildete sich zu Beginn des 19. Jahrhunderts allmählich ein nationales Bewusstsein heraus, das danach strebte, die politische Zersplitterung zu überwinden und alle Deutschen in einem Nationalstaat zu vereinen. Aber noch im politischen Flickenteppich des Deutschen Bundes betrachtete man die Mitgliedstaaten des Deutschen Bundes häufig als Ausland (▶ S. 79 f.).

Eine vergleichbare Entwicklung haben auch andere europäische Länder durchlaufen. Italien beispielsweise war bis 1859 kaum mehr als ein geografischer Begriff: Die Bevölkerung fühlte sich als Untertan landfremder Monarchen; erst im Kampf gegen Fremdherrschaft fanden die Italiener zu ihrer nationalen Identität.

Anders als in den Vereinigten Staaten, der Neuen Welt, baute die sich entwickelnde nationale Identität in Europa, der Alten Welt, auf geschichtlichen, kulturellen und sprachlichen Gemeinsamkeiten auf. Kann es angesichts der Vielfalt der historischen Erfahrungen und der Mannigfaltigkeit des kulturellen Erbes in Europa eine europäische Identität überhaupt geben? Der italienische Philosoph Gianni Vattimo (Turin) beantwortet die Frage nach der europäischen Identität folgendermaßen:

„Wenn es heute eine europäische Identität gibt, dann ist es eine Identität der Differenzen. Europa ist ja in seiner Geschichte dadurch entstanden, dass es sich auf die Idee seiner Unterschiede gründete; erst auf diesem Boden ist die Idee einer einheitlichen Kultur entstanden und gewachsen. In anderen Welten gibt es dieses Konzept nicht: Der Gedanke einer einheitlichen Kultur hat sich durch eine ständige Diskussion über und zwischen verschiedenen Identitäten herausgebildet. Europa rekonstruiert sich also durch einen ökonomischen Prozess hindurch als eine kulturelle Einheit. Die beiden Dimensionen Ökonomie und Kultur sind in Wirklichkeit engstens miteinander verbunden: Die europäische Kultur organisiert sich ja gleichsam wie ein Markt, auf dem jeder in einer Art freiem Wettbewerb oder freier Konfrontation das Seine anbietet. Darin liegt weniger eine Begrenzung als vielmehr ein Vorteil."

---

a) Bestimmen Sie anhand der Abbildungen soziale Identitäten. Inwiefern kann man von einer europäischen Identität sprechen?
b) Setzen Sie sich kritisch mit der Aussage Vattimos auseinander; überprüfen Sie seine Argumentation auf der Basis des vorliegenden Kapitels.
c) Diskutieren Sie, welche neuen Identifikations- und Integrationsmöglichkeiten eine multikulturelle Gesellschaft bieten kann.

Arbeitsvorschläge und Fragen

Kein Bereich hat die europäische Integration so stark vorangetrieben und so erkennbare Erfolge erzielt wie die Wirtschaft. Die Europäische Union hat sich zu einer neben den USA und Japan weltweit führenden Wirtschaftsmacht entwickelt, die jährlich ein Viertel des Weltbruttosozialproduktes erwirtschaftet. Doch an der Wende zum dritten Jahrtausend sieht sich Europa vor eine Vielzahl von neuen Herausforderungen gestellt.

1951	Gründung der Montanunion
1958	Die „Römischen Verträge" treten in Kraft (1. Januar).
1975	Helsinki: Die KSZE-Schlussakte wird unterzeichnet.
1979	Erste Direktwahlen zum Europäischen Parlament
1993	Der Vertrag von Maastricht über die Europäische Union tritt in Kraft.
1999	Die Europäische Währungsunion tritt in Kraft.

Von der OECD ...

Nach dem Zweiten Weltkrieg bestand kaum Hoffnung, dass sich die einzelnen Volkswirtschaften in Europa aus eigener Kraft von dieser Katastrophe erholen könnten. Die Zusammenarbeit der Staaten und die Unterstützung durch den Marshall-Plan boten aber immerhin eine Aussicht auf wirtschaftlichen Aufschwung. 1948 gründeten 17 westeuropäische Staaten die OEEC (Organization for Economic European Cooperation), die in die Durchführung des Marshall-Plans eingebunden wurde. Das 1952 bevorstehende Ende des Marshall-Planes warf die Frage auf, wie sich künftig die Wirtschaftsbeziehungen zwischen den europäischen Staaten gestalten sollten.

... zur Montanunion

Den entscheidenden Anstoß zu einer langfristigen Regelung gab der französische Außenminister Robert Schuman. Er schlug vor, mit Hilfe einer überstaatlichen Institution einen gemeinsamen Markt für Kohle und Stahl zu schaffen. Ziel dieser Initiative war es, die deutsch-französischen Beziehungen zu verbessern und dadurch die Basis für eine europäische Gemeinschaft zu schaffen. Zugleich bot sie Frankreich die Möglichkeit, weiterhin über die deutschen Kohlereviere mitzuverfügen und die Kontrolle über die deutsche Stahlindustrie zu behalten. Bundeskanzler Adenauer ging auf den Plan ein; er schlug vor, eine Gemeinschaft zu schaffen, die die Schwerindustrie aller Mitglieder unter eine gemeinsame Kontrolle stellen würde. So wurde 1951 die Europäische Gemeinschaft für Kohle und Stahl (EGKS, auch Montanunion) gegründet. Eine gemeinsame „Hohe Behörde" sollte die Aufsicht über die Schwerindustrie der Mitgliedsländer ausüben.

Die Einrichtung dieser supranationalen Behörde war ein zukunftweisender Schritt: Zum ersten Mal in der Geschichte gaben die Länder Teile ihrer nationalen Souveränität ab. Die Montanunion war in ihrem Aufbau Vorbild für die spätere Europäische Gemeinschaft. Doch der Versuch der Montanunion-Staaten, eine westeuropäische Verteidigungsgemeinschaft (EVG) zu bilden, scheiterte am Veto der französischen Nationalversammlung.

1 **Die Montanunion – Ende eines Feindbildes?** Karikaturen und symbolträchtige Aktionen werben für grenzüberschreitende Zusammenarbeit.

Die Integration der westeuropäischen Staaten geriet ins Stocken. Doch wiederum waren wirtschaftspolitische Interessen die Antriebskräfte der weiteren Entwicklung: Unter Vorsitz des belgischen Außenministers Henri Spaak erarbeitete eine Kommission bis Anfang 1957 die Grundlagen für das Vertragswerk über die Europäische Wirtschaftsgemeinschaft (EWG) und die Europäische Atomgemeinschaft (EURATOM). In den „Römischen Verträge" vereinbarten die sechs unterzeichnenden Staaten (Frankreich, Italien, die Bundesrepublik Deutschland, Belgien, die Niederlande und Luxemburg) die Errichtung eines gemeinsamen Marktes. Außerdem bekannten sie sich zu dem Ziel, ein vereinigtes Europa zu schaffen. Kernstück der EWG war eine Zollunion zwischen den Mitgliedstaaten und die stufenweise Errichtung eines gemeinsamen Zolltarifs gegenüber Außenländern. **Römische Verträge und EWG**

Vor allem Großbritannien lehnte das Integrationsmodell der EWG ab. Daher schloss es sich 1960 mit Dänemark, Norwegen, Österreich, Portugal, Schweden und der Schweiz zur EFTA (European Free Trade Association) zusammen. Die Handelsschranken wurden abgebaut, doch gab es keinen gemeinsamen Außentarif gegenüber Nichtmitgliedstaaten („Drittländern"). Von Anfang an verstand sich die EFTA als Schutz gegen wirtschaftliche Nachteile durch die EWG. Eine Wirtschaftsunion oder gar eine politische Integration strebte sie nicht an. **EFTA ...**

1949 schlossen sich die kommunistischen Staaten Osteuropas zum COMECON (Council for Mutual Economic Assistance) bzw. RGW (Rat für gegenseitige Wirtschaftshilfe) zusammen. Er sollte deren Zentralverwaltungswirtschaften koordinieren, wurde aber im Grunde erst Ende der 50er-Jahre von Chruschtschow bewusst aktiviert – als Gegengewicht zur EWG und für die Einbindung der osteuropäischen Volkswirtschaften in das Vertragssystem der UdSSR. Es gelang jedoch nicht, ihn zu einer wirtschaftpolitischen Kraft gegen den Westen aufzubauen. Auch konnte von einer Gleichberechtigung der Mitgliedstaaten keine Rede sein; vielmehr behielt die Sowjetunion stets ihre Vormachtstellung und bestimmte die Wirtschaftspolitik aller Länder. **... und COMECON**

Maastricht: Vertiefung der Zusammenarbeit	Ein weiterer Markstein der europäischen Integration war der 1992 in Maastricht abgeschlossene „Vertrag über die Europäische Union", der auf eine „Vertiefung" der Zusammenarbeit abzielte: Bis 1999 sollte die Wirtschafts- und Währungsunion vollendet sein; außerdem sollten eine gemeinsame Außen- und Sicherheitspolitik verwirklicht und die Zusammenarbeit in der Sozial-, Wirtschafts- und Rechtspolitik verstärkt werden.
Der Schritt zur Währungsunion	Der Vertrag war zum Teil auf heftige Ablehnung der Bürger in den einzelnen Mitgliedstaaten gestoßen, nicht zuletzt wegen der beschlossenen Währungsunion. Seit Beginn des Jahres 1999 wird mit dem Euro als Buchgeld gerechnet. Die nationalen Zentralbanken übertrugen ihre geldpolitischen Kompetenzen auf die Europäische Zentralbank in Frankfurt. Die gemeinsame Währung, der „Euro", soll die Wechselkursrisiken mindern und damit mehr Planungssicherheit für die Exportwirtschaft schaffen. Elf Staaten nahmen von Anfang an an der Währungsunion teil, Griechenland gehörte wegen seiner zu hohen Staatsverschuldung am Anfang noch nicht dazu; Dänemark, Schweden und Großbritannien erfüllten die Vorgaben, wollten aber nicht teilnehmen.
Wer darf der EU beitreten? Die Integration der osteuropäischen Staaten	Nach dem Fall des „Eisernen Vorhangs" strebten nahezu alle mittel- und osteuropäischen Staaten den Beitritt zur Europäischen Union an. Der Europäische Rat legte deshalb 1993 Kriterien für einen Beitritt fest. Dazu gehören die Garantie einer demokratischen und rechtsstaatlichen Ordnung, eine funktionsfähige Marktwirtschaft und die Fähigkeit, die aus der Mitgliedschaft erwachsenen Verpflichtungen übernehmen zu können. 1998 wurden Beitrittsverhandlungen mit zunächst sechs Staaten (Estland, Polen, Slowenien, Tschechien, Ungarn und Zypern) begonnen. Im Februar 2000 begannen die Verhandlungen mit einer zweiten Bewerbergruppe (Bulgarien, Lettland, Litauen, Malta, Slowakei und Rumänien). Die Türkei hat zwar seit Jahrzehnten die Zusage, grundsätzlich zum Bewerberkreis zu gehören, aber alle ihre Beitrittsanträge wurden bisher wegen Missachtung von Menschenrechten vor allem gegenüber der kurdischen Bevölkerung abgelehnt.
	Die im Prinzip beschlossene Integration der osteuropäischen Staaten wird von manchen mit Skepsis gesehen, weil sie fürchten, die EU könne die Aufnahme der volkswirtschaftlich ärmeren Länder kaum verkraften. Befürworter ihrer Integration halten ihnen entgegen, die EU müsse diesen Ländern, die sich von totalitären Diktaturen befreit hätten, eine Perspektive für eine politische und wirtschaftliche Aufwärtsentwicklung geben, auch damit die politische Situation in Gesamteuropa stabil bleibe. Sie verweisen darauf, dass auch die Länder Spanien, Portugal und Griechenland aufgenommen wurden, nachdem sie sich von ihren Diktaturen befreit hatten, und dass sie seitdem alle einen wirtschaftlichen Aufschwung genommen hätten, der letztlich auch der Gemeinschaft zugute komme.
Die Reform der EU	Von den beitrittswilligen Staaten werden umfangreiche Anstrengungen erwartet (z.B. Umweltschutz, Modernisierung von Industrie und Landwirtschaft). Um sich auf die Osterweiterung vorzubereiten, hat die EU vor allem in der „Agenda 2000" eine Reihe von Reformen beschlossen. Auf die bisherigen Mitgliedstaaten kommen erhebliche Kosten zu, die auch Veränderungen in ihrer bisherigen Haushalts- und Agrarpolitik erfordern. So müssen z. B. die Agrarsubventionen eingeschränkt und die Mittel für die Förderung strukturschwacher Regionen (z.B. Irland, Ostdeutschland) deutlich gekürzt werden.

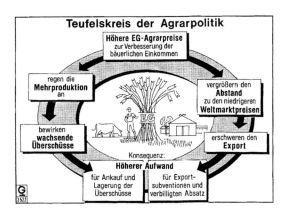

Teufelskreis der Agrarpolitik

Höhere EG-Agrarpreise
zur Verbesserung der
bäuerlichen Einkommen

regen die
Mehrproduktion
an

vergrößern den
Abstand
zu den niedrigeren
Weltmarktpreisen

bewirken
**wachsende
Überschüsse**

erschweren den
Export

Konsequenz:
Höherer Aufwand

für Ankauf und
Lagerung der
Überschüsse

für Export-
subventionen und
verbilligten Absatz

2 **Sorgenkind Landwirtschaft.**
Links: Vernichtung von Äpfeln; rechts: Teufelskreis der
Agrarpolitik

**Problemfall
Landwirtschaft**

Die Landwirtschaft stellt einen besonderen Problembereich der europäischen
Gemeinschaft dar. 1957 hatten sich die Gründerstaaten verpflichtet, eine ge-
meinsame Landwirtschaftspolitik zu betreiben, um die Versorgung mit eigenen
Argrarprodukten auch in Krisenzeiten zu sichern. Die Agrarpolitik sollte den
Landwirten eine angemessene Lebenshaltung sichern, denn deren Einkommen
schwankten mit den Ernteerträgen. Die EWG garantierte den Bauern darum die
Abnahme ihrer Produkte zu festen Preisen. Außerdem schützte eine protektio-
nistische Politik die Bauern vor billigen Importen aus Nicht-EG-Ländern: EG-
Zölle verteuerten diese Produkte künstlich, sodass sie für die Konsumenten in
der EG weniger attraktiv wurden. Umgekehrt wurden den Bauern für bestimmte Export-Güter auch Subventionen aus der EG-Kasse gezahlt. So konnten die Waren im Ausland billiger angeboten werden und sich besser gegen Kon-
kurrenten außerhalb der EG durchsetzen.
Die Agrarpolitik der EG orientierte sich kaum an den Gesetzen des freien
Marktes und regte die Landwirtschaft zur Überproduktion an. Das führte dazu,
dass vor allem schnell verderbliche Lebensmittel vernichtet werden mussten.
Von der EG-Politik profitierten besonders die großen hoch technisierten Höfe,
die sich häufig auf wenige Produkte spezialisierten, während die Einkommen
der kleineren Landwirte immer mehr sanken. Viele Bauern mussten die Landwirtschaft aufgeben oder sich einen Nebenerwerb suchen.
Verschiedene Reformen sollten die Probleme lösen: Statt Überschüsse zu produzieren, wurden den Bauern für die Stilllegung von landwirtschaftlichen
Nutzflächen oder für das Abschlachten von Vieh Prämien gezahlt. Für manche
Produkte wie Milch oder Wein legte die EU für die Erzeuger Höchstgrenzen
fest. 1992 leitete sie Reformen ein, die darauf zielten, die Agrarpreise allmählich auf Weltmarktniveau abzusenken. Die Stützpreise für die einzelnen Produkte werden seitdem schrittweise gekürzt. Dieser Subventionsabbau für Nahrungsmittel geschieht auch aufgrund des internationalen Drucks z. B. durch die
Welthandelsorganisation WTO, die eine Liberalisierung der Weltmärkte anstrebt. Damit trotzdem kleinere Betriebe innerhalb der EU überleben können,
werden die Landwirte durch Einkommensbeihilfen entschädigt. Die dabei notwendige Einführung von Obergrenzen stößt vor allem bei größeren landwirt-
wirtschaftlichen Betrieben auf heftige Kritik.

3 **Die Organe der Europäischen Union.**

Der Europäische Rat fällt Grundsatzentscheidungen. Ministerrat und Europäisches Parlament bilden die Legislative, die EU-Kommission die Exekutive, der Europäische Gerichtshof die Judikative der Gemeinschaft.

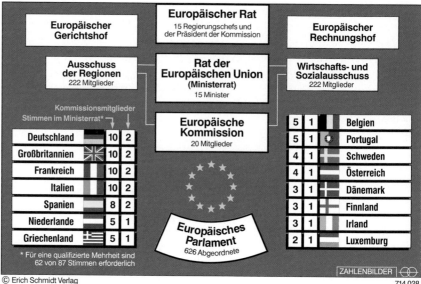

© Erich Schmidt Verlag

714 028

Europäischer Rat: Er kommt mindestens zweimal jährlich auf Gipfeltreffen zusammen, um politische Ziele festzulegen.

Europäisches Parlament: Die Befugnisse seiner auf fünf Jahre gewählten Abgeordneten sind entschieden geringer als diejenigen nationaler Parlamente. Nur mit Zustimmung des Parlaments können neue Mitgliedstaaten in die EU aufgenommen werden und internationale Abkommen abgeschlossen werden. Zusammen mit dem Europäischen Rat enscheidet das Parlament u. a. über den Haushalt der EU sowie über die Verkehrs- und Umweltpolitik. Rund drei Viertel aller gesetzgeberischen Entscheidungen in der EU werden heute im Rahmen dieses „Mitentscheidungsverfahrens" getroffen. Bei Unstimmigkeiten zwischen Europäischem Rat und Parlament wird ein Vermittlungsausschuss einberufen. Politisches Gewicht hat das Parlament auch dadurch, dass es durch ein Misstrauensvotum die Kommission zum Rücktritt zwingen kann.

Europäische Kommission: Sie ist als Exekutivorgan für die Durchführung der Gesetze und Verordnungen zuständig. Darüber hinaus hat sie das Initiativrecht für Gesetze und stellt den Haushaltsentwurf auf. Der Kommission obliegt zudem die Vertretung der Gemeinschaftsinteressen nach außen. Die 20 Mitglieder der Kommission werden von den Mitgliedstaaten ausgewählt. Ihre Ernennung bedarf der Zustimmung des Europäischen Parlaments. Der Kommission untersteht ein Verwaltungsapparat mit rund 23 000 Beschäftigten.

Rat der Europäischen Union: (Ministerrat): Der Ministerrat ist das eigentliche Machtzentrum und das wichtigste Gesetzgebungsorgan. Er setzt sich zusammen aus je einem Vertreter jedes Mitgliedstaats auf Ministerebene. Die Fachminister verfügen je nach Größe ihres Landes über zwei bis zehn Stimmen. Zu bestimmten Fragen sind einstimmige Beschlüsse erforderlich. Gesetze und Rechtsverordnungen erlässt der Ministerrat auf Initiative der Kommission. Die Ratspräsidentschaft wechselt halbjährlich unter den Mitgliedern.

Europäischer Gerichtshof (EuGH): Gemeinsamer Gerichtshof der EU. Seine Urteile sind für alle nationalen Gerichte und für alle EU-Bürger bindend. Jedes Mitglied der Union entsendet einen Richter.

Europäischer Rechnungshof: Als Kontrollorgan der EU soll er Einnahmen und Ausgaben der Gemeinschaft prüfen. Die 15 Mitglieder werden vom Ministerrat einstimmig nach Anhörung des Parlaments ernannt.

Die Schwierigkeiten der Europäischen Union, in Krisenzeiten (z.B. im Bosni- enkrieg oder im Kosovo-Krieg) entschieden und einvernehmlich aufzutreten, ließen immer wieder den Ruf nach einer gemeinsamen Außen- und Sicher- heitspolitik (GASP) laut werden. Dabei gilt bereits seit dem Vertrag von Maas- tricht die „Gemeinsame Außen- und Sicherheitspolitik" als eine der drei Säu- len der Europäischen Union.

Auf einem EU-Gipfeltreffen wurde 1999 beschlossen, im Rahmen der Westeu- ropäischen Union (WEU) eine gemeinsame 60 000 Mann starke Eingreiftruppe für Krisenfälle aufzubauen. Bislang war die WEU vor allem ein sicherheitspoli- tisches Konsultationsforum. Einsätze der WEU waren selten – z.B. stellte sie 1994 eine 180 Mann starke multinationale Polizeitruppe für die EU-Verwal- tung der bosnischen Stadt Mostar bereit.

Die USA, die im Rahmen der NATO 100 000 Soldaten in Europa stationiert ha- ben, standen Plänen eines eigenen europäischen Verteidigungssystems lange Zeit ablehnend gegenüber. Dies änderte sich mit dem Ende des Ost-West-Kon- fliktes. Allerdings akzeptiert die amerikanische Regierung eine gemeinsame europäische „Verteidigungsidentität" nur unter dem Vorbehalt einer engen Zu- sammenarbeit der EU-Truppen mit den Streitkräften der NATO. Zudem ver- langen die USA wesentlich größere Anstrengungen der Europäer bei dem Ausbau und der Modernisierung ihrer Militärtechnologie. Die Verteidigungs- ausgaben von weniger als zwei Prozent des Brutto-Inlandproduktes in der Bundesrepublik werden von amerikanischer Seite als entschieden zu gering erachtet.

**Gemeinsame
Außen- und
Sicherheitspolitik**

4 „Können Sie
alle gut sehen?"
Karikatur von
F. Behrendt, 1992

5 Der Schuman-Plan

a *Aus der Regierungserklärung des französischen Außenministers Robert Schuman, 9. Mai 1950:*

Der Beitrag, den ein organisiertes und lebendiges Europa zur Zivilisation leisten kann, ist für die Aufrechterhaltung friedlicher Beziehungen unentbehrlich. [...] Solange Europa nicht vereint war, haben wir Krieg gehabt. Europa wird nicht mit einem Schlag und auch nicht durch eine Konstruktion des Ganzen gebildet werden; es wird durch konkrete Verwirklichungen gebildet, die zunächst eine Solidarität der Tatsachen schaffen. Die Vereinigung der europäischen Nationen erfordert, dass der jahrhundertealte Gegensatz zwischen Frankreich und Deutschland eine Ende nimmt. [...] Die französische Regierung schlägt vor, die Gesamtheit der französisch-deutschen Produktion von Kohle und Stahl unter eine gemeinsame oberste Autorität innerhalb einer Organisation zu stellen, die der Mitwirkung anderer Staaten Europas offen steht. [...] Die Solidarität der Produktion, die auf diese Weise geknüpft werden wird, wird dartun, dass jeder Krieg zwischen Frankreich und Deutschland nicht nur undenkbar, sondern materiell unmöglich wird.

Nach: Keesings Archiv der Gegenwart, 9. Mai 1950, S. 2372

b *In seinen Erinnerungen (1965) schrieb der deutsche Bundeskanzler Konrad Adenauer über den 9. Mai 1950:*

Während der Beratungen im Kabinett kam die Mitteilung, dass ein Abgeordneter des französischen Außenministers Schuman mir eine dringende Mitteilung zu machen habe. Ministerialdirektor Blankenhorn empfing den Herrn, der ihm zwei Briefe Schumans an mich überbrachte. Der Inhalt des Briefes sei äußerst dringend, wie er sagte, sie müssten mir unverzüglich vorgelegt werden. [...] Der eine Brief war ein handgeschriebenes, persönliches Schreiben von Robert Schuman. Der zweite Brief war ein offizielles Begleitschreiben zu dem in einem Memorandum niedergelegten und später als Schuman-Plan bekannt gewordenen Projekt [...].

In dem an mich gerichteten Brief schrieb mir Schuman, der Zweck seines Vorschlages sei nicht wirtschaftlicher, sondern eminent politischer Natur. In Frankreich bestehe die Furcht, dass Deutschland, wenn es sich wieder erholt habe, Frankreich angreifen werde. Er könne sich denken, dass umgekehrt auch in Deutschland der Wunsch nach Sicherheit bestehe. Aufrüstung mache sich zuerst fühlbar in einer erhöhten Produktion von Kohle, Eisen und Stahl. Wenn man eine Einrichtung schaffe, wie er, Schuman, sie vorschlage, die jedes der beiden Länder in den Stand versetze, die ersten Anzeichen einer Aufrüstung wahrzunehmen, so würde die Schaffung dieser Möglichkeit in Frankreich eine ganz außerordentliche Beruhigung zur Folge haben. Schumans Plan entsprach voll und ganz meinen seit langem gepflegten Vorstellungen einer Verflechtung der europäischen Schlüsselindustrien.

Konrad Adenauer, Erinnerungen 1945–1953, Stuttgart 1965, S. 327 f.

7 Der EWG-Vertrag, 25. März 1957

Artikel 2: Aufgabe der Gemeinschaft ist es, durch die Errichtung eines gemeinsamen Marktes und die schrittweise Annäherung der Wirtschaftspolitik der Mitgliedstaaten eine harmonische Entwicklung des Wirtschaftslebens innerhalb der Gemeinschaft, eine beständige und ausgewogene Wirtschaftsausweitung, eine größere Stabilität, eine beschleunigte Hebung der Lebenshaltung und engere Beziehungen zwischen den Staaten zu fördern, die in dieser Gemeinschaft zusammengeschlossen sind.

Artikel 3: Die Tätigkeit der Gemeinschaft umfasst [...] a) die Abschaffung der Zölle und mengenmäßigen Beschränkungen bei der Ein- und Ausfuhr von Waren sowie aller sonstigen Maßnahmen gleicher Wirkung zwischen den Mitgliedstaaten;

6 **Deutsch-französisches Verhältnis.** Links: „Marianne (französische Nationalfigur) sieht die deutsche Gefahr wieder riesengroß ..." (1952). Rechts: Das Bild des anderen im Wandel der Zeit (1988)

b) die Einführung eines gemeinsamen Zolltarifs und einer gemeinsamen Handelspolitik gegenüber dritten Ländern;

c) die Beseitigung der Hindernisse für den freien Per-
20 sonen-, Dienstleistungs- und Kapitalverkehr zwischen den Mitgliedstaaten;

d) die Einführung einer gemeinsamen Politik auf dem Gebiet der Landwirtschaft.

BGB1, 1957 II, S. 770 ff.

8 Politische Organisation

a *Der französische Staatspräsident Charles de Gaulle auf einer Pressekonferenz, 1960:*

Die Schaffung Europas, das heißt seine Einigung, ist sicher eine wichtige Sache [...]. Allerdings darf man auf einem solchen Gebiet nicht Träumen nachhängen.
[...] Welches sind die Realitäten Europas und die Eck-
5 pfeiler, auf denen man weiterbauen könnte? In Wirklichkeit sind es die Staaten [...], die jeder für sich eine Einheit bilden mit dem Recht, Gesetze zu verabschieden, und mit dem Anspruch auf Gehorsam. Es ist ein [Trugbild] zu glauben [...], dass die Völker etwas billi-
10 gen, was außerhalb und über dem Staat stehen würde. Gewiss trifft es zu, dass, bevor man das Europa-Problem in seiner Gesamtheit behandelt hat, gewisse mehr oder weniger supranationale [überstaatliche] Einrichtungen geschaffen werden konnten. Diese Ein-
15 richtungen haben ihren technischen Wert, aber sie haben und können keine Autorität und keine politische Wirksamkeit besitzen.

Nach: Europa, Dokumente zur Frage der europäischen Einigung, hrsg. v. Forschungsinstitut der Deutschen Gesellschaft für Auswärtige Politik, Bd. 1, München 1962, S. 1789 f.

b *Der niederländische Außenminister Luns am 19. April 1962:*

Die Schaffung Europas müsste nach supranationalen Gesichtspunkten und nach dem Grundsatz der Integration erfolgen, wie es beim EGKS-Vertrag der Fall ist. Der französische Plan dagegen basiert auf der alten Vorstellung eines Vertrages zwischen den Staaten, ei- 5 ner Allianz eines Europa der Vaterländer. Wir sind der Ansicht, dass dieser Plan zu verwerfen ist, sind jedoch zu Konzessionen bereit.

H. Siegler, Europ.-politische Einigung I. Dokumentation von Vorschlägen und Stellungnahmen 1946–1968, Bonn/Wien/Zürich 1968, S. 156

9 Die Erweiterung der EU – das Beispiel Polen

a *Der polnische Ministerpräsident Mazowiecki vor dem Europarat, 1990:*

Die Polen sind eine Nation, die sich ihrer Zugehörigkeit zu Europa und ihrer europäischen Identität bewusst ist [...]. Wir werfen Europa immer noch vor, das Abkommen von Jalta, die Teilung Europas und die Zu- 5 weisung Polens zur anderen Seite des Eisernen Vorhangs hingenommen zu haben. [...] Wenn wir als Gemeinschaft zu überleben vermochten, dann [...] verdanken [wir] dieses Überleben dem Glauben und der Kirche, dem Bekenntnis zur Demokratie und zum Plu- 10 ralismus, den Menschenrechten und bürgerlichen Freiheiten, der Idee der Solidarität [...]. Die Mauer zwischen dem freien und dem unterdrückten Europa wurde bereits beseitigt. Jetzt bleibt die Lücke zwischen dem armen und dem reichen Europa zu füllen. Wenn Europa ein „gemeinsames Haus" werden soll [...], dann 15 dürfen auch solche Unterschiede nicht lange bestehen.

Curt Gasteyger, Europa von der Spaltung zur Einigung, Bonn 1997, S. 421

10 Die drei Säulen des Einigungswerkes nach dem Maastrichter Vertrag.

Die drei Säulen
der europäischen Einigung

Politikbereiche:
Unionsbürgerschaft
Freizügigkeit, Asylrecht
Zollunion, Handelspolitik
Agrarpolitik, Strukturpolitik
Binnenmarkt, Verkehrspolitik
Wettbewerbspolitik
Wirtschafts- und Währungs-
union (WWU)
Bildung, Jugend, Kultur
Industriepolitik, Forschung
Sozialpolitik, Umweltpolitik
Koordinierung in der Be-
schäftigungspolitik u.a.

Europäische
Gemein-
schaften

Gemeinsame
Außen-
und
Sicherheits-
politik

Zusammen-
arbeit
in den
Bereichen
Inneres
und Justiz

ZAHLENBILDER
714 020

© Erich Schmidt Verlag

247

b *Ein deutsches Nachrichtenmagazin berichtet über die Entwicklung in Polen, 1993:*
Der Chef der Londoner Osteuropa-Bank brachte das gesamteuropäische Drama auf eine einfache Formel: Die EG-Gewaltigen sollten „endlich erkennen, dass Europa nicht aus 12, sondern aus 40 Staaten besteht"
5 […], jetzt müsse ein klarer Schritt gemacht werden, „sonst wird der Westen die Hauptursache für das Scheitern im Osten sein". Alarmismus? Mitnichten. Die Polarisierung der polnischen Gesellschaft ist schon nicht mehr zu übersehen. Umfragen signalisie-
10 ren, dass die Reformregierung und das ganze Modell von Marktwirtschaft und Demokratie die Unterstüt-zung verliert.
Der Spiegel, 11/1993, S. 146

c *Der Journalist Christian Wernicke, 1998:*
Um nur die EU-Standards für sauberes Trinkwasser zu erreichen, muss Warschau nach Berechnungen der Weltbank umgerechnet etwa 70 Milliarden Mark in neue Rohre und Kläranlagen stecken. Derzeit hat der
5 polnische Staat dafür pro Jahr ganze zwei Milliarden Mark übrig. Detlev Samland, der Vorsitzende des Haushaltsausschusses im EU- Parlament, zitiert Stu-dien, wonach die Osteuropäer über Jahre satte 2–3% ihres Sozialproduktes für den Umweltschutz verwen-
10 den müssen; obendrein würde noch einmal jährlich 1,5% aller Wirtschaftskraft gebraucht, um „wenigs-tens irgendwann" die arbeits- und sozialrechtlichen EU-Standards einzuhalten. Ohne diese milliarden-teure Nachrüstung, das hat Brüssel signalisiert, ver-
15 bauen sich die Osteuropäer ihre Exportchancen auf dem lukrativen EU-Binnenmarkt: Westliche Unter-nehmer wie Gewerkschaften warnen schon vor „öko-logischem und sozialem Dumping" der neuen Kon-kurrenz.
Christian Wernicke, Aufbruch ins Ungewisse, in: Zeitpunkte 1998, Heft 6/97, S. 17 ff.

12 Wo liegen die Grenzen Europas?
Der Journalist Joachim Fritz-Vannahme, 2000:
Napoleon wird der Satz zugeschrieben, die Geografie sei unser Schicksal. Europas Staatmänner sind dabei, sich diesem Schicksal willenlos zu ergeben. Kaum steht auf ihrem Terminkalender die Osterweiterung –
5 die glückliche Heimkehr der Polen und Ungarn, Slo-wenen oder Balten nach Europa –, drohen die Politiker das neu gewonnene große Ganze zu verspielen. Denn auch die Türkei ist seit dem EU-Gipfeltreffen in Hel-sinki ein Beitrittskandidat für die Europäische Union. Dieser Beschluss hat unerbittlich Folgen. Europa will
10 über Europa hinauswachsen. In nicht allzu ferner Ferne könnten die Ukraine, womöglich Weißrussland und sogar Russland um Mitgliedschaft in einer prinzi-piell für alle offenen Gemeinschaft nachsuchen. […] Die Ausdehnung der Europäischen Union nach Süden
15 fand ihren politischen Grund in der glücklichen De-mokratisierung von drei autoritär regierten Ländern – und ihre natürliche Grenze am Wasser, am Atlantik und am Mittelmeer. Auch die Bewegung nach Osten hat ihren politischen Grund – die Teilung des Konti-
20 nents soll endgültig überwunden werden. Doch eine natürliche Grenze findet die Ausdehnung gen Osten nirgendwo. Hier wird sie eines Tages sagen müssen,

wo sie an die Grenzen des Wachstums stößt, wo innen aufhört und außen beginnt. [...] Denn wer sich die Türkei als mögliches Mitglied einlädt, [...] wird nicht mehr nein sgen können, wenn Armenien, Georgien, Aserbajdschan anfragen und Europa unversehens eine Grenze mit dem Irak, dem Iran, ja China hätte. [...]

30 Der ehemalige italienische Ministerpräsident beugte sich mit einer Arbeitsgruppe über „Die Natur der neuen Grenze" und zog energisch den Schluss, dass es ohne Grenzen nicht gehe. Doch eine Karte dieser Grenze wagte keiner von ihnen zu skizzieren.

35 Der Zweifel kommt allen spät, vielleicht zu spät, er verharrt so sehr im Ungefähren, wie es das europäische Denken seit 1957 tut. Und er beschleicht die Mächtigen der 15 Mitgliedsstaaten in einem Augenblick, da sie mit einer schnellen Eingreiftruppe von

40 60 000 Mann an buchstäblich unbegrenzte Einsätze im Namen der Menschenrechte denken, ohne Verteidigungsfall oder Beistandspflicht und auch ohne UN-Mandat oder geografische Selbstbeschränkung. [...] Wer will, kann den eurasischen Landzipfel vom Nord-

45 kap bis zum Zweistromland , von Lissabon bis Wladiwostok strecken. Europas politische Idee allerdings wird sich dann irgendwo dazwischen verlieren. Eine versteppte Utopie.

Die Zeit, 20. Januar 2000, S. 37

13 Wie steht es um das „Projekt Europa"?

Jack Lang, Vorsitzender des Auswärtigen Ausschusses der französischen Nationalversammlung, 1998:
Im sicherheitspolitischen Bereich lässt sich am besten erkennen, wie schlecht es um das Projekt Europa steht. [...]
Die Montanunion von 1950, die Römischen Verträge

5 von 1957, [...] der gemeinsame Binnenmarkt von 1993 und die Schritte auf dem Weg zur Währungsunion

14 „Gigantisch! Dieses niedliche Köpfchen!"
Karikatur von Jupp Wolter, 1984

stellen beispiellose Errungenschaften auf wirtschaftlichem Gebiet dar. Diese Glieder des europäischen Körpers sind hünenhaft entwickelt. Sie haben es Europa erlaubt, nach der Verwüstung und Verarmung 10 des Zweiten Weltkriegs wieder wirtschaftlicher Riese zu werden. [...]
Der Körper der europäischen Union ist im Bereich der gemeinsamen Innen- und Außenpolitik ein verkümmerter Embryo geblieben. [...]. Europa gleicht einem 15 Schiff, das ohne Kapitän, ohne Kurs und ohne Antrieb dahintreibt. [...]
Für Europa gibt es nur eine einzige Perspektive: die Schaffung einer europäischen Föderation. [...] Eine einzige Institution wird noch fehlen: eine Bundes- 20 regierung. Ohne eine mächtige Exekutive, die auch auf dem Gebiet der Politik und Sicherheit Kompetenz hat, wird Europa ein Koloss ohne Willenskraft und Durchsetzungsvermögen bleiben.

Aus: Internationale Politik, Mai 1998, S. 41 ff.

Arbeitsvorschläge und Fragen

a) Vergleichen Sie die Ansichten von de Gaulle und Luns (8a, b). Welche Organisation Europas streben sie jeweils an?
b) Diskutieren Sie die verschiedenen Motive, Interessen und Probleme, die bei der EU-Osterweiterung eine Rolle spielen (M9a–c, M12).
c) Inwiefern stellt der Vertrag von Maastricht einen „Meilenstein" auf dem Weg zur Europäischen Union dar (DT, M10)? In welchen Bereichen setzen seine Ziele und Vorgaben neue Maßstäbe? Diskutieren Sie Schwierigkeiten bei der Realisierung.
d) Stimmen Sie der Auffassung von Jack Lang zu, dass Europa gegenwärtig „ohne Kurs und ohne Antrieb dahintreibt"(M13)? Welche grundlegenden Entscheidungen sollten Ihres Erachtens getroffen werden? Verfolgen Sie in der Presse die aktuelle Weiterentwicklung der gemeinsamen Außen- und Sicherheitspolitik.
e) Vergleichen Sie die Gewaltenteilung zwischen Legislative und Exekutive der EU (M3) mit derjenigen in der Verfassung der Bundesrepublik.

UN-Einsatz in Somalia, 1993. Bei einer Schießerei mit den „Blauhelmen" wurden 23 Demonstranten getötet.

Zur logistischen Unterstützung von UN-Soldaten waren 1993/94 auch ca. 2500 Bundeswehrsoldaten im Einsatz. Doch es gelang nicht, das von Bürgerkrieg heimgesuchte Land zu befrieden.

Seit dem Abwurf der ersten Atombombe auf Hiroshima am 6. August 1945 wurden sich viele Menschen schlagartig der Tatsache bewusst, dass das angehäufte Zerstörungspotenzial jegliches Leben auf der Erde für alle Zeiten vernichten kann. In diesem Sinne wurde der Begriff der „Weltgesellschaft" geprägt: Er geht davon aus, dass die Erdbevölkerung gleichsam eine Schicksals- oder Notgemeinschaft ist – dass wir alle „in einem Boot sitzen".

Heute sieht sich die Weltgesellschaft durch vielfältige globale Gefährdungen und Probleme herausgefordert; doch viele Menschen haben die Hoffnung, dass sich diese Probleme heute leichter lösen lassen, da die Welt im Zeitalter der Globalisierung „enger zusammengerückt" ist, und da auch Trennendes überwunden wurde.

Der Fall der Mauer wurde gleichsam zum Symbol für das Ende des Ost-West-Konflikts. Das Ende der Sowjetunion und die zumeist unblutige Überwindung autoritärer Diktaturen in Osteuropa nährten weltweit die Hoffnung auf eine neue Epoche der internationalen Zusammenarbeit, auf ein Zusammenleben der Völker in Frieden und Freiheit. Der SPD-Politiker Willy Brandt sprach von einer „Friedensdividende", die sich die Menschen erhoffen dürften.

Das Ende der Sowjetunion veränderte die Weltordnung, wie sie sich nach dem Zweiten Weltkrieg herausgebildet hatte und über vier Jahrzehnte Gültigkeit besaß. In der Folge stellten sich zahlreiche neue Fragen: Würden und sollten nun die USA als einzig verbliebene Weltmacht die Rolle eines „Weltpolizisten" übernehmen? Wie würde Russland als Führungsmacht der ehemaligen Sowjetunion und der nachfolgenden GUS (Gemeinschaft Unabhängiger Staaten) den Verlust seines Weltmachtstatus hinnehmen? Würde Europa in der Lage sein, wenigstens europäische Konflikte selbst zu lösen? Welche Rolle wird die UNO spielen? Und nicht zuletzt die Frage: Wie würden sich die Rolle und das Selbstverständnis der Bundesrepublik Deutschland nach der Wiedervereinigung verändern?

Internationale Zusammen-arbeit – Konflikte in der Weltgesellschaft

Zu den großen Problemen der Weltgesellschaft zählt die globale Ungleichheit: Die Kluft zwischen den wohlhabenden und den armen Ländern der Erde scheint eher noch größer zu werden, als sich zu schließen. Die Länder der „Dritten Welt" befinden sich in einem „Teufelskreis" von Problemen, aus dem sie sich wohl kaum mit eigener Kraft befreien können. Dabei ist es aber nahezu unumstritten, dass eine Verbesserung ihrer Situation auch im Interesse der reichen Länder liegen muss. Dies schon deswegen, weil im Teufelskreis der Armut Probleme entstehen, die nicht an den Grenzen der zunächst unmittelbar betroffenen Staaten Halt machen – seien es Umweltprobleme wie die Abholzung der Regenwälder aus wirtschaftlichen Gründen, deren Folgen das gesamte Weltklima betreffen; seien es die zahlreichen Bürgerkriege, in deren Folge die Menschen fliehen, um in anderen Teilen der Welt in Frieden leben zu können; sei es die Überbevölkerung, die aus vielen Gründen dort am größten scheint, wo auch Armut und Not besonders verbreitet sind. In der Weltgesellschaft ist jeder aufgerufen, auch über die Grenzen zu schauen und mit seinen Möglichkeiten an der Lösung der Probleme unserer Zeit mitzuwirken.

Lagos, im westafrikanischen Nigeria. 10 Millionen Einwohner zählte die Stadt 1995; nach einer Prognose der UNO sollen es im Jahre 2015 25 Millionen sein. Bis 1991 war Lagos Regierungssitz. Dann zog die Regierung ins nördliche Abuja um, weil die Probleme der alten Hauptstadt (z. B. Verkehr, Energieversorgung, Straßenräuberei) zu groß wurden.

1 Globale Sicherheitspolitik

1.1 Fallbeispiel Kosovo – Krisenbewältigung nach dem Ende des Ost-West-Konflikts

Nach dem Ende des Ost-West-Konflikts brachen in vielen Regionen der Welt Konflikte auf, die zuvor durch massive Einflussnahme der Großmächte zurückgestaut worden waren. Vor allem das Streben auch kleiner Kulturnationen nach Autonomie und Selbstbestimmung führte zu Spannungen und Bürgerkriegen. Der Zerfall des Ostblocks leitete auch das Ende des ehemaligen Jugoslawien ein: Während einerseits Slobodan Milošević, der Mitte der Achtzigerjahre an die Spitze der serbischen Kommunisten getreten war, den serbischen Nationalismus vorantrieb, strebten andererseits immer mehr Teilrepubliken nach der Herauslösung aus dem jugoslawischen Staatsverband. Unmittelbar nach der Unabhängigkeit von vier ehemaligen Teilrepubliken begannen blutige Kämpfe zwischen den Volksgruppen innerhalb der neu entstandenen Staaten. Kriege in Kroatien, in Bosnien-Herzegowina und im Kosovo konnten nur mithilfe internationaler Diplomatie bei gleichzeitigem Einsatz von UN-Blauhelmsoldaten und NATO-Truppen beendet werden.

Am Beispiel des Krisenherdes Kosovo soll untersucht werden, welche Ursachen, Interessen und Triebkräfte einem Konflikt Sprengkraft verleihen können, und welche Möglichkeiten die internationale Staatengemeinschaft besitzt, konfliktlösend tätig zu werden.

1989	Serbien hebt den Autonomiestatus der Provinz Kosovo auf.
1991	Slowenien und Kroatien erklären ihre Unabhängigkeit. Bald folgen Bosnien-Herzegowina und Makedonien.
1992	Gründung der Bundesrepublik Jugoslawien bestehend aus Serbien (mit Kosovo) und Montenegro („Restjugoslawien").
1991/92	Kriege in Slowenien und Kroatien
1992–95	Krieg in Bosnien-Herzegowina
1998	Februar/März: Serbische Angriffe gegen die „Befreiungsarmee des Kosovo" (UÇK) und die albanische Zivilbevölkerung – Beginn der Fluchtbewegung aus dem Kosovo.
1999	Februar: Die von der Balkan-Kontaktgruppe erzwungenen Verhandlungen zwischen Serben und Kosovo-Albanern in Rambouillet scheitern. 24. März: Beginn der NATO-Luftangriffe auf Serbien. „Ethnische Säuberungen" im Kosovo durch die Serben. 9. Juni: Serbien akzeptiert den 12-Punkte-Plan der G-8-Staaten.

Der Staat Jugoslawien wurde nach dem Ersten Weltkrieg gebildet und fügte sich aus höchst unterschiedlichen Teilen zusammen: dem Königreich Serbien, den jahrhundertelang habsburgisch-regierten Ländern Slowenien und Kroatien, der Provinz Bosnien-Herzegowina, dem Kleinstaat Montenegro, einem Teil Mazedoniens und aus Provinzen im Grenzland zu Ungarn und Rumänien.

So war das 1918 als „Königreich der Serben, Kroaten und Slowenen" entstandene Jugoslawien (das diesen Namen erst 1929 erhielt) ein Konglomerat grundverschiedener Regionen, Kulturen, Religionen und Völker. Seine nordwestlichen Teile waren mitteleuropäisch geprägt, römisch-katholisch und wirtschaftlich gut entwickelt. Die südöstlichen Teile waren jahrhundertelang türkische Provinzen gewesen; hier waltete die orthodoxe Kirche (mit kyrillischer Schrift), in Bosnien und im Kosovo der Islam, und der wirtschaftliche Entwicklungsstand war durchweg gering. Entgegen den Absprachen, die serbische und kroatisch-slowenische Politiker getroffen hatten, sicherten sich die Serben die entscheidenden Führungspositionen und suchten den multinationalen Staat zu einem Großserbien auszubauen. Zu erbitterter Feindschaft wuchs sich die Rivalität zwischen Serben und Kroaten aus.

Der Überfall Deutschlands und Italiens 1941 führte zur Aufteilung Jugoslawiens, aber der Dauerkonflikt zwischen Serben und Kroaten ging verschärft weiter. Das faschistische Ustascha-Regime des selbständig gewordenen Kroatien betrieb gegenüber den fast zwei Millionen Serben in seinem Machtbereich eine Politik der Revanche: Hunderttausende wurden zwangsumgesiedelt, viele mit Gewalt zum Katholizismus „bekehrt", Ungezählte umgebracht. Die serbische Rache folgte nach dem Sieg der Tito-Partisanen 1944/45: 30 000 kroatische und slowenische Soldaten, die aufseiten der Achsenmächte gekämpft hatten, starben unter den Kugeln der serbischen Hinrichtungskommandos.

1 **Der Zerfall Jugoslawiens, 1991–1998**

Wirtschafts- und Sozialrat	Generalsekretär	Sicherheitsrat
54 Mitglieder von der Vollversammlung gewählt; tagt zweimal jährlich, zentrales Organ für wirtschaftliche, soziale und Entwicklungsfragen	Sekretariat	5 ständige Mitglieder (China, Frankreich, Großbritannien, Russland, USA) haben ein Vetorecht. 10 nichtständige, von der Vollversammlung gewählte Mitglieder

UN-Sonderorganisationen z. B.		Ständige UN-Hilfsorganisationen z. B.	
Allgemeines Zoll- und Handelsabkommen	GATT	Internationale Atomenergiebehörde	IAEA
Internationaler Währungsfond	IWF	Welthandelskonferenz	UNCTAD
Internationale Bank für Wiederaufbau und Entwicklung (Weltbank)	IBRD	Weltkinderhilfswerk	UNICEF
Weltgesundheitsorganisation	WHO	Hoher Kommissar für Flüchtlinge	UNHCR
Internationale Gesellschaft für Entwicklungshilfe	IDA	Hilfswerk für Palästina-Flüchtlinge	UNRWA

Voll-versammlung
185 Mitglieder (2000)
jährlich eine Tagung

Internationaler Gerichtshof
15 für 9 Jahre von der Vollversammlung gewählte Richter; Sitz: Den Haag

2 Die Vereinten Nationen

Die Vereinten Nationen (oder UNO = United Nations Organization): Die 1945 gegründete Organisation hat die Erhaltung des Friedens und der internationalen Sicherheit zum obersten Ziel. Alle 185 Mitgliedstaaten haben sich mit Unterzeichnung der „Charta der Vereinten Nationen" verpflichtet, Streitigkeiten untereinander ausschließlich mit friedlichen Mitteln beizulegen und jede Anwendung und Androhung von Gewalt gegen die Unabhängigkeit und das Territorium anderer Staaten zu unterlassen. Die UN-Charta untersagt der UNO, sich in innere Angelegenheiten eines Staates einzumischen. Wenn aber in einem Land die Menschenrechte missachtet oder verletzt werden, sieht die UNO – wie im Kosovo – das Recht zur Intervention.

Friedenstruppen der UNO – so genannte „Blauhelme" – sollen die Lage in Krisenzonen entschärfen und stabilisieren, bis politische Mittel der Konfliktlösung zum Erfolg führen. Die UNO muss für Friedenseinsätze Kontingente aus verschiedenen Nationen anfordern. Die Durchsetzung militärischer Ziele mit Waffengewalt gehört nicht zu den Aufgaben der UN-Blauhelme. Beschließt der Sicherheitsrat zur Wiederherstellung des Friedens Waffengewalt einzusetzen, so liegt die Durchführung der Kampfaktionen bei den damit beauftragten Nationen.

In der Generalversammlung, die jährlich in New York zusammentritt, hat jeder Mitgliedstaat eine Stimme. Die Stimmenmehrheit haben die Entwicklungsländer.

Der Sicherheitsrat trägt die Hauptlast für die Erhaltung des Weltfriedens. Er besteht aus 15 Mitgliedern, darunter fünf ständigen (China, Frankreich, Großbritannien, Russland, USA) und 10 nichtständigen, die für je zwei Jahre gewählt werden (je 5 Staaten aus Afrika und Asien, 2 aus Lateinamerika, 3 aus Europa). Alle wichtigen Beschlüsse des Sicherheitsrates benötigen eine Mehrheit von 9 der 15 Mitglieder. Dabei müssen die fünf ständigen Mitglieder Einstimmigkeit erzielen. Eine Gegenstimme (Veto) von ihnen verhindert jeden Beschluss. Die Delegierten des Sicherheitsrates sind dauerhaft entsandt, damit der Rat jederzeit handlungsfähig ist.

An der Spitze des UN-Sekretariats, dem Hauptverwaltungsorgan der UNO, steht der Generalsekretär. Er wird auf Empfehlung des Sicherheitsrats von der Generalversammlung gewählt. Als gerichtliches Forum für die Austragung zwischenstaatlicher Rechtsstreitigkeiten fungiert der aus 15 Richtern bestehende Internationale Gerichtshof in Den Haag. Jeder Staat kann dort gegen andere Staaten Klage erheben.

Nach dem Zweiten Weltkrieg bestand Jugoslawien unter der Herrschaft von Staatschef Tito (▶ S. 174) aus sechs Kulturnationen (Slowenen, Kroaten, bosnische Muslime, Serben, Montenegriner, Makedonier), die ein Selbstbestimmungsrecht innerhalb der sozialistischen Republik Jugoslawien besaßen. Volksgruppen wie die Albaner im Kosovo oder die Ungarn in der Wojwodina erhielten Autonomierechte. Die Macht im Gesamtstaat lag bei der kommunistischen Einheitspartei.

Jugoslawien nach dem Zweiten Weltkrieg

Im Kosovo standen die Gebietsansprüche der Serben und Albaner im Widerspruch. Die Kosovo-Albaner sehen sich als Abkömmlinge der alten Illyrer und damit als die Ureinwohner dieser Region. Sie hätten schon lange im Kosovo gelebt, bevor die Slawen im 6. Jahrhundert den Balkan besiedelten. Vor dem Kosovo-Krieg 1998/99 stellten die Albaner moslemischen Glaubens ca. 90 Prozent der zwei Millionen Kosovaren.
Die Serben sehen dagegen das Kosovo als wirtschaftliche und kulturelle „Wiege" des serbischen Staates, das im Mittelalter Zentrum eines blühenden serbischen Großreiches gewesen sei. Auch die einflussreiche serbisch-orthodoxe Kirche vertritt diese Sichtweise und das Streben, alle serbischen Völker wieder in einem gemeinsamen Staat zu vereinen. Die orthodoxe Kirche gilt als das Zentrum serbischer Identität.

Brennpunkt Kosovo: Serben und Albaner

Das abrupte Ende Großserbiens kam 1389: Die Türken besiegten die Serben in der Schlacht auf dem Amselfeld (im Kosovo) und gliederten die Unterlegenen in das Osmanische Reich ein. Etwa fünfhundert Jahre später, nachdem sich die Serben vom Osmanischen Reich gelöst hatten, gewannen sie das Gebiet des Kosovo im ersten Balkankrieg 1912 von den Türken zurück. Sie verstanden ihren Sieg als Revanche für die Niederlage auf dem Amselfeld. Schon seit den Zwanzigerjahren gab es Versuche, die Kosovo-Albaner zu

„Schicksalsort" Amselfeld

9 Die Schlacht auf dem Amselfeld. In unzähligen Liedern und Legenden verherrlichten die Serben später ihre gefallenen Helden. In dieser Schlacht hatten an der Seite der Serben u. a. auch albanische Truppen gegen die muslimischen Türken gekämpft. Auch Präsident Milošević (rechts) pflegte den Nationalmythos der Serben.

„assimilieren", d.h. sie ihrer eigenen Sprache und Kultur zu berauben und durch Ansiedlung von Serben zu verdrängen. Vor dem Ausbruch des Zweiten Weltkrieges stellten die Albaner nur noch die Hälfte der kosovarischen Bevölkerung. 1941 kam das Gebiet nach dem Einmarsch der Achsenmächte zu Albanien, das mit Italien in Personalunion verbunden wurde. Die serbischen Siedler wurden größtenteils aus dem Kosovo verjagt. Nach dem Krieg bekam Jugoslawien – in seinen Vorkriegsgrenzen – den Status einer Föderativen Volksrepublik.

Unterdrückung der Albaner im Kosovo

1990 wurde das Kosovo ein rechtloser Teil Serbiens: Sein Autonomiestatus wurde von Serbien aufgehoben, sein Regionalparlament aufgelöst, Albanisch als Amtssprache verboten, Menschenrechtsverletzungen nahmen zu. Albaner wurden aus dem öffentlichen Dienst und aus den Staatsbetrieben gedrängt. 200 000 Serben wiesen die rund 1,8 Millionen Albaner an den Rand der Gesellschaft. Die Albaner proklamierten deshalb 1991 die Unabhängige Republik Kosovo und leisteten zunächst einen gewaltfreien Widerstand, z.B. indem sie sich nicht mehr an Wahlen beteiligten. Mitte der Neunzigerjahre kam es zu einer Umorientierung: Die „Befreiungsarmee Kosovos" (UÇK) bewaffnete sich 1997 durch Plünderung albanischer Waffendepots. Doch nach Anfangserfolgen gegen das serbische Militär erlitt die UÇK im Sommer 1998 eine vernichtende Niederlage. Mehr als 250 000 Kosovo-Albaner wurden vertrieben.

Reaktion internationaler Organisationen

Westeuropa beobachtete die Ereignisse mit großer Sorge, nicht zuletzt da ein Übergreifen des Konflikts auf andere Staaten, in denen Albaner lebten, befürchtet werden musste (Albanien, Montenegro, Makedonien, Griechenland). Die OSZE hatte die Bundesrepublik Jugoslawien bereits 1992 wegen Unterstützung der kroatischen und bosnischen Serben ausgeschlossen und mit Wirtschaftssanktionen belegt. Erste Ermahnungen an die Kontrahenten im Kosovo kamen von der 1994 gemeinsam von UNO und EU ins Leben gerufenen Bosnien-Kontaktgruppe (die zur Beendigung des Krieges in Bosnien beigetragen hatte: USA, Russland, Frankreich, Großbritannien und Deutschland). Als sich im Frühjahr 1998 Gewaltanwendungen der serbischen Polizei und der Kosovo-Befreiungsarmee verschärften, verfügte der UNO-Sicherheitsrat auf Antrag der Kontaktgruppe ein Waffenembargo über Jugoslawien einschließlich des Kosovo. Gleichzeitig verhängte der Rat der EU ein Flugverbot für jugoslawische Fluggesellschaften, verbot allen EU-Regierungen, Serbien Kredite zu gewähren und verhängte ein Ölembargo.

Organisation für Sicherheit und Zusammenarbeit in Europa (OSZE): Der Name wurde 1995 eingeführt, nachdem sich die Konferenz für Sicherheit und Zusammenarbeit in Europa (KSZE) zu einer übernationalen Organisation mit festen Einrichtungen entwickelt hatte. (▶ S. 266). Die OSZE bildet heute, seit alle Staaten Europas einschließlich der Nachfolgestaaten der Sowjetunion sowie der USA und Kanada in ihr vertreten sind, einen wichtigen Rahmen für die europäische Sicherheitspolitik. Sie soll in Europa Kriege verhüten und Streit zwischen Staaten mit friedlichen Mitteln beilegen.

Dem OSZE-Ministerrat gehören die Außenminister aller Teilnehmerstaaten an. Er fasst seine Beschlüsse in der Regel einstimmig. Für die Ausführung der Beschlüsse ist der „Hohe Rat" zuständig, der sich aus führenden Beamten der Außenministerien zusammensetzt und mindestens alle drei Monate einmal zusammenkommt. Militärische Zwangsmaßnahmen darf die OSZE nur mit Ermächtigung des UN-Sicherheitsrats anordnen.

Im Sommer 1998 folgten militärische Drohgebärden der NATO: Luftmanöver über Albanien und Makedonien sollten die Entschlossenheit der Allianz zum Eingreifen demonstrieren. Eine Resolution des UNO-Sicherheitsrates vom September 1998, die einen sofortigen Waffenstillstand forderte, fand keine Beachtung. Anwachsende Flüchtlingsströme veranlassten den NATO-Rat im Oktober, den Einsatzbefehl für Luftangriffe auf das Gebiet der Bundesrepublik Jugoslawien zu geben. Diese Drohung führte in letzter Minute zu einem Einlenken von Staatspräsident Milošević. Er akzeptierte die Entsendung von 2000 unbewaffneten OSZE-Kontrolleuren in die Krisenprovinz. Deren Aufgabe war die Überwachung des vom UNO-Sicherheitsrat verlangten Waffenstillstandes – weitere Gewalttaten zwischen Serben und Albanern konnten sie nicht verhindern. Auch eine politische Lösung für die Zukunft des Kosovo war nicht in Sicht.

Drohungen der NATO

Schließlich lud die Kontaktgruppe unter der erneuten Androhung von NATO-Luftangriffen Serben und Kosovo-Albaner im Februar 1999 zu Verhandlungen nach Rambouillet (bei Paris) ein. Auf der Tagesordnung stand der Autonomiestatus des Kosovo und die Stationierung von NATO-Friedenstruppen. Die albanische Delegation unterschrieb das Abkommen, die Serben verweigerten ihre Zustimmung – Serbien fürchtete den Verlust seines Einflusses auf das Kosovo und sah in der Stationierung der angekündigten NATO-Friedenstruppen eine Verletzung seiner Souveränität. Nunmehr fühlte sich die NATO endgültig zu militärischen Strafmaßnahmen legitimiert. Während sie im Bosnien-Konflikt auf der Basis eines UNO-Mandats militärisch interveniert hatte, handelte sie nun im Kosovo eigenmächtig: Ohne ein UNO-Mandat – das im Sicherheitsrat an China und Russland gescheitert war –, griff sie Serbien am 24. März militärisch an.

Durch ihre Luftangriffe wollte die NATO die Regierung in Belgrad zur Annahme des Vertrags von Rambouillet zwingen. Den riskanten und unpopulären Einsatz von Bodentruppen hatten fast alle beteiligten NATO-Staaten von vornherein und öffentlich ausgeschlossen.

NATO (North Atlantic Treaty Organization): 1949 unterzeichneten zwölf Staaten (Belgien, Dänemark, Frankreich, Großbritannien, Island, Italien, Kanada, Luxemburg, die Niederlande, Norwegen, Portugal und die USA) den Nordatlantikvertrag (▶ S. 172). Griechenland und die Türkei wurden 1952, die Bundesrepublik 1955 und Spanien 1982 in die NATO aufgenommen. 1999 traten Polen, Ungarn und Tschechien dem Bündnis bei. Im Nordatlantikvertrag verpflichteten sich die Partnerländer zu gegenseitigem Beistand bei einem bewaffneten Angriff auf eines der Mitgliedsländer. Der tief greifende Wandel durch das Ende des Ost-West-Konflikts führte zu einer Erweiterung des sicherheitspolitischen Konzepts. Die Bündnispartner erklärten sich 1991 bereit, friedenserhaltende Maßnahmen, die von der UNO oder der OSZE beschlossen werden, auch außerhalb ihres Gebietes („out of area") militärisch abzusichern, wenn sie darum ersucht werden. Aufgrund ihrer strategischen Überlegenheit kommt den USA bei allen militärischen Operationen der NATO eine Schlüsselrolle zu.

Im „NATO-Russland-Rat" wird dabei versucht, auch Russland in alle wichtige Entscheidungen einzubinden.

Oberstes Gremium des Bündnisses ist der mit Botschaftern der 19 Mitgliedstaaten beschickte Ständige NATO-Rat in Brüssel, dessen Aufgabe die Koordination zwischen den Partnern darstellt.

4   Geschichte und Gegenwart.
links: 1941: Hinrichtung serbischer Geiseln durch
ein Exekutionskommando aus Waffen-SS und Wehrmacht in Pancevo. Am 6. April 1941 kamen bei der
Bombardierung Belgrads durch deutsche Flugzeuge
15000 Serben ums Leben. Um den Widerstand der
serbischen Partisanen zu brechen, erteilte die Wehr-
machtsführung den Befehl, für jeden getöten deutschen Soldaten 100 serbische Geiseln zu erschießen.
rechts: Deutsche Kriegsgegner protestieren in Belgrad
gegen das Nato-Bombardement, Mai 1999.

Opfer des Krieges   Die Luftangriffe bewirkten zunächst das Gegenteil ihrer Absicht: Serbische
Verbände verschärften die so genannten „ethnischen Säuberungen". Ziel war es
offenbar, das Kosovo so bald wie möglich durch die Vertreibung der albanischen
Einwohner zu entvölkern und albanische Wohngebiete zu zerstören. Mehr als
800000 Kosovo-Albaner mussten ihre Heimat verlassen, die Angaben zur Zahl
der getöteten Albaner schwanken zwischen 2500 und 10000.
Die 38000 Bombenflüge richteten sich gegen militärische und strategische
Ziele wie Kasernen, Waffendepots, Flughäfen, Straßen, Brücken, Fabrikanlagen
oder Ölraffinerien. Dennoch kosteten sie etwa 1500 serbische Zivilisten das Leben; 10000 serbische Soldaten wurden getötet oder verletzt.
Am 7. Mai trafen amerikanische Bomben die chinesische Botschaft in Belgrad,
dabei wurden drei Menschen getötet. Dies bedeutete auch eine diplomatische
Katastrophe, da China als ständiges Mitglied des UN-Sicherheitsrates für die
UN-Absicherung eines Friedensplans gebraucht wurde. Viele Kritiker warfen
den USA vor, sie maße sich die Rolle eines „Weltpolizisten" an, der rücksichtslos seine eigenen Ordnungsvorstellungen durchsetze.

„Weltpolizist" USA: Die USA schwankten in
ihrer Geschichte immer wieder zwischen Iso-
lationismus und Interventionismus (von in-
tervenire = eingreifen). Die Isolationisten
wollten, dass sich die USA auf ihren eigenen
Kontinent konzentrierten und sich möglichst
aus den Problemen der übrigen Welt heraus-
hielten. Im Ersten und Zweiten Weltkrieg
griffen die USA dennoch entscheidend ein.
Nach dem Zweiten Weltkrieg verstanden sich
die Vereinigten Staaten im Rahmen der Con-
tainment-Politik gleichsam als Weltpolizist
gegen den Kommunismus, bis sie sich unheil-
voll in den Vietnam-Krieg verstrickten.

Die politischen Ziele der Bombenangriffe fasste der Rat der EU Anfang April in einem Forderungskatalog zusammen, den später die NATO und die UNO übernahmen. Verlangt wurde die Beendigung der Gewalt, die Stationierung internationaler Truppen und die Rückführung aller Flüchtlinge. Der deutsche Außenminister Joschka Fischer präzisierte Mitte April den Friedensplan: Aufgrund einer Übereinkunft der sieben führenden Industriestaaten und Russlands („G-8-Staaten") sollte im Rahmen der UN-Charta die Einrichtung einer internationalen Friedenstruppe vereinbart werden. Bis zur endgültigen politischen Regelung sollte das Kosovo einer Übergangsverwaltung der Vereinten Nationen unterstellt werden. Anfang Juni 1999 einigten sich der jugoslawische Präsident, die G-8-Staaten und die NATO auf der Grundlage des Fischer-Plans auf die Bedingungen für eine Beendigung des Krieges.

Deutscher Friedensplan

Mit entscheidend für das Nachgeben der Serben waren unter anderem wohl die immensen Zerstörungen, die die Luftangriffe der jugoslawischen Industrie und Infrastruktur zugefügt hatten.
Vor allem aber ist es den diplomatischen Vermittlungsbemühungen zu verdanken, dass Milošević einlenkte. Eine besondere Rolle spielte dabei der frühere russische Ministerpräsident Tschernomyrdin, dem es als Sonderbeauftragten Russlands gelang, die traditionell guten Beziehungen zwischen Russland und Serbien nutzbar zu machen und Druck auf Milošević auszuüben. Aber auch der finnische Präsident Ahtisaari, der im Auftrag der EU tätig wurde, hatte Anteil am Zustandekommen der Friedensregelung. Ob die Entscheidung der Völkergemeinschaft, Milošević vor dem internationalen Gerichtshof in Den Haag als Kriegsverbrecher anzuklagen, diesen beeindruckt oder dessen Position geschwächt hat, ist kaum zu sagen.

Gründe für das Einlenken der Serben

Das am 9. Juni 1999 unterzeichnete „militärisch-technische Abkommen" kam einer Kapitulation der Bundesrepublik Jugoslawien gleich. Auf der Grundlage einer UN-Resolution, die mit 14 Ja-Stimmen und einer Enthaltung (China) angenommen wurde, rückte die von der NATO geführte rund 40 000 Mann starke Kosovo-Force (KFOR) in die Krisenprovinz ein. Ihr Ziel war es, die Sicherheit aller dort lebenden Volksgruppen zu garantieren. Das deutsche KFOR-Kontingent, das u. a. mit 30 Leopard-Panzern einrückte, umfasste rund 6200 Soldaten, von denen 4200 im Kosovo stationiert wurden. Frankreich, Großbritannien, Italien, die USA und Deutschland besetzten einzelne Zonen im Kosovo. Auch Russland, dem die NATO keine eigene Sicherheitszone zuwies und das seine Truppen auch nicht dem NATO-Oberbefehl unterstellte, entsandte Friedenstruppen. Ohne sich mit dem Westen abgesprochen zu haben, besetzten russische, in Bosnien-Herzegowina stationierte Truppen den Flughafen von Pristina in der britischen KFOR-Zone.

Einsatz von KFOR-Truppen

Die KFOR-Truppen konnten erneute Menschenrechtsverletzungen nicht verhindern. Nunmehr vertrieben zurückkehrende albanische Flüchtlinge sowie die UÇK 170 000 Serben, Roma und andere nichtalbanische Volksgruppen.
Die politische Regelung der Kosovo-Frage ist weiterhin offen. Während die Kosovo-Albaner die Souveränität der Region einfordern, will die internationale Staatengemeinschaft keiner Selbstregierung des Kosovo zustimmen. Die EU setzt zur Stabilisierung und Entspannung auf dem Balkan auf den „Stabilitätspakt": 27 Länder, darunter die größten Industrienationen, haben ihre politische und wirtschaftliche Unterstützung der Krisenregion zugesagt.

Offene Zukunft: Probleme und Hoffnungen

5　Blutbad in Racak. Im Januar 1999 entdeckten OSZE-Beobachter im Dorf Racak 45 Leichen von Kosovo-Albanern in Zivilkleidern. Die schrecklichen Bilder gehen über die Medien um die Welt. Die Politiker werden zum Handeln gedrängt.

6　Selbstbestimmungsrecht

Aus einem Pressekommentar, August 1999:

Die Deutschen, noch trunken von der Wiedervereinigung, zogen Anfang der 90er-Jahre aus, die ethnischen Gegensätze in Europa zu entschärfen. Ihr Zaubertrank war das „Selbstbestimmungsrecht der Völker". Was
5　das „glücklichste Volk der Welt" [...] in Frieden und Freiheit erlangt hatte, konnte man doch anderen nicht vorenthalten. Vor allem, seit in den sozialistischen Vielvölkerreichen in Osteuropa ethnische Konflikte aufbrachen. Für die Anerkennung der kroatischen Un-
10　abhängigkeit setzten sich ab Mitte 1991 Bundestagsabgeordnete wie Journalisten ein – manche bewegt vom Menschenrecht, andere von der Sorge um die katholischen Brüder. Die Mehrheit von SPD und CDU/CSU schloss sich an, schließlich auch Außen-
15　minister Genscher und Kanzler Kohl. Das Selbstbestimmungsrecht der Kroaten und nebenbei der Slowenen wurde zum außenpolitischen Glaubensbekennt-

nis des vereinigten Deutschland. Es bekehrte seine EG-Partner und preschte im Dezember 1991 mit der Anerkennung der jungen Staaten voran. [...]

Was 1991 aussah wie der beschwingte Aufbruch freiheitsliebender Völker, ist in manchen Regionen in Hass und gegenseitige Vernichtung umgeschlagen. In Jugoslawien erlebt Europa die Wiederkehr eines alten Alptraums. Der Versuch, die politische und ethnische 2
Landkarte Europas zur Deckung zu bringen, hat unser Jahrhundert geprägt und zu Krieg, Massenvertreibungen und Völkermord geführt. [...]

Kosovo ist ein Sonderfall. Seine Bewohner haben den Vernichtungsversuch der serbischen Machthaber 3
durchlebt. Sie sind zu über 90 Prozent Albaner. Eine Reintegration nach Serbien scheint kaum denkbar. Die meisten Serben und Roma sind von Albanern vertrieben. Doch soll man die Provinz sofort in die Unabhängigkeit entlassen? Damit gäbe die UNO ihr stärks- 3
tes Druckmittel aus der Hand. Nur eine langfristige Präsenz der KFOR-Truppe und eine effektive Verwaltung der UNO kann eine UÇK-Diktatur verhindern. Minderheiten sollen eine Lebensperspektive und ein gesetzlich verbrieftes Rückkehrrecht erhalten. [...] 4C
Doch das Amselfeld muss für alle sichtbar die Ausnahme bleiben. Wenn Sezessionsbewegungen allerorten auf Unterstützung hoffen können, sind Konflikte programmiert. Immer neue Mikrostaaten mit gewaltsam homogenisierter Bevölkerung bedrohen 45
den Frieden in Europa, weil sie auf heißer Asche gebaut sind und im Spannungszustand mit ihren Nachbarn leben. Stabilität in Osteuropa beruht auf lebensfähigen Staaten, die alle ihre Bürger gemäß internationalen Rechtsnormen behandeln und keine 50
territorialen Ansprüche gegen Nachbarländer hegen.

Die Zeit, 26. August 1999

7　„Entmachtung der UNO"?

Der Friedensforscher Matthias Karádi schreibt:

Im Kosovo-Konflikt nahm die NATO seit 1998 das Heft in die Hand. Das „Krisenmanagement" der NATO führte von Drohung zu Drohung und nach einer ganzen Reihe von Ultimaten am 24. März 1999 zum Luftkrieg gegen die Bundesrepublik Jugoslawien. 5
Damit erreichte zugleich eine Entwicklung ihren Höhepunkt, die bereits in Bosnien ihren Anfang nahm: Die Entmachtung der Vereinten Nationen durch die Selbstmandatierung der NATO.

Der Krieg um das Kosovo hat weit reichende Konse- 10
quenzen für die europäische Sicherheitsarchitektur und die Rolle der NATO. Erstmalig in ihrer Geschichte hat die westliche Allianz ohne ein entsprechendes Mandat des UN-Sicherheitsrates einen Krieg gegen einen souveränen Staat geführt. [...] Die Be- 15
fürchtungen werden lauter, dass die NATO nun endgültig vom Verteidigungsbündnis zum „Interventionsverein des Westens" mutiert. Droht gar unter dem

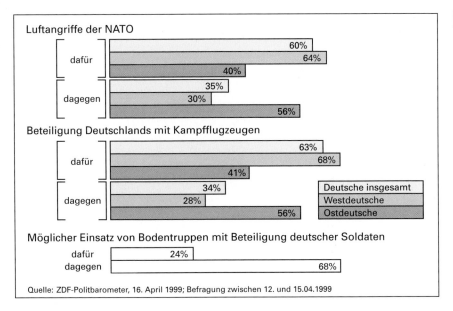

Luftangriffe der NATO

dafür
- 60%
- 64%
- 40%

dagegen
- 35%
- 30%
- 56%

Beteiligung Deutschlands mit Kampfflugzeugen

dafür
- 63%
- 68%
- 41%

dagegen
- 34%
- 28%
- 56%

Deutsche insgesamt
Westdeutsche
Ostdeutsche

Möglicher Einsatz von Bodentruppen mit Beteiligung deutscher Soldaten

dafür 24%
dagegen 68%

Quelle: ZDF-Politbarometer, 16. April 1999; Befragung zwischen 12. und 15.04.1999

8 **NATO-Einsatz** im Urteil der Bevölkerung

Etikett „globale NATO" ein zügelloser humanitärer Interventionismus? Oder ordnet sich das westliche Bündnis künftig wieder den Vereinten Nationen als oberster Instanz zur Wahrung des Weltfriedens unter? [...]
Der Nimbus der westlichen Allianz als „institutionelle Allzweckwaffe" hat zweifelsohne gelitten. Ihr Sieg wurde teuer erkauft. Das Einlenken Milošević' kam für die westliche Allianz gerade noch rechtzeitig. Der Bombenkrieg der NATO war ganz offensichtlich in eine Sackgasse geraten, die Erfolgsgeschichte des „mächtigsten Bündnisses der Weltgeschichte" drohte auf dem Balkan ein abruptes Ende zu nehmen. Die Zielplanung der NATO geriet zunehmend in die Kritik. Die „Kollateralschäden" [kollateral = nebenständig] häuften sich, der innere Zusammenhalt der Allianz begann zu bröckeln. Zudem war das Bündnis nicht in der Lage, die Vertreibungen der Kosovo-Albaner und die Gräueltaten zu verhindern. Sie erreichten im Gegenteil während des Luftkrieges neue und ungeahnte Dimensionen.
Was den jugoslawischen Präsidenten letztendlich zum Einlenken bewegt hat, darüber darf gerätselt werden. Die Zerstörungen des Landes und die wachsende Resignation und Verzweiflung der serbischen Bevölkerung werden dabei eine Rolle gespielt haben, ausschlaggebend dürfte jedoch – neben der Einbindung Russlands – die zunehmend lauter werdende Debatte über den Einsatz von Bodentruppen gewesen sein. [...]
Aufgrund des Kosovo-Krieges und der damit eingegangenen Verpflichtungen sind die Kapazitäten der NATO auf Jahre hinaus gebunden. Der Drang zu weiteren kostspieligen internationalen „Polizeieinsätzen" dürfte infolgedessen merklich nachgelassen haben. Die „globale NATO" wird es nicht zuletzt

aufgrund der Erfahrungen im Kosovo nicht geben. Wahrscheinlicher sind diesbezüglich Alleingänge der USA oder der viel zitierten „coalition of the willing". Nicht nur die Europäer, sondern auch die USA sollten Lehren aus dem Kosovo-Krieg ziehen. Dazu gehört die Erkenntnis, dass an der Einbindung Russlands und damit der Vereinten Nationen letztlich kein Weg vorbeiführt. Eine weitere Tatsache, die der Krieg einmal mehr den Europäern schmerzlich vor Augen geführt hat, ist ihre militär-technologische Abhängigkeit vom „großen Bruder".

Das Parlament, 6./13. August 1999

9 **Der Wandel der NATO**

Aus einem Pressebericht, September 1999:
Eine große Feier hatte es werden sollen, das NATO-Gipfeltreffen zum 50-jährigen Jubiläum der Unterzeichnung des Nordatlantik-Vertrages am 23. und 24. April 1999 in Washington. [...] Aber auf die Befriedigung über das Erreichte fiel der Schatten des Krieges im Kosovo. Denn seit fast genau einem Monat bombardierte die NATO Serbien, und für ein Einlenken des jugoslawischen Präsidenten Slobodan Milošević gab es nicht die geringsten Anzeichen. Die NATO befand sich im Krieg: Ein Krieg ganz anderer Art, als ihn die Unterzeichner des Nordatlantikvertrages am 4. April 1949 befürchtet hatten; keine Abwehrschlacht gegen einen kommunistischen Angriff, sondern eine Intervention zugunsten eines bedrohten Volkes, der Kosovo-Albaner, die von serbischen Truppen verfolgt, vertrieben und ermordet wurden. Nichtsdestotrotz: ein Krieg, den Russland und China als Völkerrechtsbruch der NATO verurteilten und der in vielen europäischen Mitgliedstaaten des Bündnisses die Pazifisten auf den Plan rief, die ihre Regierungen mit wüten-

10 **Kosovoflücht-
linge in Blace.**
Wettlauf mit der
Zeit: Viele befürch-
teten eine huma-
nitäre Katastrophe,
wenn es nicht gelin-
gen sollte, die
Flüchtlinge und Ver-
triebenen vor Ein-
bruch des Winters
aus den provisorisch
errichteten Camps
in feste Unterkünfte
umzusiedeln.

den Protesten zur Beendigung der Bombardements
aufforderten.

[...] Anders als im Bosnien-Krieg und bei der Durchsetzung des Abkommens von Dayton verfügte die
Allianz diesmal bei ihren Angriffen auf Serbien nicht
über ein explizites Mandat des UN-Sicherheitsrates.
Blockiert durch Russland und China, die den Kosovo-
Konflikt als eine innere Angelegenheit Jugoslawiens
ansahen, konnte es zu einer solchen Mandatierung
nicht kommen – und die NATO entschied sich
schließlich nach internen Debatten dazu, das völkerrechtliche Prinzip der Nothilfe als ausreichend zu betrachten, um militärisch einzugreifen. Für die Zukunft der Atlantischen Allianz wirft diese Entscheidung Fragen und Probleme auf. Konkret geht es
darum, ob die NATO in ähnlichen Krisen und Konflikten wiederum ohne Mandat zur Intervention entschlossen wäre. Dann würde sie sich in der Tat eine
Rolle anmaßen, die ihre Kritiker häufig als selbst er-
nannter „Weltpolizist" bezeichnet haben. Die Formu-
lierungen des im April 1999 verabschiedeten Strategischen Konzepts der Allianz lassen zumindest den
Schluss zu, dass sich die NATO eine Hintertür offen
hält. In Punkt 11 des Papiers heißt es dazu nämlich:
„Das Bündnis wird bei der Erfüllung seines Ziels und
seiner grundlegenden Sicherheitsaufgaben auch weiterhin die legitimen Sicherheitsinteressen anderer
Staaten achten und die friedliche Beilegung von Streitigkeiten in Übereinstimmung mit der Charta der Vereinten Nationen anstreben."

Das Parlament, 10. September 1999

11 **Deutsche Soldaten in der KFOR-Truppe**
Beschluss des Deutschen Bundestages, 11. Juni 1999
Der Deutsche Bundestag stimmt dem Einsatz bewaffneter deutscher Streitkräfte [...] mit folgender Begründung zu:
In den letzten Monaten hat sich das Ausmaß der Vertreibung und Deportation durch die Kräfte der Bundesrepublik Jugoslawien im Kosovo weiter gesteigert.
Dies hat zu mehr als 1,4 Millionen Vertriebenen und
Flüchtlingen geführt, die ihre Heimatorte verlassen
mussten. Der weitaus größte Teil der ehemals etwa
1,8 Millionen Kosovo-Albaner ist obdachlos. Die umfangreichen Flüchtlingsströme haben Albanien, Maze-
donien und Bosnien und Herzegowina sowie Montenegro erheblich belastet und bilden ein hohes Desta-
bilisierungspotenzial. [...]
Die Bundesregierung misst den internationalen Prä-
senzen im Kosovo und der angestrebten Friedensregelung höchste politische Bedeutung bei. Nur durch die
internationale Sicherheitspräsenz und eine solche Regelung können die Voraussetzungen für eine dauerhafte Stabilität in der Region geschaffen werden. Das
Engagement der NATO soll entscheidend dazu beitragen, ein sicheres Umfeld für alle Bürger im Kosovo zu
schaffen, damit die Rückkehr der Vertriebenen und
Flüchtlinge in ihre Heimat ermöglicht wird. [...]
Mit Beginn des Rückzuges der jugoslawischen Kräfte
(Militär, Polizei, paramilitärische Kräfte) wird es notwendig, den gesamten Rückzug sowie die unverzüg-
liche Beendigung von Gewalt und Unterdrückung im
Kosovo zu überwachen. [...]

Der Kosovo-Konflikt. Dokumentation des Bundesministeriums der
Verteidigung, 11. Juni 1999

12 Was bewirken wirtschaftliche Sanktionen?

Der deutsche Journalist Georg Watzlawek, 1999:
Wirtschaftliche Sanktionen heben keinen Diktator aus dem Sessel. [...] Präsident Slobodan Milošević nutzt die Isolierungsmaßnahmen der EU geschickt für die Absicherung seines Regimes. Zwar sinkt der
5 Lebensstandard der Bevölkerung drastisch – doch die Wut der von den Staatsmedien manipulierten Menschen richtet sich allein gegen den Westen.
Unmittelbar bekommt das die demokratische Opposition in Belgrad zu spüren. Sie wird von der Regie-
10 rung wegen ihrer guten Kontakte im Ausland als „Verräter" gebrandmarkt, fühlt sich aber von den Partnern im Stich gelassen. Daher drängten die Dissidenten gestern die US-Regierung und die EU-Troika erneut, das Verbot von Öllieferungen, von Investitio-
15 nen und von Flugverbindungen aufzuheben.
[...] Nur die so genannte „schwarze Liste", die 305 Spitzenfunktionäre mit einem effektiven Reiseverbot belegt, bereitet dem Regime echte Pein. Erreichte die Opposition eine Aufhebung oder Lockerung der
20 anderen, pauschalen Sanktionen, könnte sie sich als reale politische Alternative präsentieren und Rückhalt in der Bevölkerung gewinnen. Denn bislang steht ein großer Teil der Serben, vielleicht sogar die Mehrheit, auf Milošević' Seite.
25 [...] Die Innenpolitik hat das Regime fest im Griff: Die Bevölkerung wird durch die Gehirnwäsche des Staatsfernsehens ruhig gestellt; die Vertreter der Opposition dürfen zwar ihre Meinung sagen, haben aber kein öffentliches Forum und werden korrumpiert, wo
30 immer möglich; die eigenen Gefolgsleute werden mit drakonischen Strafen bis hin zum politischen Mord an Absetzbewegungen gehindert.

Handelsblatt, 5. November 1999

13 „Legitimes Kriegsziel"?
Am 23. April schlagen mehrere NATO-Bomben ins Sendezentrum des serbischen Staatsfernsehens (RTS) in Belgrad ein und zerstören es weit gehend; 16 Menschen sterben.
Die NATO betrachtet RTS als „legitimes Kriegsziel", da mit seiner Hilfe der Diktator Milošević sein Volk desinformiert und unterdrückt habe. Internationale Menschenrechtsgruppen und Journalistenverbände protestieren scharf gegen den Angriff, ohne die propagandistische Ausrichtung des Senders zu bestreiten.

---

a) M6 setzt sich mit dem Selbstbestimmungsrecht der Völker auseinander. Erörtern Sie, welche Probleme sich mit der Verwirklichung dieses von Präsident Wilson (▶ S. 98) propagierten Anspruchs verbinden können.

b) Mit welchen Argumenten kritisiert der Friedensforscher Karádi (M7) die Luftangriffe der NATO gegen die Bundesrepublik Jugoslawien? Nehmen Sie, auch mithilfe von M9, Stellung zu seinen Ausführungen. Diskutieren Sie auch, ob es richtig war, dass die NATO ohne UNO-Mandat im Kosovo militärisch intervenierte.

c) Kennzeichnen Sie anhand von M9 und des DT, wie sich die Aufgaben der NATO seit dem Wegfall des Eisernen Vorhangs verändert haben.

d) Erörtern Sie mithilfe von M12, inwieweit wirtschaftliche Sanktionen ein sinnvolles Mittel der Politik sein können.

e) Diskutieren Sie anhand von M12 und M13, ob der Angriff auf das Gebäude des Staatsfernsehens gerechtfertigt war.

Arbeitsvorschläge und Fragen

263

1.2 Militärische Friedenssicherung durch die Bundeswehr

Bis zum Ende des Kalten Krieges waren Einsätze der Bundeswehr, die nicht der Landesverteidigung dienten, kaum vorstellbar. Bei internationalen Konflikten verwies die Bundesrepublik stets auf ihre historische Sonderrolle. Der Imperativ der Nachkriegszeit „Nie wieder Krieg!" galt über die Parteigrenzen hinweg. Doch inzwischen hat sich vieles verändert.

1955	Aufhebung des Besatzungsstatuts: Die Bundesrepublik wird weit gehend souverän.
1956	Einführung der allgemeinen Wehrpflicht in der Bundesrepublik
1990	Die Bundesrepublik verpflichtet sich im „Zwei-plus-Vier-Vertrag", die Bundeswehr auf 370 000 Mann zu reduzieren.
1999	Kosovo: erster Kampfeinsatz der Bundeswehr

Neue Besatzungspolitik

Als die Bundesrepublik Deutschland 1949 gegründet wurde, besaß sie keine Streitkräfte – weil sie nicht durfte, aber auch weil sie nicht wollte. Die Verschärfung des Ost-West-Konflikts veränderte die Lage. Unter dem Eindruck des Korea-Krieges bot Bundeskanzler Adenauer den Alliierten die militärische Beteiligung Deutschlands an der Verteidigung Westeuropas an (▶ S. 206). Nach langen Verhandlungen einigten sich die Regierungen auf einen Plan des französischen Ministerpräsidenten Pleven, der im Rahmen einer Europäischen Verteidigungsgemeinschaft (EVG) eine europäische Armee unter Beteiligung der Bundesrepublik vorsah. Die westlichen Siegermächte erklärten das Besatzungsstatut für beendet und gestanden der Bundesrepublik fast völlige Souveränität zu.

Beitritt zur NATO

Nach dem Scheitern des EVG-Plans (▶ S. 206) wurde schnell eine Ersatzlösung gefunden: Die Bundesrepublik Deutschland und Italien wurden Mitglieder des 1948 von Großbritannien, Frankreich und den drei Beneluxstaaten gegründeten Westeuropäischen Verteidigungssystems, das 1954 zur Westeuropäischen Union (WEU) erweitert wurde. Die „Pariser Verträge" (▶ S. 206) öffneten der Bundesrepublik den Weg in die NATO, der sie 1955 beitrat. Die Bundesrepublik verpflichtete sich, eigene Streitkräfte von insgesamt 500 000 Mann aufzustellen, die den Führungsstäben der NATO unterstellt werden sollten. Anfang 1956 wurden die ersten Soldaten der Bundeswehr einberufen, im März wurde die allgemeine Wehrpflicht eingeführt.

Allgemeine Wehrpflicht

Wehrpflichtig sind seitdem alle Männer vom 18. bis zum 45. Lebensjahr, im Verteidigungsfall bis zum 60. Lebensjahr. Frauen konnten zunächst freiwillig in Sanitätseinheiten oder im Militärmusikdienst tätig sein. Im Januar 2000 entschied der Europäische Gerichtshof auf Klage einer jungen Elektromechanikerin hin, dass die bisherige Regelung Frauen benachteilige und darum verändert werden müsse.

Die Dauer des Wehrdienstes beträgt seit 1996 zehn Monate, über eine Verkürzung der Dienstzeit wird diskutiert. Zusätzlich besteht die Möglichkeit, im An-

1 Demonstration der Jugendverbände der DGB
München, November 1954

schluss an den Grundwehrdienst einen freiwilligen zusätzlichen – besser bezahlten – Wehrdienst von bis zu 13 Monaten zu leisten. Nach Ableistung des Wehrdienstes können die Wehrpflichtigen zu Wehrübungen herangezogen werden. Die Wehrpflicht kann auch durch den Dienst im Bundesgrenzschutz, bei der Feuerwehr oder dem Katastrophenschutz erfüllt werden. Heute wird in der Bundesrepublik immer häufiger über eine Abschaffung der Wehrpflicht nachgedacht. Die USA, Belgien, Großbritannien, Frankreich und die Niederlande haben ihre Armeen bereits auf ein Berufsheer umgestellt.

In der Weimarer Republik war die Armee von Reichstag und Regierung weit gehend unabhängig. Sie bildete einen „Staat im Staate", einen Fremdkörper im republikanisch-parlamentarischen System. In der Bundesrepublik steht die Bundeswehr unter politischer Führung. In Friedenszeiten ist ihr oberster Dienstherr der Bundesminister für Verteidigung; im Verteidigungsfall geht die Kommandogewalt auf den Bundeskanzler über. Innerhalb der Streitkräfte soll das Konzept der „inneren Führung" die Grundwerte der Demokratie sichern.

„Innere Führung"

Gemäß Artikel 4, Absatz 3 des Grundgesetzes darf niemand „gegen sein Gewissen zum Kriegsdienst an der Waffe gezwungen werden". Wer „aus Gewis-

Zivildienst

Innere Führung: Dieses Konzept zielt darauf ab, die Soldaten sowohl in die gesellschaftliche Ordnung des demokratischen Staates einzubinden als auch als „Staatsbürger in Uniform" mit der Garantie der Menschen- und Bürgerrechte in die Streitkräfte zu integrieren. Alle Soldaten haben beispielsweise das aktive und passive Wahlrecht zu den parlamentarischen Gremien und das Koalitionsrecht, also das Recht, sich zur Vertretung ihrer Interessen zusammenzuschließen.

Überzogener Drill und entwürdigende Befehle sind nicht zulässig. Betroffene Soldaten können in solchen Fällen den nächsthöheren Vorgesetzten, ein unabhängiges Gericht oder den Wehrbeauftragten anrufen. Dieser wird vom Deutschen Bundestag für eine Amtszeit von fünf Jahren gewählt. Er kann jederzeit alle Einheiten und Dienststellen der Bundeswehr unangemeldet besuchen und Akteneinsicht verlangen.

sensgründen den Kriegsdienst mit der Waffe verweigert, [kann] zu einem Ersatzdienst verpflichtet werden" (Artikel 12a, Abs.2). Das Verfahren der Überprüfung der Gewissensentscheidung ist mehrfach geändert worden. Seit 1984 entscheidet das Bundesamt für Zivildienst über den Antrag auf Anerkennung als Kriegsdienstverweigerer. Kriegsdienstverweigerer leisten einen elfmonatigen zivilen Ersatzdienst (Zivildienst) im Sozialwesen oder im Natur- und Umweltschutz. Das Bundesverfassungsgericht hat entschieden, dass die gegenüber dem Wehrdienst längere Dauer zulässig ist, weil Wehrdienstleistende zu Wehrübungen herangezogen werden können. Wer sich für den Zivildienst entschieden hat, trägt als willkommener Helfer dazu bei, das hohe Versorgungsniveau des deutschen Sozialsystems aufrechtzuerhalten.

Welcher Dienst gewählt wird, liegt praktisch weit gehend im Belieben des Einzelnen. Zwar müssen die Kriegsdienstverweigerer ihre Gewissensentscheidung in einem Antrag ausführlich begründen, doch wer heute als wehrpflichtiger Soldat zur Bundeswehr geht, ist faktisch ein Freiwilliger.

Personalstärke der Bundeswehr

Als im Oktober 1990 60000 Soldaten der aufgelösten Nationalen Volksarmee in die Bundeswehr übernommen wurden, erreichte die Personalstärke der Bundeswehr mit über 550000 Soldaten den größten Umfang ihrer Geschichte. Der „Vertrag über die abschließende Regelung in Bezug auf Deutschland" (Zwei-plus-Vier-Vertrag) von 1990 schrieb die Reduzierung der deutschen Streitkräfte innerhalb von vier Jahren auf 370000 Soldaten vor. Tatsächlich ging ihr Umfang bis Ende 1998 auf knapp 330 000 Soldaten zurück.

2 Sicherheitssysteme und Staatengemeinschaften in Europa

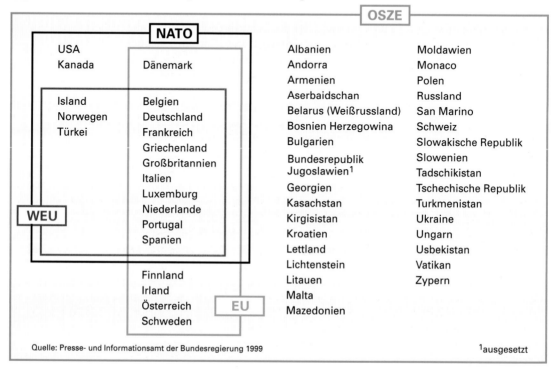

Quelle: Presse- und Informationsamt der Bundesregierung 1999   [1]ausgesetzt

Artikel 87a des Grundgesetzes stellt fest, dass die Bundesrepublik „Streitkräfte zur Verteidigung" aufstellt. Anfragen der Verbündeten nach militärischen Einsätzen außerhalb des NATO-Gebietes („Out of Area") wies die Bundesrepublik stets mit dem Hinweis auf die Verfassungslage zurück. Internationalen Verpflichtungen kam sie dadurch nach, dass sie die Verbündeten und die Vereinten Nationen bei vielen Missionen finanziell und logistisch unterstützte und militärisches Personal und Gerät für humanitäre Hilfeleistungen einsetzte – Hilfsflüge der Luftwaffe oder die Entsendung von Sanitätssoldaten galten nicht als militärische Einsätze im Sinne des Grundgesetzes.

Friedenserhaltende und friedenserzwingende Maßnahmen

Nach der Wiedererlangung der deutschen Einheit mehrten sich die Stimmen im Ausland, die der Bundesrepublik keinen Sonderstatus im Kriegsfalle mehr zugestehen wollten. In die Diskussion geriet nun ein weiterer Artikel des Grundgesetzes: Der Artikel 24 Abs. 2 ermöglichte es der Bundesrepublik, „sich zur Wahrung des Friedens einem System gegenseitiger kollektiver Sicherheit ein[zu]ordnen". Solche Systeme sind die Vereinten Nationen oder die OSZE. Unter Berufung auf diesen Grundgesetzartikel beteiligte sich die Bundesrepublik seit Beginn der 90er-Jahre zunehmend aktiv an friedenserhaltenden oder friedenserzwingenden Maßnahmen:

Schritte der Bundeswehr auf dem Weg zu Kampfeinsätzen

- Nach dem Golfkrieg unterstützte die Bundeswehr die UN-Abrüstungskontrolleure dabei, das geheime Rüstungspotenzial des Irak aufzudecken. Piloten und Mechaniker flogen zwischen 1991 und 1996 die UN-Inspektoren von Bagdad aus mit Hubschraubern durch den Irak.
- Unter dem Druck der Ereignisse auf dem Balkan wurde die Bundesregierung zum Handeln gezwungen: 1991 verhängte der Sicherheitsrat der Vereinten Nationen zunächst ein Waffenembargo, wenig später auch ein Handelsembargo gegen Jugoslawien. Die NATO-Außenminister beschlossen im Juli 1992 dieses Embargo zu überwachen. Die Bundesregierung erklärte sich bereit, Bundeswehrsoldaten an der Überwachung zu beteiligen.
- Im Oktober verbot der UN-Sicherheitsrat zusätzlich alle militärischen Flüge im Luftraum über Bosnien-Herzegowina. Die NATO-Mitgliedstaaten übernahmen im Auftrag der UNO die Überwachung des Flugverbots und setzten AWACS-Fernaufklärungsflugzeuge ein, an deren Bord auch deutsche Soldaten tätig waren.
- Als der Sicherheitsrat im März 1993 die NATO ermächtigte, dieses Flugverbot nicht nur zu überwachen, sondern auch mit militärischen Mitteln durchzusetzen, beschlossen die Bundesminister von CDU und CSU gegen die Stimmen der FDP-Minister die deutschen Soldaten in den AWACS-Flugzeugen zu belassen. Die SPD- und die FDP-Bundestagsfraktionen erhoben gegen diesen „Outof-Area"-Einsatz Klage vor dem Bundesverfassungsgericht.
- Im Juli 1994 genehmigte das höchste deutsche Gericht grundsätzlich den Einsatz bewaffneter deutscher Streitkräfte im Rahmen des Systems kollektiver Sicherheit, verpflichtete die Bundesregierung aber, dazu vor jedem Einsatz die Zustimmung des Deutschen Bundestages einzuholen. Dies geschah seither mehrfach bei Einsätzen auf dem Balkan:

Im Dezember 1995 stellte Deutschland mit breiter Zustimmung des Bundestages 3600 Soldaten für die internationale Streitmacht „IFOR" (Peace Implementation Forces) in Bosnien ab. Im Dezember 1996 schloss sich der „SFOR"-Einsatz (Stabilization-Force) an. 2000 deutsche Soldaten räumten Minen, setzten Brücken instand, überwachten den Flugraum, sicherten Waffenarsenale und behandelten Verwundete.

3 Wehrdienst für Frauen? Eine Kontroverse

a *Der Journalist Ernst Elitz schreibt in seiner Kolumne „Damenwahl beim Bund" (22. 8. 1999):*

Wenn Frauen in anderen Staaten bei der kämpfenden Truppe eingesetzt werden, gibt es keinen Grund, dass in Deutschland das Militär Männersache bleibt. Wie die jungen Männer sollten auch die jungen Damen
5 ihre „Damenwahl" haben: Militärdienst oder soziales Jahr.[...] Wenn heute von der Bundesregierung aus finanziellen Gründen erwogen wird, den Wehrdienst zu kürzen und die Zahl der Stellen im Ersatzdienst zusammenzustreichen, mag das aus Haushaltsnöten
10 verständlich sein, gesellschaftspolitisch ist es ein Irrweg. [...] Ein Pflichtjahr für den praktischen Gemeindienst bei der Bundeswehr, im Altersheim oder im Krankenhaus, in der häuslichen Pflege oder im Flüchtlingslager vermittelt Erfahrungen für das ganze Leben.
15 Ein Jahr Dienst an der Gesellschaft würde Jugendliche zusammenbringen, die schon vom Kindergarten an unterschiedliche Wege gehen: Die einen frühzeitig darauf getrimmt, alle Hürden des Numerus clausus zu nehmen und auf der Leiter der Leistungsgesellschaft
20 Sprosse für Sprosse nach oben zu klettern, die anderen frühzeitig abgehängt, ohne Ausbildung und für ein Leben in Arbeitslosigkeit programmiert, und dazwischen eine Jugend, die leistungswillig ist, aber immer wieder neue Anstöße braucht, um sich zu engagieren.
25 Sie alle zusammenzuführen, ist eine pädagogische Aufgabe, die Schulen, Jugendzentren und Sportvereine längst nicht mehr erfüllen. [...] Es ist den Versuch wert, sie in einem Jahr des Gemeindienstes mit Erfahrungen zu konfrontieren, die man ein Leben lang nicht
30 vergisst. Und einprägsam würde dabei vermittelt, dass der Bürger nicht nur Rechte hat, sondern auch Pflichten, und dass Gleichberechtigung der Geschlechter mehr ist als eine hohle Phrase.

Sonntag Aktuell, 22. August 1999

GLEICHBERECHTIGUNG DER FRAU

MODELL 1   MODELL 2

b *Die Journalistin Sibylle Krause-Burger antwortet auf die Kolumne von E. Elitz mit dem Artikel „Vater sein ist nicht schwer, Mutter ...":*

Längst hüten die Väter auch mal ihre Kinder; längst können und dürfen wir Frauen (fast) alles, was Männer können und dürfen. [...] Nur eines werden wir – leider oder zum Glück, wie man's nimmt – nicht: Väter. Sofern wir überhaupt in den Stand der Elternschaft eintreten, werden wir Mütter. Und das ist, allen genetischen Fortschritten zum Trotz, immer noch ein bisschen anders, als ein Vater zu sein.
Nehmen wir ein einfaches Beispiel: ein junges Paar – er Jurist, sie Juristin – bekommt ein Kind. [...] Die angehende Mutter, eine bis dahin erfolgreiche Beamtin, scheidet erst einmal für die Monate des Mutterschutzes aus dem Beruf aus. Am Ende der Schutzfrist will sie sich womöglich von ihrem Kind nicht trennen, will es nicht in fremde Hände geben und nimmt das Angebot des Erziehungsjahres an. Wenn sie danach in den Beruf zurückkehrt, sind die gleichaltrigen männlichen Kollegen ein gutes Stück an ihr vorbeigezogen. Bekommt sie gar nach drei Jahren ein zweites Kind, mag es schwer werden, den Karrierevorsprung aufzuholen. [...]
In dem Jahr oder in den Jahren, da die junge Mutter sich ihrem Kind und familiären Pflichten widmet, übt sie all jene Tugenden ein, die Ernst Elitz nicht nur Männern, sondern auch Frauen von Gesetzes wegen aufzwingen will. Sie muss von sich selbst absehen, sie muss Verantwortung für andere Menschen übernehmen, sie muss allzeit ansprechbar sein, sie muss ihren Schlaf und ihre Freizeit opfern, sie muss ihre Eitelkeit und ihren Ehrgeiz zurückstellen, sie muss helfen und pflegen. Sie muss dienen. Sie darf dienen. Und gilt das für Mütter eigentlich nicht lebenslang?
Trotzdem besteht Ernst Elitz auch gegenüber den jungen Frauen darauf, „dass der Bürger nicht nur Rechte hat, sondern auch Pflichten", und dass Gleichberechtigung der Geschlechter mehr sei „als eine hohle Phrase". [...]
Solange es noch nicht gelingt, im Bauch von Ernst Elitz wie in den Bäuchen der Männer schlechthin Kinder wachsen zu lassen, kann die Gesellschaft auf diese Art der Unterstützung weiblicher Wünsche nach mehr Geschlechtergerechtigkeit leicht verzichten. Gut gemeint also, lieber Kollege, aber voll daneben. Dass junge Frauen, so sie es wollen, Zugang zu allen möglichen Diensten haben müssen – in der Bundeswehr und anderswo – steht natürlich auf einem ganz anderen Blatt. [...]

Stuttgarter Zeitung, 7. September 1999

4 „Als Herr der Schöpfung erlaube ich euch zu wählen." Karikatur von Peter Leger, 1984

c *Der Journalist Klaus Harpprecht, 1999:*
In den Vereinigten Staaten eroberten Frauen im vergangenen Jahr das Recht, am Steuerknüppel von Jagdmaschinen zu sitzen. Damit wurde eine der letzten Bastionen des Widerstandes gegen die Gleichberechtigung der amerikanischen Soldatinnen gebrochen. [...] [Frauen] schneiden in ihren Leistungen in der Regel nicht schlechter, sondern eher besser ab als ihre männlichen Kameraden: nicht nur in den akademischen Fächern, sondern oft auch bei Mutproben.
Die Streitkräfte selber haben sich für die jungen Frauen, zumal aus den ärmeren Schichten, als eine Tür zum professionellen und gesellschaftlichen Fortschritt erwiesen. [...]
Deutschland aber hinkt weit zurück. Nicht den Bürgern freilich ist Rückständigkeit nachzuweisen, sondern den Politikern, die sich von entschlossenen Minderheiten unter Druck setzen lassen. Eine Emnid-Umfrage des SPIEGELS ergab, dass 48 Prozent der Bevölkerung für eine Änderung des Grundgesetzes votieren, damit auch Frauen künftig erlaubt sei, Dienst mit der Waffe zu leisten. Nur zwölf Prozent sind der Meinung, dass Frauen gar nicht in der Bundeswehr dienen sollten. [...]
Die Einführung der Wehrpflicht auch für Frauen steht nicht zur Debatte. Der Übergang zur Berufsarmee ist ohnedies nur eine Frage der Zeit. Doch solange die Wehrpflicht besteht, sollte für Frauen nach dem Vorbild des Ersatzdienstes ein Sozialjahr geschaffen werden. Das ist eine Frage der Gerechtigkeit.

Frankfurter Hefte 9/1999, S. 783 f.

5 Wehrpflicht oder Berufsarmee?

a *Walter Schilling, Dozent an der Führungsakademie der Bundeswehr, 1997:*
Kleinere, schnellere und unabhängiger operierende Verbände werden das Bild künftiger Kriege prägen [...].
Vor dem Hintergrund dieser fundamentalen Veränderungen ist es für jene Länder, die über moderne Technologien verfügen und den fundamentalen Wandel der Kriegführung erkannt haben, nicht länger zweckmäßig, umfangreiche Streitkräfte zu unterhalten. [...]
Schon von den sehr viel höheren Ansprüchen her, die eine „post-moderne" Kriegführung an den einzelnen Soldaten stellt, dürfte eine Wehrpflichtarmee bald obsolet [veraltet] sein. Nicht nur die rasch zunehmende Komplexität der Waffensysteme und der übrigen Kriegstechnik zwingt dazu, auf länger dienende, sich dem schnellen Wandel ständig anpassende „Professionals" zurückzugreifen. Auch der neue Führungsstil und die erheblich beschleunigten Entscheidungsprozesse erfordern den Berufssoldaten, der wesentlich häufiger als in der Vergangenheit technische Qualifikationen mitbringen muss. [...] Im Übrigen wäre es leichtsinnig und verantwortungslos, Soldaten mit unzulänglicher Ausrüstung und Ausbildung in die unübersichtlichen Konflikte unserer Epoche zu beordern.
[...] Was die USA, Großbritannien und Frankreich bereits geschaffen oder pragmatisch eingeleitet haben und konsequent weiterführen werden, ist für Deutschland ebenso unausweichlich: eine deutliche Verkleinerung der Streitkräfte, die Einführung flexibler Strukturen und operationeller Konzepte sowie die Umwandlung der Streitkräfte in eine mit „post-modernen" Waffensystemen und Kriegstechniken ausgerüstete Berufsarmee, zu der auch Frauen vermehrt Zugang erhalten.

Walter Schilling, Die Zukunft der deutschen Streitkräfte. In: Aus Politik und Zeitgeschichte, B 29/97, S. 15 ff.

b *Bernhard Fleckenstein, Bundeswehrhochschule, München 1997:*
Wehrdienst und Zivildienst sind Leistungen, die von den Bürgern geschätzt werden und auf die sie offenbar nicht verzichten wollen, wobei der Zivildienst seit vielen Jahren höher bewertet wird als der Wehrdienst. Beide ‚Leistungspakete' sind aber nur mit der allgemeinen Wehrpflicht zu haben. Dieser Zusammenhang ist vielen heute stärker bewusst als früher. [...]
Angebliche Wehrungerechtigkeit ist kein Grund mehr, gegen die Wehrpflicht anzugehen. [...] 45,5 Prozent eines männlichen Geburtsjahrgangs dienen in der Bundeswehr, und rund 30 Prozent leisten Zivildienst in den 35 000 anerkannten Beschäftigungsdienststellen; 3,6 Prozent leisten Dienst im so genannten externen Bedarf (Bundesgrenzschutz, Polizei, Feuerwehr, Katastrophenschutz); 15 Prozent sind nicht wehrdienstfähig, weitere 5 Prozent sind Wehrdienstausnahmen [...].
Bleibt es bei der politischen Entscheidung, zumindest mittelfristig eine Bundeswehr von 340 000 Soldaten beizubehalten, braucht über Aufrechterhaltung oder Abschaffung der allgemeinen Wehrpflicht nicht gestritten zu werden. Eine Freiwilligenarmee dieser Größe ist weder rekrutierbar noch bezahlbar. Trotz hoher Arbeitslosigkeit und eines freundlichen Meinungsklimas in der Bevölkerung gelingt es der Bundeswehr derzeit nur mit viel Mühe, den in der gegenwärtigen Personalstruktur vorgesehenen Bestand von rund 200 000 Zeit- und Berufssoldaten zu halten. Fast 90 Prozent der zur Bestandserhaltung jährlich anzuwerbenden 23 000 Freiwilligen haben in der heutigen Struktur die Chance, Unteroffizier oder Offizier zu werden. In einer reinen Freiwilligenarmee wäre das anders. Dort werden nicht nur ‚Häuptlinge' gebraucht, sondern auch ‚Indianer', d. h. Mannschaften in großer Zahl. Etwa die Hälfte der Freiwilligen hätte keinerlei Aufstiegsmöglichkeiten. Damit entfiele ein wesentlicher Verpflichtungsanreiz.

Bernhard Fleckenstein, Warum wir die Wehrpflicht (noch) brauchen. In: Aus Politik und Zeitgeschichte, B 29/97, S. 19 ff.

269

6 Welche Aufgaben soll die Bundeswehr haben?
Meinungsumfrage, August 1999

Aufgaben der Bundeswehr	Zustimmung: von 100 Befragten
Verteidigung Deutschlands innerhalb der Landesgrenzen	90
Verteidigung im NATO-Gebiet	81
Beteiligung an friedenssichern-den[1] Maßnahmen der UNO	87
Beteiligung an friedensschaf-fenden[2] Maßnahmen der UNO	77

[1] friedenssichernde Maßnahmen: Einsatz nach Einstellung der Kampf-handlungen

[2] friedensschaffende Maßnahmen: Kampfeinsätze zur Beendigung eines Konflikts

Emnid-Umfrage für August 1999. Bundesministerium für Verteidigung 1999

7 „Out-of-Area"-Einsätze der Bundeswehr

a *Der Journalist Karl-Heinz Janssen, 1993:*
Zum ersten Mal seit 1945 will eine deutsche Regie-rung wieder in einen Krieg eingreifen. Die Offiziere in den AWACS-Maschinen sind nur der Anfang, morgen sollen „Blauhelme" losgeschickt werden, übermorgen
5 – wenn es nach dem Willen der CDU/CSU und der Bundeswehrführung ginge – auch Kampftruppen. All das unter der Tarnkappe „humanitärer Operationen". [...]
Bei ihrem letzten Einsatz auf dem Balkan hat die
10 deutsche Wehrmacht blutige Spuren hinterlassen.

Allein deshalb geböte die Vernunft den Deutschen, sich militärisch nicht einzumischen. Doch Bundesaußen-minister Klaus Kinkel entnimmt der schrecklichen Nazi-Vergangenheit den Auftrag einer besonderen Ver-antwortung, „an der Wiederherstellung von Frieden, 15 Gewaltlosigkeit und Menschenrechten mitzuwirken". Als ehrlos, verachtenswert, als feige Pfeffersäcke müs-sen sich jene Deutschen beschimpfen lassen, die lieber die Offiziere aus den AWACS-Maschinen abziehen als die Verfassung brechen wollen. [...] Verteidigungsmi- 20 nister Volker Rühe sieht ohne unseren Wehrbeitrag die Großmacht Deutschland zur „politischen Rand-größe" verkümmern. Noch schriller tönt es aus dem Munde seines Generalinspekteurs: Die Bundes-republik verspiele ihren Ruf als glaubwürdiger, be- 25 rechenbarer Bündnispartner [...].
Unsere Armee, die Kriege *verhindern* soll, mausert sich zu einer Armee, die Kriege *führen* soll, sei es im Auftrag der UNO oder regionaler Organisationen. [...] Wie immer, wenn Blei in der Luft ist, blasen deutsche 30 Professoren die Trompete. Historiker wollen uns die Angst vor der Macht austreiben. Politologen werfen der politischen Klasse der Bundesrepublik vor, sie habe den Krieg als außenpolitisches Instrument tabu-isiert, und beklagen die „illusionäre, moralisierend- 35 pazifistische Grundhaltung" der Bevölkerung. Aus der wilhelminischen Requisitenkammer haben sie auch jene Worte hervorgekramt, die einst in die Kanonen des preußischen Königs eingeritzt wurden: „ultima ra-tio", das letzte Mittel. Und Kinkel greift es behände 40 auf: Gegen die neuen nationalistischen Regionalkon-flikte empfiehlt er militärische Gewalt, „wenn es gar nicht anders geht".

8 „Nicht zu fassen, dass ich jetzt da runter soll!"
Karikatur von Walter Hanel, 1991

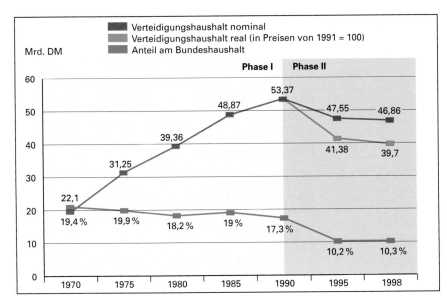

Legend:
- Verteidigungshaushalt nominal
- Verteidigungshaushalt real (in Preisen von 1991 = 100)
- Anteil am Bundeshaushalt

Mrd. DM

Phase I | Phase II

Data points (nominal): 1970: 22,1; 1975: 31,25; 1980: 39,36; 1985: 48,87; 1990: 53,37; 1995: 47,55; 1998: 46,86

Real: 1995: 41,38; 1998: 39,7

Anteil am Bundeshaushalt: 1970: 19,4%; 1975: 19,9%; 1980: 18,2%; 1985: 19%; 1990: 17,3%; 1995: 10,2%; 1998: 10,3%

Das ist die Remilitarisierung der deutschen Außenpolitik. Sobald eine Regierung militärische Argumente den politischen und diplomatischen vorzieht, macht sie sich abhängig vom Rat der Militärs. Das humanitäre Feigenblatt verdeckt den Wiedereinstieg in eine traditionelle Großmacht- und Weltpolitik.

Die Zeit, 9. April 1993

b| *Urteil des Bundesverfassungsgerichts, 1994:*
1. Die Ermächtigung des Art. 24 Abs. 2 GG berechtigt den Bund nicht nur zum Eintritt in ein System gegenseitiger kollektiver Sicherheit und zur Einwilligung in damit verbundene Beschränkungen seiner Hoheitsrechte. Sie bietet vielmehr auch die verfassungsrechtliche Grundlage für die Übernahme der mit der Zugehörigkeit zu einem solchen System typischerweise verbundenen Aufgaben und damit auch für eine Verwendung der Bundeswehr zu Einsätzen, die im Rahmen und nach den Regeln dieses Systems stattfinden.
2. Art. 87a GG steht der Anwendung des Art. 24 Abs. 2 GG als verfassungsrechtliche Grundlage für den Einsatz bewaffneter Streitkräfte im Rahmen eines Systems gegenseitiger kollektiver Sicherheit nicht entgegen. [...]

Entscheidung des BVerfG vom 12. Juli 1994

a) Erarbeiten Sie die verschiedenen Positionen und Argumente zum Thema „Wehrdienst für Frauen" (M3a–c, M4). Ergänzen Sie ggf. weitere Aspekte. Führen Sie anschließend ein Streitgespräch zum Thema „Gleiche Rechte – gleiche Pflichten? Wehrdienst und Wehrpflicht auch für Frauen?"
b) Vergleichen Sie die Ansichten von Fleckenstein und von Schilling zur Frage der Wehrpflicht (M5a und b). Suchen Sie jeweils weitere Argumente.
c) Welche Gründe sprechen nach Ansicht Janssens (M7a) gegen Kampfeinsätze der Bundeswehr? Formulieren Sie Ihre Position dazu. Berücksichtigen Sie bei Ihrer Argumentation auch die Rolle der Reichswehr auf dem Balkan im Zweiten Weltkrieg (▶ S. 258, M4).
d) Suchen Sie im Internet nach aktuellen Informationen zu Bundeswehreinsätzen (http://www.bundeswehr.de). – Diskutieren Sie darüber, inwieweit diese Einsätze jeweils sinnvoll sind.
e) 1994 waren einer Umfrage zufolge nur 41 % der befragten Deutschen dafür, die Bundeswehr auch bei Kampfeinsätzen im Auftrag der UNO einzusetzen. Suchen Sie nach Gründen für die in M6 erkennbare Entwicklung.
f) Bescheiben Sie die Entwicklung des Verteidigungshaushaltes (M9). Suchen Sie Argumente für oder gegen weitere Kürzungen.

Arbeitsvorschläge und Fragen

Wehrdienst oder Zivildienst? Mit dieser Entscheidungsfrage – die sich bislang nur männlichen Jugendlichen stellt – verbinden sich Problemstellungen unterschiedlichster Art, über die sich Schüler schon am Ende ihrer Schulzeit Gedanken machen müssen.

Grundsätzlich akzeptieren die meisten jungen Menschen eine Dienstpflicht, wenn sie davon überzeugt sind, dass es sich dabei um einen sinnvollen Dienst an der Gemeinschaft handelt. Mit welchem Dienst kann man aber der Gemeinschaft eher dienen – mit dem Dienst an der Waffe oder dem Dienst in sozialen Bereichen? Könnte man – für den Fall, dass man eher dem Zivildienst zuneigt – tatsächlich „Gewissensgründe" für sich geltend machen, wie es das Grundgesetz verlangt? Oder sind es vielleicht eher praktische Erwägungen, die den Ausschlag für oder gegen den Wehr- bzw. den Zivildienst geben?

Eine Hilfe bei der Entscheidung kann möglicherweise ein Rollenspiel sein. Dabei werden die Teilnehmer des Spiels (Einzelpersonen oder Gruppen) mit einem strittigen oder noch ungelösten Problem der Alltagswirklichkeit konfrontiert und übernehmen die Rolle eines am Konflikt Beteiligten. Indem eine Konflikt- oder Entscheidungssituation spielerisch simuliert wird, lernen die Spieler unterschiedliche mögliche Sichtweisen oder Auffassungen kennen und sich damit auseinander zu setzen. Dies kann die Findung der eigenen Entscheidung erleichtern.

Je besser das Spiel vorbereitet wird, umso größeren Nutzen kann man daraus ziehen. Bewährt hat sich die Einteilung des Spiels in drei Phasen:

Zivildienstleistender im Einsatz für das Deutsche Rote Kreuz.
Die meisten „Zivis" leisten ihren Dienst in sozialen Einrichtungen und sind diesen als – vergleichsweise billige – Mitarbeiter willkommene und häufig auch unentbehrliche Helfer.
Die Zahl der Wehrdienstverweigerer ist kontinuierlich angestiegen. 1985 waren es etwa 50 000, 1998 mehr als 170 000.

Spielvorbereitung:
- Die Teilnehmer wählen möglichst aus ihrem eigenen Erfahrungsbereich Problemsituationen aus, die unterschiedliche Handlungsalternativen zulassen bzw. eine Entscheidung erfordern.
- Ein vorher bestimmter Spielleiter händigt den Spielern Rollenkarten aus, auf denen die Rolle jeweils knapp beschrieben wird. Zum Beispiel: Der Vater möchte, dass sein Sohn nach dem Abitur als Wehrdienstleistender zur Bundeswehr geht. Der Sohn dagegen will unbedingt Zivildienst im Pflegedienst eines Krankenhauses leisten.
  Die Verteilung der Rollen in der Gruppe muss sich nicht bzw. sollte sich möglichst nicht nach den tatsächlichen Ansichten der Teilnehmer richten.
- Vor der Durchführung des Spiels kann für jede Rolle eine Arbeitsgruppe gebildet werden, die dem Spieler beim Sammeln von Argumenten hilft.

Spieldurchführung:
Jeder Spieler spielt möglichst überzeugend seine Rolle, untermauert seine Position mit stichhaltigen Argumenten, um den anderen von der Richtigkeit seiner Position zu überzeugen. Wichtig ist aber nicht in erster Linie das schauspielerische Talent der Spieler, sondern die Schlüssigkeit ihrer Argumente bzw. ihrer Gegenargumente, wenn sie auf die Positionen ihrer Spielpartner eingehen.

Reflexionsphase:
Nach dem Spiel diskutieren alle – auch die Beobachter –, wie überzeugend die Rollen jeweils gespielt wurden. Sind die Spieler auf die Argumente der Gegenspieler eingegangen? Die Spieler selbst äußern, wie sie sich in ihrer Rolle gefühlt haben. Würden Sie die Rolle auch in Wirklichkeit einnehmen wollen – würden sie sich anders entscheiden? Ergeben sich Konsequenzen aus den spielerischen Erfahrungen? Ergaben sich im Spiel neue Einsichten, Argumente, Möglichkeiten einen Konflikt zu lösen?

Zur Diskussion über das Spiel:
- Führen Sie ein Rollenspiel zur Frage „Wehr- oder Zivildienst?" durch.
- Diskutieren Sie anschließend über den Nutzen des Spiels. Welchen Vorteil hat es, die Rollen nicht nach persönlichen Vorlieben der Spieler zu vergeben?

1.3 Wege zum Frieden – ein historischer Längsschnitt

Seitdem es Kriege gibt, sehnen sich die Menschen nach Frieden. Es gab zu allen Zeiten Religionsstifter und Dichter, Philosophen und Gesetzgeber, Politiker oder Staatsmänner, die die Gräuel des Krieges verdammt und die Segnungen des Friedens gepriesen haben. Auf unterschiedlichen Wegen versuchten sie diesem Ziele näher zu kommen. Während die Pazifisten militärische Gewalt zur Lösung von Konflikten grundsätzlich ablehnen, setzen andere auf militärische Stärke, damit der potenzielle Gegner vor feindlichen Angriffen zurückschreckt.

Gottesfrieden und Landfrieden

Anfangs war es die Kirche, die Gewaltanwendung zu bestimmten Zeiten, besonders an kirchlichen Feiertagen, rund um Kirchen und Klöster oder gegen Geistliche, Pilger, Frauen und Waisen untersagte und jedem, der diesen „Gottesfrieden" brach, den Ausschluss aus der Kirche androhte. Seit dem 12. Jahrhundert erließen auch Könige und Kaiser Landfriedensgesetze, die dem Adel verboten, seine Steitigkeiten in Fehden auszutragen. Doch fehlte es zumeist an einer starken Exekutive, die die Gesetze durchzusetzen vermochte.

Friedensverträge

Das klassische Instrument, den Frieden wiederherzustellen, waren und sind die Friedensverträge. Manche Vertragswerke – der Westfälische Friede 1648 am Ende des Dreißigjährigen Krieges, die Wiener Schlussakte 1815 nach den napoleonischen Kriegen – begründeten lange Friedensperioden, andere – wie der Versailler Vertrag 1919 nach dem Ersten Weltkrieg – enthielten schon die Keime eines neuen Krieges. 1648 und 1815 verhandelten die Kriegsgegner als gleichberechtigte Partner miteinander; sie suchten die Verständigung und verzichteten auf eine strenge Bestrafung des Besiegten. 1919 hatte das besiegte Deutschland lediglich die Wahl, entweder den ihm ultimativ vorgelegten Vertrag im Ganzen anzunehmen oder den längst aussichtslos gewordenen Krieg wieder aufzunehmen. Auf Verhandlungen ließen sich die Sieger nicht ein.

Kollektive Friedenssicherung: Völkerbund ...

Die Pariser Friedensberatungen zeitigten freilich auch ein konstruktives Ergebnis. Es entstand der Völkerbund, der seine Mitglieder verpflichtete „nicht zum Kriege zu schreiten" und sich in Streitfällen ausschließlich friedlicher Mittel zu bedienen. Die Völkerbundsatzung enthielt jedoch kein generelles Kriegsverbot und sie sah auch keine militärischen Zwangsmaßnahmen zur Durchsetzung des Friedens vor. So stand der Völkerbund in den 30er-Jahren der Aggressionspolitik Japans, Italiens und Deutschlands ohnmächtig gegenüber.

Pazifismus (von lat. pax = Frieden): Als Antwort auf die wachsende Vernichtungskraft des modernen Krieges breitete sich der Pazifismus seit dem 19. Jh. aus. Pazifisten verwerfen jede Art von Krieg und Gewaltanwendung und treten für die friedliche Beilegung von Konflikten ein.

In vielen Ländern gibt es Friedensgesellschaften (in Deutschland seit 1891), die Einfluss auf die Öffentlichkeit zu nehmen versuchen. Kritiker werfen dem Pazifismus vor, mit seiner Strategie der Gewaltlosigkeit eröffne er geradezu Freiräume für Aggressoren und missachte die Erfahrung, dass Gewalt äußerstenfalls nur durch Gewalt zu zähmen sei. Demgegenüber vertraten pazifistische Autoren das Konzept des „sozialen Widerstandes": Durch Verweigerung jeglicher Zusammenarbeit mit dem Aggressor soll dieser um die Früchte seines Sieges gebracht und schließlich genötigt werden, die für ihn nutzlose Okkupation aufzugeben. Besonderen Wert legen Pazifisten auf die Entwicklung konfliktverhütender oder regulierender Strategien.

1 „**Der Völkerbund ... und wie er in Wirklichkeit aussieht.**" Karikatur von Arpad Schmidhammer, 1920

Die Nachfolgeorganisation des Völkerbundes, die 1945 gegründete UNO, verbot jegliche zwischenstaatliche Gewaltanwendung (mit Ausnahme des Verteidigungskrieges) und eröffnete Möglichkeiten militärischer Friedenserzwingung. Solange jedoch der Ost-West-Konflikt andauerte, unterband zumeist das Veto einer der fünf Großmächte im Sicherheitsrat wirksame Maßnahmen. Auch die „friedenserhaltenden" Einsätze von UN-Schutztruppen („Blauhelme") erwiesen sich oft als wirkungslos, da sie an die freiwillige Zustimmung der Kriegsparteien gebunden waren.

... und UNO

Als Japan 1931 in die Mandschurei und 1937 in China einfiel, Italien 1935 Abessinien angriff und Deutschland 1936 entgegen den Versailler Bestimmungen Militär in die linksrheinischen Gebiete einrücken ließ, machten die dadurch herausgeforderten Großmächte den Aggressoren Zugeständnisse – in der Hoffnung, diese würden sich erkenntlich zeigen und fortan Zurückhaltung üben. Hitler deutete die Nachgiebigkeit der Westmächte jedoch als Zeichen ihrer Schwäche und schöpfte daraus die Zuversicht, seine Forderungen immer höher schrauben zu können (▶ S. 160f.).

Appeasement-Politik

2 **Die UNO und der Frieden**
Links: Französisches Plakat zur Gründung der UNO,
rechts: Karikatur von Horst Haitzinger zur UNO-Politik in Kroatien, 1993

275

3 „Guernica". Pablo Picasso malte das Bild (3,5 x 8 m) unter dem Eindruck eines Luftangriffs auf das baskische Städtchen Guernica während des Spanischen Bürgerkriegs (1936–1939). Den Angriff hatte die deutsche „Legion Condor" zu verantworten, ein Luftgeschwader, das Hitler den faschistischen Putschisten unter General Franco zur Unterstützung geschickt hatte.

Abschreckung und Entspannung

Dass der lange drohende Krieg zwischen den verfeindeten Machtblöcken des Ost-West-Konflikts vermieden werden konnte, war nicht zuletzt eine Folge der gigantischen Waffenarsenale beider Lager. Ein „Gleichgewicht des Schreckens" hielt die Widersacher davon ab, das Risiko eines Nuklearkrieges auf sich zu nehmen. Weil ein solcher Abschreckungsfriede stets labil blieb und die Rüstungskosten immer schwerer drückten, waren beide Supermächte an einer Entspannung durch Abrüstung interessiert. Dennoch konnte keine Seite sich dazu durchringen, ihre Waffenvorräte entscheidend zu verringern. Selbst nach dem Ende des Kalten Krieges 1990 blieben, trotz der Verschrottung vieler Raketen und Atomwaffen, weltweit noch genügend Rüstungsgüter erhalten, um die gesamte Menschheit gleich hundertfach auslöschen zu können.

Supranationale Zusammenschlüsse und weltweite Vernetzung

Als der bisher erfolgreichste Weg, den zwischenstaatlichen Frieden zu sichern, erwies sich die möglichst enge Zusammenarbeit einer begrenzten Zahl von Staaten in möglichst vielen Bereichen. Schon der deutsche Philosoph Immanuel Kant sah 1795 in internationalen Handels- und Wirtschaftsbeziehungen ein besonders wirksames Pfand der Friedensliebe. An diese Idee knüpften die Gründer der Montanunion 1950 an. Diese westeuropäische Sechsergemeinschaft erweiterte sich 1958 zur Europäischen Wirtschaftsgemeinschaft (EWG), aus der später die EG (heute EU) wurde, der seit 1995 15 Staaten angehören. Insbesondere die Erfolge der (west-)europäischen Einigung stärkten die Zuversicht, eine ähnliche supranationale Zusammenarbeit auch im Rahmen der Welt-Staatengemeinschaft zustande bringen zu können. Immer mehr Probleme lassen sich nur „global" oder gar nicht lösen.

4 „Empörung unserer Herzen"

Die deutsche Pazifistin Bertha von Suttner (1843 bis 1914) in einem Brief an den „Frauenbund der Deutschen Friedensgesellschaft" kurz vor dem Ersten Weltkrieg (1914):

Wir wollen den Krieg bekämpfen: nicht nur, weil er sich nicht mehr auszahlt und daher eine Torheit – sondern weil er grausam und daher ein Verbrechen ist.
5 Das soll in all dem Aufwand von politischen und ökonomischen Argumenten nicht vergessen werden. Desto besser, wenn sich der Verstand auch gegen den Krieg auflehnt, aber unterdrücken wir darum nicht die Empörung unserer Herzen. [...] Der Krieg ist keine Elementarkatastrophe, er ist das Ergebnis menschlichen
10 Irrwahns und menschlicher Fühllosigkeit. Also lassen wir uns durch den Vorwurf der Sentimentalität nicht abschrecken. Wir haben das Recht, wir Frauen, unsere Gefühle zu zeigen. [...] Lassen wir uns ja diesen instinktiven Hass – der ja nur eine intensive Form von
15 Menschenliebe ist – nicht rauben; er soll unter den mannigfaltigen Waffen, die unsere neue Zeit gegen barbarische alte Institutionen schmiedet, vielleicht eine der wirksamsten, gewiss eine der edelsten sein.

Nach: Frauen gegen den Krieg, hrsg. v. G. Brinker-Gabler, Frankfurt 1980, S. 52 f.

5 Kriegsdienstverweigerung

Aus der Debatte des Parlamentarischen Rates über den Grundgesetzentwurf Artikel 5, Absatz 5: „Niemand darf gegen sein Gewissen zum Kriegsdienst mit der Waffe gezwungen werden."

Dr. Heuss (FDP): [...] Ich glaube, für meine Meinung, dass dieser Absatz gestrichen werden muss, spricht so etwas wie ein historisches Stilgefühl. Wir sind jetzt nämlich dabei, ein Werk der Demokratie zu schaffen.
5 Die allgemeine Wehrpflicht ist das legitime Kind der Demokratie, seine Wiege stand in Frankreich. Mir scheint es unmöglich zu sein, dass wir in diesem Augenblick, in welchem wir eine neue Fundamentierung des Staates vornehmen wollen, [...] nun mit einer sol-
10 chen Deklaration kommen [...]. Wenn wir jetzt hier einfach das Gewissen einsetzen, werden wir im Ernstfall einen Massenverschleiß des Gewissens verfassungsmäßig festlegen.
Dr. Eberhard (SPD): Ich bin gerade nach diesem
15 furchtbaren Krieg und nach dem totalitären System dafür, einen solchen Absatz hier einzufügen. Herr Dr. Heuss, Sie sprachen von dem Massenverschleiß des Gewissens, den Sie befürchten. Ich glaube, wir haben hinter uns einen Massenschlaf des Gewissens.
20 In diesem Massenschlaf des Gewissens haben die Deutschen zu Millionen gesagt: Befehl ist Befehl, und haben daraufhin getötet.

Verhandlungen des Parlamentarischen Rates, 43. Sitzung des Hauptausschusses vom 18. Januar 1949

6 Voraussetzungen des Friedens

Der Friedensforscher Dieter Senghaas schreibt, 1994:
Der Friede ist keine Folge zunehmender Zivilisation. Im Gegenteil: Moderne Gesellschaften sind latent gewalttätig. [...]
Von grundlegender Bedeutung ist die Entwaffnung der
5 Bürger, die Entmilitarisierung der Gesellschaft und die Herausbildung eines in der Regel staatlichen Gewaltmonopols, dem die Einzelnen untergeordnet sind. [...] Ein Gewaltmonopol für sich alleine ist jedoch im Grenzfall nicht mehr als eine beschönigende Umschreibung von Diktatur. Das Gewaltmonopol bedarf
10 also [...] der Kontrolle durch die Prinzipien des Rechtsstaates, der die Freiheit der Bürger und die Menschenrechte schützt, die Gleichheit vor dem Gesetz garantiert, die Gewaltenteilung und freie Wahlen, die Bindung von Verwaltung und Regierung an das geltende
15 Recht [...].
[...] Voraussetzung für verlässlichen Frieden ist soziale Gerechtigkeit. Dazu gehört die gerechte Verteilung von Chancen auf Bildung und Weiterbildung, die gerechte Verteilung des Wohlstandes und eine gerechte
20 Befriedigung von Bedürfnissen. Nur dann kann sich die Mehrzahl der Menschen in der politischen Gemeinschaft aufgehoben fühlen. Soziale Gerechtigkeit ist also keine Option, der in guten Zeiten mehr und in schlechten Zeiten weniger gefolgt werden kann: Sie
25 ist vielmehr notwendige Bedingung für die Lebensfähigkeit rechtsstaatlicher Ordnungen und des inneren und äußeren Friedens. Rechtsstaaten dürfen die Frage der Gerechtigkeit niemals zur Ruhe kommen lassen.
30 Und ständig kann der Friede dadurch gefährdet werden, dass in einem der sechs Bereiche die Gewalt einbricht: Das Gewaltmonopol kann in einen Polizeistaat umkippen; Rechtsstaatlichkeit und demokratische Grundsätze können sich als Fassade erweisen. Man-
35 gelnde Verteilungsgerechtigkeit ist eine ständige Gefahr; soziale und politische Zusammenhänge können sich auflösen und Gewalt freisetzen.

Nach: Publik-Forum, Nr. 2, 28. Januar 1994, S. 5 f.

7 Gewaltloser Widerstand

Der Historiker Stefan Wolle schildert die Entstehung der amerikanischen Bürgerrechtsbewegung:
Im Dezember 1955 weigerte sich in Montgomery (Alabama) die schwarze Näherin Rosa Parks, ihren Sitzplatz im vorderen Teil des Busses einem weißen Fahrgast abzutreten. Der Busfahrer holte die Polizei.
„Ich bin einfach müde", sagte die Frau. „Meine Füße
5 schmerzen. Ich habe den ganzen Tag schwer gearbeitet." Rosa Parks wurde verhaftet. Doch was unzählige Male hingenommen worden war, entfachte nun einen Sturm der Entrüstung in der Stadt. Wieder war es die scheinbar unbedeutende Tat eines Einzelnen, welche
10 die Weltgeschichte in Bewegung setzte.

Rosa Parks sollte am 5. Dezember 1955 vor Gericht stehen. Für den Tag der Verhandlung beschloss eine Versammlung von ungefähr 50 Schwarzen den Boy-
15 kott der Busgesellschaft. Und noch eine weitere wichtige Entscheidung wurde an diesem Tag getroffen: Die Versammlung wählte den Baptistenprediger Martin Luther King junior zu ihrem Sprecher. Der schwarze Prediger, gerade in Theologie promoviert, entschied
20 sich in diesen Tagen zwischen einer bürgerlichen Karriere und dem Kampf für die Menschenrechte.
Am Tage des Prozesses gegen Rosa Parks stieg in Montgomery kein Schwarzer in den Bus. Zu Fuß, per Anhalter oder auf dem Pferd kamen die Kinder zur
25 Schule und die Erwachsenen zur Arbeit. Rosa Parks wurde zu einer Geldstrafe von zehn Dollar verurteilt. Doch es ging nun um das Prinzip. Für die nächsten 13 Monate sorgte ein Bürgerkomitee für die Organisation des Transports, und die Busgesellschaft verlor
30 65 Prozent ihrer Einnahmen.
Entsprechend stark war der Hass, der Martin Luther King von weißen Rassisten entgegenschlug. Am 30. Januar 1956 explodierte auf der Veranda seines Hauses eine Bombe. [...] Eine entsetzte und wütende
35 Menge von Schwarzen lief vor seinem ausgebrannten Haus zusammen. Doch King beschwichtigte die aufgebrachten Menschen: „Bitte geht nach Hause und legt eure Waffen weg. Wir können dieses Problem nicht durch Vergeltung lösen. Wir müssen der Gewalt
40 mit Gewaltlosigkeit begegnen. Wir müssen unsere weißen Brüder lieben." Einem weißen Polizisten entfuhr daraufhin: „Ohne den Nigger wären wir jetzt alle tot." Die Auseinandersetzungen gingen weiter. Die Busgesellschaft verklagte King auf Schadenersatz.
45 Doch mitten in die Gerichtsverhandlung platzte eine Entscheidung des Supreme Court, die auch die Rassentrennung in Bussen für verfassungswidrig erklärte. Der Erfolg von Montgomery löste eine Kettenreaktion im ganzen Land aus. [...] Eine neue Generation hielt dem Establishment die Ideale der Gründerväter vor. 5 Die Studentenbewegung begann sich zu formieren; Künstler wie die Protestsänger Joan Baez und Bob Dylan solidarisierten sich. Das Sit-in als Aktionsform wurde geboren. Aus Protest setzten sich junge Leute an die Theken von Imbissstuben und Schnell- 5 restaurants, die keine Schwarzen bedienen wollten, und sangen gemeinsam Lieder. Zu einer der Hymnen der Bewegung wurde das berühmte „We Shall Overcome", das sich über die ganze Welt verbreitete.
Am 28. August 1963 fand die friedliche Bewegung 6 für Bürgerrechte der farbigen Amerikaner mit dem „Marsch auf Washington" ihren historischen Höhepunkt. Eine viertel Million Menschen, darunter viele Weiße, zogen vom Washington Monument zum Lincoln Memorial. In brütender Sommerhitze stand 65 Martin Luther King vor der unübersehbaren Menschenmenge, wohl wissend, dass Millionen von Menschen in ihm den „moralischen Führer der Nation" sahen. Einer unmittelbaren Eingebung folgend legte er sein Manuskript zur Seite und hielt seine berühmte 70 Rede, die über weite Passagen immer wieder mit jenem legendär gewordenen „I have a dream" begann: „Ich habe einen Traum, dass meine vier kleinen Kinder eines Tages in einer Nation leben werden, in der man sie nicht nach ihrer Hautfarbe, sondern nach ihrem 75 Charakter beurteilt wird. [...] Ich habe einen Traum, dass eines Tages kleine schwarze Jungen und schwarze Mädchen sich mit kleinen weißen Mädchen und weißen Jungen die Hände schütteln wie Schwestern und Brüder." 80

Der Spiegel 12/1999, S. 155 f.

8 „Marsch auf Washington"
Höhepunkt der Proteste gegen die Rassendiskriminierung wurde diese Massendemonstration am 28. August 1963. Vorne in der Bildmitte: der Bürgerrechtler Martin Luther King.

9 **Rüsten oder abrüsten?**
Karikatur von
H. E. Köhler

a) Kennzeichnen und diskutieren Sie die Grundüberzeugungen des Pazifismus (M4, DT).

b) Teilen Sie Ihre Klasse in zwei Gruppen. Führen Sie das in der Karikatur (M9) dargestellte Streitgespräch durch. Der Kosovo-Krieg (▶ S. 252 ff.) könnte dabei als Fallbeispiel dienen.

Beziehen Sie dabei auch Möglichkeiten des gewaltfreien Widerstandes ein, wie Sie in M7 beschrieben werden.

Bedenken Sie, dass anfangs auch die Kosovo-Albaner gewaltfreie Widerstandsformen angestrebt haben.

Berücksichtigen Sie bei Ihrem Streitgespräch auch die von dem Friedensforscher Senghaas (M6) genannten Voraussetzungen für ein friedliches Zusammenleben.

c) Stellen Sie die Positionen innerhalb des Parlamentarischen Rates zur Kriegsdienstverweigerung einander gegenüber (M5).

d) Informieren Sie sich über den weiteren Lebensweg des Bürgerrechtlers Martin Luther King. Diskutieren Sie, ob sein Schicksal denjenigen seiner Kritiker als Argument dafür dienen könnte, dass von vornherein der Weg der Gewalt der richtige gewesen wäre.

Arbeitsvorschläge und Fragen

279

2 Entwicklungspolitik

Lange Jahre war der Nord-Süd-Konflikt – wie man den Gegensatz zwischen Industrie- und Entwicklungsländern häufig bezeichnet – vom Ost-West-Konflikt überlagert. Das Ende des Ost-West-Konflikts hatte gravierende Auswirkungen auch auf die „Dritte Welt" und die Nord-Süd-Beziehungen. Viele Oppositionelle in Ländern der Dritten Welt versuchten es, den Europäern gleichzutun. Auch der Westen beendete die lange Zeit gängige Praxis, Diktatoren zu unterstützen, sofern diese sich nur antikommunistisch gaben. Der außenpolitische Handlungsspielraum der Entwicklungsländer, die häufig Ost und West gegeneinander ausspielen konnten, war geringer geworden.

So zeigten sich manche Regierungen – vor allem in Afrika – zögernd zu demokratischen und marktwirtschaftlichen Reformen bereit, nicht zuletzt um in den Genuss von Entwicklungshilfegeldern oder Krediten zu kommen. Die wirtschaftlichen Veränderungen belasteten meist die ohnehin schon Ärmsten. Und schließlich brachen jetzt verstärkt innenpolitische Konflikte und ethnische Gegensätze auf, die Hunderttausende das Leben kosteten und riesige Flüchtlingsströme in Bewegung setzten.

2.1 Kennzeichen der Unterentwicklung

Wirtschaft

Die Ländergruppe der Dritten Welt umfasst mit 4,5 Milliarden Menschen etwa vier Fünftel der Weltbevölkerung. Sie stellt drei Viertel aller Staaten und spielt daher auch eine gewichtige Rolle in der UNO. In einem krassen Missverhältnis dazu steht ihr wirtschaftliches Gewicht: Ihr Anteil am Weltbruttosozialprodukt beträgt weniger als 20 %.

Ein wichtiges Kennzeichen für Unterentwicklung ist ein niedriges Bruttoinlandsprodukt (BIP: Wert aller produzierten Güter und Dienstleistungen in einem Jahr) pro Kopf der Bevölkerung. Dieser Indikator ist jedoch nur bedingt aussagekräftig, da die statistische Erfassung der Daten in Gebieten mit einem

Entwicklung: Die Vorstellungen der reichen Länder von der richtigen „Entwicklung" der armen haben sich im Laufe der Zeit erheblich gewandelt. In den 50er-Jahren war lediglich das wirtschaftliche Wachstum Kern des Entwicklungsbegriffs. Heute umfasst der von der UNO erstellte „Index der menschlichen Entwicklung" das Pro-Kopf-Einkommen, die Lebenserwartung und das Bildungsniveau der Bevölkerung. Viele fordern heute eine Ergänzung: das Maß persönlicher Freiheit, soziale, geschlechtliche und regionale Gleichberechtigung sowie der schonende Umgang mit der Umwelt sollen als zusätzliche Gradmesser der Entwicklung mit einbezogen werden.

Dritte Welt: Dieser Begriff bezeichnet eine Ländergruppe, die sich historisch gesehen nach der Ersten Welt – den westlichen, marktwirtschaftlich orientierten Industrieländern – und der Zweiten Welt – den sozialistischen Industrieländern – gebildet hat. Zur „Dritten Welt" zählen die Entwicklungsländer, die meist Kolonien von Europäern, US-Amerikanern oder Japanern waren. Vielfach spricht man heute noch von einer Vierten Welt und meint damit die – meist in Afrika liegenden – am wenigsten entwickelten Länder. Staaten, die wirtschaftlich an der Schwelle zu Industriestaaten stehen, werden als „Schwellenländer" bezeichnet.

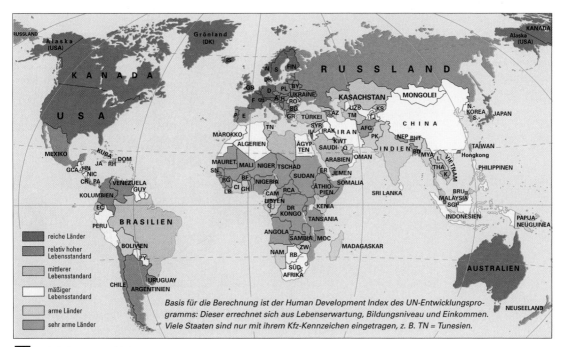

1 Globale Entwicklungsniveaus

hohen Anteil an Selbstversorgung oft recht schwierig ist. Und die meist in Dollar gemachten Angaben über das Pro-Kopf-Einkommen sagen wenig über die reale Kaufkraft aus. Diese ist oft deutlich höher, als es sich bei der Umrechnung in Dollar ergibt. Außerdem verdecken die Durchschnittswerte die oft krassen Einkommensunterschiede. In den meisten Entwicklungsländern haben rund zwei Drittel der Bevölkerung weniger als das statistische Durchschnittseinkommen zur Verfügung. Daher sind die Einkommen des größten Teils der Bevölkerung so niedrig, dass kaum etwas gespart oder investiert werden kann. Und die Wohlhabenden transferieren ihr Geld häufig ins Ausland, statt es im eigenen Land anzulegen. Der Grad der Industrialisierung ist meist recht niedrig; weithin liegt das Schwergewicht der Wirtschaft auf dem Agrarbereich, der oft sogar nur der reinen Selbstversorgung dient. Verkehrs- und Kommunikationssysteme sind nur unzulänglich ausgebaut – ein weiteres Hemmnis wirtschaftlichen Wachstums.

Verhältnis zum Weltmarkt

In vielen Entwicklungsländern existiert eine Art Doppelwirtschaft: die überkommene, auf niedrigem Niveau stehende Subsistenzwirtschaft und eine relativ gut entwickelte Exportwirtschaft. Exportiert werden meist nur so genannte „cash crops" (▶ S. 282) und mineralische Rohstoffe, kaum dagegen industrielle Halb- und Fertigwaren. Einige Länder stützen sich fast ausschließlich auf ein Produkt, wie z.B. Uganda, dessen Exporteinnahmen zu über 90 % auf Kaffee beruhen. Daher steht und fällt die Einnahmebilanz mit den Veränderungen der Preise auf dem Weltmarkt. Diese sind seit etwa 1980 zumeist gefallen.

Auslandsverschuldung

Die Folge ist eine starke Auslandsverschuldung. Eine Gipfelkonferenz der G-8-Staaten beschloss deshalb 1999 in Köln einen teilweisen Schuldenerlass für 33 sehr arme und hoch verschuldete Länder. Etwa ein Drittel ihrer sich auf

2 Begegnung zweier Welten. Mit einem Sonnen-kollektor betriebenes Fernsehgerät im westafrikanischen Niger

ca. 200 Milliarden US-Dollar belaufenden Schulden wurde vor allem durch den Verkauf von Goldreserven des Internationalen Währungsfonds (IWF) getilgt. Dadurch sollte erreicht werden, dass Gelder der Entwicklungshilfe in Zukunft nicht mehr für die Finanzierung der Schulden verwendet werden müssen.

Bildung und Gesundheit

Mängel im Bildungswesen sind ein weiterer Hemmschuh für eine wirtschaftliche Aufwärtsentwicklung. Trotz beträchtlicher Anstrengungen in einzelnen Ländern ist der Anteil der Analphabeten an der Bevölkerung der Dritten Welt immer noch sehr hoch. So schätzt man, dass weltweit rund eine Milliarde Menschen weder lesen noch schreiben können. Vor allem in Ländern Afrikas zählen viele zu dieser benachteiligten Gruppe.

Das Leben vieler Menschen in den Entwicklungsländern ist durch Unter- oder Mangelernährung gefährdet. Sie können sich vielerorts nicht ausreichend mit Getreide versorgen, sodass sie von Importen abhängig sind. Bei einer Missernte, bei Dürren oder Überschwemmungen drohen Hungerkatastrophen. Eine gründliche Behandlung der verbreiteten Infektionskrankheiten ist kaum möglich, da die ärztliche Versorgung – vor allem auf dem Land – äußerst mangelhaft ist.

Subsistenzwirtschaft: Viele Bauern und Landarbeiter in der Dritten Welt beschränken sich bei der Agrarproduktion – notgedrungen oder wegen fehlender Preisanreize – weit gehend oder ganz auf ihre Selbstversorgung und produzieren nicht für den Markt. Da sie kaum über Geld verfügen und oft nur knapp ihren Lebensunterhalt (Subsistenz) sichern können, stellt diese Wirtschaftsform kaum eine Entwicklungsperspektive dar.

Cash Crops sind landwirtschaftliche Exportprodukte, die meist auf Plantagen angebaut werden. Mit ihnen können zwar Devisen eingenommen werden, aber es entsteht auch eine starke Abhängigkeit von den Preisschwankungen auf dem Weltmarkt. Außerdem können dadurch Engpässe bei der Nahrungsmittelversorgung für die eigene Bevölkerung auftreten, und die Umwelt wird durch Monokulturen meist stark belastet.

Dennoch steigt die durchschnittliche Lebenserwartung in der Dritten Welt allmählich. Da gleichzeitig die hohen Geburtenraten nur langsam sinken, wächst die Bevölkerung stark an. So ist es schwer, die Menschen mit Nahrung, Erwerbsmöglichkeiten und Bildungseinrichtungen zu versorgen und gleichzeitig wirtschaftliches Wachstum sicherzustellen. Darum setzen viele Länder auf Programme zur Familienplanung. Doch gerade auf dem Lande sind solche Vorhaben nur schwer durchsetzbar. Erfahrungsgemäß haben strukturelle Veränderungen und ein Wandel der Mentalität langfristig mehr Aussicht auf Erfolg: mehr Bildung, soziale Versorgung auch im Alter, Verbesserung der Lage der Frauen, geringere Kindersterblichkeit und Abkehr von der Hochschätzung männlicher Nachkommen. **Bevölkerungswachstum**

Armut und Bevölkerungsdruck sind für Umweltschäden mitverantwortlich, die langfristig verhängnisvolle Folgen haben können. Viele Menschen sind gezwungen Wälder abzuholzen, um Brennholz zu gewinnen oder neue landwirtschaftliche Nutzflächen (vor allem für Agrarexporte) zu erschließen. Viele Gebiete sind überweidet, und der Einsatz von Pestiziden vergiftet die Gewässer. Durch den Kahlschlag in den Wäldern – auch zur Edelholzgewinnung für den Weltmarkt – und durch Gewässerregulierung gerät der natürliche Wasserhaushalt aus dem Gleichgewicht, sodass Überschwemmungen oder Dürren drohen. Jährlich fallen landwirtschaftlich nutzbare Flächen in der Größenordnung von Großbritannien – rund 26 Millionen Hektar – der Bodenerosion oder der Zunahme der Wüsten zum Opfer. Mehr als 25 % der Gesamtfläche Afrikas befinden sich in einem fortgeschrittenen Stadium der „Verwüstung"; das betrifft vor allem die Sahelzone. Und die Abholzung des Regenwaldes bedroht das globale Klima („Klimakatastrophe"). **Umweltprobleme**

In vielen Entwicklungsländern herrschen diktatorische oder autoritäre Regime. Trotzdem hat man für diese Länder den Begriff des „schwachen Staats" geprägt. **Politische Verhältnisse**

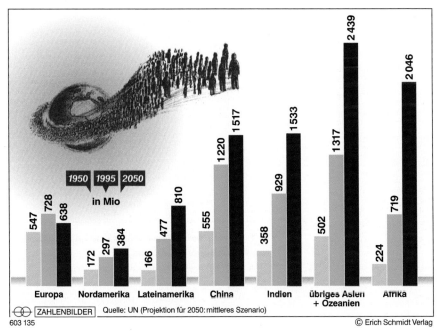

3 Das Wachstum der Erdbevölkerung. Prognose der UNO

ZAHLENBILDER   Quelle: UN (Projektion für 2050: mittleres Szenario)

603 135

Damit ist gemeint, dass die Staatsführung, obwohl sie ihre Macht oft ohne demokratische Legitimation auf harte Gewalt stützt, meist nicht in der Lage oder gewillt ist, die Entwicklung des Landes energisch in Angriff zu nehmen. Vielmehr nutzen die Herrschenden ihre Position oft zur persönlichen Bereicherung (Korruption, unkontrollierter Zugriff auf staatliche Gelder). Diese Regime missachten die Menschenrechte und zeigen eine hohe Gewaltbereitschaft. Zur Aufrechterhaltung ihrer Herrschaft unterhalten sie meist einen starken Sicherheitsapparat, und ein großer Teil der Staatseinnahmen fließt in die Rüstung. Davon profitieren vor allem die Rüstungslieferanten in den Industriestaaten.

Frauen in der Dritten Welt

Die Frauen in allen Ländern der Dritten Welt leiden unter zusätzlichen Benachteiligungen. Vor allem auf dem Land tragen sie eine große Arbeitslast. Die Feldarbeit und die Verarbeitung der Ernte gelten meist als Frauensache. Die gesellschaftliche Stellung der Frau entspricht jedoch nirgends ihrer Arbeitsleistung oder den Grundsätzen der Gleichberechtigung von Mann und Frau. Frauen erhalten nicht den gleichen Lohn, sind in politischen oder wirtschaftlichen Führungspositionen wenig vertreten und haben kaum Mitspracherechte. Angesichts der immer schlechter werdenden Verhältnisse haben sich jedoch die Frauen in vielen Ländern in lokalen Selbsthilfeorganisationen zusammengeschlossen. Es gibt zahlreiche Beispiele: Formen der Kooperation beim Gemüseanbau sowie beim Boden- und Gewässerschutz, das Engagement zur Wiederaufforstung von Wäldern, den gemeinsamen Betrieb von Brunnen und Getreidemühlen sowie die Bildung von Einkaufs- und Vertriebsgenossenschaften.

Ursachen der Unterentwicklung

In den letzten Jahrzehnten haben Politiker und Wissenschaftler immer wieder nach Ursachen für die Rückständigkeit der Dritten Welt gesucht. Ihre Erklärungen fallen je nach politischem Standort und Herkunft unterschiedlich aus. Weit gehend einig ist man sich inzwischen darüber, dass ein Bündel von so

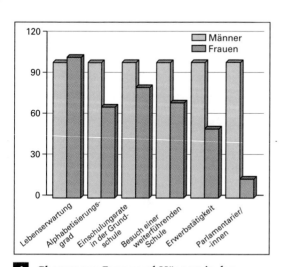

4 Chancen von Frauen und Männern in der Dritten Welt, 1990
(Angaben in Prozent, Angabe für Männer stets 100 %. Erhebungsbereiche: Länder der Dritten Welt.)
UNDP. Human Development Report, 1990

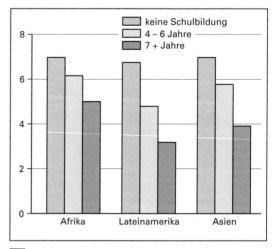

5 Anzahl der Geburten einer Frau im Verhältnis zur Anzahl ihrer Schuljahre
UNICEF zur Situation der Kinder in der Welt 1995. Frankfurt 1995, S. 91

284

genannten „exogenen" (äußeren) und „endogenen" (inneren) Faktoren berücksichtigt werden muss. Zu den exogenen Faktoren zählen die koloniale Vergangenheit und das für viele Drittweltländer nachteilige System des Welthandels. Dazu kommen in den Entwicklungsländern selbst liegende – endogene – Hemmnisse und Mängel unterschiedlichster Art, zum Beispiel: schwierige klimatische und geografische Bedingungen, Misswirtschaft und Korruption, fortschrittsfeindliche Traditionen sowie ethnische Konflikte.

Entwicklungspolitik der Bundesrepublik Deutschland

Seit Ende der 50er-Jahre betreibt die Bundesrepublik Entwicklungspolitik. Doch häufig – besonders in der Zeit des Kalten Krieges – waren entwicklungspolitische Entscheidungen von politischen Vorgaben mitgeprägt und verbunden mit wirtschaftlichen Interessen. Die Entwicklungspolitik der Bundesrepublik steht auf zwei Säulen. Auf der einen Seite sind dies einige halbstaatliche Träger wie die Deutsche Gesellschaft für technische Zusammenarbeit (technische Hilfe) und der Deutsche Entwicklungsdienst. Auf der anderen Seite steht eine Fülle von „Nicht-Regierungsorganisationen" der Kirchen („Brot für die Welt", „Misereor"), der parteinahen Stiftungen und privater Institutionen (u. a. „Deutsche Welthungerhilfe", „Terre des Hommes").
Seit 1950 hat die Bundesrepublik rund 200 Milliarden Mark an Entwicklungshilfe geleistet; 1994 war sie nach Japan, den USA und Frankreich der viertgrößte Geldgeber. Trotzdem haben die bereitgestellten Summen nicht die international vereinbarte Höhe von 0,7 % des B/P erreicht (1997 nur 0,31 %). Der Etat des „Bundesministeriums für wirtschaftliche Zusammenarbeit" ist seit Beginn der 90er-Jahre zudem ständig eingeschränkt worden. Ein wesentlicher Grund dafür ist, dass seitdem ein großer Teil der öffentlichen Gelder für die wirtschaftliche und politische Stabilisierung der ehemaligen Ostblockländer verwendet wird. Dabei fließen etwa 60% der Hilfsgelder an deutsche Firmen zurück. Insgesamt werden 240 000 Arbeitsplätze von der Entwicklungshilfe gesichert.

6 links: **Karikatur aus der Dritten Welt**
rechts: **Karikatur von Erich Liebermann** (1980)

7 Reportagen und Berichte aus Afrika

a *Aus einer Rundfunkreportage des deutschen Journalisten Walter Michler anlässlich der 25-jährigen Unabhängigkeit Nigerias 1986:*

Immer wieder Felder, Felder kleiner Bauern links und rechts der Straße [...]. Alles mit Hand, Hacke und gekrümmtem Rücken erarbeitet: 2000 kleine Erdhügel muss ein Bauer aufschütten, wenn er genügend
5 Kassava und Jams – diese Knollenfrüchte gehören zu den Hauptnahrungsmitteln Nigerias – für die eigene Familie ernten will.
Doch ich fahre oft auch Hunderte von Kilometern und komme nicht durch ein einziges Dorf mit fließendem
10 Wasser, mit Elektrizitätsversorgung. Und die Häuser der Landbevölkerung sind die gleichen Lehmhütten, wie sie schon von ihren Großvätern bewohnt wurden. Die Dörfer Nigerias sehen genauso aus wie die im Sudan oder in den armen Ländern des Kontinents –
15 und dies, obwohl Nigeria jenen weit, weit überlegen ist: eben durch die 160 Milliarden Dollar, die der Erdölverkauf ihm einbrachte. [...]
Obwohl Nigeria seit der Unabhängigkeit 30 000 neue Grundschulen gebaut hat, besucht auf dem Lande nur
20 die Hälfte aller Kinder eine Schule – in manchen Regionen sind es mehr, in anderen erheblich weniger. Genaue Zahlen darüber gibt es nicht, nicht einmal verlässliche Schätzwerte. Fest steht jedoch, dass nahezu alle Dorfschulen völlig unzureichend einge-
25 richtet sind, und die mangelhaft ausgebildeten Lehrer werden schlecht bezahlt, 300 Mark pro Monat: Ihre Motivation ist gleich Null. [...]
Auf meinen Reisen durch Afrika habe ich oft halb verhungerte Menschen gesehen, bis aufs Skelett abgema-
30 gerte Kinder, Kranke ohne Überlebenschance. [...] Sie mühen und plagen sich mit all ihren Kräften ohne doch einen Fortschritt, eine Besserung für sich und ihre Familie erzielen zu können. [...]
[Ihre] Situation [ist] das eigentliche Elend, das eigent-
35 liche Drama Afrikas, eben weil sie nicht die Ausnahme, sondern der Normalzustand ist auf diesem Kontinent. Denn nicht nur in Nigeria sind die Bauern leer ausgegangen, auch in den anderen Staaten hat die Landbevölkerung nicht von den Früchten der Uhuru,
40 der Unabhängigkeit genossen. [...]
Nigerias Politiker haben die Abermilliarden Dollar aus dem Erdölverkauf in die Stadtentwicklung, in die rasche Industrialisierung des Landes investiert, von deren Segen die Masse der Bevölkerung nichts abbe-
45 kommt; es ist schier unglaublich, wie sie die Landwirtschaft vernachlässigt haben: In den 80er-Jahren musste Nigeria, die Kornkammer Westafrikas, für mehr als eine Milliarde Dollar Nahrungsmittel importieren.

Walter Michler, Weißbuch Afrika, Bonn, 2. Aufl. 1991, S. 387–389

b *Der deutsche Journalist Randolph Braumann, der mehrere Jahre in Afrika gelebt und u. a. im Kongo gearbeitet hat, 1986:*

Die Schiffsladungen aus Amerika und Europa, die [...] rund um den afrikanischen Kontinent gelöscht werden, machen jede Widerstandskraft gegen natürliche Katastrophen überflüssig. Afrikas Fähigkeit zur Selbstheilung ist tot. Wenn es nicht gerade zu ekla-
5 tantem Massensterben [...] kommt, werden Missernten apathisch hingenommen. Kaum eine afrikanische Regierung hat sich in den letzten Jahren Gedanken darüber gemacht, wie zukünftige Missernten verhindert werden könnten. [...]
10 In [einer britischen] Studie wird ein senegalesischer Bauer zitiert, der sein Land für ein Bewässerungsprojekt opfern muss. Mithilfe des Bewässerungsprojekts soll in besagtem „großen Stil" Reis angebaut werden, von dem man allerdings jetzt schon weiß, dass er so
15 teuer werden wird, dass nur Städter ihn sich werden leisten können. Der Bauer sagt: „Wir wissen, dass die Regierung immer größere Flächen bewässern will, weil die Amerikaner und die Westeuropäer nur für solche Großprojekte Geld zur Verfügung stellen. Doch
20 dieses Geld wird nur aus politischen Gründen gegeben und nicht, damit sich die Lage der Bauern verbessert. Wer profitiert? Wer bekommt das Geld? Wer bekommt das Land und die Maschinen? Ich weiß nur, dass es uns Bauern nichts bringt. Im Gegenteil, es macht uns noch
25 ärmer, als wir je gewesen sind." [...]

Randolph Braumann, Afrika wird totgefüttert, in: Eine Welt für alle. Lesebuch Dritte Welt, hrsg. v. Thomas Becker u. a. Reinbek 1991, S. 65–69

8 Was ist „Entwicklung"?

Aus dem Bericht der Südkommission, einem Gremium von Politikern aus Ländern der Dritten Welt, 1990:

Entwicklung ist ein Prozess, der die Menschen von der Angst vor Armut und Ausbeutung befreit. Sie ist der Ausweg aus politischer, wirtschaftlicher oder sozialer Unterdrückung. [...] Von außen gewährte Unterstüt-
5 zung kann die Entwicklung fördern. Doch um diese Wirkung zu erreichen, muss die Hilfe in die nationalen Anstrengungen integriert und für die Zwecke derer eingesetzt werden, für die sie gedacht ist. [...] Eine Nation besteht aus Menschen. Entwicklung muss deshalb eine Anstrengung von Menschen, durch Men-
10 schen und für Menschen sein. [...]
Demokratische Institutionen und die Beteiligung des Volkes an den Entscheidungsprozessen sind deshalb unverzichtbar für Entwicklung. [...] Zu den Grundelementen eines demokratischen Gemeinwesens zählen
15 die Respektierung der Menschenrechte, Rechtsstaatlichkeit und die Möglichkeit, auf friedlichem Wege einen Regierungswechsel herbeizuführen.

Die Form der Demokratie [...] muss der Geschichte,
20 Größe und kulturellen Besonderheit der jeweiligen
Nation angepasst sein. [...]
Rasches und dauerhaftes Wirtschaftswachstum ist un-
abdingbar für die Entwicklung des Südens. Hunger,
Krankheit und Unwissenheit lassen sich nur überwin-
25 den, wenn die Produktion von Gütern und Dienstleistungen deutlich gesteigert wird. Die Nationen des
Südens können auch keine wirkliche Unabhängigkeit
erlangen, solange sie bei Grundbedürfnissen wie der
Ernährung und anderen wichtigen Wirtschaftsgütern
30 auf ausländische Hilfe angewiesen sind.

Die Herausforderung des Südens. Der Bericht der Südkommission.
Über die Eigenverantwortung der Dritten Welt für dauerhafte Entwicklung, hrsg. v. d. Stiftung Entwicklung und Frieden, Bonn-Bad Godesberg
1991, S. 34–38

9 Mädchen in der Dritten Welt
Aus einem UNO-Bericht, 1989:
Da Eltern mit begrenzten finanziellen Mitteln in ihre
Söhne höhere Erwartungen setzen, investieren sie
auch eher in die Söhne als in ihre Töchter. Diese
Diskriminierung fängt schon sehr früh im Leben an.
5 Untersuchungen in Bangladesch haben ergeben, dass
schon Jungen, die noch jünger als fünf Jahre waren,
16 % mehr zu essen bekamen als Mädchen, und dass
Mädchen in Zeiten von Hungersnöten wesentlich
häufiger unterernährt waren. Eine Studie in Indien er-
10 gab, dass man dort Jungen viel mehr fett- und milch-
haltige Nahrung zukommen ließ als den Mädchen. So
ist es nicht erstaunlich, dass die Wahrscheinlichkeit
an akuter Unterernährung zu leiden bei Mädchen viermal höher war als bei Jungen, die Wahrscheinlichkeit,
15 dass Mädchen in ein Krankenhaus eingeliefert wurden, jedoch vierzigmal geringer war. [...]
Die Diskriminierung der Mädchen setzt sich fort,
wenn sie älter werden. [...] Eltern mit geringem Einkommen sind offensichtlich eher bereit in die Ausbildung der Jungen als in die der Mädchen zu investieren. 20
Mädchen mit schlechter Schulbildung jedoch finden
kaum eine gut bezahlte Arbeit oder heiraten sehr selten Männer mit guter Schulbildung, sodass sich auf
diese Weise die Haltung wieder bestätigt, dass es sich
nicht lohnt, in Mädchen zu investieren. Eine Frau, die 25
dazu erzogen wurde, sich schwach zu fühlen, als nicht
so nützlich für die Familie und für die Gesellschaft
insgesamt weniger wert, leidet unter einem starken
Verlust an Selbstbewusstsein, wodurch sich wie in einem Teufelskreis ihre Fähigkeit einen gleichberech- 30
tigten Beitrag zu leisten nur noch mehr reduziert. Ihr
einzig möglicher Weg zu einer respektablen Stellung
in der Gesellschaft ist die Heirat und die Mutterschaft.

UNFPA (Bevölkerungsfonds der Vereinten Nationen)
Weltbevölkerungsbericht, Bonn 1989, S. 7 ff.

11 „Gift der guten Gaben"?
Der deutsche Journalist Michael Birnbaum, 1998:
Warum fällt es so schwer, Afrika zu helfen? [...] Lässt
sich Afrika nicht entwickeln – oder haben wir alles
falsch gemacht? „Der Scherbenhaufen in Afrika ist
Konsequenz der massiven technischen Hilfe der vergangenen 30 Jahre", sagt Anyang Nyong'o aus Kenia, 5
Professor und Oppositionspolitiker. [...] In den ‚Fla-
schenhälsen', durch die der gut gemeinte Ausgleich
zwischen reichem Norden und armem Süden fließt,
bleiben die Filetstücke der Hilfe meist hängen – sei es
illegal durch Korruption oder ‚legal' als Verwaltungs- 10
und Personalkosten. Am Ende der Hilfspipeline tropft
es nur noch. Deshalb provoziert die Kamerunerin
Axelle Kabou: „Am Zustand Afrikas sind die
schwarzen Eliten und die weißen Helfer schuld."

Michael Birnbaum, Das Gift der guten Gaben, in: Süddeutsche Zeitung, 7./8. Februar 1998, S. 10

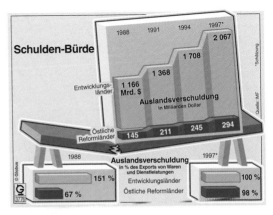

10 a | Lebensbedingungen von Reich und Arm **b** | Auslandsverschuldung

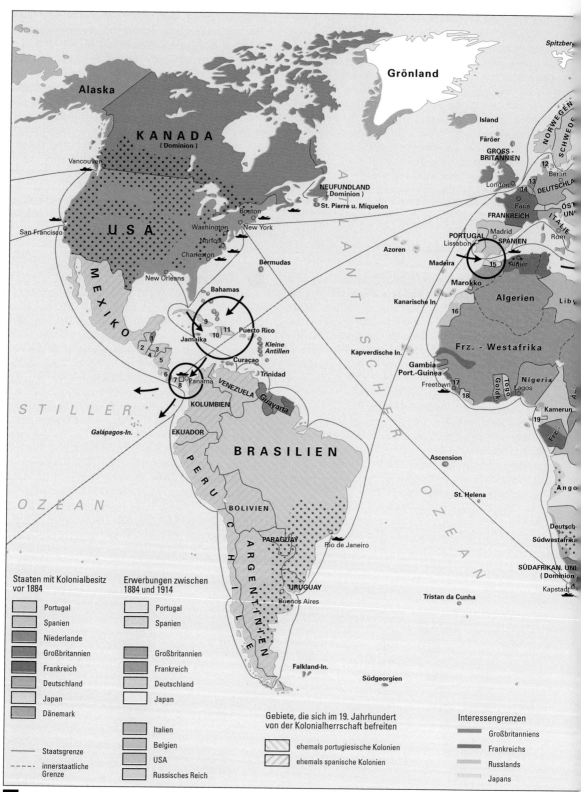

Map labels (reading within the figure):

Spitzber[gen]
Grönland
Alaska
KANADA (Dominion)
Island
Färöer
NORWEGEN
SCHWEDE
GROSS-BRITANNIEN
Vancouver
Berlin
London
DEUTSCHLA
NEUFUNDLAND (Dominion)
St. Pierre u. Miquelon
Boston
New York
Washington
Paris
FRANKREICH
ÖST
ITALIE
Rom
USA
San Francisco
Norfolk
PORTUGAL
Madrid
Lissabon
SPANIEN
Charleston
Azoren
New Orleans
Bermudas
Madeira
Algier
MEXIKO
Bahamas
Marokko
Algerien
Liby
Kanarische In.
9
11 Puerto Rico
10
Jamaika
Kleine Antillen
Frz. - Westafrika
2 3
4 5
Curaçao
Kapverdische In.
6
Trinidad
Gambia
Port.-Guinea
Nigeria
7
Panama
VENEZUELA Guayana
Freetown
Lagos
8
KOLUMBIEN
Togo Goldk
STILLER
Kamerun
EKUADOR
BRASILIEN
19
Galápagos-In.
Ascension
OZEAN
PERU
Ango
BOLIVIEN
St. Helena
Deutsch-
PARAGUAY
Südwestafrika
Rio de Janeiro
CHILE
ARGENTINIEN
SÜDAFRIKAN. UNI (Dominion)
URUGUAY
Tristan da Cunha
Kapstadt
Buenos Aires
Falkland-In.
Südgeorgien

Legend:

Staaten mit Kolonialbesitz vor 1884
- Portugal
- Spanien
- Niederlande
- Großbritannien
- Frankreich
- Deutschland
- Japan
- Dänemark

— Staatsgrenze
---- innerstaatliche Grenze

Erwerbungen zwischen 1884 und 1914
- Portugal
- Spanien
- Großbritannien
- Frankreich
- Deutschland
- Japan
- Italien
- Belgien
- USA
- Russisches Reich

Gebiete, die sich im 19. Jahrhundert von der Kolonialherrschaft befreiten
- ehemals portugiesische Kolonien
- ehemals spanische Kolonien

Interessengrenzen
- Großbritanniens
- Frankreichs
- Russlands
- Japans

12 Die koloniale Aufteilung der Erde

288

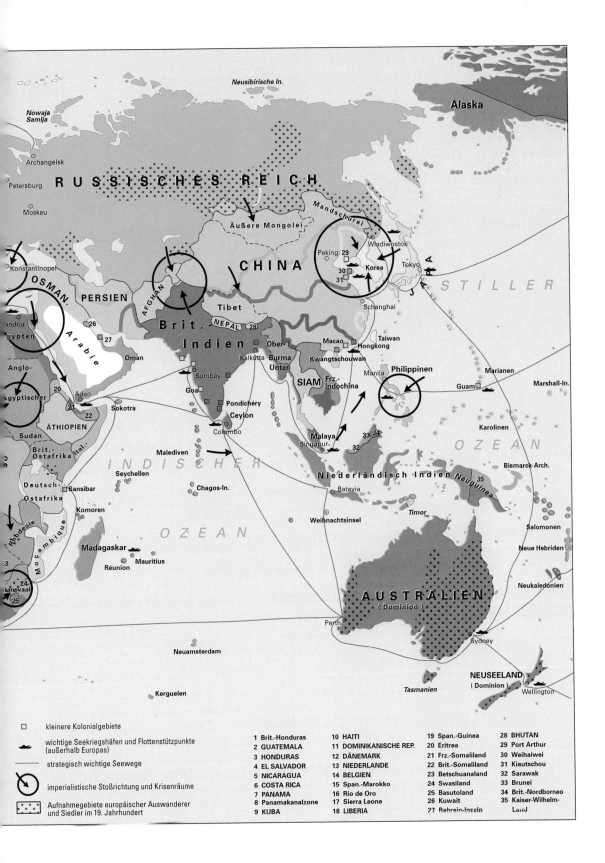

Neusibirische In.

Alaska

Nowaja
Samlja

Archangelsk

Petersburg

R U S S I S C H E S   R E I C H

Moskau

Mandschurei

Äußere Mongolei

Konstantinopel

O S M A N.

PERSIEN

AFGHAN

CHINA

Wladiwostok

Peking 29

30

31

Korea

Tokyo

J A P A N

S T I L L E R

andria

gypten

Arabie

Tibet

Brit.-

NEPAL 28

Schanghai

26

27

Oman

Indien

Ober

Macao

Taiwan

Anglo-

gyptischer

20

Aden

Kalkutta

Burma

Unter

Hongkong

Kwangtschouwan

21

22

Sokotra

Bombay

SIAM

Frz.-

Indochina

Manila

Philippinen

Marianen

Marshall-In.

ÄTHIOPIEN

Goa

Pondichéry

Ceylon

Guam

Karolinen

Sudan

Brit.-

Ostafrika

Ital.-

Colombo

Malediven

Malaya

Singapur

33 34

32

O Z E A N

Deutsch-

Ostafrika

Sansibar

Seychellen

I N D I S C H E R

Chagos-In.

Niederländisch Indien

Neuguinea

35

Bismarck-Arch.

Komoren

Batavia

Rhodesie

Mosambique

O Z E A N

Weihnachtsinsel

Timor

Salomonen

Madagaskar

Mauritius

Neue Hebriden

3

Réunion

A U S T R A L I E N

(Dominion)

Neukaledonien

24

ansvaal

25

Perth

Sydney

Neuamsterdam

Kerguelen

Tasmanien

NEUSEELAND

(Dominion)

Wellington

☐   kleinere Kolonialgebiete

⬥   wichtige Seekriegshäfen und Flottenstützpunkte
     (außerhalb Europas)

───   strategisch wichtige Seewege

⟲   imperialistische Stoßrichtung und Krisenräume

⠿⠿   Aufnahmegebiete europäischer Auswanderer
     und Siedler im 19. Jahrhundert

1 Brit.-Honduras	10 HAITI	19 Span.-Guinea	28 BHUTAN
2 GUATEMALA	11 DOMINIKANISCHE REP.	20 Eritrea	29 Port Arthur
3 HONDURAS	12 DÄNEMARK	21 Frz.-Somaliland	30 Weihaiwei
4 EL SALVADOR	13 NIEDERLANDE	22 Brit.-Somaliland	31 Kiautschou
5 NICARAGUA	14 BELGIEN	23 Betschuanaland	32 Sarawak
6 COSTA RICA	15 Span.-Marokko	24 Swasiland	33 Brunei
7 PANAMA	16 Rio de Oro	25 Basutoland	34 Brit.-Nordborneo
8 Panamakanalzone	17 Sierra Leone	26 Kuwait	35 Kaiser-Wilhelm-
9 KUBA	18 LIBERIA	27 Bahrain-Inseln	Land

289

13 „Teufelskreise der Armut".

Das Schaubild verdeutlicht die verschiedenen Faktoren, die Armut bedingen bzw. Folge von Armut sind. Es ist aber nicht unproblematische, weil es den Eindruck erweckt, Armut sei ein unabwendbares Schicksal. Tatsächlich gibt es zahlreiche Beispiele dafür, dass der Teufelskreis der Armut durchbrochen werden kann (s. nebenstehende Werkstattseite).

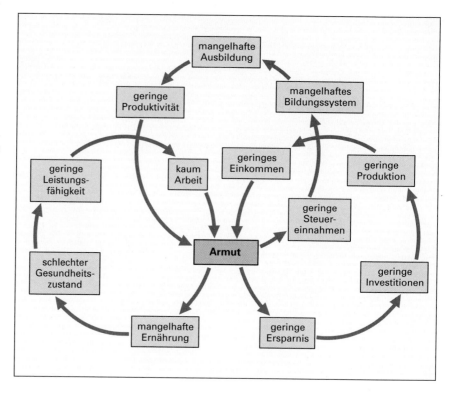

Arbeitsvorschläge und Fragen

a) Erörtern Sie den Begriff „Entwicklungsland". Inwiefern ist der Begriff nicht unproblematisch?

b) Was gehen mich die Entwicklungsländer an?! – Diskutieren Sie diese These in Ihrer Klasse (DT, M2, 3).

c) Skizzieren Sie die wirtschaftlichen, politischen und gesellschaftlichen Kennzeichen der Unterentwicklung (DT, M1, M10a, b).

d) Sichten Sie die Materialien M7a und b, M11 sowie das Zeitbild „Neue Waren aus neuen Welten" (▶ S. 292 f.).
  – Welche Ursachen für die Rückständigkeit sowie für die Ernährungs- und Umweltprobleme vieler Entwicklungsländer werden darin erkennbar?
  – Vergegenwärtigen Sie sich mithilfe des DT (▶ S. 284 f.) die Bedeutung der Begriffe „endogen" und „exogen".
  – Legen Sie eine zweispaltige Tabelle an, in der Sie die oben erarbeiteten Ursachen der Unterentwicklung den Stichworten „endogen" oder „exogen" zuordnen.

e) Arbeiten Sie die besondere Benachteiligung von Frauen und Mädchen in der Dritten Welt heraus (M4, 5, 9, DT). Welche Möglichkeiten haben Frauen in Entwicklungsländern, der Misere zu entkommen?

f) Nennen Sie Schwierigkeiten bei der Umsetzung entwicklungspolitischer Konzepte (DT, M8). Diskutieren Sie, wie man diese Schwierigkeiten überwinden könnte.

g) Suchen Sie einen „Dritte-Welt-Laden" oder „Eine-Welt-Laden" in Ihrer Umgebung auf. Fragen Sie die Inhaber des Ladens nach Ihrem politischen Anliegen. Diskutieren Sie die eigenen Möglichkeiten, die Chancen der Entwicklungsländer zu verbessern! Berücksichtigen Sie dabei insbesondere das Konsumverhalten in der Ersten Welt.

Werkstatt Geschichte und Gesellschaft: Die „Teufelskreise der Armut" durchbrechen – aber wie? Ein Planspiel

Die Diskussion um den richtigen Weg der „Entwicklungshilfe" bewegt sich zwischen zwei Grundpositionen: Die einen argumentieren, man müsse die traditionellen Agrargesellschaften zu modernen Industriegesellschaften entwickeln. Andere befürchten hingegen, dadurch würde die seit dem Imperialismus entstandene Abhängigkeit der Entwicklungsländer von den Industriestaaten noch größer; zudem würden von einem ausschließlich industriellen Wachstum nur kleine Bevölkerungsgruppen profitieren. Sie setzen darauf, dass die Menschen vor allem im Handwerk und in der Landwirtschaft möglichst in Eigeninitiative ihre Arbeits- und Lebensbedingungen verbessern.

Wie sollen Staaten wie die Bundesrepublik also Entwicklungshilfe – z.B. in Ghana – leisten? In einem Planspiel können verschiedene Möglichkeiten simuliert werden. Die Spieler übernehmen als Gruppe bestimmte Positionen und setzen sich mit anderen Positionen auseinander.

Vorbereitung:
– Die Teilnehmer müssen als Entwicklungspolitiker entscheiden, für welche Fördermaßnahmen in Ghana ein bestimmter Etat ausgegeben werden soll.
– Alle Teilnehmer informieren sich in Kapitel 2.1 über die Kennzeichen der Unterentwicklung und in Kapitel 2.2 über die wirtschaftliche Situation Ghanas.
– Die Teilnehmer bilden nun Gruppen:
Gruppe A bevorzugt die Förderung von Berufsschulen (u.a. für die Aus- und Weiterbildung von Goldschmieden und Schmuckdesignern).
Gruppe B will ein Zweigwerk eines deutschen Unternehmens in Ghana zur Weiterverarbeitung von Kakaobohnen zu Kakaopulver und Schokolade fördern.
Gruppe C möchte das Geld in den Bau mehrerer von Einheimischen geleiteten Feriendörfer für Touristen investieren.

Durchführung:
– Die Spielergruppen entwerfen (auf Folien oder Plakaten) einen Ablaufplan oder ein Vernetzungsschaubild. Darin soll die Wirkungskette der jeweils vorgeschlagenen Hilfsmaßnahmen erkennbar werden. Systemelemente können sein: Arbeitslosigkeit, Einkommensverteilung, Steuereinnahmen, Kaufkraft, Rohstoffpreise, berufliche Bildung, Förderung der Privatwirtschaft, Ernährung und Gesundheit, Exportabhängigkeit, Infrastruktur (Straßen, Stromversorgung), Produktivität (Leistung je Arbeitsstunde) und Auslandsverschuldung.
– Die Gruppen versuchen anschließend in Gesprächen, die anderen Gruppen von Ihren Vorstellungen zu überzeugen.
– Am Ende steht eine Entscheidung für ein Modell oder ein Kompromiss.

Auswertung: Die Spieler geben ihre Rollen auf. Sie analysieren aufgetretene Schwierigkeiten und diskutieren, wie realistisch das erzielte Ergebnis ist.

Zur Diskussion über das Spiel:
Welche Vorzüge, Fehler und Schwächen zeigte das von Ihnen durchgeführte Planspiel? Was konnten Sie lernen? Welche zusätzlichen Informationen haben Sie benötigt?

Werbeplakate für Tee
und Kaffee
um die Jahrhundert-
wende

Aristokratisches
Schokoladenfrühstück. Gemälde
von Pietro Longhi (1702–1785)

„Des Hauses
Sonnenschein".
Familienkaffeetisch
zur Zeit der Jahr-
hundertwende.
Gouachemalerei
von Hans Gabriel
Jentzsch

Ein Wiener Caféhaus. Kolorierter Holzstich um 1875

Als die europäischen Seemächte begannen Kolonialpolitik zu betreiben, stand zunächst die Suche nach Luxusgütern – Gold, Edelsteinen, Seide, Gewürzen – im Vordergrund. Langfristig folgenreicher war jedoch der Handel mit anderen überseeischen Produkten, den so genannten Kolonialwaren, wie man sie im 19. Jahrhundert nannte: Diese neuen Lebens- und Genussmittel prägten nicht unwesentlich den Lebensstil der modernen Gesellschaft, wie sie sich in den frühen europäischen Kolonialländern herausbildete.

Neue Nahrungsmittel wie zum Beispiel die Kartoffel halfen, die ständigen Nahrungssorgen zu mildern; neue Ess- und Trinkgewohnheiten kamen auf; neue Anbau- und Produktionsmethoden wurden entwickelt. Das geschah in der Regel auf Kosten der einheimischen Bevölkerung der Kolonien, die rigoros ausgebeutet und unterdrückt wurde.

Am Anfang stand das lukrative Geschäft mit dem Zuckerrohr, das nach Amerika gebracht wurde. Dort wurde es auf großen Plantagen von Indianern und nach deren weit gehender Ausrottung von schwarzen Sklaven unter oft unmenschlichen Arbeitsbedingungen angebaut und verarbeitet. Später kamen Tee, Kaffee und Kakao hinzu, die auf ähnliche Weise produziert wurden. Die Folgen für die Erzeugerländer sind bis heute gravierend: Die einheimische Landwirtschaft wurde meist den Interessen der Kolonialländer bzw. später der westlichen Industrienationen angepasst. Monokulturen mit schlecht bezahlten Arbeitskräften, Abbrennen der Wälder mit schlimmen ökologischen Auswirkungen und wirtschaftliche Abhängigkeit vom Weltmarkt sind die fatalen Folgen.

Für den anfangs ausschließlich in China angebauten Tee hatten europäische Kompanien zunächst nur das Handelsmonopol inne, bis die Briten den Teeanbau in Indien und Ceylon unter eigene Regie nahmen und die einheimische traditionelle Landwirtschaft zurückdrängten. Dabei wurden vielfach Frauen und Kinder als Arbeitskräfte eingesetzt.

Den ursprünglich aus dem abessinischen Hochland stammenden Kaffee brachten die Kolonialmächte in neue Anbaugebiete, vor allem nach Indonesien (Java) und Südamerika. Heute ist Kaffee nach dem Erdöl das wichtigste Exportgut der Dritten Welt, von dessen Produktion und Verarbeitung mindestens 20 Millionen Menschen leben.

Den Kakao brachten die spanischen Entdecker aus Mittelamerika nach Europa. Mit karibischem Rohrzucker gesüßt, war er bis ins 19. Jahrhundert hinein ein Luxusgetränk und Statussymbol des Adels und des Klerus. Erst als der Niederländer Casparus van Houten 1820 ein Verfahren zur Entfettung des Kakaos erfand, entwickelte er sich allmählich zu einem Getränk für die Allgemeinheit. Auch heute noch ist Kakao ein Produkt, das von Kleinbauern in Afrika oder auf Plantagen in Brasilien und Malaysia produziert und weit gehend in den Industrieländern verzehrt wird. Dabei kontrollieren nur zwei internationale Handelsgesellschaften fast den gesamten Rohkakaohandel.

Arbeitsvorschläge und Fragen

a) *Untersuchen Sie die Abbildungen:*
 – *Was können Sie daraus über die Konsumenten der Kolonialwaren erfahren?*
 – *Welcher sozialen Schicht gehören sie an; welche Konsumgewohnheiten haben sie?*
 – *Wie werden die Farbigen dargestellt? Welche Rolle wird ihnen zugewiesen?*

b) *Kennzeichnen Sie den Zusammenhang zwischen der Produktion von kolonialen Gütern und Unterentwicklung (DT).*

c) *Nehmen Sie die Karte (M12) zu Hilfe:*
 – *Welche Länder besaßen Kolonien?*
 – *Listen Sie die Staaten der Dritten Welt auf, die vor dem Ersten Weltkrieg oder auch noch später Kolonien waren.*

2.2 Länderstudie: Das Beispiel Ghana

**Steckbrief:
Land und
Bevölkerung**

Ghana ist mit knapp 240 000 km² wenig kleiner als sein früheres koloniales „Mutterland" Großbritannien, das dem Land die englische Sprache als Amtssprache hinterlassen hat. Daneben sind jedoch unter den 17 Millionen Ghanaern über 70 traditionelle Sprachen und Dialekte gebräuchlich. Ethnische Spannungen sind nicht selten. Knapp die Hälfte der Bevölkerung bekennt sich zum Christentum, ca. 38 % praktizieren Naturreligionen und 12 % – vor allem im Norden – sind Muslime. Das Land ist mit Bodenschätzen wie Gold, Diamanten, Mangan, Bauxit und Ackerbauflächen relativ gut ausgestattet.

Kolonialzeit

Schon früh richtete sich das Augenmerk der Europäer auf Ghana, da dort Gold zu finden und Sklaven zu kaufen waren. Die Briten brachten schließlich das Land unter ihre Kontrolle und wandelten es unter dem Namen „Goldküste" in eine Kronkolonie um. Ein wichtiger Einschnitt für Ghana war das 1807 ausgesprochene Verbot des Sklavenhandels im britischen Herrschaftsbereich. In der Folge entwickelten sich allmählich die Erzeugung von Palmöl und vor allem der Anbau von Kakao. Da die wichtigsten Kolonialprodukte – Gold und Kakao – aus dem südlichen Drittel der Kolonie kamen, begünstigte die Kolonialmacht den Süden beim Ausbau des Landes mit Eisenbahnlinien, Straßen, Schulen und Krankenhäusern. Der Norden diente vor allem als Arbeitskräftereservoir.

**Nkrumahs
Entwicklungsplan**

Trotzdem waren nach dem Gewinn der Unabhängigkeit 1957 die Voraussetzungen für eine positive Entwicklung der Wirtschaft Ghanas unter der Führung des Staatspräsidenten Kwame Nkrumah relativ gut. Das Land übernahm aus der Kolonialzeit eine beträchtliche Devisenreserve, eine funktionsfähige

1 Die landschaftliche Gliederung Ghanas
Geografisch lassen sich fünf Hauptgebiete Ghanas unterscheiden:
– die Küstenebene, wo die meisten Nahrungsmittel für den Eigengebrauch produziert werden und die wichtigsten Bodenschätze zu finden sind;
– das nördlich anschließende Aschanti-Hochland, ursprünglich ein Feuchtwaldgebiet, dessen Holzbestand aber durch Brandrodung für Kakaoplantagen und dem Export dienenden Holzeinschlag stark geschrumpft ist;
– das Volta-Becken, die größte Region des Landes, wo Baumsavannen vorherrschen;
– die an der Grenze zu Togo liegende Akwapim-Togo-Bergkette, ein Bergwaldgebiet, in dem Kakao und Kaffee angebaut werden können
– und die nördlichen Hochebenen, wo Grassavannen dominieren und Viehzucht betrieben werden kann.

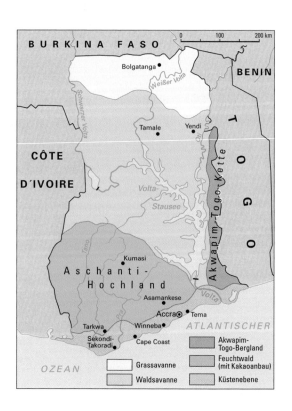

öffentliche Verwaltung, und seine Bevölkerung hatte das höchste Pro-Kopf-Einkommen südlich der Sahara. Auf dem größten Teil der landwirtschaftlichen Nutzfläche wurde Kakao angebaut, sodass Ghana zeitweise über die Hälfte des Weltbedarfs an Kakao liefern konnte. Nkrumah wollte die Abhängigkeit Ghanas von der landwirtschaftlichen Produktion (Kakao) und damit vom Weltmarkt überwinden und die Industrialisierung des Landes vorantreiben. So sollten Arbeitsplätze für die wachsende Bevölkerung geschaffen werden. Doch die Umsetzung dieses Programms auf privatwirtschaftlicher Basis scheiterte, da es an einheimischen Unternehmern mit dem nötigen Know-how und an Kapital und Energie fehlte. Nun sollte – nach sowjetischem Vorbild – die Gründung von Staatsbetrieben zum Erfolg führen. Die benötigte Energie sollte durch den Bau des (1966 fertig gestellten) Volta-Staudamms bereitgestellt werden.

Nkrumah, 1960 Diktator eines Einparteiensystems, blähte den staatlichen Verwaltungsapparat auf. Viele Staatsbetriebe arbeiteten unwirtschaftlich und waren nicht auf die Rohstoffvorkommen und die Agrarproduktion des Landes abgestimmt. Auch in der Landwirtschaft setzte Nkrumah auf Großbetriebe; Kleinbetriebe wurden vernachlässigt. Die Folgen waren verheerend: Die Industrieproduktion ging drastisch zurück, in den Städten herrschte Massenarbeitslosigkeit. Wegen des enormen Preisanstiegs blühte der Schwarzhandel. Auch nach dem Sturz Nkrumahs 1966 setzte sich die Talfahrt fort. Ausländische Investoren hielten sich wegen des starken staatlichen Einflusses meist zurück. Da die Weltmarktpreise für Kakao verfielen, brachte der Kakaoexport nicht mehr die erhofften Deviseneinnahmen. Zur selben Zeit flossen große Summen in die Subventionierung von Nahrungsmitteln für die Stadtbevölkerung des Südens, auf deren Wohlwollen die Regierung angewiesen war. So wuchs die Auslandsverschuldung drastisch an, da zur Deckung des Devisenbedarfs verstärkt ausländische Kredite aufgenommen wurden.

So sanken zwischen 1970 und 1982 das Bruttoinlandsprodukt (BIP) pro Kopf um 30 %, die Exporterlöse um über 50 %, die Importe um rund 65 %, die Reallöhne bis zu 80 % und die Investitionsquote von 12 % auf 2 %. Hunderttausende verließen das Land. Ghana gehörte nun nach den Kriterien der UNO zu den ärmsten Ländern.

Der Weg in die Krise

2 **Alterspyramide Ghanas** (Angabe nach Volkszählung 1984)

Strukturanpassung des IWF

1983 vereinbarten Staatschef Rawlings (seit 1981) und der Internationale Währungsfonds (IWF) ein „Strukturanpassungsprogramm" (SAP). Die Landeswährung wurde radikal abgewertet, um Exporte billiger und Importe teurer zu machen. Gleichzeitig wurde der Außenhandel liberalisiert, sodass Export- und Importbeschränkungen weit gehend entfielen. Die Preisfestsetzungen bei einem großen Teil der Grundgüter fielen weg, private Investitionen aus dem In- und Ausland wurden gefördert, mit der Privatisierung von Staatsbetrieben wurde begonnen.

Wichtig war auch die Sanierung des Staatshaushalts. Das Steuersystem wurde reformiert, die Steuereintreibung verbessert, staatliche Subventionen wurden gestrichen. Der Sozial- und Bildungsbereich musste erhebliche Einbußen hinnehmen, 20 % der Staatsangestellten galten als überflüssig. So verloren im größten Staatsbetrieb, dem mit 115 000 Beschäftigten völlig überbesetzten Cocoa Marketing Board, rund 20 000 Menschen ihren Arbeitsplatz. Die im Rahmen des SAP von der Weltbank gewährten Kredite dienten vor allem dem Ausbau der Infrastruktur (Häfen, Eisenbahnen, Straßen), des Energiesektors und der exportorientierten Förderung von Landwirtschaft und Gewerbe.

Folgen der Strukturanpassung

Das Bruttoinlandsprodukt wuchs in den ersten Jahren um durchschnittlich 6 %, die landwirtschaftliche Produktion und der Export konnten gesteigert werden, und der zurückgebliebene Norden des Landes profitierte von den Infrastrukturmaßnahmen. Die wirtschaftliche Lage der Bauern blieb jedoch schwierig, da ihre Einkünfte wegen mangelnder Lager- und Weiterverarbeitungsmöglichkeiten stark schwankten. Immerhin gelang es der Regierung, die einseitige Abhängigkeit vom Kakaoexport abzubauen.

Durch eine starke Förderung des Bergbaus überflügelte die Goldproduktion inzwischen Kakao als wichtigsten Devisenbringer. Einen immensen Aufschwung nahm auch der Tourismus, der mittlerweile zur drittwichtigsten Einnahmequelle Ghanas geworden ist. Die Privatisierung der vielen Staatsbetriebe kommt allerdings nur schleppend voran. Trotz SAP blieb Ghana weit gehend vom Export von Agrarprodukten und Rohstoffen abhängig. Wegen der hohen Verschuldung können nur rund 20 % der Exporterlöse in den Aufbau von eigenen Gewerbebetrieben investiert werden.

IWF und internationale Kreditgeber versuchten auch auf die politischen Verhältnisse einzuwirken. So erklärte sich Präsident Rawlings zu demokratischen Regierungsformen bereit und genehmigte die Tätigkeit politischer Parteien.

Weltbank/Internationaler Währungsfonds: Weltbank und IWF wurden 1944 von 44 Ländern in Bretton Woods (USA) ins Leben gerufen. Beide Institutionen haben sich zu wichtigen Instrumenten der Entwicklungsförderung herausgebildet. Bei der Weltbank bestimmen die Industrieländer – allen voran die USA – als größte Kapitalanteilseigner Kreditvergabe und Geschäftspolitik. Seit den 80er-Jahren gewährt die Weltbank – zusammen mit dem IWF – vor allem Kredite zur Strukturanpassung, um die Lebens- und Einkommensverhältnisse der Gesamtbevölkerung langfristig zu verbessern, die Zahlungsfähigkeit und Kreditwürdigkeit der Entwicklungsländer wiederherzustellen und ihre Chancen auf dem Weltmarkt zu steigern.

Der IWF, der ebenfalls von den reichen Staaten beherrscht wird, hat mit steigender Verschuldung der Entwicklungsländer erheblich an entwicklungspolitischer Bedeutung gewonnen. IWF und Weltbank verfolgen einen strikt marktwirtschaftlichen Kurs, der die Kreditempfänger meist zu strengen Sparmaßnahmen zwingt, die die Arbeitslosigkeit steigen lassen.

3 Ghana unter dem Strukturanpassungsprogramm

a *Über die Lage in den Goldminen, 1991:*

Aschanti [= größte Goldmine Ghanas] gilt in Bezug auf den Goldgehalt pro Tonne Erz als eine der reichsten Goldminen der Welt. Trotz bisher fast 100 Jahren industrieller Ausbeutung der Mine sind die vorhande-
5 nen Reserven immer noch groß genug für weitere Expansion. [...] Ghana hat dazu Kredite bei [Weltbank-Töchtern] über mehr als 150 Mio. Dollar aufgenommen. [...] Um Umweltschutzauflagen zu genügen, wurde, den Kreditbedingungen entspre-
10 chend, ein Umweltingenieur eingestellt, der das Bild einer um die natürliche Umwelt besorgten Firma in der Öffentlichkeit malen soll. Die Zahl der Minenarbeiter aber wird stark verringert [...], die Produktivität der verbliebenen aber um 44 % gesteigert. Es ist also
15 ein scharfes Rationalisierungsprogramm durchgesetzt worden, das mit technischen Erneuerungen, aber vor allem mit der Angst der Minenarbeiter vor Entlassungen [...] operierte.

Die Strukturanpassungsprogramme des IWF nehmen
20 die Goldminenarbeiter in Ghana nicht widerspruchs-los hin. Allerdings gibt es eine Spaltung der Arbeiter in diejenigen, die bei Ashanti, der profitablen Mine, und in diejenigen, die bei den weniger profitablen beschäf-tigt sind. Letztere führten im September 1987 einen
25 heftigen Streik gegen die staatseigene State Gold Mining Corporation (SGMC) durch. Der IWF verlangt, dass die Arbeiter strikt nach der Profitabilität der Minen bezahlt werden, auch wenn sie die gleiche Ar-beit leisten. Deswegen konnten die Ashanti-Arbeiter
30 schon vorher ihre Forderung nach 2 Dollar pro Tag Mindestlohn durchsetzen, während in den anderen Minen dieser Mindestlohn auch nach dem Streik nicht gewährt wurde.

Afrika – der vergessene Kontinent? Zwischen selektiver Weltmarktin-tegration und ökologischen Katastrophen, hrsg. v. Werena Rosenke/Thomas Siepelmeyer, Münster 1991, S. 156 f.

b *Über die Lage im Jahr 1997 :*

Doch den Verlierern in den Städten standen Gewinner auf dem Land gegenüber: Weil Nahrungsmittelim-porte reduziert wurden, lohnt es sich für die Bauern, wieder mehr anzupflanzen. Den Transport auf die Märkte erleichtern Straßen ins Hinterland, die Raw-
5 lings ausbauen ließ. Den unter Nkrumah kaltgestell-ten Häuptlingen gab er etwas Macht zurück. Seitdem gehören die Dorfbewohner zu seinen treuesten Wählern.

Die hohen Wachstumsraten verdankte Ghana vor
10 allem der privatisierten Industrie. So stieg der Abbau von Bauxit innerhalb von acht Jahren um das Sieben-fache. Ghanas Goldgruben förderten 1982 nur 26 000 Unzen des Edelmetalls, 1996 waren es 1,5 Millionen; mit einem Wert von 612 Millionen Dollar erwirt-
15 schafteten sie rund 40 Prozent der Exporterlöse.

Wie die asiatischen Tigerstaaten nahm Ghana dabei wenig Rücksicht auf die Umwelt. Bei der Goldförde-rung versetzen Planierraupen Berge, vernichten Felder und Waldgebiete. Anschließend wird die geschürfte
20 Erde mit Wasser und Chemikalien bearbeitet, um das Gold herauszufiltern. Der giftige Rest bleibt einfach liegen. Ghana erkaufe sich sein Wirtschaftswachstum auf Kosten der Natur, protestieren Ökologen und ver-weisen auf einen alarmierenden Trend: Die Exportein-
25 künfte aus dem nachwachsenden Rohstoff Kakao sind in den vergangenen Jahren von mehr als der Hälfte auf gut ein Viertel des Gesamtvolumens zurückgegangen, während der Anteil der nicht reproduzierbaren Res-sourcen ständig steigt.
30

Schon bedeckt der Regenwald nur noch zwölf Prozent von Ghanas Gesamtfläche – gegenüber einem Drit-tel zur Jahrhundertwende; würde im gegenwärtigen Tempo weiter abgeholzt, wäre er in zehn Jahren ganz verschwunden.
35

Der Spiegel 43/1997, S. 214

4 „Hühnerjagd".
Karikatur des indischen Zeichners Suresh Sawant

c *Der deutsche Journalist Michael Birnbaum, 1997:*

Allerdings ist der Nimbus der erfolgreichen „Strukturanpassung" längst angekratkt. „Was ist denn seine Vision?", fragt Kabral Glay-Amihère, Chefredakteur einer kleinen unabhängigen Zeitung. Er hat Zweifel
5 an Rawlings Verdiensten. „Wenn die Nabelschnur zur Weltbank abgetrennt wird, ist Ghana nicht mehr lebensfähig", fürchtet er. Inzwischen setzt Ghana seinen traditionellen Reichtum aufs Spiel, und es zeigt sich eine neue Armut. Die Inflation liegt seit Jahren
10 bei hohen zweistelligen Werten. Der Haushalt kann nur ausgeglichen werden, indem der Staat immer wieder Anteile an seinen Goldminen veräußert. Die Reste des Regenwaldes werden verhökert um laufende Ausgaben, Schuldzinsen und Zinseszinsen zu decken. Von
15 Rückzahlung der Kredite spricht niemand. Mehr als vier Milliarden Dollar Auslandsschulden hat das Land […]. Es wird sie nie bezahlen können.

Doch egal, wer in Ghana an der Spitze stünde – zu einer solchen Politik scheint es keine Alternative zu
20 geben. Trotz Milliardenhilfen ist aber in den letzten Jahren der Lebensstandard des Durchschnittsghanaers gefallen, sind die Reallöhne gesunken und die Arbeitslosigkeit gestiegen, rechnen Gewerkschafter vor. Verloren hätten auch die Armen in ländlichen Regionen;
25 sie könnten ihre Kinder nicht mehr auf die Schule schicken und hätten kein Geld für Medizin. Die Gewinner dagegen seien die Banken. Größter Schuldner ist der Staat. Wer Geld borgt, muss Schwindel erregende Zinsen zahlen. Kein Wunder, dass kaum eine
30 Privatperson in den produktiven Sektor investiert.

Reiche Ghanaer gehen lieber auf Nummer sicher und bauen teure Häuser für ausländische Mieter. Alles, was man zum besseren Leben braucht, wird importiert: vom Reis, Fleisch bis hin zum Ketschup. Ghana
35 exportiert für rund eine Milliarde Dollar, es importiert aber für etwa 1,6 Milliarden. Noch zahlt die Differenz der Rest der Welt.

Jetzt will Rawlings in Deutschland Unternehmer dafür gewinnen, in Ghana zu investieren. Geld verdie-
40 nen kann man dort gut – zumindest solange die Weltbank weiter Dollars hineinbuttert und Rawlings für politische Stabilität sorgt. Aber so entsteht kein sich selbst tragendes Wirtschaftswachstum.

Ghana lebt nur auf Pump. Irgendwann droht der Zu-
45 sammenbruch. Doch keiner spricht dies laut aus, weil offenbar das positive Beispiel in Afrika nicht zerredet werden soll.

Michael Birnbaum, Ghana – ein Modell mit ersten Rissen, Süddeutsche Zeitung, 23. Oktober 1997, S. 10

5 **Präsident Rawlings über die Strukturanpassung**

a *Auf dem Weltsozialgipfel in Kopenhagen, 1995:*

Wir sind hier in Kopenhagen, um den Armen und benachteiligten Völkern der Welt an der Schwelle zum 21. Jahrhundert eine Botschaft der Hoffnung und des Friedens zu überbringen. In Verfolgung dieses Zieles
5 haben sich viele Entwicklungsländer in letzter Zeit zunehmend den Lehrsätzen der freien Marktwirtschaft verschrieben und rigorose Strukturanpassungsprogramme umgesetzt, aber sie ziehen daraus nicht die vollen Vorteile, da die Prinzipien, die der Markt
10 und die Programme für uns definieren, offenkundig über Zölle, Quoten und niedrige Rohstoffpreise zu unserem extremen Nachteil manipuliert sind. […] Ich spreche als Führer eines Landes, das als Erfolgsstory gilt, weil es zwölf Jahre Strukturanpassung, fünf
15 Jahre des Überganges von einer revolutionären zu einer konstitutionellen Demokratie und fünf Jahre eines weit reichenden Dezentralisierungsprogrammes hinter sich hat.

Ghana zählt daher zu den Ländern, die am ehesten die Geschichte jener Entwicklungsländer erzählen kön-
20 nen, die große Anstrengungen unternehmen, um den Benachteiligten unserer Gesellschaft Möglichkeiten zu verschaffen und Würde zu geben, die aber zunehmend zunichte gemacht werden durch die eindeutig ungerechten internationalen Handelsbeziehungen
25 und die erdrückende Schuldenlast. Ghana verlangt im Wesentlichen ein Maßnahmenpaket, das es jedem verschuldeten Land erlauben würde, über die Mittel zur Ankurbelung des Wachstums zu verfügen, während es gleichzeitig in der Lage ist, die Schulden zu bedienen.
30 Nach unserer in Ghana gemachten Erfahrung glauben wir inzwischen, dass Strukturanpassung, wenn sie erfolgreich sein will, wechselseitig sein muss. Die Industrieländer müssen ebenfalls ihre Volkswirtschaften umstrukturieren, das überzogene Konsumstreben
35 beschränken, für die Rohstoffe angemessene Preise bezahlen und ihre Märkte einem fairen und wirksamen Wettbewerb öffnen.

Nach: epd-Entwicklungspolitik Nr. 7/8, April 1995

b *Aus einem Interview, das Rawlings anlässlich seines Deutschland-Besuchs im Oktober 1997 gab:*

Rawlings: Unsere Revolution in Ghana war eine wundervolle Sache, die viele nachmachen wollen. Wir haben die Ärmel hochgekrempelt und mit angepackt beim Aufbau des Landes. Ich selbst habe sogar Fäka-
5 liengruben in den Slums geleert. Das taten die putschenden Generäle und Obristen in Afrika nicht. Ich warnte sie, sich so zu benehmen wie jene, die sie gestürzt hatten. Aber sie hörten nicht auf mich; sie fingen an, sich die Taschen zu füllen und in großen Au-
10 tos herumzufahren.

Spiegel: So handeln aber viele Machthaber. Sind nicht Militärdiktaturen das afrikanische Grundübel?

Rawlings: Nein. Das Militär ist in Afrika dazu da, politische Ideen in die Praxis umzusetzen.

5 *Spiegel:* Die meisten Putschisten befördern sich erst einmal [...].

Rawlings: [...] als ich putschte, habe ich mich nicht befördert. Ich bin Hauptmann geblieben. Ich rede die höheren Dienstgrade heute noch mit „Sir" an. Denn 10 selbst wenn ich mir die Epauletten mit den Sternen anlegen würde, wäre ich noch lange kein General. Mein Inneres macht mich zum General, nicht meine Uniform.

Spiegel: Sie traten mit linken Parolen an. Weshalb ha-25 ben Sie dann die von der Weltbank geforderten Reformen durchgeführt, die dem Volk sehr weh taten?

Rawlings: Wir konnten nicht anders. Wirtschaftlich lief nichts mehr. Wir sind zu Kreuze gekrochen, auch wenn wir das aus Gründen des nationalen Stolzes 30 nicht gern zugeben mögen.

Spiegel: Außer Ihnen und Ugandas Präsident Museveni gibt es kaum erfolgreiche Staatsmänner aus der zweiten Generation nach der Unabhängigkeit in Afrika. Teilen Sie den allorten anzutreffenden Pessi-35 mismus, dass Afrika ein verlorener Kontinent sei?

Rawlings: Anfang der 90er-Jahre ging es mit Schwarzafrika bergauf. Doch dann geschahen diese schrecklichen Dinge in Somalia und in Ruanda, die in der Welt den Eindruck erweckten, dass Afrika ein Konti-40 nent des Mordens und der Bestialität sei. Inzwischen haben die Gräuel im ehemaligen Jugoslawien gezeigt, dass Barbarei keine afrikanische Erfindung ist.

Der Spiegel 43/1997, S. 214

6 **Schneiderinnen in einem Kleinbetrieb.**
Der Import von Kleidern aus Altkleidersammlungen in Europa bedroht die Existenz der Schneiderinnen.

---

a) Kennzeichnen Sie die Schwierigkeiten, die Ghana bei der Umsetzung der Strukturanpassungsprogramme zu bewältigen hat (DT, M3a–c, M4).

b) Äußern Sie sich zu der von manchen führenden Politikern aus der Dritten Welt vorgebrachten These, die Forderung, den Raubbau an den natürlichen Reichtümern ihrer Länder und mögliche Umweltschäden zu vermeiden, könne man sich nur von der Warte des Wohlstands der Industrieländer aus leisten.

c) Beim Deutschlandbesuch Rawlings (M5b) sagte der damalige Bundespräsident Herzog: „Um einen Staat mittleren Einkommensniveaus zu erreichen, ist die aktive Beteiligung der armen Bevölkerungsgruppen am wirtschaftlichen Wachstum ebenso wie ihre Mobilisierung zur Selbsthilfe von elementarer Bedeutung." Diskutieren Sie, inwieweit sich dieses Ziel durch die Politik des IWF erreichen lassen könnte.

d) Äußern Sie sich zu der These, dass manche Länder in der Dritten Welt zu ihren eigenen Gunsten für eine gewisse Zeit autoritär gelenkt werden sollten.

e) Erklären Sie, aus welchen Gründen die gut gemeinten Kleiderspenden Gegenteiliges bewirken können (M6).

Arbeitsvorschläge und Fragen

Sachregister (**halbfett:** Grundbegriffe)